“十三五”职业教育国家规划教材
21世纪高职高专财经类规划教材

金融基础知识

（第3版）

Jinrong Jichu Zhishi

韩宗英 ◎ 编著

ZHUAN CAIJINGLEI GUIHUA JIAOCAI

人 民 邮 电 出 版 社
北 京

图书在版编目（CIP）数据

金融基础知识 / 韩宗英编著. -- 3版. -- 北京 : 人民邮电出版社, 2020.1（2022.8重印）
21世纪高职高专财经类规划教材
ISBN 978-7-115-52015-9

Ⅰ. ①金… Ⅱ. ①韩… Ⅲ. ①金融学－高等职业教育－教材 Ⅳ. ①F830

中国版本图书馆CIP数据核字(2019)第197290号

内 容 提 要

本书系作者多年金融工作和教学工作经验的结晶。本书主要以货币、信用、银行为三条主线，将金融理论和实际操作知识融入货币与货币制度、信用与信用工具、利息与利息率、金融机构与三大支柱、商业银行与派生存款、中央银行与货币政策、货币供求均衡与通货膨胀、金融市场与衍生金融工具、外汇与国际收支平衡以及金融风险与金融监管等十章中。

本书配套有电子课件、课程标准、视频案例、习题答案、模拟试卷等资料，这些资料将适时更新，索取方式参见“更新勘误表和配套资料索取示意图”。

本书既可作为高职高专院校财经类相关专业的教材，也可作为金融从业人员的参考书。

◆ 编　　著　韩宗英
责任编辑　万国清
责任印制　周昇亮
◆ 人民邮电出版社出版发行　　北京市丰台区成寿寺路 11 号
邮编　100164　　电子邮件　315@ptpress.com.cn
网址　http://www.ptpress.com.cn
河北京平诚乾印刷有限公司印刷
◆ 开本：787×1092　1/16
印张：16　　　　　　2020 年 1 月第 3 版
字数：408 千字　　　2022 年 8 月河北第 9 次印刷

定价：48.00 元

读者服务热线：(010)81055256　印装质量热线：(010)81055316
反盗版热线：(010)81055315
广告经营许可证：京东工商广登字 20170147 号

第 3 版前言

本书第 2 版自 2015 年出版以来，被几十所院校选为教科书，得到了广大师生的一致认可和好评。鉴于金融监管方法、金融政策和金融法规等近几年发生了重大变化，为了使教材内容紧跟时代步伐，与金融行业现实状况保持同步，我们对教材进行了全面修订，以使其能够满足新形势下的教学需要。

本次修订保留了第 2 版的特色和框架结构，并根据国内外金融市场发展的最新变化，增删了一些内容，尽力将金融市场的最新数据、最新案例和重大理论与现实问题融入教材，使本书更具时代性和可读性。

本次修订，各章增加了以下四个模块。

（1）“教学互动”模块：通过该模块可将注意力不集中的学生拉回到课堂；

（2）“想一想”模块：通过该模块可启发学生思考，使其深入理解所学知识；

（3）“案例透析”模块：通过该模块可使学生联系真实案例对所学知识进行检验；

（4）“视野拓展”模块：通过该模块可将抽象、生涩的知识进行直观化和形象化处理，以激发学生的学习兴趣，调动其主动学习的积极性。

本次修订，我们尽力避免了对理论内容的堆砌，希望通过一事一例、一事一问或一事一题的方式，使知识更容易被学生学习和掌握。

全书共有近千道习题可供学生课后对所学知识进行巩固和复习。

本书配有电子课件、课程标准、视频、习题答案、模拟试卷等资料，索取方式参见“更新勘误表和配套资料索取示意图”。

由于编者水平所限，书中不妥之处在所难免，恳请读者不吝批评指正。

编者

2019 年 10 月

目录

绪论……1

【学习目标】……1
一、什么是金融……1
二、金融的功能……4
三、为什么要学习金融学……5
四、如何学习金融学……7
思考题……12

第一章　货币与货币制度……13

【学习目标】……13
【知识框架】……13
【情境导入】……13
第一节　货币的产生与货币形态的演变……14
一、货币的起源……14
二、货币的本质……17
三、货币形态的演变……18
第二节　货币的职能……20
一、价值尺度……20
二、流通手段……20
三、贮藏手段……22
四、支付手段……23
五、世界货币……24
第三节　货币的定义及货币层次的划分……25
一、货币的定义……25
二、货币层次的划分……26
三、货币层次划分的意义……29
第四节　货币制度*……30
一、货币制度的构成要素……30
二、货币制度的演变……33
综合练习题……36

第二章　信用与信用工具……41

【学习目标】……41
【知识框架】……41
【情境导入】……41
第一节　信用的含义及产生……42
一、信用的含义……42
二、信用的特征……43
三、信用的产生及发展……43
第二节　信用形式及作用……47
一、商业信用……47
二、银行信用……48
三、国家信用……49
四、消费信用……50
五、国际信用……50
第三节　信用工具及其特征……51
一、信用工具……51
二、信用工具的基本特征……54
综合练习题……55

第三章　利息与利息率……60

【学习目标】……60
【知识框架】……60
【情境导入】……60
第一节　利息及其计量……61
一、利息的含义与本质……61
二、利息的计算方法……62
三、货币具有时间价值……62
第二节　利率……64

一、利率的概念……64
二、利率的种类……64
三、利率的作用……66
第三节 利率决定理论*……67
一、马克思的利率决定理论……68
二、古典学派的储蓄投资理论……68
三、凯恩斯学派的流动性偏好理论……69
四、可贷资金利率理论……70
综合练习题……71

第四章 金融机构与三大支柱……76

【学习目标】……76
【知识框架】……76
【情境导入】……76
第一节 金融机构概述……77
一、金融机构的划分……77
二、国际性金融机构……80
第二节 银行……82
一、商业银行……82
二、中央银行……82
三、专业银行……83
四、我国的银行体系……84
第三节 保险公司……86
一、保险的定义及基本特征……87
二、保险公司的业务框架……87
三、保险公司的组织形式……88
四、保险公司的业务范围……89
第四节 证券公司……90
一、证券公司的类型……90
二、证券公司的组织架构影响因素……90
三、证券公司的主要业务……92
综合练习题……95

第五章 商业银行与派生存款……100

【学习目标】……100
【知识框架】……100
【情境导入】……100
第一节 商业银行的产生及经营原则……101
一、商业银行的产生……101
二、现代商业银行的发展趋势……103
三、商业银行的经营原则……106
第二节 商业银行的性质、职能及组织结构……108
一、商业银行的性质……109
二、商业银行的职能……110
三、商业银行的外部组织形式……111
四、商业银行的内部组织结构……113
第三节 商业银行的负债业务与资产业务……115
一、商业银行的负债业务……115
二、商业银行的资产业务……119
第四节 商业银行的派生存款与表外业务……123
一、商业银行的原始存款与派生存款……123
二、商业银行创造派生存款的条件……124
三、存款货币的创造过程……124
四、商业银行创造派生存款时的制约因素……125
五、商业银行的中间业务与表外业务……126
综合练习题……129

第六章 中央银行与货币政策……134

【学习目标】……134
【知识框架】……134
【情境导入】……134
第一节 中央银行的性质与职能……135
一、中央银行的产生和发展……135
二、中央银行的类型和结构……137
三、中央银行的性质……138
四、中央银行的职能……138
第二节 中央银行的主要业务……140
一、中央银行的负债业务……140
二、中央银行的资产业务……142
三、中央银行的其他业务……143
第三节 中央银行的货币政策目标……144

一、货币政策的最终目标……144
二、货币政策的中间目标……146
第四节 中央银行的货币政策工具及传导机制……147
一、一般性货币政策工具……147
二、选择性货币政策工具……149
三、其他货币政策工具……150
四、货币政策的传导机制……151
综合练习题……152

第七章 货币供求均衡与通货膨胀……157

【学习目标】……157
【知识框架】……157
【情境导入】……157
第一节 货币需求……158
一、货币需求的含义……158
二、货币需求理论……158
三、影响我国货币需求的主要因素……162
第二节 货币供给……164
一、货币供给的含义……164
二、货币供给量……164
三、货币供给机制……165
第三节 货币均衡……169
一、货币均衡与失衡……169
二、通货膨胀……169
三、通货紧缩……171
综合练习题……173

第八章 金融市场与衍生金融工具……178

【学习目标】……178
【知识框架】……178
【情境导入】……178
第一节 金融市场概述……179
一、金融市场的含义……179
二、金融市场的构成要素……179
三、金融市场的地位与功能……181
四、金融市场的融资方式……182
五、金融市场的分类……182
第二节 货币市场与资本市场……183
一、货币市场……184
二、资本市场……186
第三节 衍生金融工具*……188
一、金融工具的价格……188
二、金融工具的收益率……190
三、常见的衍生金融工具……192
综合练习题……196

第九章 外汇与国际收支平衡……200

【学习目标】……200
【知识框架】……200
【情境导入】……200
第一节 外汇与汇率……201
一、外汇的含义……202
二、外汇的种类……202
三、外汇的功能……204
四、汇率及其标价方法……204
五、影响汇率变动的因素……206
第二节 国际收支……207
一、国际收支的含义……207
二、国际收支平衡表……208
三、国际收支不平衡……211
四、国际收支不平衡的原因和影响因素……212
五、国际收支的调节……213
第三节 国际货币体系……214
一、国际货币体系的概念……214
二、国际货币体系的发展和演变……215
三、现行国际货币体系——牙买加体系（浮动汇率制度）……216
综合练习题……217

第十章 金融风险与金融监管……222

【学习目标】……222
【知识框架】……222
【情境导入】……222
第一节 金融风险与金融危机……223
一、金融风险的含义和特点……223
二、金融风险的分类……224
三、金融风险的影响……226

四、债务危机与金融危机……226
第二节　金融监管……227
一、金融监管的含义……228
二、实施金融监管的必要性……228
三、我国金融监管的现状……229
第三节　金融监管的国际合作（《巴塞尔协议》）……230
一、资本金概述……230
二、《巴塞尔协议Ⅰ》：统一监管、公平竞争……232
三、《巴塞尔协议Ⅱ》：全面监管、激励相容……236
四、《巴塞尔协议Ⅲ》：审慎监管、多元补充……239
综合练习题……240
主要参考文献……246
更新勘误表和配套资料索取示意图……247

绪 论

【学习目标】

知识目标

了解金融、金融机构、金融市场的含义；了解银行、证券、保险的含义；理解金融的作用；掌握学习金融基础知识的方法。

能力目标

能够解读银行、证券、保险的联系和区别；熟悉金融在现代经济社会中的作用。

金融业是现代经济社会中最具魅力的行业之一，它为人们提供了各种投资与融资工具。发达的金融市场既为资金需求者提供了“取之不尽，用之不竭”的金融资源，也为金融投资者提供了发财致富的机遇，而金融泡沫、金融风险和金融危机也使无数人的美梦破灭，甚至倾家荡产。

如今，人们的生活一刻也离不开金融，金融影响着人们生活的方方面面。人们的衣食住行、工作学习、休闲娱乐都离不开金融，社会生产、商品流通、经济发展和经济稳定也离不开金融，社会就业、企业经营、政府管理和维护社会稳定同样也离不开金融……

金融已成为现代经济的核心。因此，我们学习金融具有十分重要的意义。

本章作为金融学的开篇，就是要勾勒出一幅清晰的金融框架，帮助同学们正确理解金融的内涵和基本范畴，解决如何提高同学们学习效率的问题，为同学们提供学好金融基础知识的方法和思路，为同学们深入学习金融知识打好基础。

一、什么是金融

金融的内容非常丰富，它囊括了银行、保险和证券等多个领域。金融的具体内容可概括为货币的发行与回笼，存款的吸收与偿付，贷款的发放与回收，金银、外汇等的买卖，有价证券的发行与转让，保险、信托和国内国际的货币结算等。

（一）金融的内涵

金融（Finance），顾名思义就是资金融通。资金融通是金融的本质属性。资金融通的主要对象是货币和货币资金，主要方式是有借有还的信用方式，主要渠道是金融机构。

广义的金融泛指一切与信用货币的发行、保管、兑换、结算（货币流通）和融通（信用活动）有关的经济活动；狭义的金融专指信用货币的融通（见图 0.1）。

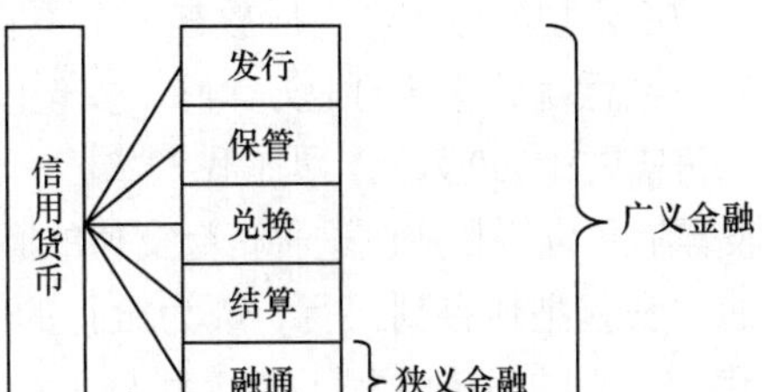

图 0.1 广义金融与狭义金融

事实上，真正的金融技术和种植技术、畜牧业技术、造船技术没有本质的区别，都是人类为了自身利益的考量，发展出来的技术而已。

火灾保险是大家都很容易理解的金融形式。例如，若某个人购买了火灾保险，倘若他的家中不幸遭受了火灾，他就能从保险公司得到一笔赔偿。这笔赔偿的金额往往会超过其支付给保险公司的钱。

就这一笔交易而言，保险公司是亏损的，然而没有遭遇火灾的人是大多数。这些人所交的保费的总额只要超过保险公司理赔的金额，则总体上保险公司还是赚钱的。

保险公司需要做的是测算风险，测算出发生火灾的概率有多大。这里，保险公司利用了大数定律来给自己创造利润。对于保险公司而言，要赚取利润；对于每一个投保的个体而言，能够规避风险是真实的需求。于是对于整个社会来说是各取所需。

可见，签订保单和制造机械是一样的：工厂利用力学原理来生产机械产品；保险公司通过专业风险测算，利用了大数定律所昭示的规律，创造出保险产品。虽然整个过程中保险公司并没有生产出什么实物来，但所有投保人都受益了。

（二）金融机构

金融机构（Financial Institution）是指从事金融服务业有关的金融中介机构。我们在银行的存款，隔壁李大爷昨天买的股票，对门王阿姨买的国债，甚至是企业职工交的养老保险与住房公积金，这些都是资金供给。而金融机构得到这些钱之后，贷给资金需求方，完成金融配置资金的过程。也就是说，金融机构是通过市场把资金像输血一样输送到能发挥它最大价值的地方。

金融服务业包括银行、证券、保险、信托、基金等行业，与此相对应，金融机构也包括银行、证券公司、保险公司、信托投资公司、基金管理公司等，其中银行、证券和保险是金融业的“三驾马车”或称“三大支柱”（见图0.2）。

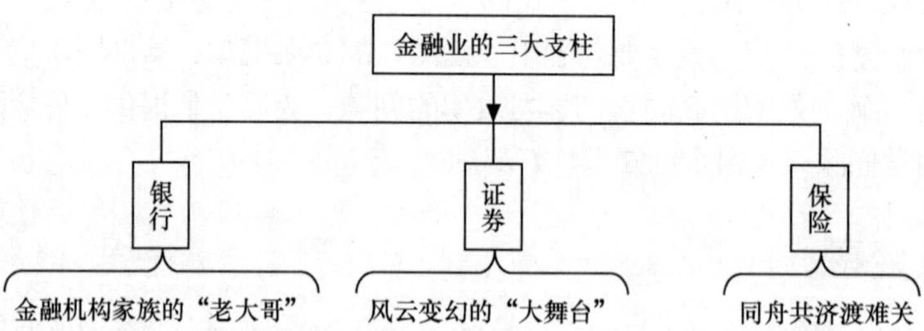

图0.2　金融业的三大支柱

1. 银行

银行是依法成立的经营货币信贷业务的金融机构。银行的作用是保证资金安全和结算方便。钱放在家里不够安全，应放在一个不容易被水冲、不容易被火烧、不容易被人偷的更安全的地方，银行就是这样的地方。除了安全以外，通过银行还能使资金结算更加方便。比如说，我们买房需要1 000万元，可是我们拿着一大麻袋现金既不安全又不方便，而通过银行转账或者使用支票就可以轻松解决这种资金支付的问题。

我们把钱存到银行，成为银行的储蓄客户，而银行向我们支付一定的利息。这就完成了我们个人的投资过程（追求利息）和银行的融资过程（获得资金的使用权）。银行把储蓄客户的存款借给需要钱的个人和企业使用，就完成了银行的投资过程和贷款者的融资过程。银行收取贷款者的利息扣除支付给储蓄客户的利息后，就获得了自己的利润。利息差是银行利润的主要来源。

2. 证券

通俗地说，如果把证券看作瓜果蔬菜，那么证券交易所就相当于菜市场（负责股票的上市发行），证券公司则是菜贩，中国证券监督管理委员会（以下简称证监会）是城管+警察，负责管理那些占道摆摊、欺行霸市等干扰市场的不法行为，而证券业协会负责的是交易的后勤保障及环境卫生等。

企业需要持续不断地获取资金。企业获取资金的方法（即融资）主要有债权融资（比如向银行贷款，必须还本付息，一般需要抵押物或担保）和股权融资（比如发行股票，企业不需要偿还本金和利息，而股东的资本金一般不许随便抽逃）。

一个企业发行股票的大致过程如下。企业经过相关法律程序获得上市资格；承销商（如证券公司）承销股票；投资者（包括机构投资者和个人投资者）申购股票。比如，某上市公司发行10亿股股票，发行价格为每股21元，就等于融资210亿元。这笔资金减去各种费用后就进入该上市公司的账户，成为公司的股东资本和资本公积，作为企业资产供企业经营使用。无论机构投资者（比较大的股东），还是个人投资者（小股东），都不能向企业（上市公司）要回股权投资，只能通过资本市场转让股票。如果上市公司经营得好，公司给股东分红，就相当于股东投入资金的利息；如果上市公司破产，公司优先偿付的是债务（税款、银行贷款），然后才是股东的利益。破产清算后，公司往往都不会有多少剩余资产，而因为公司一般承担的是有限责任，所以即使是公司资不抵债，也不需要股东偿还债务，股东的最大损失额度就是其投入的资金。

股票的买卖是股东股权的转让，跟上市公司并不直接发生关系，对上市公司的经营也没有直接影响。股票价格的波动影响上市公司的市值，而不影响公司的实际资产质量。当然，公司的资产质量会影响公司股票的价格走势。

证券行业的主要利润来自投资者（投资机构或者股民）交易各类证券的手续费。在成熟的证券市场中，证券行业也有别的利润来源，如业务的咨询、自营投资取得利润等。

3. 保险

保险最初的目的是为投保人提供稳妥可靠的保障，后来演变成为一种保障机制，成为投保人用来规划财务、规避风险的一种金融工具。保险是市场经济条件下风险管理的基本手段，是金融体系和社会保障体系的重要支柱。

按照保险公司的发展规律，保险公司的盈利来源主要有两个：一是业务盈利，即承保盈利；二是投资盈利，即资金运用盈利。从保险业的发展趋势来看，承保盈利部分越来越小，资金运用盈利部分越来越大，保险业务的发展已开始显现出从保险公司的盈利中心向资金中心转化的趋势。

随着业务的发展，保险公司具有了强大的融资能力（续期保费的收入），即拥有大量的可投资资金。这就造就了保险公司在资本市场的地位，使其成为举足轻重的机构投资者，甚至号称“第二银行”。

（三）金融的主要构成要素

金融的构成要素是金融营销的主体、金融营销的客体以及金融市场。

1. 金融营销的主体

金融营销的主体是指金融市场上的金融机构，主要有商业银行、保险公司、证券公司、基金管理公司、信托投资公司等。

2. 金融营销的客体

金融营销的客体是金融产品。金融产品的概念有广义与狭义之分，广义的金融产品包括金融机构提供的各类金融工具及各种金融服务，狭义的金融产品是指由金融机构提供的各类金融工具。

目前的金融产品可以分为两大类：一类是基础金融产品，另一类是衍生金融产品。基础金融产品包括存款、贷款、黄金、外汇、票据、股票、债券、信托及租赁等；衍生金融产品是在基础金融产品上派生出来的，包括期货、期权、远期、掉期、互换等。

3. 金融市场

金融市场即资金融通的市场，它是资金供应者和资金需求者通过交易金融工具进行融通资金的场所。

金融市场按照期限长短可以分为货币市场和资本市场。货币市场是短期资金市场，是指交易 1 年以内金融工具的金融市场，货币市场包括同业拆借市场、国库券市场、票据市场、大额可转让定期存单市场、短期信贷市场及回购协议市场等；资本市场是长期资金市场，是交易 1 年以上金融工具的金融市场，资本市场主要包括股票市场和债券市场。

按照功能，金融市场可以分为一级市场和二级市场。一级市场也被称为“发行市场”，是金融机构首次出售金融工具给公众时形成的市场；二级市场也被称为“流通市场”，是已发行金融工具交易的场所。

二、金融的功能

1. 金融是资金的跨时间融通

例如，某城市的平均房价为 1.5 万元/平方米。一个刚毕业不久的年轻人一个月的工资是 5 000 元，如果他不使用银行提供的按揭贷款，需要多久才能拥有一个可以遮风挡雨的小屋呢？假设他没有任何开销，工资不变化，每个月的工资全部存下来买房，那么他购买一套 50 平方米的商品房需要 12.5 年。

由于有银行这类金融机构的存在，刚踏入社会的年轻人就可以通过按揭贷款这一金融产品来买房。对于他们而言，这些钱的来源是什么呢？不难理解，实际上是买房人未来的收入。也就是说，他们是把自己未来的收入提前花掉了。

投资股票就是投资者把钱投给某公司使用，若在一定时期后，该公司的股价上涨了，则投资者所投资的钱就升值了。投资者如果需要使用资金，可以通过出售股票来获得资金。这等于是投资者把自己的资金转移到一定时期以后再用。

由此可见，按揭贷款和投资股票都是跨时间的资金融通。

2. 金融是资金的跨空间分配

如果没有银行，我们赚的钱要怎么存放？恐怕我们只能找个袋子，把现金装起来压到箱子底，或者放在一个坛子里，埋在自家的后院。这会带来两个问题：一是不安全，二是不能增值。

假设苹果公司创业初期，新推出的产品没能打开市场，导致公司资金周转困难，没有足够的资金进行进一步的研发与设计。假设当时没有金融机构，苹果公司借不到钱，最终它倒闭了……那么世上可能就不会有 iPhone 与 Mac 了。

如果有银行或资本市场，那么不管是有钱求增值的个人，还是没钱愁经营的公司，都能解决自己的问题。前者可以将钱存在银行，由银行支付利息来保值增值，或者可以直接买公司的股票或债券来赚钱，增值的问题就解决了。后者则可以通过贷款、上市、发债等诸多手段来获得资金，保证企业的发展与进步。资金从前者转移到后者，由后者来使用并创造利润，这就是金融的价值。

中国的公司到美国的证券交易所发行股票筹集资金，是跨越了更大空间（跨国界）的金融活动。

3. 金融降低了全社会的风险

假如你买了一辆车，没有买保险，你敢不敢上路？万一你撞了别的车，所有的赔偿都要自己支付：如果蹭了一辆奔驰，则一两个月的工资就没了；如果蹭了一辆法拉利，则可能就直接破产了。

保险公司通过车险这一金融产品，把每位购车人的风险积聚在了保险公司，如果购车人发生了交通事故，可由保险公司赔付。虽然对于购车人而言，什么时候发生交通事故、发生多严重的交通事故，完全是不可预测的。但对于全社会而言，每年发生大大小小的交通事故有多少起，发生的交通事故大概有多严重，基本存在一定的概率，而这些概率是可以事先预测和评估的。那么，对于购车人而言，通过购买车险这一金融产品，将交通事故带来的经济损失的风险转嫁给了保险公司；对于保险公司而言，通过车险这一金融产品能赚到稳定的利润；对于全社会而言，人民生活变得更加有保障。

4. 金融的价值，类似水循环在自然界中的作用

金融是货币资金的融通。这种融通如同水的循环。水有液态、气态和固态三种形式，而资金就像水分子。水汇聚成湖泊和海洋，有水的地方就有万物生长。就像人们把资金存入银行成为存款，银行再为人们提供贷款服务，提供现金流的支持。

水蒸气的流动性好，但却是无形的，其通过大气系统可以在全球范围快速进行热量的交换。股市、汇市、债市等就像天气系统，在金融市场快速配置资金。冰的流动性最差，但能长期保存水分。黄金、定期存款、长期债券、固定资产、不动产等和冰类似。冰川是河流的源头，就像固定资产、不动产可以通过金融机构的产品转化为流动资金，把原来难以流动的资产，变成可快速流动、变现和升值的资金。

三、为什么要学习金融学

> **视野拓展**
>
> 推荐读者观看本书配套电子课件中“金融的作用”相关视频，了解金融在经济中的重要作用。

金融只是工具，如同警察手里的枪、“码农”面前的计算机一样。我们讨论一种工具是否有意义，主要是看这种工具会产生怎样的社会效果和影响。

如果我们把社会比作人体，把各类经济主体比作器官，那么金融就是血液。从表面上看，维持身体的正常运转主要靠各个器官，但是，如果没有血液积极地为人体的各个器官输送养分、运走废物，那么这样的身体势必是不健康的。

金融是现代经济的核心，没有金融就没有现代经济。学习金融知识、研究金融问题，是我们提高自身素质、提高经济工作水平的迫切需要。

在国内，金融连接着各部门、各行业、各单位的生产经营，联系着每个社会成员和千家万户，是国家管理、监督和调控国民经济运行的重要杠杆和手段；在国际上，金融是实现国际政治、经济、文化交往的纽带，也是国家之间进行国际贸易、引进外资、加强国际经济技术合作的保障。

1. 学习金融学可以为深入学习各门经济类课程奠定理论基础

金融学属于高职高专院校金融专业的核心课程，同学们在学习该课程后能了解现代金融学的基本框架，掌握相关概念、重要原理和关键技术，为进一步学习其他经济类专业课程打下基础。本课程还能培养学生运用金融知识解决实际问题的能力。

不仅如此，由于货币、信用、银行等金融因素已经渗透到现代经济生活的方方面面，因此，其他经济学科都会涉及金融学的基本概念、基本知识和基本原理，也都与金融学的理论相关联，如经济学、财政学、会计学、国际贸易等，所以学习和掌握金融学的基本理论对于非金融专业的学生也是非常必要的。

2. 学好金融知识表明你掌握了一种职业技能

（1）金融业仍然是未来若干年内最热门的行业之一。我国的金融业处于快速发展时期，中资金融机构和外资金融机构都需要大量的金融人才。金融专业人才拥有很大的就业市场，掌握金融基础知识是在银行、保险、证券等领域就业的前提，是信贷经理、客户经理、业务主管、服务专员、信贷顾问、精算师、代理人等岗位的基本要求。不管是在政府宏观经济调控部门工作，还是在金融机构从事具体业务工作，我们都必须学好金融基础知识、掌握基本技能。

（2）在我国，20 世纪末 21 世纪初，金融是一个特别“高大上”的词语。这个词语，仿佛只和索罗斯、巴菲特这样的大亨沾边，只和上海陆家嘴、北京金融街的专业金融人士相关。而现在，金融知识已经变成了一种生活技能，是每一个家庭、每一个人都需要了解和掌握的基本生活知识，在“下得了厨房”“杀得了木马”之外，还应再加上一句话“算得清利率”。

比如，如何来保护家庭财富？在银行的理财柜台前，在商场的门口，我们经常都看到印着各种各样的金融产品介绍的小册子。乍看起来，这些金融产品让人心动，但是一般人都看不出这些金融产品背后的风险。如果我们追问：这个产品的收益能保证吗？理财师们只会说，我们的预期收益是……其实，我们的疑问并没有得到回答。

掌握一定的金融知识，可以帮助我们寻找投资机会，规避投资的风险，使我们的财产得到保值和升值。

3. 学习金融知识可以培养经济学思维

从本质上来讲，培养经济学的思维，就是培养更好地理解人、理解世界的思维。

在现代经济社会中，货币、信用、金融机构、金融市场、金融总量、金融调控与监管、国际金融、金融稳定与发展等这些金融学的基本知识，占有极其重要的地位。有果必有因，经济现象的产生必然会有前兆，而经济现象一般会带来经济形势的变化。只有通过学习金融学，我们才能掌握这些金融范畴的基本知识和方法，并进而从这些经济现象去分析和研究可能产生的结果，再通过现实来验证我们的推断。这样可以大大提高我们的逻辑思维能力。

> **视野拓展**
>
> 中国金融
> 人才发展报告

此外，学好金融学能帮助我们找到聊天的话题，如就业、股票、房子、利率、汇率、通货膨胀、人民币升值等问题；学好金融学还可以帮助我们深刻了解国家出台的经济政策，让我们生活得明明白白。

四、如何学习金融学

金融学是一门理论性较强的课程，因此，许多学生在学习这门课程的时候会感觉到力不从心或抓不住重点，往往事倍功半。同学们要想在学习这门课程的过程中有效地抓住重点和难点，就需要掌握一定的学习技巧和方法。下面先了解一下本书的结构框架、学时分配和具体的学习方法。

（一）本书的结构框架

本书的涵盖面很宽，凡与金融相关的范畴几乎都包含在内。

本书金融基础知识的结构框架如图 0.3 所示，可以概括为“三个支柱，一个空间，上有调控，外有扩展”。

“三个支柱”，是指货币、信用和金融机构。它们是支撑整个金融学的三个基本范畴。

“一个空间”，是指金融市场。在市场经济体制中，货币的运动和各种信用活动都是在金融市场中进行的，以银行为代表的各种金融机构的经营活动也离不开金融市场。货币、信用、金融机构的市场活动构成了微观的金融运作，在金融发展的早期，金融学的范畴仅此而已。

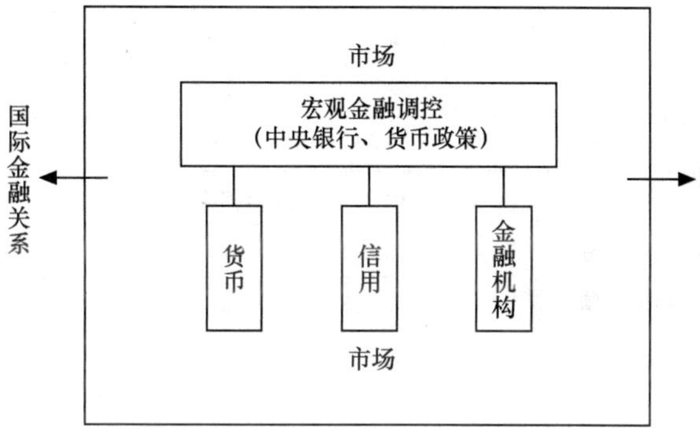

图 0.3　金融基础知识的结构框架

“上有调控”，是指政府的货币政策、政府对金融市场的监管等与宏观金融调控相关的范畴。这些范畴构成了宏观的金融运作，是金融发展到一定阶段后才出现的，并随着金融的发展而不断完善，成为现代金融和现代经济体系不可或缺的重要部分。

“外有扩展”是指国际金融关系，如国际收支、外汇、汇率等。这些范畴最初产生于国际贸易之中，是随着商品生产和流通的国际化、经济发展的国际化而不断发展充实的。

本书的内容框架如图 0.4 所示。

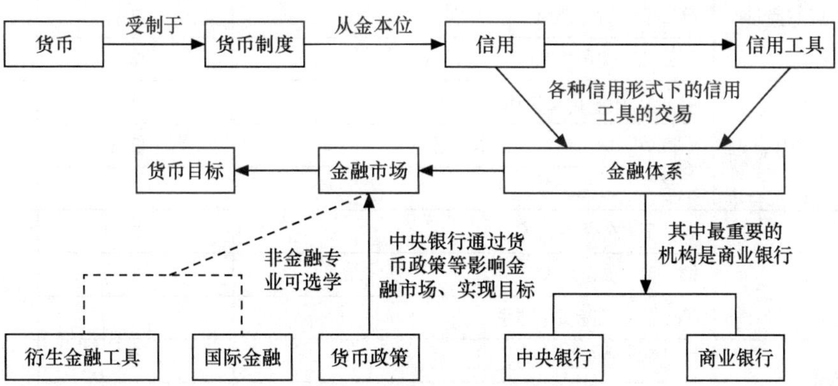

图 0.4　本书的内容框架

（二）学时分配

学习本书的学时分配见表 0.1。

表 0.1　学时分配

学习内容		学时分配	
		课堂学习（学时）	课外最少学时
第一章 货币与货币制度	第一节　货币的产生与货币形态的演变	1	2
	第二节　货币的职能	2	
	第三节　货币的定义及货币层次的划分	1	
	第四节　货币制度	2	
第二章 信用与信用工具	第一节　信用的含义及产生	1	2
	第二节　信用的形式及作用	1	
	第三节　信用工具及其特征	2	
第三章 利息与利息率	第一节　利息及其计量	2	2
	第二节　利率	1	
	第三节　利率决定理论	2	
第四章 金融机构与三大支柱	第一节　金融机构概述	2	2
	第二节　银行	2	
	第三节　保险公司	2	
	第四节　证券公司	2	
第五章 商业银行与派生存款	第一节　商业银行的产生及经营原则	2	4
	第二节　商业银行的性质、职能及组织结构	2	
	第三节　商业银行的负债业务与资产业务	2	
	第四节　商业银行的派生存款与表外业务	2	
第六章 中央银行与货币政策	第一节　中央银行的性质与职能	2	1
	第二节　中央银行的主要业务	2	
	第三节　中央银行的货币政策目标	2	
	第四节　中央银行的货币政策工具及传导机制	2	
第七章 货币供求均衡与通货膨胀	第一节　货币需求	2	1
	第二节　货币供给	2	
	第三节　货币均衡	2	
第八章 金融市场与衍生金融工具	第一节 金融市场概述	2	1
	第二节　货币市场与资本市场	2	
	第三节　衍生金融工具	2	
第九章 外汇与国际收支平衡	第一节　外汇与汇率	2	1
	第二节　国际收支	3	
	第三节　国际货币体系	2	
第十章 金融风险与金融监管	第一节　金融风险与金融危机	2	1
	第二节　金融监管	2	
	第三节　金融监管的国际合作	3	
机动课时		2	1
总课时		72	18

（三）掌握正确的学习方法

1. 以点带面法

金融学基础涉及的主要知识点有货币、信用、利率、金融机构、金融市场等。这些知识点在本书中起统领全局的作用，各章各节均围绕这些知识点展开。在学习过程中，我们可以抓住某一知识点逐步深入，以学懂与此主题有关方面的知识。例如，在学习“货币”这一知识点时，就可以进行图 0.5 所示的分解，以一个知识点——货币带动一个面，深入地进行相关学习。

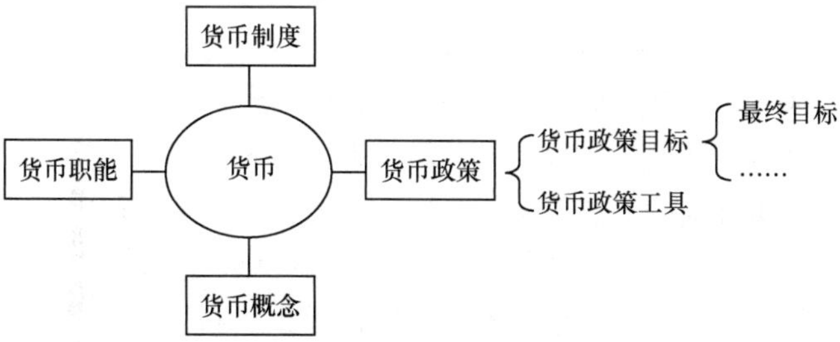

图 0.5　货币的相关知识点

2. 比较分析法

金融学基础知识涉及大量的定义和概念，其中，许多概念之间存在着对应关系，如银行信用与商业信用、名义利率与实际利率等。我们将这些概念联系起来进行比较分析，一方面容易牢记，另一方面在分别掌握其含义的同时，还能弄清它们之间的关系，一举两得。

比较分析法同样还可以运用到各章节的学习中，如商业银行与中央银行的性质、职能、组织形式的对比分别见表 0.2～表 0.4。通过对比，我们可对需要掌握的学习内容有较为清楚的认识。

表 0.2　商业银行与中央银行的性质对比

商业银行	中央银行
追求利润	不追求利润
特殊的金融机构	地位超然
经营对象特殊	调控经济

表 0.3　商业银行与中央银行的职能对比

商业银行	中央银行
信用中介	发行货币的银行
支付中介	银行的银行
信用创造	政府的银行
金融服务	—

表 0.4　商业银行与中央银行的组织形式对比

商业银行	中央银行
分支行制	一元式中央银行
单一银行制	二元式中央银行
银行控股公司制	准中央银行制
连锁银行制	跨国中央银行制

3. 普遍联系法

本书中，每章都有需要掌握的基本概念、基本理论和基本要素等。它们之间表面上没有太多的直接联系，但我们在学习时仍可运用普遍联系法进行分析。例如，关于各要素对经济发展产生何种影响的问题、第一章的货币的发行、第三章的利率、第五章的商业银行、第六章的中央银行、第七章的通货膨胀等。若从不同的角度探讨不同要素对经济发展的各种影响，并将它们联系起来进行分析，我们对这门课程的理解就会全面、深刻得多。又如，前面谈到的几个本书的主要知识点，它们虽然看起来是相互独立的，但它们之间也存在着逻辑联系，如货币与信用的关系、商业银行与中央银行的关系等，这些都是我们需要认真理解和掌握的。

总结与说明：我们要想学好、学透金融学就需要进行大量的知识积累，而掌握正确的学习方法会给我们带来事半功倍的学习效果。以上简单介绍的几种学习金融学的方法，希望能对广大读者的学习有所帮助。

（四）以科学的思维方式进行学习

1. 以辩证的思维分析问题

我们在学习中要尽量避免非黑即白、非对即错的两极式绝对化思维方式，要遵循社会科学发展的规律，坚持真理的相对性，在此条件和此环境下的相对真理，放到彼条件和彼环境下未必是真理。一般来说，金融学中所概括的基本原理和对规律的认识，通常只符合大数定理，即符合大多数情况，代表一种趋势或倾向。这一点与自然科学有所不同。这主要是因为自然科学的研究对象是整个自然界，即自然界物质的各种类型、状态、属性及运动形式；而社会科学是研究人类社会现象（人类社会的形态、结构、性质及发生、发展规律等）的科学，其研究者对研究对象做出价值判断的时候，总是随着时代的变化而变化，进而使得社会科学的内容具有鲜明的时代特征。由于社会科学研究对象的不确定性，因此我们既不能因为存在例外而否定基本原理，也不能用某个理论去解释一切。

2. 养成具体问题具体分析和辩证看待问题的习惯

检验经济学家的理论、政策主张的唯一标准是社会实践，也就是经济发展的最终效果。但由于社会科学的特殊性，检验的时滞很长，即从最初理论的付诸行动到出现最终结果之间有很长的时间滞后性，在这期间的初始状况和最终的结果很可能不一致，因此，人们在检验其真理性时并不能简单直接地得出结论。

例如，我们在研究通货膨胀对经济发展的影响时，就要辩证地看待问题，如果从通货膨胀初期带来短暂繁荣的效果出发，我们会得出一个通货膨胀有利于经济发展的结论；但若从长期来看，会造成经济混乱和衰退这个最终结果我们就会得出通货膨胀不利于经济发展的结论。因此，经济和金融问题是非常复杂的，这也正是金融学的魅力所在。我们研究金融问题需要用各种科学的思维方式和分析方法，如静态与动态的分析，存量与流量的分析，事前、事中和事后的分析，长期和短期的分析等，不可抓住一点而不顾其余。

3. 在掌握基本知识的前提下，用发展的眼光、动态的观念来学习金融学

金融学的研究对象是在不断发展变化的，对于各种金融要素及其之间的关系、运行规律，人们会有一个逐步深化、逐步接近客观真理的认识过程，所以人们对金融学的探讨研究也是无止境的，人们对金融学范畴的认识也在不断地深化。因此，我们要用发展的眼光、动态的观念来学习金融学。同学们在学习中应该自己去查阅相关的文献资料，从新情况、新素材中去发现问题，用所学的知识去分析问题和解决问题。

应该说，金融学中的许多问题到目前为止还没有定论。本书中涉及的各种理论、观点及各种范畴的关系等，都只是大多数人已有的共识而已。可以毫不夸张地说，金融学中几乎所有的问题都是有争论的，而且有的问题还争论得很激烈。因此，同学们在学习过程中，需要在把握共识的基础上，了解主要的争论点，树立多元化的思维方式。这样才能激发讨论和研究问题的兴趣，也才能把金融学的学习引向深入。当然，同学们学习的重点和前提还是要放在基本共识上，掌握金融学的基本知识和这些知识的内在联系是学习的首要任务。如果同学们连金融学的基本原理和基本概念都还没有把握好，就急于切入问题的争论中，那么对金融

学的学习就弊大于利了。

4. 认清金融和实体经济的关系

虽说金融是现代经济的核心，但我们也应认清金融和实体经济之间的关系。金融最终的目的还是要服务于实体经济。两者相互促进，不可偏废。翻开历次金融危机的历史，都能找到金融业脱实向虚、泡沫滋生的影子。打一个比方，实业生产好比是汽油，是保证整个经济机器运转的能量源泉。而金融好比是润滑油，能起到减少经济机器的摩擦与磨损的作用，金融通过对现有资源进行重新整合之后，实现价值和利润的等效流通，帮助人们在不确定环境中进行资源跨期的最优配置，从而实现资金融通、风险分散和分工管理。如果没有“润滑油”，经济机器依然能运转，但“汽油”的燃烧效率会大打折扣。而如果大量的资源涌入金融业，做实业的人越来越少，则这个经济机器是不能持续运转下去的。机器要想运转得好，使用“汽油”和“润滑油”的比例必须是恰当的。

金融植根并服务于实体经济。这也必然要求金融专业的学生不能只局限于金融领域，还应该放宽眼界，拓宽知识的广度。

5. 开动脑筋分析和思考问题

在学习金融学的基本知识和基本原理的基础上，同学们要开动脑筋分析和思考问题，去探寻科学的方法和解决问题的途径，死记硬背或机械、僵化地学习是不可取的。现实中，很多金融学方面的问题，是很难从书本上直接找到答案的，即使有答案，也可能是不完全或抽象的。同样，我们在分析问题时也不要简单地肯定或否定，而要多问几个为什么，只有勤于思考，才能从没有直接答案的论述中领悟到分析问题的方法和解决问题的途径。客观地说，金融学除了介绍一些基本知识外，主要为大家提供一些研究问题的思路、剖析问题的方法，而不是直接给出问题的答案。所以，同学们在学习中不要以找答案为目标，而要注重掌握认识问题、分析问题、解决问题的思路和方法。

（五）养成良好的学习习惯与方法

1. 自学与课堂学习相结合，以自学为主

教师的讲授、辅导与答疑等方式都是辅助性的，目的只有一个，就是帮助学生理清思路、掌握要领、抓住重点、解决难点，是为学生能更好地自学提供帮助的。学习金融学最主要还是要靠学生自学，靠学生自己去读书、领会、掌握和运用。自学的能力是培养出来的。这是一种受益终生的能力，因为随着形势的发展，同学们终生都需要不断地学习，不可能永远有老师教，而只能靠自己自学。因此，培养学生的自学能力是非常重要的。只要坚持正确的理论指导和科学的方法，自学中遇到的困难都是可以克服的。

2. 理论与实际相结合

学习金融学要与现实相结合，同学们要经常阅读报刊，关注新闻，关心时局和经济金融问题，特别是要关注热门的经济问题。这些都有助于提高同学们的学习热情和兴趣。例如，为什么我国在内需不足时要启用相应的货币政策？为什么我国金融机构要推广消费信贷？人民币汇率究竟应该升值还是贬值？同学们带着这些问题去学习货币、信用、商业银行、中央银行、货币供求和货币政策等相关章节，可以更深入地理解所学的内容，也能很好地解释现实问题，使学习事半功倍。

3. 课堂学习和课后阅读相结合

课本不是教学的全部内容。现代信息技术已越来越表现出其巨大的优势，信息技术的应用场景越来越广泛，互联网上有海量的信息资源。因此，同学们可以在互联网中获取大量、丰富、有效的信息资源，弥补书本知识的不足。

（1）在学习中可以利用如“百度”等搜索引擎的搜索功能，找到我们需要的信息。

（2）随着我国经济的快速发展，金融市场日新月异。同学们应该紧跟时代步伐，及时汲取新的营养。建议同学们收藏以下这些网站：新浪财经、搜狐财经、雅虎财经、腾讯财经、网易商业/财经、金融界、和讯网、中国金融网、中国证券网、东方财富网、中金在线、财经网、财新网等。

虽然我们通过互联网能获得非常多的学习资料，但还要注意，通过互联网获得的素材很多是碎片化的资料，并不系统，而且差错率比较高。这就需要我们有相当的知识储备，才能更好地甄别从互联网上得到的信息是否可靠。因此，同学们应在系统学习本书所介绍的知识的同时，充分利用互联网了解新形势、学习新知识（如课本中未介绍到的知识点）。

4. 接受和探索相结合

对于金融学的基本知识，同学们应以接受为主，不能怀疑一切；对人类已取得的文明成果、带有共性和规律性的知识与原理，同学们应该认真学习，不仅要接受它，还要掌握它、消化它，以便今后能自如地应用这些知识；而对于金融学所涉及的一些问题，则需要有一种实事求是的精神，勤于思考、勇于探索，我们不必拘泥或迷信书本里的某一句话或某位专家的一个观点，而需要应用金融学的基本知识和原理进行分析和思考，培养自己分析问题和解决问题的能力。要综合应用所学知识，既不能割裂各章讨论的内容，也不能忽视与其他专业知识的联系。本书的每一章后都有综合练习题，同学们应认真完成课后作业，在做题时尽可能做到联系实际，提高综合分析和解决问题的能力。

思 考 题

1. 保险业将个体的风险集中起来的做法有社会价值，比较容易理解，为什么说金融市场上分析 K 线图、进行买空卖空交易的行为对社会也有益？

2. 请指出银行、证券、保险的不同之处。

3. 请分析图 0.6 的含义。

图 0.6 思考题图示

第一章

货币与货币制度

【学习目标】

知识目标

了解货币的起源、发展及未来的趋势；了解货币制度的发展历史；了解货币层次划分的意义；掌握货币的概念、职能、本质及货币制度的基本内容，为后面的学习打下基础。

能力目标

能够用货币职能的相关理论解释和分析生活中的经济现象；能够对特定货币制度背景下符合格雷欣法则的现象进行正确的评析。

【知识框架】

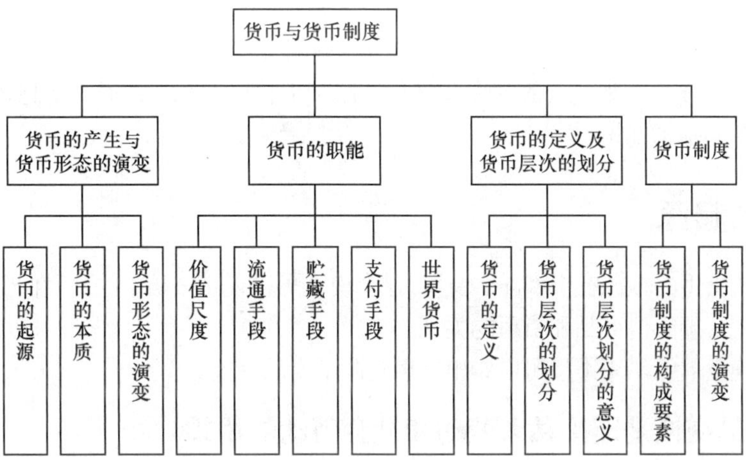

【情境导入】

假设在原始社会时期，一个与世隔绝的岛上有 1 000 多人口。岛上的人们采取以物易物的交易方式，面对面地来获取所需要的物品，各取所需，各得其利。比如，用 100 千克的大米换 1 只成年的羊。

随着人们剩余产品数量的增多和商品交换次数的增加，麻烦出现了。例如，屠夫想吃面包，面包师却不想吃肉，面包师想喝啤酒，酿酒师却不想吃面包，这时，他们之间的交易就很难达成了。

后来，聪明的人想出用一种大家都认可的东西作为交易的媒介（比如盐、贝壳、布匹等）。这样一来，人们的交易又可以顺利进行了。例如，原来需要交易的一方拿 100 千克大米，另一方牵着 1 只羊，按照双方约定的某个时间，在某个地点进行交换，现在不用这么麻烦了，交易的一方直接拿着相应的媒介（一定数量的盐或贝壳等）就可以换取对方的 100 千克大米或 1 只羊了。

随着时代的发展，人们发现用金银做交易的媒介更方便。因为金银的体积更小、价值更大、质地更均匀，而且不容易腐烂，也便于携带、保管和分割。就这样，交换媒介的历史重任就慢慢地固定在金银上了。

于是，金银在很长一段时间内就成为交易的媒介（货币），人们之间进行商品的交换也方便多了。可是，后来人们发现自己手中的金银有时并不足重，有时纯度不够（有人浑水摸鱼用了合金）。这样，铸币就出现了。铸币是由岛上的管理者（国家）来铸造的，其价值稳定，成色、纯度有保证。铸币的出现稳定了货币市场。

受生产力水平及金银等贵金属的储量限制，金银这样的货币数量非常有限，同时大宗交易需要携带大量的金银也很不方便。当交易频繁时，人们发现这些东西太笨重，限制了人们之间的交易。为了解决这个问题，人们想了一个办法，由岛上的管理者（国家）发行一种纸币，用纸币来代替金银，于是现代意义上的货币——钞票就产生了。

金融是现代经济的核心，而货币是金融的源头和基础，也是政府调控宏观经济的工具。

第一节　货币的产生与货币形态的演变

在经济学中，通常谈到的钱就是货币。为什么这种花花绿绿又轻又薄的纸币却能够买到贵重的商品？为什么钱会有如此大的魔力，又是谁赋予了它这么大的神通？要想知道答案，就要学习与货币相关的基本知识。

一、货币的起源

马克思说“货币的根源在于商品本身”。这个说法可以说是一语中的。我们要想弄清货币的起源和本质，就必须弄清商品和货币的关系。

从商品交换发展的历史进程可以看出货币起源于商品交换。

（一）商品交换是连接私人劳动和社会劳动的桥梁

在简单商品生产的阶段，由于生产资料私有制的存在，各个商品生产者的劳动都是他们个人的私事，生产什么、生产多少完全由私人决定，所生产的产品也归私人所有，因此他们的劳动是私人劳动。但同时商品生产的最终目的是为了交换其他的商品以满足自身的需要，这就不得不顾及商品交换对象的需要，因而私人劳动也就具有了社会劳动的性质。由此可见，连接私人劳动和社会劳动的桥梁就是商品交换，如图 1.1 所示。

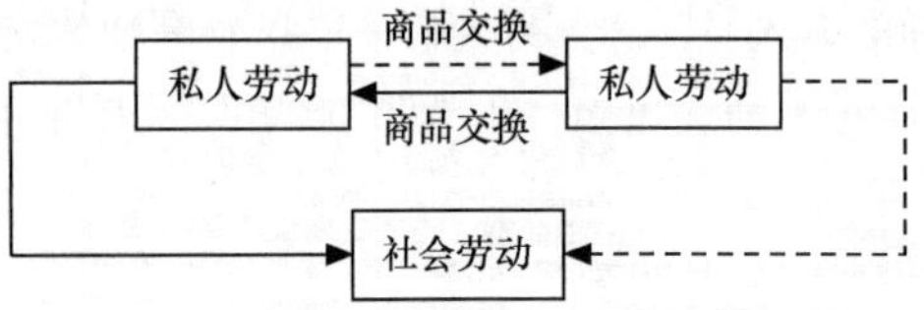

图 1.1　商品交换连接私人劳动和社会劳动

（二）货币是商品交换长期发展的产物

从历史发展的角度来看，商品交换的发展过程可以浓缩为价值形态的演化过程。因为商品的价值是通过交换来表现的，所以，随着商品交换的发展，也就产生了不同的价值形式。

1. 简单的或偶然的价值形式

原始公社阶段的生产力水平很低，可用来交换的剩余产品还不多，交换双方对交换商品的比例既不确定，也不太重视。比如，想用 1 只羊来交换石斧，如果运气不好，遇到了一个只带着 1 把石斧的人，1 只羊就只能换 1 把石斧；如果运气好，遇到了带着 2 把石斧的人，1 只羊就能换 2 把石斧，用等式可表示为

$$1\text{只羊}=2\text{把石斧}$$

这时，1 只羊的价值是通过 2 把石斧来表现的。人们把 2 把石斧看作 1 只羊的价值的代表，将其称为 1 只羊的“等价物”，即 2 把石斧就是 1 只羊的等价物。

就这样，以羊换石斧、以玉米换土豆、以木材换皮货、以刀枪换烟草的简单的物物交换在历史上偶然地出现了。

甲制造了 2 把犀利的斧头，乙射死了 2 只肥壮的野羊。甲只需要其中的 1 把斧头便足够自己砍伐树木，另一把斧头就会闲置；乙一下子也吃不了 2 只羊，另一只羊放长了时间就会腐烂变质。于是，甲乙两人就会自发地用各自多余的其他物品进行交换，这样两人便都有了 1 把斧头和 1 只野羊。试想，假如甲和乙不进行这种交换，则甲的另一把斧头就不能派上用场，乙的另一只野羊也会因腐烂而浪费。

在这种偶然的商品交换中，商品价值的表现也是简单的。因此，一种商品的价值简单地或偶然地由另一种商品来表现的价值形式，就是简单的或偶然的价值形式。

2. 扩大的价值形式

随着生产力的发展，人们的剩余产品增多，可用于进行交换的物品也越来越多，物物交换不断扩大，商品交换的次数越发频繁，一种商品能与其他的几种商品进行交换。如 1 只羊可以交换 2 把斧头、3 只鸡、4 条鱼、5 只野鸭 ……

$$1\text{只羊}=\begin{cases}2\text{把斧头}\\3\text{只鸡}\\4\text{条鱼}\\5\text{只野鸭}\\\cdots\cdots\end{cases}$$

这时，一种商品的价值就不再是偶然地仅由一种商品表现出来，而是可以由多种商品表现出来，即商品的价值形式发展为扩大的价值形式。一种商品的价值由多种商品表现出来的价值形式就是扩大的价值形式。在这种价值表现形式中，等式右边处于等价物形式的商品不再是一种。而在扩大的价值形式阶段，商品交换已成为人们之间经常发生的一种行为了。

> **视野拓展**
>
> 货币与一般等价物都是从商品中分离出来的，都可以直接和其他商品相交换，都可表现其他商品的价值。但是货币是固定充当一般等价物的，其他一般等价物则不是固定的。推荐读者扫描下方的二维码观看视频了解一般等价物与货币的区别。

3. 一般价值形式

扩大的物物交换也有缺点。假设，有羊的人需要刀，有刀的人需要酒，有酒的人需要米，有米的人需要瓷器，有瓷器的人需要鸡，而有鸡的人却需要刀……可见，这种物物交换方式的成功率很低，即使交换成功也费尽周折。

曾经有一个美国人到非洲原始丛林旅游，他看到水天一色的风景时，便想租用部落的独木舟泛游湖上。当他拿出美元去租船时，

船主人拒绝了，提出要用象牙交换。于是，这个美国人来到另外一个有象牙的部落用美元购买象牙，不料又遭到了拒绝，象牙的主人提出要用纱布来交换。于是他来到有纱布的部落，用美元购买纱布，不想也遭到了拒绝，纱布的主人提出要用针来交换。他猛然想起帽子上别了几根针，于是他用针换回了纱布，又用纱布换回了象牙。当他拿着象牙来找船主人时，船主人已经回家了，他十分沮丧。这个美国人在非洲原始部落的遭遇恰好就展现了物物交换的弊端。

在众多参与交换的商品中，人们逐渐发现有某种商品较多地参与交换，并且能够为大多数人所需要。于是人们就先把自己的商品换成这种商品，再用它去换成自己想要的商品，从而使这种商品成为交换的媒介。渐渐地，直接的物物交换就发展为利用某种物品充当媒介的间接交换了。与此同时，价值表现形式也发生了本质的变化：不再是一种商品的价值经常地表现在其他许多商品上，而是许多商品的价值经常地由一种商品来表现。这种表现其他商品价值的媒介就是一般等价物。这种商品的价值形式就是一般价值形式。

假如说，一段时间内人们普遍需要的是羊（羊即为一般等价物），那么就有可能出现以下商品交换关系：

2把斧子
3只鸡
4条鱼 } =1只羊
5只野鸭
……

由于早期交通的不便，不同地区的人们使用不同的货币。比如海边的贝类、草原上的牛羊、美洲的烟草、耕织地区的丝绸等。这些特殊商品，通常被称为“自然物货币”或“商品货币”，它们尚不具备货币的完全职能，只能算是货币的萌芽。

4. 货币价值形式

一般等价物的出现，有利于商品生产和商品交换的进行。在这个时期，人们的生产劳动只通过一般等价物的间接交换，就能得到社会的承认。

但是，一般等价物也有很多缺点。以一般等价物为媒介的商品交换还停留在物物交换的阶段，而用实物交换有很多不便：人们需要随身携带用于交换的一般等价物，而且各地区的一般等价物也各不相同，有的是米，有的是盐，有的是贝壳。作为一般等价物的商品只有在自己的区域里才有效，而如果离开这个区域，则这种商品就不能作为一般等价物与其他商品进行交换了。

为了克服这些不便，人们就要使一般等价物简单化（易于保存、携带）、扩大化（不受区域限制）。在千万次的实践中，人们把一般等价物固定在金银上。这时候，货币就产生了。这时的商品交易关系则变成了以下形式：

2把斧子
3只鸡
4条鱼 } =1克黄金
5只野鸭
……

> **视野拓展**
>
> 推荐读者观看本书配套电子课件中的“人民币的前世今生”视频，了解人民币的产生、发展及对未来的展望。

人们之所以把一般等价物固定在金银上，是由金银的自然属性决定的。因为金银有许多适宜固定充当一般等价物的特征：体积小、价值大、便于携带、久藏不坏、质地均匀、容易分割等。当商品的价值都用货币来表现时，就过渡到了货币价值形式，商品价值形式的演变过程如图 1.2 所示。

图 1.2 商品价值形式的演变过程

二、货币的本质

从货币的本质来看，货币是固定充当一般等价物的特殊商品。

自从货币产生以来，货币形态已经发生了许多次变化，但货币的本质并没有改变；相反，随着货币形态从低级向高级的演变，货币的本质表现得更完全、更充分了。

马克思在对商品价值形态发展历史的研究中揭示了货币的本质。他把货币定义为：货币是从商品世界中分离出来的、固定充当一般等价物的特殊商品，并能反映一定的生产关系。

视野拓展

在我国几千年的历史中，货币也随着时间的流转而变化，慢慢发展到今天的人民币。推荐读者扫描下方二维码了解中国货币发展的历史。

1. 货币是商品

货币是商品，它与商品世界的其他商品一样，都是人类劳动的产物，是其价值和使用价值的统一体。正因为货币和其他商品具有共同的特性，即都是用于交换的人类劳动产品，所以它才能在生产、交换的长期过程中被逐渐分离出来，成为不同于一般商品的特殊商品——货币。金银能够充当货币，是因为金银本身就是商品，它们既有使用价值（如用于装饰、制作器皿等），又有自身价值（它们也凝结了无差别的人类劳动）。

2. 货币是特殊商品

货币不同于其他商品的特殊性，就在于它具有一般等价物的特性，发挥着一般等价物的作用，这是货币最重要的本质特征。货币商品作为一般等价物的特性，具体表现在以下两个方面。

（1）货币能够表现一切商品的价值。所有商品的价值只有在与货币进行比较之后，相互之间才可以比较。

（2）货币可以和一切商品进行交换。普通商品的意义在于通过交换满足人们生产或生活方面的特殊需要，而货币的交换能力是超越了使用价值的特殊性限制的，如用啤酒换面包的人不会对茶叶感兴趣。货币是具有直接交换性质的，因为谁占有了货币，谁就等于占有了价值和财富。

3. 货币是固定充当一般等价物的商品

人类社会的价值形态经历了由简单的或偶然的价值形式演变到扩大的价值形式，再演变到一般价值形式的不同阶段。在一般价值形式阶段，用于充当一般等价物的商品有很多，但它们都不是货币，它们只是在局部范围内临时性发挥一般等价物的作用。货币则是固定充当一般等价物的商品，是在一个国家或地区的范围内（或更大范围内）长期发挥一般等价物作用的商品。

想一想

我国从整个国家到普通百姓家庭都还不算富裕，为什么我国不多印发货币（人民币）以尽快实现国家的富强和百姓的富足？

4. 货币是生产关系的反映

固定充当一般等价物的货币是商品经济社会中生产关系的体现，即反映商品由不同所有者所生产、所占有，并通过等价交换实现人与人之间社会联系的生产关系。因此，货币体现了一定的社会生产关系。这是马克思货币学说中所阐述的货币本质的核心。

案例透析

方便面成了硬通货

在当代的特殊环境中也出现了类似或“准”商品货币。据观察者网 2016 年 8 月 24 日报道，由于不满监狱伙食分量少又不好吃，美国监狱里的犯人开始寻找新的能量来源，于是方便面因其廉价、可口、高热量、饱腹感强等优点在监狱中的需求量逐渐增加，价格也顺势走高，成为监狱里的“货币”。

犯人把方便面称为“汤”，在监狱中所有东西都要用钱买，而“汤”就相当于这里的钱，可用来交换其他东西。

犯人们用方便面交换食品、服装、卫生用品，甚至是洗衣服或清理床铺的服务。在玩纸牌游戏或参与足球竞猜时，犯人们也把方便面当作交易的筹码。

启发思考：方便面为什么会成为美国监狱中流行的“货币”？

三、货币形态的演变

在不同的国家或地区的不同历史时期，由于经济和文化条件等诸多因素的差异，货币的形态也会有所不同。但就各国货币发展和演变的历史过程来看，货币形态的发展又是有规律可循的。货币形态发展的基本过程是：由自然物商品发展为金属商品，又由金属商品发展为信用货币。这一发展过程是货币顺应社会生产发展、商品流通扩大、经济生活内容多样化和社会全面进步过程的真实写照，也是货币自身由低级形态向高级形态不断演化的记录。

总体来说，人类历史上的货币形态可分为实物货币、金属货币、信用货币、存款货币四种。

1. 实物货币

在生产力尚不发达，商品交换仅仅满足必要的生活和生产要求的时期，货币既可作为交换的媒介，又可供人们生活和生产使用，因而其主要由自然物商品来充当。能够作为货币的自然物商品一般具有如下特征：①都是劳动生产物，具有价值；②能满足人们对其特殊使用价值的需要；③一般是容易让渡的财产或本地稀有的外来商品。

早期的自然物商品货币基本上保持了商品原来的自然形态，其典型特征是能代表财富，是普通的供求对象，而非理想的货币币材。比如，羊在充当货币时，必须是活羊，一旦羊死了或被分割了，其价值便大大降低。

因此，实物货币的局限性是显而易见的。实物货币体积大、笨重，不能分割，或是质量不一，容易磨损，不适合充当理想的交易媒介和价值尺度。随着经济的发展，实物货币逐渐被金属货币所取代。

在国外，黄金、烟草、大米、家畜、威士忌等都充当过货币。在中国，金、银、铜、贝壳、丝绸也都充当过货币，其中以贝壳充当货币的时间最早。这可以从我国的文字中得以印证，如“货”“财”“贫”“贵”等与财富有关的汉字，其共同的特点是都带有“贝”这个偏旁部首。

想一想

请再找出一些带有“贝”的汉字并解释其含义。

2. 金属货币

金属货币，就是以金、银、铜、铁作为币材的货币。我国很长一段时间内以银作为币材，沿用至今，现在仍有“银行”“银钱”的称谓。

金属商品取代自然物商品充当货币，几乎是世界各国货币发展的共同历史。尽管各国的金属货币发展过程不尽相同，但就大部分国家来说，金属货币的发展基本遵循了一条由贱金属过渡到贵金属的发展规律。

因为贵金属（如金、银）比贱金属（如铜、铁）更具有作为货币的优越性，也更能适应社会生产力水平提高、交易规模扩大对货币价值量扩充的要求。金、银具有可多次分割、能冶炼还原、易于保存、不易腐蚀等优点，因此，世界各国都先后走上了用金、银充当货币的道路。

金属货币虽有很多优点，但它们也存在一些缺点，比如，金属的称量和成色鉴别十分麻烦；金属的数量有限，不能满足商品流通对币材的需要；金属货币在日常流通过程中易磨损，流通费用较高等。于是金属货币就逐渐被信用货币所取代。

金属货币自身的演化，各国有所不同。我国金属货币历史的基本特点是金、银、铜并行，金币的使用极少，但历史很久，在春秋时期就曾以黄金作为货币；使用铜币的历史最长；至于大量使用白银作为货币，则是明朝以后的事情了。

3. 信用货币

信用货币是指币材的价值低于其作为货币所代表的价值，甚至没有价值只凭借发行者的信用而得以流通的货币，也叫法定货币。美元、日元、欧元、人民币等都是信用货币。各国印制信用货币的成本相对于票面价值来说是微不足道的，但是各国政府都规定本国所发行的货币是本国的法定货币，可以用来付账、纳税等。人们之所以广泛接受和认可这些信用货币，是因为法律和传统的缘故。人们都深信这些货币能用来交换有用的商品和服务。对于一个社会来说，法定货币之所以有价值，是因为它成功地固定充当了一般等价物，从而避免了物物直接交换的局限性。

> **想一想**
>
> 纸币有无价值？是否属于商品？

4. 存款货币

进入 20 世纪 50 年代以后，信用货币主要采取了非实体化的存款货币的形式，人们的货币只有一小部分以现金（钞票和铸币）的形式持有，而大部分的货币以记账符号的形式存在于银行的账户上。当人们收到货币时，由银行将付款人账户上的存款划转到收款人的账户上；当人们需要支付货币时，付款人可以签发由银行发出的支票，通知银行将其存款账户中的一定金额划转到收款人的账户。

进入 21 世纪后，电子货币、数字货币（密码货币）成为金融领域的热门词汇，但学术界对其理解尚不统一，甚至有时将其与货币电子化、电子支付相混淆。因此，本书对此不做探讨。

对于一些数字货币，称其为“特定虚拟商品”更加准确。在当前和未来较长时间内，我国和其他绝大部分国家都不太可能承认其具有与货币等同的法律地位，况且包括我国在内的不少国家仍禁止其交易。

教学互动

问：银行券和纸币有什么不同？

答：银行券也被称为可以兑现的信用货币。它是由银行签发给持有人以保证向其兑付金银货币的债务凭证。纸币也被称为不可兑现的信用货币。它是由政府发行并依靠国家权力强制流通的价值符号。

当今各国以中央银行名义并通过信贷渠道投入流通的纸币，普遍代替政府纸币，不能兑付金银。中央银行行使发行国家统一货币的职能。

第二节　货币的职能

货币的本质决定着货币的职能，货币的职能即货币本身所具有的功能，它是货币本质的具体体现。随着商品经济和货币的发展，货币的职能也在不断地发展。一般认为，货币具有价值尺度、流通手段、贮藏手段、支付手段和世界货币五种职能。货币的职能如图 1.3 所示。

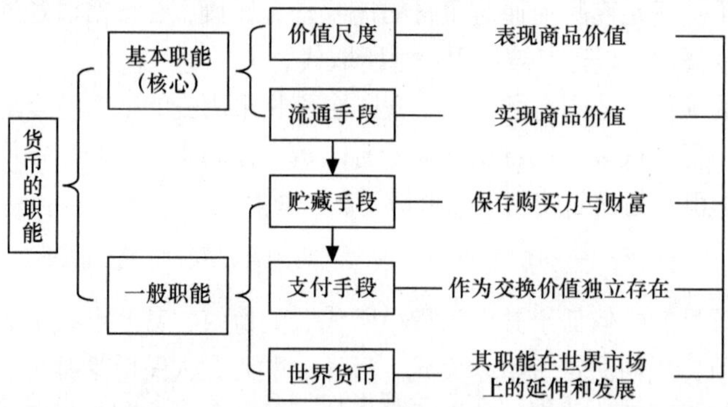

图 1.3　货币的职能

一、价值尺度

货币作为价值尺度，就是用货币来衡量商品价值的大小。为什么货币可以表现和衡量其他商品的价值呢？因为货币本身也是商品，也有价值。这就如同尺子能衡量其他物品的长度一样，因为尺子自身也有长度。自身没有价值的东西，是不能衡量其他商品的价值的。

商品的价值表现在货币上就是商品的价格，价格是价值的货币表现。货币具备价值尺度的职能，实际上就是把商品的价值表现为一定的价格。例如，1 双皮鞋的价格为 300 元，1 件衬衣的价格为 200 元，等等。作为衡量商品价值标准的职能是货币最重要、最基本的职能，是货币表现其他商品的价值和衡量其他商品价值量大小的一种功能。

货币的价值尺度职能使人们可以对众多不同商品的价值进行比较，这也是价值尺度职能的实质。

具有价值尺度职能的货币，有以下两个特点。

（1）货币在体现价值尺度职能时，只需要是观念上的货币，而不需要是现实的货币。各种货币符号，如¥（人民币）、£（英镑）、$（美元）等就是这一特点的形象反映。

（2）体现价值尺度职能的货币本身须具有价值。如果货币没有价值，就不可能被用来衡量其他商品的价值，这就像天平没有砝码就不能称量物品的质量一样。

想一想

为什么货币在体现价值尺度这一职能时，只需要是观念上的货币而不需要是现实的货币？

二、流通手段

货币的流通手段职能，就是用货币来充当商品交换的媒介。货币在商品买卖过程中所起到的作用，就属于流通手段的职能，所以，这种职能又叫作“购买手段”。

1. 商品流通

在货币体现流通手段这一职能时，商品与商品不再是互相直接交换，而是以货币为媒介来进行商品交换。商品所有者先把自己的商品换成货币，然后再用货币去交换其他的商品，这种由货币作媒介的商品交换，叫作“商品流通”。由物物交换过渡到商品流通，意味着商品经济的内在矛盾有了进一步的发展。因为在这一阶段：商品的卖与买被分成了两个独立的过程，如果出卖了商品的人不去购买其他的商品，就可能会使某些人的商品卖不出去。

当整个社会出现买卖脱节的情况时，就会产生不良后果。从整个社会来看，当人们买入的商品少于卖出的商品时，必然会使一部分没有卖出的商品造成积压，若商品积压严重，就会造成商品过剩；当商品供不应求时，又会加大物价上涨的压力，甚至会引起通货膨胀。出现这两种情况的原因是复杂的，其中一个重要原因是货币的数量不能适应商品流通的需要。这种现象的出现，给人们提出了一个问题：一个国家在一定时期内的货币流通量应当怎样确定？要回答这个问题就需要研究货币流通的规律。

2. 货币流通规律

货币流通规律是指一定时期内商品流通中所需货币量的规律。它取决于三个因素：一是参与流通的商品数量；二是商品的价格；三是货币的流通速度。具体表现为：一定时期内商品流通中所需要的货币量，与商品的价格总额成正比，与单位货币流通速度成反比。用公式表示如下：

一定时期内商品流通中所需要的货币量 = 商品价格总额 ÷ 单位货币的流通速度（次数）

式中，商品价格总额 = 待售商品总数量 × 商品的价格。从公式中可以看出，商品流通是第一性的，货币流通是第二性的，商品流通决定货币流通，货币流通的数量必须适应商品流通的需要。这就是金属货币作为流通手段时的货币流通规律。

教学互动

甲有 100 元现金，乙有一个价值 100 元的计算器，丙有 2 双胶鞋，每双 50 元，丁有 4 支钢笔，每支 25 元。甲需要计算器，乙需要 2 双胶鞋，丙需要 4 支钢笔。假设甲、乙、丙、丁进行交易，以满足各自需求。

问：上述交易的总价值是多少？流通中的货币量是多少？货币的流通速度是多少？

答：交易的总价值是 300 元，流通中的货币量是 100 元，货币流通速度是 3 次。

3. 货币作为流通手段时具有的特点

（1）货币作为流通手段，自起点开始不断地从一个商品所有者手里转到另一个商品所有者手里。在这个过程中，商品所有者手中的货币只是暂时持有，货币持有者所关心的只是货币能够最终换回与其代表的价值量等值的商品，所以不需要有足值的货币本身，哪怕用货币符号来代替货币，只要能代表货币的价值就够了。

（2）作为流通手段的货币，不能是观念上的货币，而必须是客观存在的货币。谁也不会允许别人用空话来换走他的商品。商品所有者出卖商品时只有换到现实的货币，才能证明他的私人劳动获得了社会的承认，成为社会劳动的一部分。

（3）在货币发挥流通手段职能时，商品交换过程表现为两个相互联系而又相互独立的行为：买入和卖出。这两种行为在时间上和空间上是分开的，因此，货币执行流通手段的职能，使买卖脱节，造成了经济危机的可能。

三、贮藏手段

货币可以流通，也可以购买商品，还可以被当作社会财富贮藏起来，即货币作为财富的一般代表被人们储存起来就是货币的贮藏手段。作为贮藏手段的货币，既不能是充当价值尺度时那种想象的货币，也不能是充当流通手段时用货币符号来代替的货币，而必须既是现实的货币，又是足值的货币。因此，只有金银铸币或者金银条块等才能实现货币的贮藏手段职能，如图1.4所示。

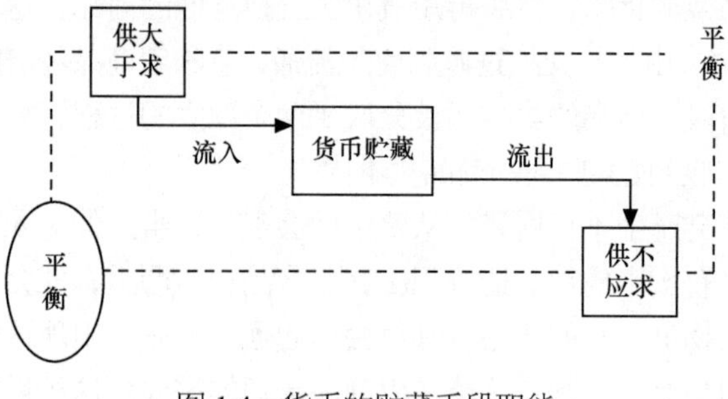

图1.4 货币的贮藏手段职能

教学互动

问： 举例说明为什么黄金在通货膨胀时期备受投资者青睐？

答： 黄金自身具有非常高的价值，而其他货币只是价值的代表，其本身的价值并不高。纸币会因通胀而贬值，在极端情况下，纸币可能等同于纸。但黄金为贵金属，在很多时候可作为价值永恒的代表。以英国著名的裁缝街的西装为例，数百年来它们的价格都是五六盎司黄金。这是黄金购买力历久不变的明证，而数百年前几十英镑就可以在裁缝街买一套西装，但现在的话，几十英镑只能买只袖子了。因此，黄金在通货膨胀时期具有很高的投资价值。

敲黑板

黄金是否能够保值，众说纷纭。黄金储备是一个国家的储备资产的重要组成部分。黄金在稳定国民经济、抑制通货膨胀、提高国际资信等方面有着重要的作用。

1. 在金属货币流通的时期，货币具有“蓄水池作用”

在金属货币流通的时期，货币贮藏职能的发挥，有自动调节货币流通量的作用，这被称为货币的“蓄水池作用”：当货币供大于求时，过多的货币就被贮藏起来；当货币供不应求时，贮藏的货币就会进入流通。正因为金属货币流通中货币贮藏具有“蓄水池作用”，所以流通中的货币量总是与流通所需要的货币量相差不大。也就是说，在金属货币流通时期，一般情况下是不会出现通货膨胀的。

2. 在银行券和信用货币流通的时期，储存纸币只是推迟使用权力

在银行券和信用货币流通的今天，纸币是没有“蓄水池作用”的。对企业和个人来说，贮藏纸币也同样是价值的积累，所以每个企业和个人都会这样去做；但从整个社会角度来看，这并不意味着有对应数量的真实价值退出流通。因为纸币只不过是一个货币符号，银行的存款其实只是账簿上的数字，没有任何实际价值。纸币和存款表明的只是持有者从社会取得相应数量商品或劳务的权利，而人们贮藏纸币只是推迟了使用这种取得商品或者劳务的权力，这也是人们贮藏纸币的意义所在。贮藏纸币过程中没使用的这部分货币并没有退出流通，而是通过其他的方式投入到生产、流通及基本建设等过程中了。所以信用货币虽然仍能体现贮藏职能，但与金属货币流通时期的贮藏职能是有极大区别的。

3. 体现贮藏手段职能的货币的特点

作为贮藏货币，必须是实实在在的货币。最典型的贮藏货币形态是贮藏具有内在价值的货

币商品，如黄金、铸币。

作为贮藏手段的货币必须退出流通领域，处于静止状态。退出流通领域的货币才体现出货币的贮藏手段职能。

四、支付手段

当货币不是作为商品交换的媒介，而是作为独立的价值形态进行单方面转移时就是体现货币的支付手段职能。货币的支付手段是由赊销引起的，在赊销中，因为商品的让渡和货币的收入并不是同时进行的。偿还赊销款不能体现货币的流通手段职能，因为货币付出的同时并没有相应价值商品的流入。

在现代商品经济中，货币作为支付手段发挥的作用越来越普遍，不仅用于偿还债务，还被用于支付租金、利息、工资和税赋等。比如，财政的收支，以及银行吸收的存款和发放的贷款，都是货币作为独立的价值形态而进行的单方面转移；在工资和各种劳动报酬支付中，货币也同样发挥着支付手段职能。

1. 货币作为支付手段时发挥的作用

（1）扩大商品流通。在商品交易中，人们可以先购买商品，后支付货币，使商品生产和流通突破现货交易的限制，促进商品经济发展。

（2）节约现金流通。借助于货币的支付手段职能，信用关系得以形成。债权、债务到期可以相互抵销和清算，债务人只需支付债务余额，从而可大大减少现金需要量。

一定时期内流通中所需要的货币量＝（待售商品价格总额－赊售商品价格总额＋到期支付总额－彼此抵销的支付总额）/单位货币的流通速度（次数）

2. 货币作为支付手段时的特点

通过与货币作为流通手段时的特点相比较，读者能更清晰地认知货币作为支付手段时的五个特点。

（1）作为流通手段的货币，是商品交换的媒介；作为支付手段的货币，不是流通过程的媒介，而是成为补足交换的一个独立环节。

（2）流通手段只服务于商品流通，支付手段除了服务于商品流通外，还服务于其他经济活动。

（3）就商品流通的媒介而言，二者虽然都是一般的购买手段，但流通手段职能是即期购买，而支付手段职能则是跨期购买。

（4）流通手段是在流通双方不存在债权债务关系的条件下发挥作用，而支付手段是在支付双方存在债权债务关系的条件下发挥作用。

（5）随着商品赊销的发展，货币支付手段的职能使商品所有者之间形成了一个很长的支付链环，一旦某个商品所有者不能按期偿还债务，就会引发连锁反应。不能按期偿还债务问题如果严重的话，还会引起支付危机和信用危机。

教学互动

问： 举例说明为什么货币的支付手段职能为经济危机创造了可能。

答： 甲欠乙的钱，乙欠丙的钱，丙又欠了丁的钱，……，如此连环的债务可能会引起一系列的连锁反应，甚至会导致社会信用的全面崩溃。因此，货币的支付手段职能，使经济危机发生的可能性进一步加强。

在我国，人民币执行支付手段的职能，在范围和数量上都大大超过了货币作为流通手段的职能。人民币的支付手段职能，绝大部分是通过银行的非现金结算实现的，具体表现为存款货币的流通和以商业银行为中心的货币循环。这种循环既反映了银行与各单位信用关系的变化，同时也反映了一些单位利用银行的贷款或存款来向另一些单位购买商品或劳务的情况。所以，存款货币的流通具有二重性，它既是货币流通的过程又是信用活动的过程。在现实生活中，这两个过程又是交织在一起的。发挥支付手段职能的货币与发挥流通手段职能的货币一样，都是处于流通过程里的现实的货币。所谓流通中的货币指的就是这两者的总和。

五、世界货币

随着国家对外经济往来和国际贸易的发展，有些货币已越过国界，能在全世界范围内流通，在全世界范围内发挥着一般等价物的作用，即世界货币的职能。

货币在世界范围内发挥职能的形式有一个发展过程。最初，货币不是采取铸币的形式，而是直接以金属的本来面目，即以黄金和白银的金属形态出现，而且是以重量作为计量单位。后来，随着不兑现信用货币制度的普遍推行以及世界货币体系和信用关系的形成，一些主要国家（地区）的货币，如美元、英镑、日元等，在国际上充当了世界货币的角色。

作为世界货币必须满足以下几个条件。

1. 普遍接受性

发行这种信用货币的国家（地区）要有强大的经济实力，在国际经济领域中占有重要或统治地位。只有当一个国家（地区）在世界范围内的商品输出与资本输出中占有重要地位，同其他各国有着广泛的贸易、金融联系时，它的信用货币才能在国际上被广泛使用，并顺利地被其他国家所接受。

2. 价值稳定性

这种信用货币必须具有相当大的稳定性，由于任何信用货币本身都是没有价值的，要保持其稳定性，就必须与黄金发生联系，即能在一定条件下按照一定的价格兑换成黄金。因此，这些国家必须具有足够的黄金储备，才能保证其信用货币的价值的稳定性。

3. 自由兑换性

自由兑换是指这种货币的持有人能自由地用它购买（兑换）某种外国货币，或用某种外国货币购买（兑换）这种货币而不受限制。自由兑换性分为经常账户的货币自由兑换与资本和金融账户的货币自由兑换。

（1）经常账户的货币自由兑换，是指对经常账户的外汇支付和转移的汇兑实行无限制的兑换。

（2）资本和金融账户的货币自由兑换，是指对资本流入和流出的兑换均无限制。

在世界经济运行中，美元可以自由兑换成其他国家的货币。在世界贸易中，大多国家都以美元为清偿手段。美元在世界上具有普遍的接受性，发挥着价值尺度、流通手段等职能。另外，欧元不仅具有货币的全部职能，而且具有超国家性质的特点。目前，黄金仍没有完全退出历史舞台，黄金储备依旧是衡量一个国家经济水平的指标和社会财富的贮藏、转移形式。

我国的人民币具有一定的价值稳定性，在一定范围内已被用作对外计价支付的工具。

教学互动

以下各情形中，货币发挥着什么样的职能？

情形一：他一个月赚 1 万多元。

答：支付手段。

情形二：李红从商业银行贷款 10 万元购买住房。

答：支付手段。

情形三：王明花了 1 万元买了一台笔记本电脑。

答：流通手段。

情形四：现在商场都在打折，皮尔·卡丹西服才卖 2 000 多元。

答：价值尺度。

视野拓展

推荐读者观看本书配套电子课件中的“货币的职能”视频短片，该视频利用生活中常见的货币现象生动地描述了货币的五种职能。

总结与说明：货币的各种职能并不是各自孤立的，而是具有内在联系的，每一种职能都是货币作为一般等价物的本质的反映。其中，价值尺度和流通手段职能是货币的两种基本职能，其他职能是在这两种职能的基础上产生的。所有商品首先要借助于货币的价值尺度来表现其价格，然后才通过流通实现商品价值；正因为货币具有流通手段职能，随时可购买商品，所以货币才能作为交换价值独立存在；因为货币可用于各种支付，所以人们才贮藏货币，货币才能执行贮藏手段的职能；货币的支付手段职能是以货币贮藏手段职能的存在为前提的；世界货币职能则是各种货币职能在国际市场上的延伸和发展。从历史和逻辑上讲，货币的各种职能都是按上面的顺序随着商品流通及其内在矛盾的发展而逐渐形成的。货币的这些职能也反映了商品生产和商品流通的历史发展进程。

第三节　货币的定义及货币层次的划分

钱是人们日常生活中经常接触到的东西。钱是货币，但货币不仅仅是钱。如今，并不是只有用现金才能够买到人们所需要的商品，实际上，人们用现金支付的比重很小。

一、货币的定义

货币在人们的日常生活中使用非常广泛，然而要给货币下一个精确的定义却非常困难。为了避免混淆，必须澄清货币的经济学定义与人们日常生活中的习惯用法之间的区别。

（一）生活中“货币”一词常常用来表示许多不同的概念

1. 将货币视为通货

“你带钱了吗”。这句话里的钱显然指的是现金。把货币仅仅定义为现金，对于经济分析而言过于狭隘了，因为可开列支票的存款、电子货币在流通领域中与现金一样，都可以用来支付所购买的商品与劳务。如果把货币定义为现金，那么就难以把货币与人们所进行的全部购买活动联系起来。事实上，正是因为货币与购买相关联，货币问题才引起人们极大的兴趣。因此，在现代经济学中把可开列支票的存款、电子货币与现金一起包含在货币的定义之中。

2. 将货币等同于财富

“他很有钱”。这句话意味着“他”不仅有一大笔现金和存款，还有债券、股票、珠宝、字画、房子、汽车等。如果把货币定义为财富，将货币与股票、债券、不动产等相混同，那么在经济分析中就无法界定货币的基本特性。事实上，货币作为一般等价物，是社会财富的一般性代表，但货币并不等同于社会财富本身，它只是社会财富的一部分。在美国，货币大约只相当于人们财富总量的2%，即使是最广义的货币也不超过人们财富总量的10%。可见，把货币定义为财富显然又太宽泛了。

3. 将货币等同于收入

“他的工作很好，能赚很多钱”。这句话里的钱就是指收入，收入是一定期限内的价值流入量。而货币是某一时点上的价值存量，若把货币定义为收入，则过于模糊。这时，货币量将无法计量。比如，有人说张三的收入为 3 万元，那么，只有在得知张三是每年还是每月收入 3 万元之后，才能确定他的收入是高还是低。而如果有人说自己口袋里有 1 000 元，那么这笔钱的多少是显而易见的。

（二）金融学定义的货币

那么，金融学是如何定义货币的呢？经济学家通常将人们普遍接受的，可以充当价值尺度、交易媒介、价值贮藏和支付手段的物品，都看成货币。

马克思第一个科学地从多角度定义了货币。他认为，货币是固定充当一般等价物的特殊商品，是商品交换发展和价值形态发展的必然产物。

1. 货币是充当一般等价物的特殊商品

在历史上，不同的国家或地区曾使用不同的商品充当一般等价物，同一国家或地区的不同历史时期，充当一般等价物的商品也往往是不同的。随着商品生产和商品交换的发展，一般等价物的作用最终固定为其自然属性最适宜充当货币的贵金属（金和银）上。

2. 货币是用作交易媒介、贮藏价值和记账单位的一种工具

货币专门在商品与服务交换中充当媒介，既包括流通货币（合法的通货），也包括各种储蓄存款。在现代经济领域，货币的实体通货即实际应用的纸币或硬币只是很小的一部分。人们在大部分交易中都使用支票或电子支付手段。

二、货币层次的划分

随着现代商品经济的不断发展，新的金融工具层出不穷，它们都不同程度地具有“货币性”，这使货币的形式多种多样，货币的范围不断扩大。这给货币供应量的统计以及中央银行调控货币供给量带来了一系列的难题。为了解决这些问题，各国的中央银行都将货币划分了不同的层次。

货币层次是指各国中央银行在确定货币供给的统计口径时，以金融资产流动性的大小作为标准，并根据自身政策目的的需要，把流通中的货币分成若干层次并用特定符号予以表示的一种方法。

金融资产的流动性，也称作金融资产的变现性，是指金融资产在不受任何损失的前提下能够迅速变现的能力，也指其变为现实流通手段和支付手段的能力。一般来说，流动性越强，货

币层次的编号越小；流动性越弱，货币层次的编号越大。

虽然国内外对货币层次的划分标准不一，但以货币流动性作为划分依据则是相对明确的。

（一）国际货币基金组织对货币层次的划分

国际货币基金组织把货币层次划分为以下三类，分别是现金（M0）、狭义货币（M1）、广义货币（M2）。这里的 M 是英文单词“money”（即钱，货币）的首字母。有人把 M0、M1、M2 称为货币供应量中的“三兄弟”。

1. 现金

现金（M0）的货币层次最高，（即 0 次转换）因为它本身就是现金，不需要经过转换。

需要注意的是，这里的现金并不包括银行里的库存现金，而是单指银行体系以外流动的现金。具体来说，是指居民个人手中的现金以及企事业单位的备用现金。这部分货币随时随地可以作为流通手段和支付手段，所以流动性最强。

2. 狭义货币

狭义货币（M1）表示要经过 1 次转换才能变成现金，它的货币层次当然要次于 M0。

这里的狭义货币，包括上述现金（M0）和商业银行的活期存款两部分。银行里的活期存款虽然并不等于居民个人手中的现金和企事业单位的现金备用金，但它可以通过签发现金支票随时转变成现金。

狭义货币对社会经济生活有着广泛而直接的影响，所以在各种统计资料中所称的货币主要是指狭义货币。而对于各国政府来说，控制货币供应量中所指的货币，也主要是指狭义货币，它是政府调控货币市场的主要对象。

3. 广义货币

广义货币（M2）要经过两次转换才能变成现金。它的货币层次次于 M1。

这里的广义货币，是指狭义货币加上准货币两部分。所谓准货币，又叫“亚货币”或“近似货币”，指银行存款中的定期存款、储蓄存款、外汇存款，以及各种短期信用工具，如银行承兑汇票、短期国库券等。虽然这些准货币并不是真正意义上的货币，但准货币却可以在经过一定的手续后变成真正意义上的货币，即狭义货币。从这一点来看，广义货币包括所有可能成为现实购买力的货币形式。

假如小赵得到了一沓 100 元的钞票，一共 10 000 元。这些是真实的钱，于是就有了 10 000 元 M0 货币，我们不妨写成 M0 = 10 000，当然，这时候 M2 = M1 = M0 = 10 000。

小赵把 10 000 元现金存进了银行，而银行按照要求上缴了 10%的准备金 1 000 元后，把余下的 9 000 元贷款给了小钱。这时，市场上流通的现金只有 9 000 元，即 M0 = 9 000，但是银行创造出了额外的 9 000 元，而小赵还可以随时取 10 000 元，于是 M1 = M2 = 19 000。

小钱从小孙那里买了一个二手的 LV 包，花掉了 9 000 元。小孙又把这 9 000 元存进了银行，银行有了这 9 000 元的存款，留下了 900 元的准备金，剩下的 8 100 元又贷款给了小李。这样，M0 只剩下 8 100 元了，但是 M2 和 M1 却增加到了 27 100 元。

接下来，小孙把 8 100 元用作了买房的一部分首付，而相对这部分的按揭为 30 000 元。小孙又把房子抵押给银行，得到了 20 000 元的信用额度。从理论上讲，流通的 M2 就高达 47 100 元了。

（二）我国对货币层次的划分

我国中央银行（中国人民银行）从1994年开始对货币划分层次。目前，我国货币被划分为M0、M1和M2三个层次。我国央行定期测算并公布三个层次的货币供应量。除上述三个层次外，还有只测算但不公布数据的M3。

敲黑板

自2011年10月起，M2包括住房公积金中心的存款和非存款类金融机构在存款类金融机构的存款，这两类存款构成了M2中的其他存款。

M0：流通中的现金（指银行体系以外各个单位的库存现金和居民的手持现金之和）；

M1：M0＋可开支票的活期存款，即狭义货币；

M2：M1＋企业单位定期存款＋城乡居民储蓄存款＋证券公司的客户保证金存款＋其他存款，即广义货币，M2－M1＝准货币；

M3：M2＋金融债券＋商业票据＋大额可转让定期存单等。

案例透析

分析货币层次

假定中国人民银行某年公布的货币供应量数据如表1.1所示，请根据表中的资料计算M1、M2层次的货币供应量各是多少？

表1.1　我国某年货币供应量数据

（单位：亿元）

（一）各项存款	120 645
企业存款	42 684
其中：（1）企业活期存款	32 356
（2）企业定期存款	5 682
（3）自筹基本建设存款	4 646
机关团体存款	5 759
城乡居民储蓄存款	63 243
其他存款	6 610
（二）金融债券	33
（三）流通中的现金	13 894
（四）对国际金融机构负债	391

（三）美国对货币层次的划分

美国对货币层次的划分规则如下：

M1＝现金＋支票存款

M2＝M1＋小额定期存款（10万美元以下）＋储蓄存款＋隔日回购协议

M3＝M2＋所有存款机构的大额定期存款＋定期回购协议和定期欧洲美元

M4＝M3＋其他短期流动资产（短期财政部证券＋商业票据＋储蓄债券＋银行承兑票据）

（四）中美货币层次划分的对比

由于国情不同，每个国家M0、M1、M2的具体含义也不相同。例如，在美国，由于居民储蓄率极低，所以M1接近于M0；而我国的居民储蓄率极高，所以M1和M0相差很大。如果我国和美国M1的数量相同，则表明美国拥有充裕的现金，而我国的现金则严重不足。同样的道理，由于美国的储蓄率极低，而且支票能马上兑换成现金，M2和M1相差不大，所以美国一直倾向于用M2指标来调控货币。而在我国，如果M2的数字和美国一样大，其中必然会包括相当大部分的银行储蓄，真正有实际经济意义的货币则严重缺乏（我国的M3及美国的M4是因金融创新而增设的）。

三、货币层次划分的意义

货币是引起经济波动的一个重要因素，货币供求的变化对国民经济的运行产生着重大的影响。调控货币供应量，使其适应经济发展的需要，已成为各国中央银行的主要任务。

各国对货币层次进行划分的目的是为了把握流通中各类货币的特定性质、运动规律以及它们在整个货币体系中的地位，进而探索货币流通和商品流通在结构上的依存关系和适应程度，以便中央银行拟订有效的货币政策。

中央银行通过对货币供应量指标的分析，可以观察分析国民经济的变动，考察各种具有不同货币性的资产对经济的影响，并选定一组与经济的变动关系最密切的货币资产作为控制的重点，从而有利于中央银行调控货币供应。

1. 货币层次的划分为中央银行提供了一个清晰的货币供应结构图

货币层次的划分有助于中央银行掌握不同的层次货币的运行态势，并据此采取不同的措施进行调控。

M0 与消费变动密切相关，是最活跃的货币。M0 数值高，表明老百姓手头宽裕、富足。居民衣食无忧的情况下，M0 数值可能更高。

M1 反映了现实购买力，代表着居民和企业资金的松紧变化，表明消费和终端市场的活跃程度，是经济周期波动的先行指标，M1 的流动性仅次于 M0。

M2 不仅反映了现实的购买力，还反映了潜在的购买力。通常所说的货币供应量，主要是指 M2。M2 的供应量，体现了投资和中间市场的活跃程度，反映了社会总需求的变化和未来通货膨胀的压力状况。货币投放的渠道有两个，一是外汇占款投放，二是通过银行信贷投放。它们的投放增长越快，M2 的增速越大。如过度投放货币，将导致市场上的流动性过剩，会引起房价和股市的连续上涨，尤其是房价的上涨。

2. 货币层次的划分有助于中央银行分析整个经济的动态变化

每一层次的货币供应量，都有特定的经济活动和商品运动与之对应。通过对各层次货币供应量变动的观察，中央银行可以掌握经济活动的状况，并分析和预测其变化趋势。

中央银行可以通过 M1 和 M2 增长率的变化情况来观察宏观经济的运行状况。对 M2 和 M1 的增长率进行对比分析，具有很强的实际意义。

（1）M1 过高，M2 过低，表明需求强劲、投资不足，有涨价的风险。M1 的增长率在较长时间高于 M2 的增长率，说明经济扩张较快，活期存款之外的其他类型资产收益较高。这时更多的人会把定期存款和储蓄存款提取出来进行投资，大量的资金表现为可随时支付的形式，使商品和劳务市场普遍受到价格上涨的影响。影响 M1 数值的原因很多，如股票市场火爆，很多人会将定期存款和部分资产变现投放到股市，因而会促使 M1 加速上扬。

（2）M2 过高，而 M1 过低，表明投资过热、需求不旺，有发生经济危机的风险。M2 的增速在较长时间内较 M1 的增速高，则说明实体经济中有利可图的投资机会在减少，可以随时购买商品和劳务的活期存款大量转变为较高利息的定期存款，货币构成中流动性较强的部分转变为流动性较弱的部分。这无疑会影响到投资，继而会影响到经济增长。

可见，M1 与 M2 应协调增长，它们中的任何一个增速过快都不利于国民经济的发展。管理层都需要出台相应措施来调整它们的增速。如图 1.5 所示。

3. 划分货币层次有助于中央银行制定货币政策

以金融资产流动性的强弱统计不同口径的货币量是划分货币层次的主要依据。流动性程度不同的金融资产，在流通中周转的便利程度不同，从而对商品流通和各种经济活动的影响程度也就不同。所以，中央银行可以通过宏观金融决策来直接或间接地调整货币供应量，以控制货币市场，从而实现对经济的干预。

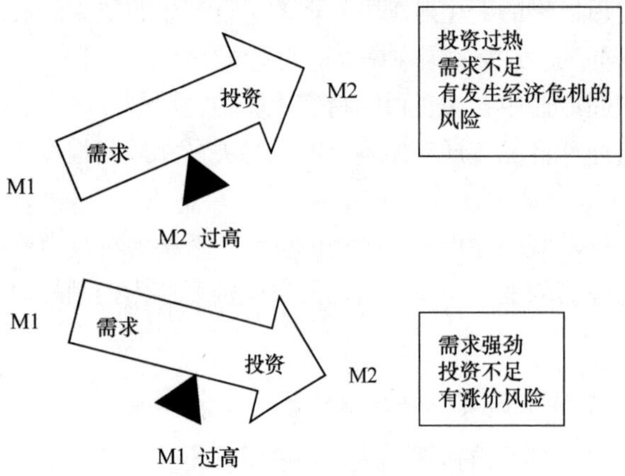

图 1.5 M1 和 M2 对经济的影响示意图

例如，欧洲央行将 M3 作为一个衡量货币供应的主要指标，每年都会对 M3 货币供给增长率订下目标区间，用货币供应量的增长幅度来衡量通胀的压力。当货币供给超过目标区间时，表明货币供给过高，也就是说，民间持有的货币太多。为缓解物价上涨的压力，欧洲央行会采取紧缩货币政策，减少货币供给。如果货币供给低于目标区间，则表明货币供给不足，想要借钱来消费或投资的人（即货币需求者）必须付出较高的利息作为代价，从而减少人们消费及投资的意愿。这会阻碍经济的增长。此时，欧洲央行便会采取较宽松的货币政策，增加货币供给。

第四节 货币制度*

作为流通手段的货币，在商品交换的发展过程中经历了一个漫长的演变过程。在电子技术迅速发展的今天，货币形态也受到了巨大的影响，电子货币已成为货币的主要形态。

货币的产生解决了商品交换的问题，但是货币产生以后，如何统一其价值、确定其重量和成色，以及如何有效地组织货币流通并充分发挥货币流通的作用，又成了新的矛盾与问题。这就迫切要求国家制定相应的法律、法规及条例，形成完善的货币制度，来解决上述矛盾与问题。因此，货币产生以后，货币制度也就随之产生了。

据文字记载，我国古代在货币方面就制定了种种法令，以便对货币流通进行控制。例如，秦始皇统一中国后在全国推行铜币——“半两钱”。但是由于社会制度的缺陷，封建社会并未建立起统一、稳定和规范的货币制度。正规的货币制度是资本主义制度建立以后才有的。

货币制度简称“币制”，是指一个国家以法律形式确定的该国货币流通的结构、体系及组织形式。

一、货币制度的构成要素

货币制度有货币材料，货币单位，货币的铸造、发行和流通程序，准备金制度四个构成要素。

* 非金融类专业可选学。

（一）货币材料

货币材料就是规定一种货币用什么材料制成。根据不同的本位货币材料可以区分不同的货币制度。用黄金作为本位货币材料，就是金本位制度；用白银作为本位货币材料，就是银本位制度；同时用黄金和白银作为本位货币材料，就是金银复本位制度；不用金属而用纸作为主要货币材料，就是纸币制度。目前，各国都实行不兑现的信用货币制度，对货币材料不再做明确规定。

使用哪种材料制作本位币，不是随意规定的，而是由客观经济条件所决定的。在资本主义初期，商品经济还不发达，商品交易规模也不大，因此用白银作货币材料已能满足流通的需要。而在商品经济发展到一定程度且商品交易规模扩大以后，白银因其价值含量较低并且价值不够稳定已不能适应流通需要。此时，黄金开始进入流通环节，成为本位货币材料。到 20 世纪初，由于商品经济进一步发展，商品交易的规模已远远超过了黄金存量规模，如果再坚持用黄金作为本位货币材料，必然会阻碍商品经济的发展，所以黄金不再流通，取而代之的是纸币制度。因此，货币材料是构成货币制度的基本要素（如图 1.6 所示）。

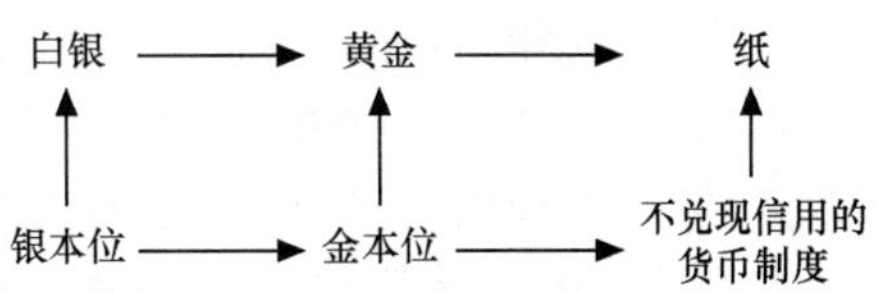

图 1.6　本位货币材料的构成

（二）货币单位

货币单位包括货币的名称和单位货币价值两部分。

1. 货币的名称

目前世界上的货币名称有一百多种，其中用元、镑、法郎作为货币名称的较多。据统计，用“元”作为货币名称的有中国、美国、日本等国；用“镑”作为货币名称的有英国、埃及等国；用“法郎”作为货币名称的有瑞士、刚果等国。

2. 单位货币的价值

在 1973 年之前，世界各国是通过规定本位货币的含金量来表示其货币价值的。1973 年以后，各国都相继取消了本位货币含金量的规定。

在金属货币制度下，货币价值量是指 1 单位货币的法定含金量。我国古代的铜钱一般也有法定的含铜量，如“半两”“五铢”均指一枚铜钱的重量。1870 年，英国铸币规定 1 英镑的含金量是 7.97 克；1914 年，北洋政府颁布的《国币条例》规定 1 元含纯银 23.977 克。可兑现信用货币的价值量是其可兑换的贵金属的量，如美国曾规定 1 美元等同 0.888 671 克黄金。在不兑现的纸币流通情况下，纸币的币值体现为维持符合自身利益的本国与外国货币的比价，即汇率。单位货币的“价值量”由其购买力（货币购买力是指单位货币购买商品或换取服务劳动的能力）来衡量的。

（三）货币的铸造、发行和流通程序

货币的铸造、发行和流通程序，是指国家对货币的铸造、发行和流通做出的具体规定。在金属货币制度下，金属货币可分为本位币和辅币；在纸币制度下，纸币可分为本位币和辅币，但实际意义和金属货币已经有很大的不同。

1. 本位币的铸造、发行和流通程序

本位币也称“主币”，是一个国家的基本通货，一般作为该国法定的计价和结算货币。本位币的最小规格通常是 1 个货币单位，如 1 元、1 英镑等。

在金属货币制度下，本位币是用货币金属按规定的货币单位铸成的钱币。本位币的名义价值和实际价值基本一致，即通常所说的足值货币。这是本位币的基本特征。关于本位币有以下三项规定。

（1）本位币可以自由铸造、熔化。公民有权把货币金属送到国家造币厂铸成本位币，不受数量限制。造币厂代铸货币，不收或只收取少量的铸造费。

（2）本位币可以无限法偿。所谓无限法偿，是指不论支付数额多大，不论何种形式的支付，任何人都不能拒绝。这是因为本位币是一国的基本通货。

（3）规定本位币有磨损公差。如果本位币在流通中出现了磨损，并且这种磨损超过了重量公差（法律允许有细微差别），就不能再进入流通领域继续使用了。因为这时的金属货币重量不足，收款方未必承认这块金属货币依然值这么多钱，同时，如果把它进行重新铸造、熔化，就会出现重量不够的问题。有鉴于此，国家规定这类本位币可以到指定的部门去兑换新币。这有点像现在流通中使用的纸币，当纸币破损严重时也是不能继续进入流通领域的，收款方很可能会以某种理由拒绝破损的纸币，这时人们可以到商业银行用破损的纸币去换取面额相等的货币。

在金属货币制度下，有本位币的磨损公差规定，而在纸币制度下，许多国家都改为规定纸币的流通年限。比如，新加坡规定新发行的货币流通 3 年后，必须被收回并被销毁。

2. 辅币的铸造、发行和流通程序

辅币，即辅助货币，是本位币单位以下的小额货币，主要用来辅助大面额货币的流通，供日常零星交易或找零使用。辅币一般多为金属铸造的硬币，也有纸质的辅币。在我国，辅币就是人民币单位的“角”“分”。

辅币由于流通频繁，常磨损严重。如果用贵金属铸造，会使社会财富有较大的损失，所以辅币一般用贱金属铸造。它的名义价值要高于金属货币制度下的实际价值。也就是说，辅币不是足值货币。

关于辅币的铸造和流通有以下三项规定。

（1）规定辅币限制铸造。公民不能自由地请求政府代铸辅币，辅币的铸造权完全由国家控制。这样可以保证辅币的铸造收入归国家所有，也可以保证辅币与本位币的固定比例不被破坏。

（2）规定辅币有限法偿。当辅币的支付数量超过一定数额时，收款人有权拒绝接受。辅币有限法偿能力是相对的，有些国家的辅币规定是有限法偿，但也有些国家的辅币规定是无限法偿的。我国的人民币的元、角、分都规定是无限法偿的。

在纸币货币制度下，由于纸币本身没有价值，并且纸币的发行权完全由中央银行所控制，本位币和辅币的名义价值都高于其实际价值，所以，这时对纸币的无限法偿规定和有限法偿规定进行区分的意义不大。它们实际上代表的都只是国家信用而已。

英国法律规定，英格兰银行发行的硬币属于有限法偿。例如，5 便士和 10 便士的硬币最多只能偿还 5 英镑以内的债务，50 便士的硬币最多只能偿还 10 英镑以内的债务。换句话说，如果人们支付辅币的金额超过了上述规定，对方就可以拒绝接受具有有限法偿能力的辅币了。

（3）规定辅币可以与本位币自由兑换。辅币可按照固定的比例兑换成本位币，从而提高货币流通的效率。

教学互动

问：在金属货币制度下，为什么辅币具有有限法偿能力？为什么我国人民币具有无限法偿能力？

答：在金属货币制度下，辅币是不足值货币，不足值货币用多了必然会对收入方产生不利影响。人民币是信用货币，只是价值的符号，代表的是国家信用，不存在足值和不足值的问题，也不会对收入方产生不利影响。《中华人民共和国人民币管理条例》第三条规定，中华人民共和国的法定货币是人民币。以人民币支付中华人民共和国境内的一切公共的和私人的债务，任何单位和个人不得拒收。

（四）准备金制度

在金属货币制度下，货币发行以法律规定的贵金属作为发行准备金。

发行准备金有以下三个方面的用途：①作为世界货币的准备金；②作为国内金属货币流通的准备金；③作为支付存款和银行券兑现的准备金。

在纸币制度下，准备金制度的主要用途只是作为世界货币的准备金，上述其他两个方面的用途已经消失了。

二、货币制度的演变

16 世纪以后，世界各国的货币制度发生了数次大的演变，如图 1.7 所示。

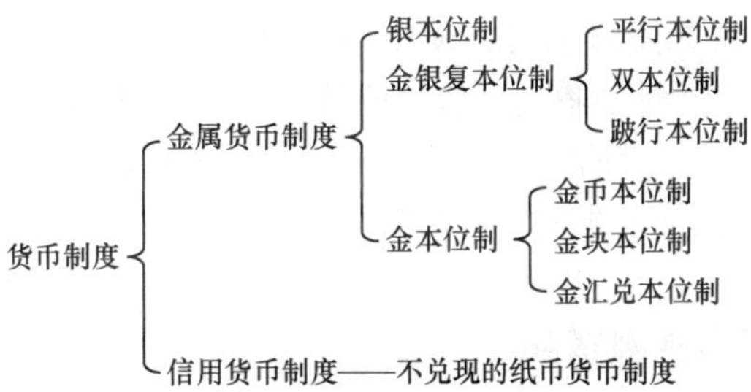

图 1.7　货币制度的演变

（一）银本位制

银本位制是历史上最早出现，也是实施时间最长的一种货币制度。它是以白银作为本位货币材料、以银币为本位币的一种货币制度。在这种货币制度下，白银可以流通，黄金不是货币金属，不能进入流通。

银本位制最大的缺点是白银价值不稳定。由于白银储藏量相对丰富，白银的开采技术提高得较快，使白银的产量增多，导致白银价值不断下降。而作为一种货币金属，只有当其价值能保持相对稳定，才适合作为本位货币材料，才能保证货币价值的稳定性。另外，用白银这种价值相对较低的货币进行支付时，一笔大宗交易往往需要支付大量的白银。在交通不发达、信用制度比较落后的条件下，携带大量白银既不方便也不安全。

（二）金银复本位制

16 世纪，随着美洲新大陆的发现，墨西哥和秘鲁丰富的银矿和巴西丰富的金矿先后被开采。在商品交易中，对金、银两种贵金属的需求都增加了：白银主要用于小额交易，黄金则用于大宗交易，这样就形成了白银与黄金都作为主币流通的局面，客观上产生了建立金银复本位制的要求。在金银复本位制下，法律规定金、银两种贵金属都是铸造本位币的材料，都可以自由地输出、输入；金币和银币可以同时流通，都可以自由铸造，都具有无限法偿能力。

金银复本位制前后经历过以下三种形态。

1. 平行本位制

平行本位制，即金币和银币是按照它们所包含的金银实际价值进行流通的，金币和银币是按市场比价进行交换的。在金银复本位制下，平行本位制的缺点是显而易见的，商品具有以金币和银币表示的双重价格，金、银市场比价一旦发生波动，必然会引起商品双重价格的比例相应波动，造成价格混乱，给交易带来麻烦。

2. 双本位制

为了克服平行本位制带来的问题和困难，一些国家用法律规定了金币和银币之间的固定比价，即金币和银币是按法定比价进行交换的。例如，1717 年，英国立法规定 1 个基尼金币与 21 个先令银币等值，金银价格比为 15.2：1。1792 年，美国颁布铸币法案，采用双本位制，1 美元折合 371.25 格令（24.057 克）纯银或 24.75 格令（1.6 038 克）纯金。这种规定可以避免金、银实际价值波动带来的金币和银币交换比例波动的情况，能克服平行本位制下“双重价格”所产生的弊病，但这种做法违背了价值规律。

当金银的法定比价与市场比价不一致时，就产生了“劣币驱逐良币”的现象。由于这一现象是由 16 世纪英国财政大臣托马斯·格雷欣（Thomas Gresham）发现并提出的，所以人们将这一现象称为“格雷欣法则”。

“格雷欣法则”即“劣币驱逐良币”规律，是指在金属货币流通条件下，当一个国家同时流通两种实际价值不同而法定比价不变的货币时，实际价值高的货币（也称“良币”）必然被人熔化、收藏或输出而退出流通，而实际价值低的货币（也称“劣币”）反而充斥市场。

因此，在金银复本位制下，虽然法律上规定金、银两种金属铸币可以同时流通，但实际上，在某一时期内的市场上主要只有一种金属铸币在流通。银贱则银币充斥市场，金贱则金币充斥市场，很难保持两种铸币同时并行流通。

案例透析

“劣币驱逐良币”现象

美国于 1791 年建立了金银复本位制，以美元作为货币单位，并规定金币和银币的比价为 1：15。当时法国等几个实行金银复本位制的国家规定金银的比价为 1：15.5。也就是说，美国市场上的金对银的法定比价高于国际市场上的金对银的比价。于是，黄金很快就不在美国流通了，金银复本位制实际上变成了银本位制。

1834 年，美国重建了金银复本位制，金银的法定比价为 1：16，而当时法国和其他实行金银复本位制的国家的比价也定得比国际市场的高，因此金币充斥美国市场，银币却被驱逐出流通领域，金银复本位制实际变成了金本位制。

启发思考：为什么在金银复本位制下，会发生“劣币驱逐良币”的现象呢？

3. 跛行本位制

为了解决“劣币驱逐良币”问题，资本主义国家采用了跛行本位制度，即金币和银币都是本位币。但国家规定金币能自由铸造，而银币不能自由铸造，并限制每次支付银币的最高额度，金币和银币按法定比价进行交换。这种货币制度下的银币实际上已成了辅币，而这种跛行本位制是金银复本位制向金本位制过渡的一种形式。

（三）金本位制

1. 金币本位制

金银复本位制是一种不稳定的货币制度，对资本主义经济发展起了阻碍作用，甚至导致货币制度事实上的倒退。为了保证货币制度的稳定，更好地发挥货币制度对商品货币经济的促进作用，资本主义国家实行了金币本位制，取消了金银复本位制。

金币本位制有以下三个特征。

（1）金币可以自由铸造，而其他金属货币（包括银币）则限制铸造。

（2）金币可以自由流通，辅币和银行券（价值符号）可以自由兑换为金币。

（3）黄金在各国之间可以自由地输出、输入。

金币本位制是一种相对稳定的货币制度。

到了20世纪，商品经济规模日益扩大，而黄金存量有限，各国拥有的黄金数量也不均衡，大多数国家因黄金短缺而使价值符号无法兑现。这样实行金币本位的黄金基础被削弱了。为了维持金币本位的黄金准备要求，很多国家限制黄金输出，并开始发行无法兑现的货币符号，从而使金币本位制度难以维持下去。第一次世界大战爆发后，许多国家放弃了金币本位制，只有美国恢复了金币本位制，而其他国家则开始实行没有金币流通的变相的金币本位制。

2. 金块本位制

金块本位制又称生金本位制，是指没有金币流通的金本位制度。它废除了金币可以自由铸造、自由流通的规定。在这种本位制下，银行券代替金币流通。虽然金块本位制规定了银行券的含金量，银行券可以兑换为金块，但这种兑换的起点都很高（因规定兑换额度大，非一般人所能及，故被称“富人本位制”）。

英国在1925年实行金块本位制时宣布，居民若用银行券兑换黄金，其最低起点是1 700英镑。法国在1928年实行金块本位制时规定，用银行券兑现黄金的起点是21 500法郎。这么高的兑换起点，实际剥夺了绝大多数人用银行券兑换黄金的权利。

实行金块本位制节省了黄金使用量，减少了对黄金发行准备的要求，暂时缓解了黄金短缺与商品经济发展之间的矛盾，但并未从根本上解决问题。

3. 金汇兑本位制

金汇兑本位制又称虚金本位制，其规定银行券在国内不能直接兑换黄金，而只能兑换与黄金有联系的外汇（如英镑、美元），但外汇在国外可以兑换黄金。这实际上是将黄金存于国外，而国内中央银行以外汇作为准备金发行纸币流通，但一般人们难以直接到国外用外汇去兑换黄金，故被称为“虚金本位制”。

实行这种制度的国家，在对外贸易和财政金融上必然受到与其相联系的国家的控制，所以金汇兑本位制实质上是一种附庸的货币制度。第一次世界大战之前，印度、菲律宾等实行的是这种制度；第一次世界大战以后，德国、意大利、奥地利、波兰等实行的也是这种制度。

> **视野拓展**
>
> 推荐读者观看本书配套电子课件中介绍金本位制的视频短片。

（四）信用货币制度

金币本位制、金块本位制和金汇兑本位制都属于金本位制，但金块本位制和金汇兑本位制是残缺的金本位制。为了进一步摆脱黄金对商品经济的束缚，世界各国在20世纪30年代经济大危机以后都实行了不兑现的纸币制度——信用货币制度。这主要是基于以下两个原因。

1. 金属货币制度本身具有难以克服的缺陷

金属货币制度，特别是金本位制度，虽然具有币值相对稳定的优点，但其缺陷也十分明显并且难以消除。

（1）金属货币制度需要足够的贵金属作为货币发行准备和货币流通基础。随着经济的发展，贵金属贮藏量和产量的有限性与不断扩大的商品生产和流通规模之间的矛盾日益尖锐。

（2）在金属货币制度下，一国经济受国外影响太大。在金银可以自由输出、输入的时候，各国经济紧密相关。在实行金汇兑本位制时，各国为了维持汇率稳定，被迫调整其国内的经济政策和经济目标，这些都不利于一国实行独立的经济政策，这也是世界各国放弃金属货币制度的重要原因。

2. 纸币制度有其天然的优势

纸币是以国家信用为担保而发行和流通的，它除了可以根据经济发展的需要由政府或中央银行进行规模调节以适应经济发展的要求外，还可以执行价值尺度、流通手段、支付手段等货币职能。

纸币是用纸作为货币材料。纸的价值很低，即使有了磨损也不会造成社会财富的巨大浪费。纸币还具有易于携带、易于保管、易于计价和支付准确的优点。

综合练习题

一、概念识记

货币　货币的本质　信用货币　无限法偿　价值尺度　流通手段
货币的层次　世界货币　狭义货币　广义货币

二、单选题

1. 货币的本质是（　　）。
   A. 金属货币　　B. 纸币
   C. 支付凭证　　D. 充当一般等价物的特殊商品
2. 典型的金本位制是（　　）。
   A. 金块本位制　　B. 金汇兑本位制　　C. 虚金本位制　　D. 金币本位制
3. 人民币是（　　）。
   A. 金属货币　　B. 商品货币　　C. 代用货币　　D. 信用货币
4. 最早实行的货币制度是（　　）。
   A. 金本位制　　B. 银本位制　　C. 金银复本位制　　D. 纸币本位制
5. 贝币和谷帛是我国历史上的（　　）。
   A. 信用货币　　B. 纸币　　C. 实物货币　　D. 金属货币
6. 某公司以延期付款方式销售给某商场一批商品，则该商场到期偿还欠款时，货币体现了（　　）职能。
   A. 支付手段　　B. 流通手段　　C. 购买手段　　D. 贮藏手段
7. 商店里某品牌的电冰箱标价是1 850元。这1 850元是：①货币体现了流通手段职能；②货币体现了价值尺度职能；③观念形态的货币；④现实的货币；⑤电冰箱的价格（　　）。
   A. ①②⑤　　B. ②③⑤　　C. ①②③　　D. ①④⑤
8. 小明家购买了某品牌的电冰箱，花了1 850元。这1 850元是（　　）。①货币体现了流通手段职能；②货币体现了价值尺度职能；③观念形态的货币；④现实的货币；⑤电冰箱的价格。

A. ①②⑤　　B. ②③⑤　　C. ①②③　　D. ①④⑤

9. 在我国，人民币可以在市场上购买各种商品，这主要是因为（　　）。

A. 人民币是货币

B. 人民币是商品，本身有价值

C. 人民币是由国家发行的，并强制使用的购物凭证

D. 人民币是代替金属货币执行流通手段职能的价值符号

10. 在信用货币制度下，本位币一定是（　　）。

A. 足值货币　　B. 金属货币　　C. 无限法偿　　D. 有限法偿

11. 双本位制是（　　）。

A. 金银币比价由政府和市场共同决定的金银复本位制

B. 金银币比价由市场决定的金银复本位制

C. 金银币比价由政府规定的金银复本位制

D. 金银币比价由银行规定的金银复本位制

12. 流动性最强的金融资产是（　　）。

A. 银行活期存款　　B. 居民储蓄存款　　C. 银行定期存款　　D. 现金

13. 目前，市场上存在的主流网游虚拟货币有十几种，如腾讯公司的 Q 币、网易的 POPO 币等。据估计，国内互联网每年有几十亿元的虚拟货币规模，并以每年 15%～20%的速度增长。以下说法正确的是（　　）。

A. 这些虚拟货币是货币，因为它们是交换来的

B. 这些虚拟货币不是货币，因为它们没有充当商品交换的媒介

C. 这些虚拟货币是货币，因为它们是消费者用人民币购买来的

D. 这些虚拟货币不是货币，因为它们不是一般等价物

14. 2019 年 11 月，“当当网”20 周岁。20 年来，它的销售额连年增长，网上购物开始走向普通家庭。这说明（　　）。

A. 网上购物意味着电子货币将代替货币充当流通手段的职能

B. 网上购物可以节省流通中需要的纸币量和货币量，从而节约社会劳动

C. 网上购物有利于消费者，不利于银行业务的运作和企业的经营

D. 网上购物并不需要现实的货币，只需要观念上的货币

15. 在不兑现的信用货币制度下，货币发行权主要集中于（　　）。

A. 中央银行　　B. 贸易部门　　C. 财政部门　　D. 投资银行

16. 典型的代用货币是（　　）。

A. 辅币　　B. 银行存款　　C. 银行券　　D. 现金

17. 在不兑现的货币制度下，纸币被广泛接受，是因为（　　）。

A. 纸币代表金属货币　　B. 纸币依靠国家法律强制流通

C. 纸币代表商品　　D. 纸币由国家财政发行

18. 劣币是指实际价值（　　）的货币。

A. 等于零　　B. 等于名义价值　　C. 高于名义价值　　D. 低于名义价值

19. “劣币驱逐良币”的现象存在于（　　）。

A. 银元本位制　　B. 金银复本位制　　C. 平行本位制　　D. 双本位制

20. 我国的人民币制度属于（　　）。

A. 金本位制　　B. 金银复本位制　　C. 银本位制　　D. 纸币本位制

三、多选题

1. 人民币符合以下（　　）特点。

A. 是信用货币　　B. 起一般等价物的作用

C. 是我国唯一合法流通的货币　　D. 由中国人民银行统一发行

2. 货币的基本职能有（　　）。

A. 价值尺度　　B. 流通手段　　C. 支付手段　　D. 贮藏手段

3. 典型的银行券所具有的特征有（　　）。

A. 由银行发行的　　B. 可以随时兑现

C. 是定期的票据　　D. 以一定的商业票据和黄金白银作为发行保证

4. 布雷顿森林货币体制建立了以（　　）为国际本位货币的国际货币体制。

A. 日元　　B. 美元　　C. 欧元　　D. 黄金

5. 黄金之所以能作为货币，是因为它具有（　　）特点。

A. 同质可分　　B. 体积小价值大　　C. 便于携带　　D. 便于保存

6. 货币的支付手段职能（　　）。

A. 使商品交易双方的价值的相向运动有一个时间间隔

B. 加剧了商品流通过程中爆发经济危机的可能性

C. 使进入流通的商品增加时，流通所需的货币可能不会增加

D. 克服了现款交易对商品生产和流通的限制

7. 商品价值形式的演变经历了（　　）等形式。

A. 简单价值形式　　B. 扩大价值形式　　C. 一般价值形式　　D. 货币价值形式

8. 金银复本位制包括（　　）。

A. 银本位制　　B. 平行本位制　　C. 双本位制　　D. 跛行本位制

9. 货币发挥支付手段的职能表现在（　　）。

A. 税款缴纳　　B. 贷款发放　　C. 工资发放　　D. 商品赊销

10. 一国货币要成为世界货币，应满足（　　）条件。

A. 货币发行国的经济实力足够强大且国际贸易足够发达

B. 这种货币是自由兑换货币，并在国际市场上有比较大的需求量

C. 这种货币币值比较稳定，发行国愿意承担维护和调节该货币币值的相应义务

D. 对经常账户外汇支付有限制的兑换

11. 将下列各项中属于商品的选项选出来（　　）。

A. 送给同学的钢笔　　B. 商场里长期滞销的商品

C. 已经变质的午餐肉　　D. 集市上降价处理的鞋帽

12. 在商场柜台上，一台彩电标价2 000元。这2 000元是（　　）。

A. 货币体现了价值尺度的职能　　B. 商品的价格

C. 观念中的货币　　D. 彩电价值的货币表现

13. 金币本位制具有（　　）性质。

A. 自由铸造　　B. 私自熔化　　C. 自由输出、输入　　D. 有限法偿

14. 货币产生后，商品交换表现为商品流通，可以表示为“商品—货币—商品”。由此表明，在商品流通条件下，(　　)。

A. 买和卖两种行为是同时进行的　　B. 货币是商品交换的工具和手段

C. 商品价值的大小是由货币来衡量的　　D. 商品价值的货币表现形式是价格

15. 货币表现出来的价格会随商品价值的变化而变化。在供求平衡的条件下，严格地讲，下列提法正确的是(　　)。

A. 价值减少，价格一定下跌　　B. 价值增加，价格可以下跌

C. 价值减少，价格可以下跌　　D. 价值减少，价格可以不变

16. 纸币可以是(　　)。

A. 信用货币　　B. 代用货币　　C. 国家货币　　D. 铸币

17. 金本位制包括(　　)。

A. 金银复本位制　　B. 金块本位制　　C. 金汇兑本位制

D. 跛行本位制　　E. 金币本位制

18. 货币形式主要经历了(　　)。

A. 实物货币　　B. 金属货币　　C. 信用货币　　D. 电子货币

19. 世界货币是指世界范围内发挥(　　)的货币。

A. 价值尺度　　B. 外汇储备　　C. 支付手段

D. 贮藏手段　　E. 流通手段

20. 在金本位制下，黄金流进会引起(　　)。

A. 信用扩张，通货增加　　B. 本位币汇价上升

C. 物价上涨　　D. 贸易顺差

E. 外汇收入增加

四、判断题

1. 被当作交换媒介的商品不一定就是货币。(　　)
2. 现金是货币，银行存款也是货币。(　　)
3. 从货币发展的历史来看，最早的货币形式是铸币。(　　)
4. 作为价值尺度的货币解决了在商品和劳务之间进行价值比较的难题。(　　)
5. 根据“劣币驱逐良币”的规律，银币必然要取代金币。(　　)
6. 价值尺度和流通手段是货币的两个最基本的职能。(　　)
7. 货币作为交换手段不一定是现实的货币。(　　)
8. 古代实物货币与现代信用货币在执行价值贮藏手段的职能上没有区别。(　　)
9. 与金属货币相比较，现代信用货币不是良好的贮藏价值的手段。(　　)
10. 信用货币价值稳定的基础是中央银行提供给社会公众的信用。(　　)
11. 只有金银才是充当一般等价物的材料。(　　)
12. 我国货币的发行量决定于中国人民银行拥有的黄金外汇储备量。(　　)
13. 企业缴纳税款，体现了货币的支付手段职能。(　　)
14. 流动性越强的货币层次包括的货币范围越大。(　　)
15. 在我国货币层次中，M1 的流动性大于 M2，M2 的统计口径大于 M1。(　　)
16. 货币起源于商品价值形式的发展。(　　)

17. 信用货币自身没有价值，所以不是财富的组成部分。 （　　）

18. 信用货币不能兑换成金属货币。 （　　）

19. 货币作为流通手段必须是现实的、足值的货币。 （　　）

20. 代用货币可以随时兑换成金属货币。 （　　）

五、思考题

1. 私人铸造货币会出现什么问题？

2. 我考入了××大学，由于入校匆忙，秋冬的服装没有带全。“十一”长假，我来到了商场，看上了一件羽绒服，价格还不贵，标价 200 元人民币。于是，我毫不犹豫地掏出 200 元人民币买了它。晚上，我想给妈妈打个电话，可是手机欠费停机了。我用银行卡给手机充值了 100 元人民币，向妈妈报了平安。妈妈对我说，最近要去美国旅游，明天准备去银行兑换一些美元。我对妈妈说，美元在持续贬值，你可千万不要多兑换。

将以上故事中涉及货币功能的各事实填入下列空白处。

（1）表现为价值尺度的事实：____________________

（2）表现为流通手段的事实：____________________

（3）表现为贮藏手段的事实：____________________

（4）表现为支付手段的事实：____________________

（5）表现为世界货币的事实：____________________

3. 如何划分货币的层次？

4. 辨别以下货币属于哪个层次的货币。

（1）投入股市的资金____________________

（2）信用卡存款____________________

（3）借记卡存款____________________

（4）五年期定期存款____________________

（5）购买国库券的资金____________________

（6）购买基金的资金____________________

（7）借出的现金____________________

（8）余额宝中的资金____________________

（9）美元存款____________________

5. 为什么信用货币能够取代金属货币？

6. 请分析图 1.8 的含义。

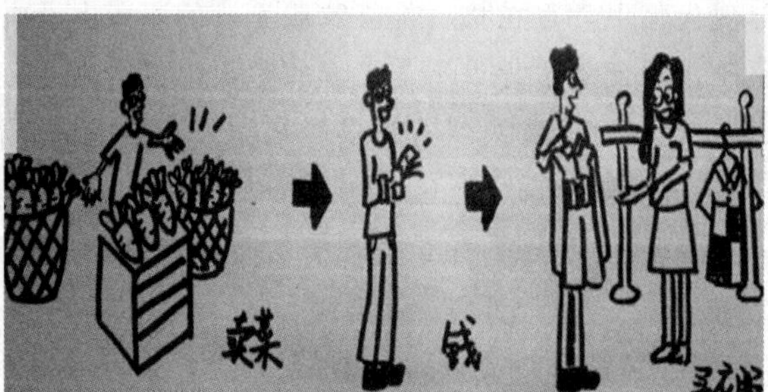

图 1.8　思考题图示

第二章

信用与信用工具

【学习目标】

知识目标

了解信用的起源；掌握信用形式和信用工具的含义；掌握商业信用和银行信用的基本内容。

能力目标

能够区分各种信用工具。

【知识框架】

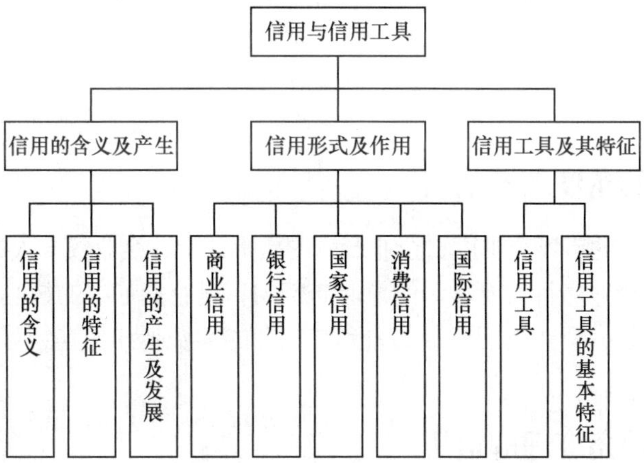

【情境导入】

（续前章）在小岛上，有的人靠捕鱼为生，有的人靠种植水果为生。捕鱼的人，想买水果、面包、猪肉……他需要把鱼售出，才能得到货币去购买这些东西；种植水果的人，想买啤酒、茶叶……他也需要把水果售出，才能得到货币去购买这些东西。而这些鱼和水果如果不能及时出售就会坏掉，于是他们在熟人之间达成了这样的约定，先将水果或鱼拿走，有了钱后再支付。这样，信用就产生了。

有一段时间，鱼市的行情非常好，卖鱼的人一点也不担心他的鱼卖不掉，于是，他赊了水果、面包、猪肉等商品。可天有不测风云，接连几天下大雨，气压降低，每天都死很多鱼。这导致卖鱼的人没有能力偿还所欠的债务了。这就是信用扩张的悲剧。

有一个人，手上有多张信用卡，当甲卡的额度用完后，就刷乙卡，到后来他又去办理了小额贷款来还债，这边欠钱、那边也欠钱，他每个月的薪水都不够还债。这也是一个信用扩张的例子。

可见，虽然人类历史上出现的信用扩张的方式千差万别（有什么样的融资工具，就有什么样的对应的信用扩张方式），但信用扩张过度所导致的结果就是各种危机的产生，比如银行危机、货币危机、外债危机及资产价格泡沫等。

第一节 信用的含义及产生

信用有广义和狭义两种解释，广义的信用属于道德范畴，即通常所讲的“诚信”。换言之，诚信即讲信用。正所谓：“言不信者，行不果。人而无信，不知其可也！”

狭义的信用仅从经济的角度来理解，信用就是借贷行为。金融学所讲的是属于经济范畴的信用。

一、信用的含义

在通常意义上，我们至少可以从四个角度来理解信用的含义。

（一）从伦理的角度理解信用

从伦理角度理解信用，它实际上是指“恪守诺言”的一种道德品质。

人们在日常生活中讲的“诚信”“可信”“讲信用”“一诺千金”“答应的事一定要办”“君子一言，驷马难追”，实际上反映的就是这个层面的意思。

从这个层面来看，信用对整个社会来说都是至关重要的，因为一个社会只有讲信用，才能够形成一个良好的社会信任结构，而这个信任结构是一个社会正常运转的基础。

（二）从企业的角度理解信用

企业信用包括企业的市场美誉度、企业产品的质量评价、企业领导人的能力评价等。

企业信用是一个企业履行自身承诺的意愿与能力，是企业形象的核心因素。企业信用代表了一个企业的市场声誉，企业信用直接关系到该企业的消费者和与其经营管理相关的部门、组织对其的认可度。

（三）从法律的角度理解信用

从法律的角度，可从以下两个方面理解信用。

（1）信用是当事人之间的一种关系。凡“契约”规定的双方的权利和义务不是当时交割的，存在时滞的，就存在信用。

（2）双方当事人按照“契约”规定享有的权利和义务，包括以下两种。①经济合同。小到两个企业之间的供货合同，大到两个国家之间的数以亿元计的债务。如果权利和义务的实现同时进行，那么就不会构成信用，这两者之间只有存在一定的时间差，才会出现信用。②社会契约。比如，父母有抚养子女成人的义务，子女也有赡养父母的义务。

（四）从经济的角度理解信用

经济学所说的信用是指借贷行为，它是以偿还为条件的价值的单方面让渡。信用的形式有国家信用、银行信用、企业信用和个人信用等。

1. 国家信用

国家信用是以国家（政府）为主体筹措资金的一种信用形式。

（1）国家和国家之间的借贷关系，即所谓的主权债务。布雷迪债券、美国 20 世纪 80 年代对拉美国家的贷款、我国对亚洲和非洲一些国家和地区的低息贷款、日本的海外经济协力基金贷款、世界银行贷款等都属于国家信用。

（2）国家政府与本国的企业或个人之间的借贷关系。比如，企业和居民购买政府发行的国债，这实际上是政府先向企业和居民借到一笔钱，然后进行投资，并在到期时偿以本息。

2. 银行信用

银行与企业和个人之间的信用是相互的。银行要从企业和个人那里取得信用，也就是要向企业和个人借到钱，这是它生存的根基。同时，企业和个人也需要向银行取得信用，也就是要从银行借到钱，企业可用它解燃眉之急或投资扩张等，个人可用它应不时之需或提高生活质量等。

3. 商业信用

企业和企业之间、企业和个人之间的信用属商业信用，最常见的是以下两种形式。

（1）企业与企业之间的非现金交易，也就是人们常说的赊销。商业信用可以是汽车零配件供应商提供的一批零件，也可以是一个工程。比如，在完成了一幢大厦的建筑施工但尚未完全收回工程款时，建筑公司赊出去的不仅是在这幢大厦建设中预垫的资金、材料，同时还有正在建设过程中的劳动。商业信用甚至还可以是一些无形的服务、智力产品（如管理咨询公司提供的咨询服务）等。

（2）企业和个人之间的信用。这种形式的信用在日常生活中很常见，如手机话费就是一种信用消费，手机话费通常是手机用户在这个月交纳上个月的费用，甚至可以拖欠两个月再交。

二、信用的特征

信用具有偿还性和付息性两大特征。

信用的偿还性是指货币所有者（贷方）把货币贷出去，并约定归还期；货币借入者（借方）在获取货币时要承诺到期归还。

信用的付息性是指借贷活动作为一种经济行为，货币所有者有权要求货币借入者给予补偿，即支付利息。

在上述两个特征中，偿还性是信用最基本的特征。在借贷活动中，无论是贷出、偿还，还是付息，都体现为价值的单方面让渡，即货币体现了支付手段的职能。

视野拓展

推荐读者扫描下方的二维码，观看中国人民银行征信中心制作的主题微电影《信用名片》。它讲述了一个信用带来财富的故事。

三、信用的产生及发展

信用作为一种借贷行为，它的产生、发展同商品货币经济紧密相连。商品货币经济的发展，特别是货币支付手段职能的发展，是信用赖以存在和发展的坚实基础。

（一）原始形态的信用——实物借贷

在原始社会末期和奴隶社会初期，商品生产和商品交换的发展使原始社会解体，产生了私有制家庭和阶级，出现了贫富差别。贫困家庭缺少生产资料和生活资料，为了维持生产和生活不得不向富裕家庭借债，即通过借贷调剂余缺，这样信用就产生了（如图 2.1 所示）。可见，信用产生的基础是商品交换和私有制的出现。

图 2.1　信用产生的基础

（二）奴隶社会和封建社会的货币借贷——高利贷

随着商品生产和商品交换的进一步发展，在商品流通过程中产生了一些矛盾。不同商品的生产过程有长短之分，销售市场有远近之别。这些都给商品价值的实现带来了困难，造成在有的商品的所有者出售商品时，购买者因自己的商品尚未卖出而无钱支付。为了使社会再生产能够继续进行下去，商品所有者在销售商品时就不能再坚持现金交易，而必须实行赊销，即延期支付。于是，商品的让渡和价值实现在时间上就分离了。这样，买卖双方除了商品交换之外，又形成了一种债权、债务关系，即信用关系（如图 2.2 所示）。

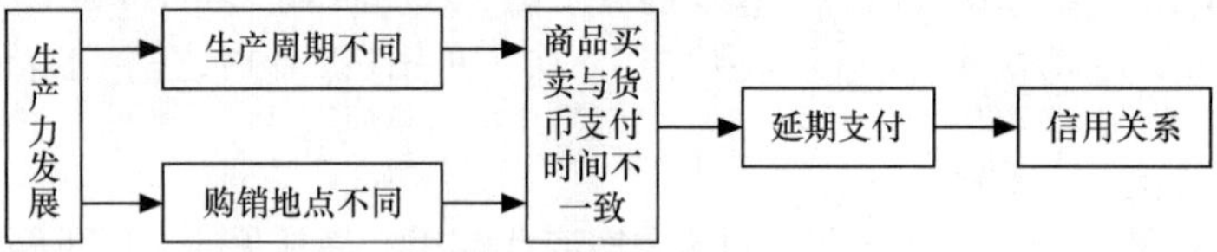

图 2.2　信用关系示意图

高利贷是历史上最早的、最原始的信用形态，是指放贷者通过贷放货币或实物而获取高额利息的借贷行为。就我国而言，高利贷最早出现在西周（前 1066—前 771），开始主要以借贷谷物为主，若到期还不上的话，借贷者可以服劳役还债。对于高利贷，我们可以从以下几个角度去理解。

（1）小生产者占主导地位的自然经济是高利贷存在的客观基础。在奴隶社会和封建社会，生产力水平低下，小生产者的经济基础极不稳定，其生活常常陷入窘迫的境地，而且他们还背负各种苛捐杂税。为了维持简单再生产，他们不得不向高利贷者告贷，忍受高利贷的盘剥。

（2）高利贷是奴隶社会和封建社会中占主导地位的基本信用形式。高利贷的另一个放贷对象是奴隶主和封建主，他们为维持荒淫无度的奢侈生活或出于政治斗争的需要，不顾高利息去借高利贷。唐朝出现的京债，就是为当时被分配到很远地方任职的官员解决路费的问题而产生的，并且借 100 两白银，实际到手只有七八十两，甚至更少。战国时期著名的四公子之一的孟尝君之所以能够豢养三千门客，招揽各路人才，就是因为其能够通过放贷收息获得高额收入。

（3）高利贷资本来源于商人、官吏、宗教机构。最著名的故事是汉景帝的“列侯封君”借高利贷。当时爆发了“七国之乱”，即将出征的“列侯封君”没钱，就找子钱家（类似私人银行）借，很多人以打仗风险太大为由不肯借钱，只有无盐氏肯出贷千金，约定利息为本金的 10 倍，可见利息之高。“七国之乱”被平定后，无盐氏一举成为长安的巨富。

（4）高利贷信用的特点是利率高，具有非生产性和保守性。①高利贷信用的年利率一般在 30%以上，100%～200%也较常见，甚至没有最高限制。②从高利贷的用途看，奴隶主和封建主是为了满足奢侈的生活和巩固统治，小生产者则是为了维持生存而不是再生产。比如，王安石变法中的“青苗法”中就有农户在青黄不接的时候，可向朝廷申请贷款，年利率 20%这样的规定。③高利率阻碍资本向产业资本转化，因而是保守的、寄生的。

（5）高利贷具有正反两方面的作用：一方面，高利贷导致生产力发展缓慢。残酷的高利贷盘剥使小生产者在极端困难的条件下维系简单再生产，从而阻碍了社会生产力的发展。另一方面，高利贷者手中集中了大量货币资本，实现了资本的原始积累，而大批封建小生产者破产，成为无产者，又为雇佣劳动创造了条件，在客观上促进了资本主义前提条件的形成。

（三）现代信用——借贷资本运动

高利贷的剥削方式阻碍了资本主义的发展：利率过高，影响了生产的运转，不能满足新兴资产阶级的需求。资本主义企业的发展需要大量的货币资本，单靠资本家的个人财力是不够的，需要借助信用关系进行资金筹集，于是出现了新兴产业资本的发展与落后的高利贷信用关系的矛盾。

这个矛盾的中心是把利率降至平均利润率之下。反对高利贷的斗争最初是利用立法、宗教来限制高利贷的盘剥，但许多官吏、宗教机构本身就是高利贷者，因此收效不大。后来新兴资产阶级主要通过建立新式银行制度，以低利率放款支持资本主义工商企业，从而击败了高利贷，迫使其转变为新式银行。这就促进了现代信用的产生（如图 2.3 所示）。

1. 借贷资本的产生过程

在市场经济条件下，除了产业资本和商业资本外，还存在借贷资本。

借贷资本不是职能资本，不是产业资本运动中货币资本职能的独立化的表现形式，而是从产业资本和商业资本等职能资本运动中游离出来的闲置货币资本转化而来的。借贷资本的产生过程如图 2.4 所示。

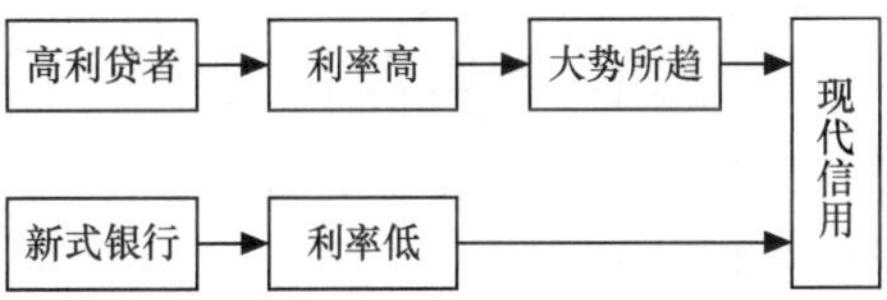

图 2.3　现代信用

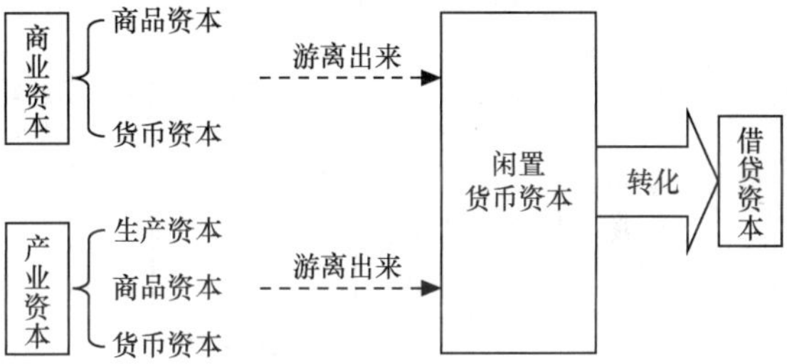

图 2.4　借贷资本的产生过程

获取更多的利润是生产经营者共同的追求。这样就使资金盈余者与资金短缺者联系在一起，形成借贷关系。于是，暂时闲置的货币资本便转化为借贷资本，资金盈余者将这些闲置的货币资本贷放出去获取收益是其客观需求，如图 2.5 所示。

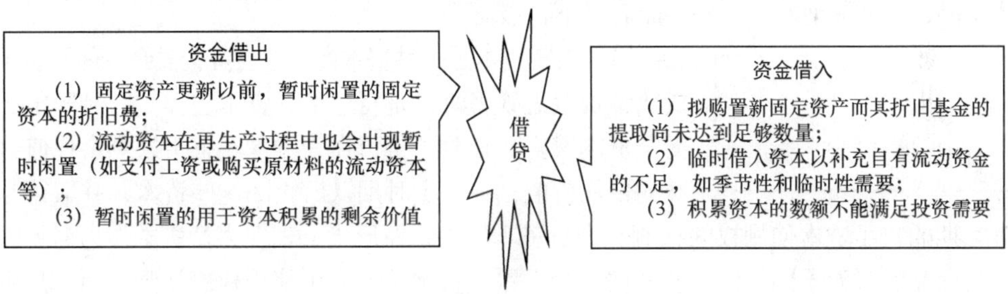

图 2.5　借贷资本的来源与运用

2. 借贷资本的运动形式

如果用 G 代表货币，W 代表商品，A 代表劳动力，Pm 代表生产资料，P 代表生产过程，W′代表包含了剩余价值的商品，G′代表实现了价值增值的货币资本，“—”代表流通过程，“…”代表流通过程的中断和生产过程的进行，则借贷资本的运动形式可表示为 G—G′。

把借贷资本和职能资本联系起来，借贷资本运动的完整形式可表示为 G—G—W（Pm、A）…P…W′—G′—G′。开端的“G—G”表示借贷资本家把货币资本贷给职能资本家使用；中间的生产过程 P 和流通过程，表示职能资本家将借入的货币资本用于购买生产资料和劳动力，发挥资本职能并实现增值；最后的“G′—G′”表示职能资本家把原来借入的货币资本和由它带来的利润的一部分偿还给借贷资本家。这里的两个 G′ 是不同的量，前者大于后者。

借贷资本运动中的二重支付如图 2.6 所示，生产过程如图 2.7 所示，二重归流如图 2.8 所示。

可见，价值增值不能发生在G—W阶段的货币上，也不能发生在W—G′阶段上，只能发生在G—W阶段的商品上。货币所有者购买到的这种特殊商品——劳动力，通过对它的使用创造价值，而且创造出比这个商品自身价值更大的价值。因此，劳动力成为商品，是货币转化为资本的前提。

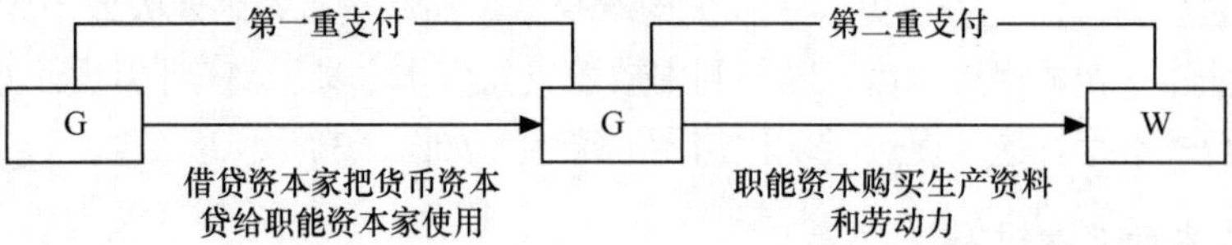

图2.6　借贷资本运动中的二重支付示意图

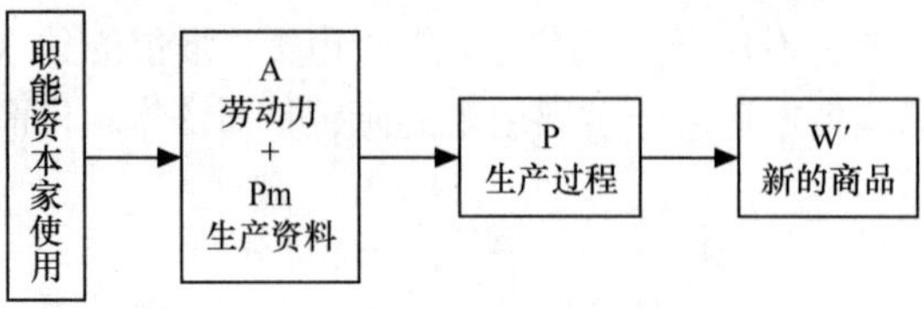

图2.7　借贷资本运动中的生产过程

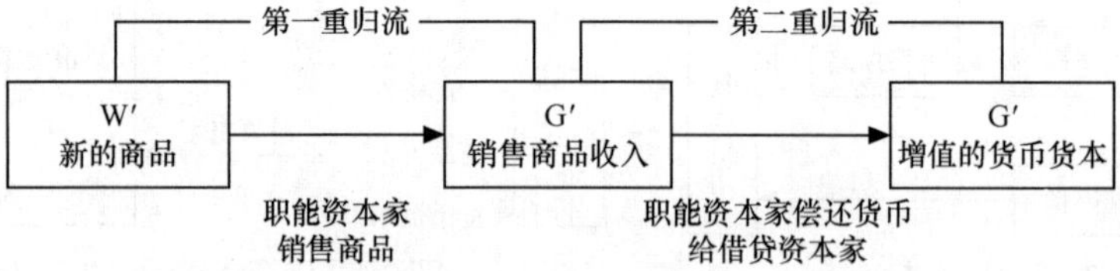

图2.8　借贷资本运动中的二重归流示意图

3. 借贷资本的特点

借贷资本是借贷资本家为取得利息而暂时贷给职能资本家使用的货币资本。借贷资本是一种资本商品，它和其他职能资本相比有以下特点。

> **想一想**
>
> 借贷资本是不是职能资本？

（1）借贷资本是一种资本商品。当资金盈余者将其货币资本贷放给资金短缺者时，是将这部分资本当作"商品"出卖的。借贷资本家实际让渡了货币作为资本能够带来剩余价值这一特殊的使用价值，在一定时期以后收回这些资本，并取得利息作为让渡时期的货币资本使用权的报酬。借贷资本的关系在形式上表现为把资本作为商品的买卖关系。与商品的买卖不同，借贷资本的借贷关系是资本（商品）使用权的让渡，而不是所有权的转移。

（2）借贷资本是所有权资本。借贷资本虽然是商品资本，但在卖出时，只是卖出其使用权，而不是其所有权。因为资金盈余者拥有借贷资本的所有权，所以其有权向资金借入者收取利息。

（3）借贷资本具有独特的运动形式。借贷资本的运动公式是G—G′，而G′= G + g，其中g代表利息。因为这个公式省略了职能资本家运用借贷资本的过程，于是给人们造成一种假象，似乎不经过任何生产过程与流通过程，借贷资本本身就可以生出更多的货币，从而掩盖了资本价值增值的真实过程。

> **敲黑板**
>
> 
>
> 职能资本家是相对于借贷资本家而言的，是指在资本的生产和流通过程中执行职能的资本家，包括执行生产剩余价值职能的产业资本家和执行实现剩余价值职能的商业资本家。产业资本家瓜分产业利润，商业资本家瓜分商业利润，借贷资本家瓜分利息。

第二节 信用形式及作用

随着商品货币经济的发展，信用形式日趋多样化。信用形式是信用关系的具体体现，而信用工具是证明债权债务关系的凭证。

信用在原始社会末期就产生了。随着生产力的发展，信用形式也经历了一个长期的演进过程。

按融资性质分类，信用形式可分为直接信用和间接信用；按信用主体分类，可分为商业信用、银行信用、国家信用、消费信用；按期限长短分类，可分为短期信用和长期信用；按借贷对象分类，可分为实物信用和货币信用，如图 2.9 所示。其中，商业信用和银行信用是两种最基本的信用形式。

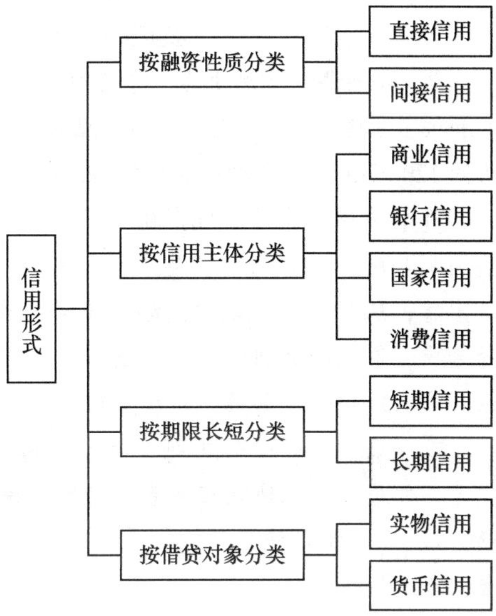

图 2.9 信用形式的分类

直接信用是在债权人和债务人之间直接进行的借贷活动。这时，借款者自己直接发行债务凭证给贷款者，而金融机构等中介只是起到牵线搭桥的作用。比如，私人之间的借贷，以及企业与企业间因为生产所需的商品赊销赊购等都属于直接信用。

间接信用是通过信用中介机构而间接发生的借贷行为。比如，银行与个人直接的借贷，实质上银行是用存款人的资金去贷给借款人。

一、商业信用

商业信用是指在商品交易中，由延期付款或预收货款所形成的企业间的借贷关系。比如，有些企业的商品积压待售，而需要这些商品的买方又可能由于种种原因缺乏资金购买。为了解决这种矛盾，卖方把商品赊销给买方，而买方可用延期付款或分期付款的方式提前取得商品。这样，通过企业与企业之间相互提供商业信用，可以使整个社会的再生产正常进行。

1. 商业信用的作用

一般而言，商业信用对于买卖双方能起到以下作用。

（1）促进商品销售（赊销）。卖方将商品及时售出，可避免商品积压和影响再生产；买方可在资金短缺的情况下及时购买到所需的商品，使社会的再生产正常进行。

（2）加速资金周转（预购）。卖方可通过买方的预付款增加资金来源，扩大生产和流通规模；买方通过预付卖方货款能买到紧缺商品，又能使多余资金找到使用场所。

想一想

赊销或预付货款是两种不同的商业信用。请想一想预付货款提供的信用有什么作用。

2. 商业信用的局限性

商业信用的局限性主要表现在以下三个方面。

（1）商业信用授信规模有限。由于商业信用受企业资金规模的限制，大规模的生产建设项目资金不可能通过商业信用解决。

（2）授信具有单向性。商业信用是单向的债权债务关系，授信方提供的商品是授信方的生产和经营要素，一般只能是上游企业向下游企业提供信用，如棉花厂→纺纱厂→织布厂→服装厂。

（3）信用范围窄。商业信用受买卖双方了解程度和信任程度的局限，如果买卖双方互不了解、互不信任，则商业信用就难以产生。

案例透析

霍英东始创"卖楼花"，靠商业信用巧融资本

第二次世界大战结束后，香港的人口激增，住房严重不足，加上工商业日渐兴旺，形成了对土地和楼宇的庞大需求。霍英东审时度势，认定香港的房地产业势必大有发展。1953年初，他拿出自己的120万港元，另向银行贷款160万港元，成立了"立信置业有限公司"，开始经营房产业务。

那个年代，香港的地产商都是按整幢或整层房屋出售的，人们除非有巨额资金，一般很难购买到房屋。刚开始，霍英东也和别人一样，自己花钱买旧楼，折了旧楼以后，建成新楼再按层出售，从买地、规划、建楼到出售，资金周转期很长。这样当然可以稳妥地赚钱，可是由于资金少，发展就比较慢。他苦苦地思索改革房地产经营的方法，却没有结果。霍英东当时是向银行贷款建楼的，如果等房屋建好了人们又不买的话，利息都承担不起。

有一天，一位老邻居到工地上找他，说是要买楼。霍英东抱歉地告诉他，盖好的楼已经卖完了。邻居指着工地上正在盖的那幢楼说："就这一幢！你卖一层给我好不好？"霍英东灵机一动，说："你能不能先付定金？"邻居笑着说："行，我先付定金，盖好后你把我指定的楼层给我，我就把剩下的钱交齐。"两人就这样成交了。这个偶然的事件，使霍英东受到了启发。他立刻想到，完全可以采取房产预售的方法，利用购房者的定金来盖新楼！这个办法不但能为他筹集资金，更重要的是还能大大促进销售！

当时，香港房产的价格是非常高的，人们要想买房产，就得准备好几万港元，一手交钱，一手拿房。当时只有少数有钱人才买得起房产，所以房地产企业的经营情况也不太好。而霍英东采取房产预售的新办法，使人们只需预付10%的定金就可以购得即将破土动工兴建的新楼。也就是说，要买一套价值10万港元的房屋，人们只要预付1万港元，就可以买到其所有权，之后再分期付款。这对于房产商来说，好处是显而易见的：房产商可以利用购房者交付的定金去建楼，若房产商自身所拥有的资金原来只够建1幢楼，那么在收取了购房者的定金后其就有可能同时建10幢楼，大大加快了房屋建设的速度。对于购买房产的人来说，这也是有利的：人们只需要先付一小笔钱，就可以取得房产的所有权，待到楼宇建成时，很可能地价、房价都已上涨了，而已付定金的买方只要把房产卖掉，就能赚一大笔钱！因此，很快就有一批人开始专门"炒楼花"了。

楼盘预售这一创举使霍英东的房地产生意兴隆起来。当别的房地产商也开始使用这个办法时，霍英东已经赚到了巨大的财富。

启发思考：试分析商业信用融资的优点。

二、银行信用

银行信用是指银行及其他非银行金融机构以存款等方式筹集货币资金，以贷款等业务形式对国民经济各部门、各企业提供资金的一种信用形式。银行信用是在商业信用基础上产生并发展起来的，是现代信用的主要形式。

1. 银行信用的特点

相对其他信用形式而言，银行信用有以下四个特点。

（1）银行信用是一种间接信用。银行信用以银行及其他金融机构为中介，筹集社会上工商企业及个人的闲置资金，形成巨额的借贷资本，再贷放给工商企业。因此，银行信用可以克服商业信用在资金数量上的局限性。

（2）银行信用具有很大的灵活性。从资本类型来看，银行信用贷放出去的资本是以货币形态提供的，不属于产业资本循环中的商品资本阶段，而是从产业资本循环中独立出来的货币资本。因此，银行信用可以克服商业信用在资金使用方向上的局限性。

（3）银行信用具有广泛的接受性。银行的规模一般较大，信誉较高，可以动用工商企业、国家行政部门、各类组织和居民个人的闲置资金。

（4）在产业周期的各阶段上，银行信用与产业资本的动态不完全一致。由于银行信用贷出的资本是独立于产业资本循环的货币资本，其来源除了工商企业外还有社会其他方面，因此银行信用的动态同产业资本的动态保持着一定的独立性。例如，在经济危机时，商业信用因为生产停滞而大量缩减，但企业为了防止破产、清偿债务，对银行信用的需要可能会增大。

2. 银行信用的优势

与商业信用相比，银行信用有以下两个优势：①银行信用克服了商业信用的局限性，扩大了信用的范围、资金数量和使用期限，在更大程度上满足了社会经济发展的需要；②银行信用克服了商业信用在资金使用方向上的限制。

三、国家信用

国家信用是指以国家（政府）作为债务人，向全社会举债的一种信用形式，也称为“政府信用”。国家信用属于一个特殊的财政范畴，是一种特殊的信用形式，它具有与其他信用形式不同的特征。

1. 资金投向的广泛性

国家信用是以国家为主体进行的一种信用活动，它既可以将筹集的资金投入非生产领域，如教育支出、社会福利支出、军费支出，用于满足政府履行社会管理职能的资金需要；又可以将资金作为国有资本金投入社会生产和流通领域，以实现国家的资产所有者职能。而一般的信用活动则具有明确的经济职能，通常只用于满足社会生产和流通领域的资金需要。由此可见，与其他信用形式相比，国家信用的资金投向范围要广泛得多。

2. 偿债资金来源的多样性

国家信用偿债的资金来源可以是国家的财政收入，也可以是国家投资取得的收益。而一般信用偿债的资金来源只能是投资取得的收益。

3. 行为目标的社会性

国家信用追求的目标是由国家职能所决定的，具有宏观性和社会性的特点。具体而言，国家信用是通过履行国家职能，为国家实现优化资源配置、调整产业结构、提高宏观经济效益的目标服务，因此，国家信用追求的不是某个效益目标，而是社会的整体效益目标。银行信用等信用形式的行为目标则是调剂生产和流通中的资金余缺，保证微观经济运行中的资金需要，实现信贷资金在运行中的价值增值，因而它们必须以某个效益目标为依据选择信用行为，对应的行为目标也带有微观性和市场化的特征。

视野拓展

如今信用卡已被民众广泛熟知和使用，不过相信很多人都不知道信用卡是怎么来的。读者扫描下方文档 1 二维码之后将会通过《信用卡的起源》一文了解信用卡的是怎样产生的。

信用卡是否属于消费贷款？不少人对于这个问题还不了解。读者扫描下方文档 2 二维码之后将会获知这个问题的答案。

文档 1　　文档 2

四、消费信用

消费信用就是由企业、银行或其他金融机构向消费者个人提供的信用。换言之，不管是银行还是企业，只要是向消费者个人提供的以消费为目的的信用就是消费信用。

1. 消费信用的种类

根据信用提供方的不同，消费信用可以分为企业提供的消费信用和银行提供的消费信用。

（1）企业提供的消费信用主要有赊销和分期付款两种信用形式。赊销主要是对那些没有资金或资金不足的消费者提供的一种信用方式，而分期付款则多用于购买某些价值较高的耐用消费品。

（2）对银行或其他金融机构而言，消费信用则通常称为消费信贷，即商业银行或其他金融机构对消费者个人发放的、用于购买耐用消费品或支付其他费用的贷款方式。它以刺激消费、扩大商品销售和加速资金周转为目的。也有许多人将其形容为“用明天的钱，圆今天的梦”。

2. 消费信用的特点

相对其他信用形式而言，消费信用主要有以下两个特点：①提供的贷款是消费性的；②通过分期付款归还贷款，还款的时间比较长。

3. 消费信用的作用

消费信用的作用主要表现为对生产的促进作用。由于消费信用可以调节人们在购买消费品时在时间上和支付能力上的不一致，所以可以调节人们的消费。

五、国际信用

国际信用，亦称“国际借贷”，是指各国相互之间提供的信用。

国际信用包括以赊销商品形式提供的国际商业信用、以银行贷款形式提供的国际银行信用以及政府间相互提供的国家信用等。

1. 国际商业信用

国际商业信用是由出口商以商品形式提供的商业信用，有来料加工和补偿贸易等信用形式。

2. 国家信用

国家信用是一国政府向另一国政府提供的信用。通常由国家的财政部门出面借款，贷款的资金列入政府预算。

政府信贷具有以下几个特点：①信贷条件优惠；②规定了贷款的用途；③附加条件多，政治性强；④适宜公共开发性投资。

3. 国际银行信用

国际银行信用是进出口双方银行所提供的信用，可分为出口信贷和进口信贷，如图 2.10 所示。

（1）出口信贷是指出口方银行提供贷款，解决卖方或买方资金周转需要，包括卖方信贷和买方信贷两部分。卖方信贷是指出口方银行向出口商提供的贷款；买方信贷是指出口方银行直接向进口商或进口方银行提供的贷款。

（2）进口信贷是指由进口方银行提供贷款，解决买方资金需要，以支持本国进口商购买所需的商品或技术等。

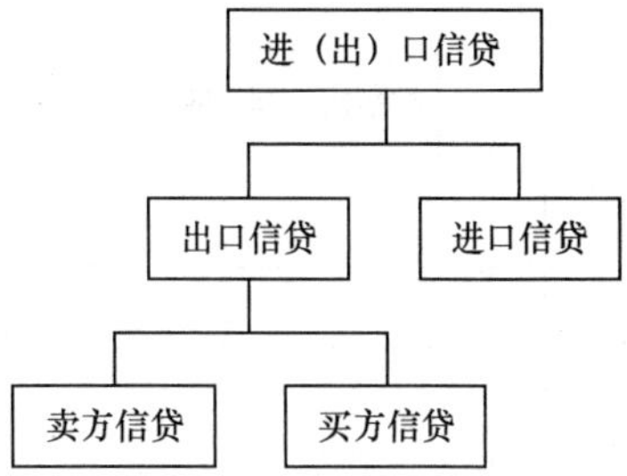

图 2.10　国际银行信用

4. 国际金融机构贷款

国际金融机构贷款是指世界性或区域性的金融机构对其成员方提供的贷款。

5. 外国商业银行信贷

外国商业银行信贷是指一国政府、金融机构或企业在国际金融市场上向外国商业银行取得的信贷。

6. 国际债券

国际债券是指一国政府、金融机构或公司（企业）为筹措资金而在外国或国际金融市场上发行的有价证券。

第三节　信用工具及其特征

一、信用工具

信用工具也称金融工具，是指在融资活动中，用于证明资金供需双方的债权债务关系、资金所有权关系的具有法律效力的凭证。信用工具是重要的金融资产，是金融市场上重要的交易对象。

> **视野拓展**
>
> 信用工具是资金供需双方转移的媒介与凭证，如各种票据、股票、债券等有价证券。随着金融市场的日益发达，新的金融工具也在不断出现。
>
> 不同的信用工具的可融通资金的性质、规模、期限以及法律效力等方面的差异，不仅使这些金融工具适用的场合不尽相同，而且它们的收益（成本）与风险（变现能力或偿还要求）程度也存在很大的差别。
>
> 部分信用工具的票样

按信用工具的期限分类，信用工具可分为短期信用工具（货币市场工具）和长期信用工具（资本市场工具）；按融资性质分类，信用工具可分为直接信用工具和间接信用工具；按是否与实际信用活动直接相关分类，信用工具可分为基础信用工具和衍生信用工具，如图 2.11 所示。

基础信用工具是指在实际信用活动中出具的能证明资金供需双方信用关系的合法凭证，如商业票据、银行票据、债券、股票等。衍生信用工具是指在基础信用工具之上派生出来的可交易凭证，如各种金融期货合约、期权合约、掉期（互换）合约等。

（一）商业票据

商业票据是指由金融公司或某些信用较高的企业开出的无担保短期票据。商业票据按签发人的不同，可分为商业本票和商业汇票两种。

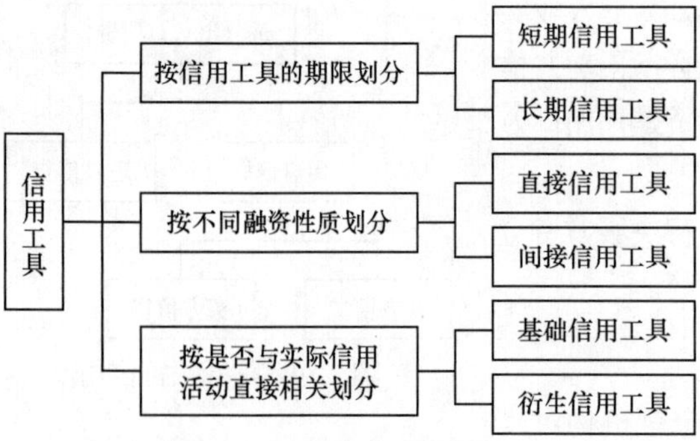

图 2.11　信用工具的分类

1. 商业本票

是企业单位或个人签发并承诺在见票时或指定日期无条件支付一定金额给收款人或持票人的票据。

我国目前没有商业本票，一般的企业单位不能签发本票。

2. 商业汇票

商业汇票是指由出票人签发的，委托付款人在指定日期内无条件支付票据载明的金额给收款人或者持票人的票据。商业汇票可分为商业承兑汇票和银行承兑汇票。

（1）商业承兑汇票，一般由付款人（购货企业）签发并承兑，也可由收款人（销货企业）签发后，交于付款人承兑。

（2）银行承兑汇票，由在承兑银行开立存款账户的存款人（付款人）签发，向开户行申请并经银行审查同意承兑的，保证在指定日期无条件支付确定金额给收款人或持票人的票据。

3. 商业本票和商业汇票的主要区别

商业本票和商业汇票主要有以下两个区别。

（1）商业本票的票面有2个当事人，即出票人和收款人；商业汇票的票面则有3个当事人，即出票人、付款人和收款人（持票人）。

（2）在任何情况下，商业本票的出票人都是绝对的主债务人，一旦拒付，持票人可以立即要求法院裁定，命令出票人付款；商业汇票的出票人在承兑前是主债务人，在承兑后，承兑人是主债务人，出票人则处于从债务人的地位。

（二）银行票据

最常见的银行票据有银行支票、银行本票和银行汇票三种。

1. 银行支票

银行支票是指由出票人签发的，委托办理支票存款业务的银行或者其他金融机构在见票时无条件支付票面载明的金额给收款人或者持票人的票据。银行支票有现金支票和转账支票两种。

（1）现金支票可以由存款人签发给银行以提取现金，也可以签发给其他单位和个人以办理结算或者委托银行代为支付现金给收款人。

（2）转账支票只能用于转账，它适用于存款人给同一城市范围内的收款单位划转款项，以办理商品交易、劳务供应、清偿债务和其他往来款项的结算。

2. 银行本票

银行本票是指申请人将款项交存银行，由银行签发的承诺自己在见票时无条件支付票面载明的金额给收款人或者持票人的票据。银行本票按照票面金额是否固定，可分为不定额银行本票和定额银行本票两种。

（1）不定额银行本票是指票据上金额栏是空白的，签发时根据实际需要在票据上填写金额（金额起点为100元），并用压数机压印

想一想

小张的一项发明给公司带来了巨大的经济效益。公司决定奖励他30万元。如果你是公司经理，你会用哪种方式将这笔钱发给小张？

金额的银行本票。

（2）定额银行本票是指票据上预先印有固定面额的银行本票。定额银行本票的面额有 1 000 元、5 000 元、10 000 元和 50 000 元几种。

想一想

我国银行支票、银行本票、银行汇票的区别是什么？

3. 银行汇票

银行汇票是指在汇款人将款项交存当地出票银行后，由出票银行签发的并在收到票据时按照票据上载明的金额无条件将款项支付给收款人或持票人的票据。银行汇票具有使用灵活、票随人到、兑现性强等特点，适用于先收款后发货或钱货两清的商品交易。单位和个人的各种款项结算，均可使用银行汇票。

（三）国库券

国库券是政府为弥补国库资金不足而发行的短期债务凭证。在国外，偿还期在 1 年以上的政府债券叫国债或公债；偿还期在 1 年以下的政府债券称为国库券。

因为国库券的债务人是国家，其还款保证是国家财政收入，所以它几乎不存在信用违约风险，是金融市场上风险最小的信用工具。国库券一般有 3 个月、6 个月、9 个月、1 年期 4 种，其面额不尽相同。国库券采用不记名形式，无须经过背书就可以转让流通。

由于国库券期限短、风险小、流动性强，因此其利率较低。美国的国库券利率仅仅高于通知放款利率。

（四）大额可转让定期存单

大额可转让定期存单（Negotiable Certificate of Deposit，CD_s）是指商业银行为吸收资金而开出的一种票据，即具有转让性质的定期存款凭证。存单上注明了存款的期限、利率，存单到期后，持有人可凭存单向银行支取本息。

与普通商业银行的定期存款相比，大额可转让定期存单具有不记名、面额大、期限短、可转让的特点。

（五）股票

股票是指股份有限公司为筹集资金而发行给各个股东作为持股凭证并借以取得股息和红利的一种有价证券。

和其他信用工具相比，股票具有以下五个基本特征。

（1）不可偿还性。股票是一种无偿还期限的有价证券，投资者认购股票后，就不能要求退股，只能到二级市场进行买卖。

（2）参与性。股东有权出席股东大会，选举公司董事会，参与公司重大决策。股票持有者的投资意志和享有的经济利益，通常是通过行使股东参与权来实现的。

（3）收益性。股东凭借持有的股票，有权从公司领取股息或红利，获取投资的收益。股息或红利的大小，主要取决于公司的盈利水平和公司的盈利分配政策。股票的收益性还表现在股票投资者可以通过买卖股票获得价差收入或实现资产的保值增值。

（4）流通性。股票的流通性是指股票在不同投资者之间的可交易性。投资者可以在市场上卖出所持有的股票，取得现金。公司可

视野拓展

我国从 1981 年开始对国有企业发行国库券，从 1982 年起面向社会公众发行国库券。发行国库券的目的是为了筹集社会闲散资金，加快国家经济建设。早期的国库券采用货币化方式发行，印制精美，形似货币。推荐读者观看本书配套电子课件中的视频短片，了解我国国库券的发展历史。

以通过增发股票吸收资本来扩大公司的生产经营活动，从而优化资源配置。

（5）价格波动性和风险性。股票在交易市场上作为交易对象，同商品一样，有自己的市场行情和市场价格。由于股票价格受到诸如公司经营状况、供求关系、银行利率、大众心理等各种因素的影响，其价格的波动有很大的不确定性。正是这种不确定性，有可能使股票投资者遭受损失。价格波动的不确定性越大，投资风险越大。因此，股票是一种高风险的金融产品。

（六）债券

债券是指国家（政府）、金融机构一般企业等直接向社会筹集资金时，向投资者发行的，承诺按规定利率支付利息并按约定条件偿还本金的债权债务凭证。债券包含了以下四层含义：债券的发行人（即政府、企业等）是资金的借入者；购买债券的投资者是资金的借出者；发行人（借入者）需要在一定时期内还本付息；债券是一种债务证明，具有法律效力。债券的购买者与发行者之间是一种债权债务关系，债券发行人即债务人，投资者（或债券持有人）即债权人。

根据发行主体的不同，债券可分为政府债券、金融债券和公司债券等。

（七）证券投资基金

证券投资基金是指通过公开发售基金份额募集资金，由基金托管人托管，由基金管理人管理和运用募集的资金，为基金持有人的利益，以资产组合方式进行证券投资的一种利益共享、风险共担的集合投资方式。

与其他信用工具相比，证券投资基金有以下三个特点。

（1）集合投资。证券投资基金是以集资的方式集合资金用于证券投资。集资的方式主要是向投资者发行集资券，将众多投资者分散的小额资金汇集成一个较大数额的基金，对股票、债券等有价证券进行投资。

（2）分散风险。以科学的投资组合降低风险、提高收益是基金的另一大特点。但在投资活动中，风险和收益总是存在的，因此“不能将所有的鸡蛋放在一个篮子里”。

（3）专业理财。证券投资基金是将投资者分散的资金集中起来，以信托的方式交给专业机构进行投资运作。证券投资基金实行专业理财制度，由受过专门培训、具有丰富证券投资经验的专业人员负责管理，进行投资。

> **想一想**
>
> 股票、债券、基金有什么异同？

二、信用工具的基本特征

信用工具的特征主要包括期限性、流动性、风险性和收益性四个方面。

1. 期限性

信用工具上一般都载明了发行日至到期日的期限，即偿还期。债权人可按信用工具上载明的偿还期收回其债权金额。

事实上，对于债权人来说，实际的偿还期应从得到信用工具之日开始计算，至信用工具到期日截止。

> **想一想**
>
> 某种2010年发行的债券上载明的偿还期为10年，某人于2014年买入这种债券，那么对于他来说，这种债券的偿还期为几年？

2. 流动性

流动性是指信用工具迅速变现为货币的能力。信用工具流动性的强弱受偿还期和发行者的信用能力这两个因素的影响。信用工具如果具备下述两个特点，那么就具有较高的流动性。

（1）发行者的信用能力强。发行信用工具的债务人信誉高，在以往的债务偿还中能按时履行其偿还义务。

（2）债务的期限短。这样信用工具受市场利率的影响很小，在变现时遭受亏损的可能性也就很小。

现金是流动性最高的资产，因为现金本身就是一般等价物，谁都能接受。相比之下，房产要变成现金就不那么容易了，卖房一般都要花一段时间，如果找房产中介卖房，还要支付佣金。股票和债券属于比较容易变现的资产，其流动性要比房产高。

敲黑板

按照流动性的强弱对现金、股票和债券、房产进行排序的结果为：现金>股票和债券>房产。

3. 风险性

风险性是指信用工具的所有者收回本金的可能性。信用工具的风险主要来自以下两个方面。

（1）信用风险，即债务人不履行债务的风险。这种风险的大小主要取决于债务人的信誉以及债务人的社会地位。

（2）市场风险，即信用工具的市场价格随市场的变化而上升或下跌的风险，包括市场利率、汇率、股票、债券行情的变动。当利率上升时，信用工具的市场价格就极有可能会下跌；当利率下跌时，则信用工具的市场价格就极有可能会上涨。信用工具的偿还期越长，其价格受利率变动的影响越大。一般来说，本金的安全性与偿还期成反比，即偿还期越长，其风险越大，安全性越小；本金的安全性与流动性成正比；本金的安全性与债务人的信誉成正比。

例如，某投资者用每股 20 元的价格买进某股票 1 000 股，花费 2 万元。后来，因为该股票的价格一直走低，所以该投资者在每股 15 元的价格时卖出该股票。最终该投资者损失了 5 000 元的本金。

再如，一家水泥厂需要 5 000 万元的资金购买一套外国设备。该水泥厂拟采用发行债券的方式筹集资金。经有关部门批准后，该水泥厂发行了面额为 1 000 元、期限为 5 年的债券，债券的发行对象为社会自然人和法人。后来，由于该水泥厂决策失误，经营出现了重大困难，不到 5 年的时间就破产倒闭了，致使该债券到期后无法偿付，给债券的购买者带来了巨大的损失。以上便是信用工具市场风险的案例。

4. 收益性

信用工具主要有两种。一种是固定收益类型，如债券、存单，信用工具上载明了利率；另一种是即期收益类型，如股票，其收益大小没有事先确定，只能取决于发行股票的公司的盈利水平以及股票市场上的价格水平，即资产增值和价差收入。其中，资产增值是指将公积金、未分配利润等转入股本，使每股净资产值增加的情况；价差收入也叫“资本利得”，是指信用工具的卖出金额扣除买入金额的差额。

综合练习题

一、概念识记

信用　商业信用　银行信用　信用工具　商业票据　银行票据

二、单选题

1. 企业之间的赊销、预付属于什么信用形式？（　　）
   A. 商业信用　　B. 银行信用　　C. 国家信用　　D. 消费信用
2. 消费信用是企业或银行向（　　）提供的信用。
   A. 本国政府　　B. 社会团体　　C. 消费者　　D. 工商企业
3. 下列选项中，属于信用活动的是（　　）。
   A. 财政拨款　　B. 商品买卖　　C. 救济　　D. 赊销
4. 信用是（　　）。
   A. 买卖行为　　B. 赠予行为
   C. 救济行为　　D. 各种借贷关系的总和
5. 整个信用形式的基础是（　　）。
   A. 商业信用　　B. 银行信用　　C. 国家信用　　D. 消费信用
6. 借贷资本家贷出货币资本时，让渡的权利是（　　）。
   A. 资本的所有有权　　B. 资本的使用权
   C. 资本的所有权和使用权　　D. 既无所有权也无使用权
7. 为了取得利息而贷放给职能资本家使用的资本是（　　）。
   A. 产业资本　　B. 借贷资本　　C. 货币资本　　D. 商业资本
8. 现代经济中最基本的、占主导地位的信用形式是（　　）。
   A. 国家信用　　B. 商业信用　　C. 银行信用　　D. 国际信用
9. 信用最基本的特征是（　　）。
   A. 平等的价值交换　　B. 无条件的价值单方面让渡
   C. 以偿还为条件的价值单方面转移　　D. 无偿的赠予或援助
10. 高利贷是一种以（　　）为条件的借贷活动。
    A. 价值转移　　B. 高利借债和偿还　　C. 价值特殊运动　　D. 支付利息
11. 商业信用是企业在购销活动中经常采用的一种融资方式，其特点为（　　）。
    A. 主要用于解决企业的大额融资需求
    B. 融资期限一般较短
    C. 周期较长。在银行信用出现后，企业就较少使用这种融资方式了
    D. 融资规模无局限性
12. 国家信用的主要形式是（　　）。
    A. 发行政府债券　　B. 向商业银行短期借款
    C. 向商业银行长期借款　　D. 自愿捐助
13. 在经济生活中，商业信用的动态与产业资本的动态是（　　）。
    A. 一致的　　B. 相反的　　C. 毫无联系　　D. 无法确定
14. 下列选项中，对银行信用的描述，不正确的是（　　）。
    A. 银行信用在商业信用的基础上产生
    B. 银行信用不可以由商业信用转化而来
    C. 银行信用是以货币形式提供的信用
    D. 银行在银行信用活动中充当信用中介的角色

15. 以金融机构为媒介的信用是（　　）。
A. 银行信用　B. 消费信用　C. 商业信用　D. 国家信用
16. 下列经济行为中，属于间接融资的是（　　）。
A. 公司之间的货币借贷　B. 国家发行公债
C. 商品赊销　D. 银行发放贷款
17. 商业信用是企业之间由于（　　）而相互提供的信用。
A. 生产联系　B. 产品调剂　C. 物质交换　D. 商品交易
18. 个人获得住房贷款属于（　　）。
A. 商业信用　B. 消费信用　C. 国家信用　D. 补偿贸易
19. 本票与汇票的区别之一是（　　）。
A. 是否需要承兑　B. 是否有追索权　C. 是否需要汇兑　D. 是否有保证
20. 现代经济中，信用活动与货币运动紧密相连，信用的扩张意味着货币供给的（　　）。
A. 增加　B. 减少　C. 不变　D. 不确定

三、多选题

1. 实体经济包括（　　）。
A. 农业、工业、通信业　B. 商业服务业、建筑业
C. 教育、文化、知识、信息　D. 艺术、体育、银行业
2. 国际信用的主要形式有（　　）。
A. 公债　B. 卖方信贷　C. 政府信贷　D. 买方信贷
3. 公债券与国库券的区别主要在于（　　）。
A. 发行的对象不同　B. 标明面值的货币不同
C. 期限不同　D. 发行机构不同
4. 金融工具的特征有（　　）。
A. 期限性　B. 流动性　C. 风险性　D. 收益性
5. 下列信用工具中，属于短期信用工具的有（　　）。
A. 优先股　B. 商业汇票　C. 公债券　D. 支票
6. 以下选项中，属于商业信用的基本特点的是（　　）。
A. 主体是生产或经营商品的企业　B. 规模和数量有一定限制
C. 客体是商品资本　D. 运动与产业资本的动态是一致的
7. 股票和债券的主要区别是（　　）。
A. 收益率相同
B. 债券是一种债权凭证，股票是一种所有权凭证
C. 债券无红利，股票有红利
D. 债券到期还本付息，股票无偿还期
8. 银行信用与商业信用的关系表现为（　　）。
A. 商业信用是银行信用产生的基础　B. 银行信用推动商业信用的完善
C. 银行信用处于主导地位　D. 银行信用可以取代商业信用
E. 在一定条件下，商业信用可以转化为银行信用
9. 以下选项中，属于消费信用的是（　　）。
A. 出口信贷

B. 国际金融租赁

C. 企业向消费者以延期付款的方式销售商品

D. 银行向消费者提供的住房贷款

10. 信用是有条件的借贷行为，其条件是（　　）。

A. 到期偿还　　B. 支付利息　　C. 出具担保　　D. 信用委托

11. 国家信用的主要形式有（　　）。

A. 发行国家公债　　B. 发行国库券

C. 发行专项债券　　D. 银行透支或借款

E. 发行银行券

12. 现代信用形式中最基本的两种形式是（　　）。

A. 商业信用　　B. 国家信用　　C. 消费信用

D. 银行信用　　E. 民间信用

13. 国家信用的经济作用是（　　）。

A. 解决财政困难　　B. 筹集基础设施建设资金

C. 弥补财政赤字　　D. 宏观调控的手段

E. 企业将商品赊卖给另一家企业

14. 下列选项中，属于直接融资信用工具的是（　　）。

A. 大额可转让定期存单　　B. 股票

C. 国库券　　D. 商业票据

E. 金融债券

15. 下列选项中，属于间接融资信用工具的是（　　）。

A. 企业债券　　B. 定期存单　　C. 国库券

D. 商业票据　　E. 金融债券

16. 与间接融资相比，直接融资的局限性体现为（　　）。

A. 资金供给者的风险较大　　B. 降低了投资者对筹资者的约束与压力

C. 在资金数量、期限等方面受到较多限制　　D. 资金供给者获得的收益较低

E. 资金需求者的风险较大

17. 银行信用的特点包括（　　）。

A. 买卖行为与借贷行为的统一　　B. 以金融机构为媒介

C. 借贷的对象是处于货币形态的资金　　D. 属于直接信用形式

E. 属于间接信用形式

18. 消费信用的形式有（　　）。

A. 分期付款　　B. 实物借贷　　C. 信用卡　　D. 消费贷款

19.（　　）是信用的本质特征。

A. 偿还和付息为条件的借贷行为　　B. 价值运动的一种特殊形式

C. 剥削关系　　D. 债权债务关系

20. 下列选项中，属于消费信用范畴的有（　　）。

A. 企业将商品赊卖给个人　　B. 个人获得住房贷款

C. 个人持信用卡到指定商店购物　　D. 个人借款从事经营活动

E. 企业将商品赊卖给另一家企业

四、判断题

1. 企业之间在买卖商品时，以货币形态提供的是商业信用。 ( )
2. 由于银行信用克服了商业信用的局限性，它最终取代了商业信用。 ( )
3. 高利贷信用产生的经济条件是商品货币关系的发达。 ( )
4. 我国银行信用资金运用的最基本形式是购买债券。 ( )
5. 工商企业之间以赊销方式提供的信用是商业信用。 ( )
6. 借贷资本家贷出货币资本时，让渡的权利是资本的所有权。 ( )
7. 支票实际上是一种即期汇票。 ( )
8. 银行信用是现代信用的主要形式。 ( )
9. 欧洲债券是指在欧洲的债券市场上以第三类货币为面值所发行的债券。 ( )
10. 银行信用的优点是能充分地满足个人对资金的需要。 ( )
11. 巨额流动资金使泡沫经济成为可能。 ( )
12. 信用工具的流动性越强，其收益越高。 ( )
13. 消费信用既可以采取商品形态，又可以采取货币形态。 ( )
14. 消费信用对于扩大有效需求，促进商品销售是一种有效的手段，其规模越大越好。 ( )
15. 银行支票是指银行的存款人签发的要求银行从其活期存款账户上支付票面载明金额给收款人或持票人的票据。 ( )
16. 政府公债的特点是信誉高、安全性好、流动性高。 ( )
17. 民间信用是居民个人之间以货币或实物的形式所提供的直接信贷。 ( )
18. 国家信用是国家以债权人的身份筹措资金的一种信用形式。 ( )
19. 现代信用是在人们同高利贷作斗争过程中发展起来的。随着现代信用制度的建立，高利贷信用已经被彻底消灭。 ( )
20. 借贷资本的运动形式是G—G。 ( )

五、思考题

1. 刷卡消费是怎样完成支付结算的？人们在外出购物时，为什么越来越喜欢刷卡消费？
2. 我国银行支票、银行本票、银行汇票的区别有哪些？
3. 请分析图 2.12 的含义。

图 2.12 思考题图示

第三章

利息与利息率

【学习目标】

知识目标

了解利息的含义与本质，掌握决定利率变化的因素，为后续章节的学习打下基础。

能力目标

掌握利息的计算方法；能用利率决定理论分析经济中的实际问题。

【知识框架】

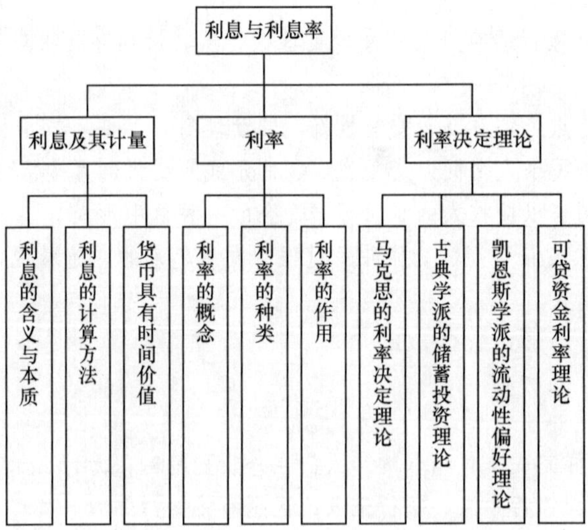

【情境导入】

（续前章）“春种一粒粟，秋收万颗子”。这是在说农作物（属于植物）的收获。猪生猪崽、羊产羊羔、马下马驹，这是在说牲畜（属于动物）的繁殖。毫无疑问，这都是自然界很正常的事情。对于小岛上的人们来说，在种庄稼的时候，他们种下的是种子，收获的是谷穗；在豢养动物的时候，他们看到牲畜养到一定的时间，会生幼崽。粮食和牲畜是他们的财富。至于钱，无论是贝壳，还是金属铸币，只不过是用来交换这些财富的媒介，或者说这些钱只是粮食、牲畜的一个代表。既然无论是粮食还是牲畜，都会孳生更多的财富，那么对于作为财富代表的金钱，人们在借出金钱的时候，自然要收取利息。比方说，苏美尔人用“mas”表示牲畜的“幼崽”，同时也表示“利息”；在今天，我们极为常用的“capital”（资本）这个英文单词，它的本意就是“牲畜总头数”或者“财富”；“pecuniary”（与金钱有关的）这个英文单词，则是来源于拉丁语的

"pecus"，即"一群牲畜"的意思。也就是说，因为钱是财富的代表，所以要有利息。

第一节　利息及其计量

在原始社会末期，在货币、信用产生的同时，利息也就产生了。利息存在的基础是商品、货币及信用关系。在商品交换发展的初期，借贷活动多以实物为主，利息也是实物形式的一种补偿。随着商品交换的进一步发展，利息才以货币的形式来计量。在高度发展的现代商品经济中，利息来自产业资本的循环和增值过程，已成为借贷资本让渡的代价和条件。因此，信用产生于商品交换，利息形成于借贷活动。

一、利息的含义与本质

利息就是在借款时必须付出的代价，与信用密切相连，它是随着借贷行为的产生而产生的。

1. 利息的含义

利息是资金所有者（借贷资本家）由于借出资金而取得的报酬，它是生产者（职能资本家）使用借来的资金发挥营运职能而形成的利润的一部分。没有借贷就没有利息。

在信用活动中，货币资金的所有者在不改变资金所有权的前提下，把其所持有的货币资金的使用权在一定期限内让渡给其他人。到期时，借用这笔货币资金的人不仅要偿还借入的货币资金的本金，而且还要额外付给货币资金的所有者一定数额的资金。借用资金的人额外给付的这些资金就是利息。如图 3.1 所示。

2. 利息的本质

我们理解利息的本质，可从以下几个方面入手。

（1）利息直接来源于利润。借贷资本家把货币作为资本放贷给职能资本家后，职能资本家要么将它作为产业资本从事生产，要么将它作为商业资本从事流通。这两种方式运动的结果，都能产生利润。利润是剩余价值的转化形态。生产或流通过程结束后，职能资本家归还所借资本，并把所得利润的一部分支付给借贷资本家，作为使用借贷资本的报酬（详见第二章第一节）。

（2）利息是剩余价值的一部分。商品的价值（W）由不变资本 c、可变资本 v 和工人创造的剩余价值 m 三个部分组成，即 $W=c+v+m$。利息是剩余价值的一部分，如图 3.2 所示。

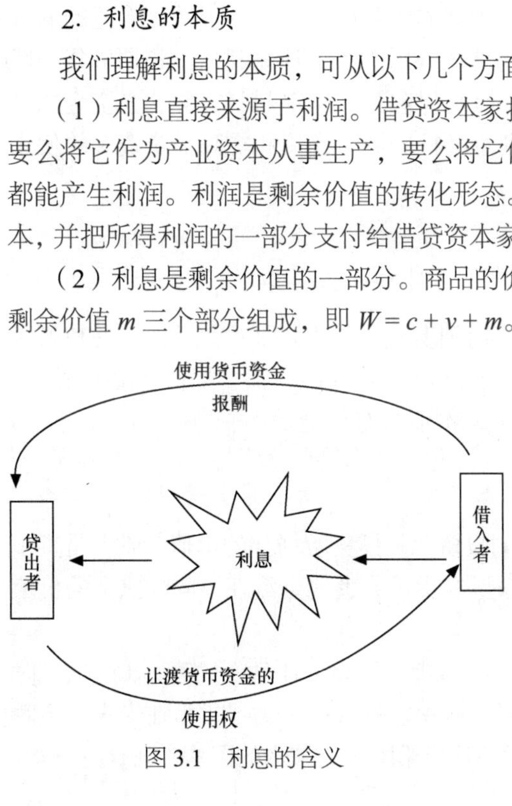

图 3.1　利息的含义

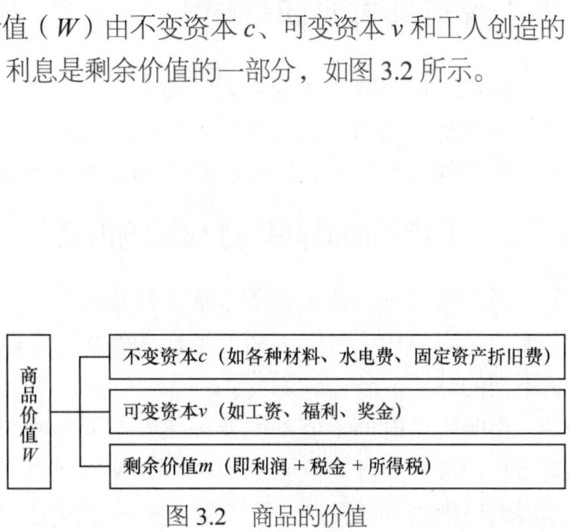

图 3.2　商品的价值

（3）利润和剩余价值实质上是相同的。剩余价值是相对于可变资本而言的，而利润则是相对于全部预付资本而言的。剩余价值是利润的本质，而利润则是剩余价值的表现形式。因此，利息对利润的分割也就是对剩余价值的分割。

二、利息的计算方法

利息的计算方法有单利法和复利法两种。

1. 单利法

单利法是指在计算利息时，不论期限长短，只按本金计算利息，所产生的利息不再加入本金重复计算利息。其计算公式为

$$I=P\cdot r\cdot n$$

式中，I 代表利息金额；P 代表本金；r 代表利率（利息率）；n 代表期数。

2. 复利法

复利法是指在计算利息时，要按一定期数（如1年），将所产生的利息加入本金后再一起计算利息，逐期滚算，利上加利。其计算公式为

$$S=P(1+r)^n$$

$$I=S-P$$

式中，S 代表本息合计总金额；I 代表利息金额；P 代表本金；r 代表利率；n 代表期数。

按照国际惯例，长期借款的利息一般按复利法计算。在我国的会计实务中，常常根据借贷双方的约定，采用单利法计算利息，其主要原因是用单利法计算比较简单，且有利于减轻企业的利息负担。理论上说，短期借贷可用单利法计算利息，长期借贷一般应以复利法计算利息，因为复利计算比单利计算更注重资金的时间价值，有利于发挥利息杠杆的调节作用和提高借贷资金的使用效率，加速资金的周转。

想一想

假定银行存款的年利率为5%，某人以30年期限存入10万元，作为将来退休后的生活费用，试分别用单利法和复利法计算存款到期时他可以支取多少本息。

三、货币具有时间价值

货币占用具有机会成本，因为货币可以满足当前消费或用于投资而产生回报；通货膨胀可能造成货币贬值，需要补偿贬值的损失；投资可能产生投资风险，需要提供风险补偿。

在时间的作用下，同样多的货币，今天和明天的价值极有可能是不一样的。

（一）货币的时间价值与影响因素

货币的时间价值是指货币资金经过一段时间的投资、再投资所增加的价值，或者是货币在使用过程中由于时间因素而形成的增值。同等数量的货币或者现金流在不同时点上的价值是不同的。

影响货币时间价值的主要因素有时间、收益率或通货膨胀率、计息方式等。①时间，时间越长，货币的时间价值越明显。②收益率或通货膨胀率。收益率是决定货币在未来某个时期增值程度的关键因素，而通货膨胀率是在某个时期使货币购买力缩水的因素。③计息方式。

与单利相比，复利具有收益倍加效应。

（二）货币时间价值与利率的计算

我们以 PV 代表现值，以 FV 代表终值，t 代表期数，r 代表利率，下面给出现值和终值的计算公式。

1. 现值的计算

将未来某一时点上的一定数量的货币金额看作那时的本利和，就可按现行利率计算出要取得这样金额在当下所必须具有的本金。这个逆算出来的本金称为“现值”或“贴现值”。

单期中的现值计算公式为

$$PV = C_1/(1+r)$$

式中，C_1 是第 1 期的现金流。

多期的现值计算公式为

$$PV = FV/(1+r)^t$$

2. 终值的计算

在未来某一时点上的本利和，也称为“终值”，其计算公式就是复利本利和的计算公式。

单期中的终值计算公式为

$$FV = C_1' \times (1+r)$$

式中，C_1 是第 1 期的现金流。

多期中的终值计算公式为

$$FV = PV \times (1+r)^t$$

例如，甲出国 3 年，请乙代付商铺房租，每年租金为 100 万元，因为利息的存在，设银行存款年利率为 10%，则甲应给乙在银行存 248.69 万元才刚好付房租。如表 3.1 所示。

表 3.1　现值与终值的关系

（单位：万元）

终值	年份	本　金	利　息	下一年本金
300	1	C_1	$C_1\times 10\% = 0.1C_1$	$(1+10\%)\times C_1 - 100 = 1.1C_1 - 100$
	2	$1.1C_1 - 100$	$(1.1C_1 - 100)\times 10\% = 0.11C_1 - 10$	$(1.1C_1 - 100)\times(1+10\%) - 100 = 1.21C_1 - 210$
	3	$1.21C_1 - 210$	$(1.21C_1 - 210)\times 10\% = 0.121C_1 - 21$	$(1+10\%)\times(1.21C_1 - 210) - 100 = 0$ 全付完
	总计		$0.131C_1 - 31 = X$	
所以，$C_1 + X = C_1 + 0.131C_1 - 31 = 300$；得现值 $C_1 = 248.69$				

案例透析

现有一项工程需 10 年建成。有甲、乙两个方案，年利率为 10%。甲方案下，第一年年初需投入 5 000 万元，之后每年年初追加投资 500 万元，共需投资 9 500 万元；乙方案下，每一年年初平均投入 1 000 万元，共需投资 1 亿元。试比较以上两种投资方案哪种更优。

想一想

如果年利率为 5%，某人拿出 1 万元进行投资，3 年后的本利和将会是多少？如果他想经过 3 年的投资得到 1 万元，那么他在当前的投资金额应该为多少？

第二节 利　率

在现实生活中，利息被人们看作收益的一般形态。无论贷出资金与否，利息都被看作资金所有者理所当然的收入——可能取得的或将会取得的收入；与此相对应，无论借入资金与否，经营者也总是把自己的利润分为利息与企业主收入两部分，似乎只有扣除利息后所余下的利润才是经营的利润。于是利率就成为一个尺度：如果投资回报率不大于利率，则投资者根本不需要投资；如果扣除利息后所余利润与投资的比值甚低，则说明经营的效益不高。

一、利率的概念

利息是借贷的成本。只要支付了利息，借款人不用等到自己攒够钱，就马上有钱可用。每年支付的利息金额通常占借贷资本金额（又称“本金”）一定的百分比。这个百分比就是利率。可见，利率是衡量利息高低的指标，是借款人为使用（借用）资本而付出的代价，是借款人使用资本的价格。利率是借贷利率的简称，是指一定时期内利息金额与借贷资本金额的比率，用公式可表示为

$$利率=利息金额/借贷资本金额$$

例如，若借贷资本金额为 100 元、年利率为 5%、借期为 1 年，则到期后借款人需要偿还的本利和金额为 105 元。

利息并不是对借贷资本随意收取的费用。贷款机构收取的利息是对其所承担风险的补偿。任何贷款机构都可能遇到借款人不能偿还贷款的风险。借款人违约（不能偿还欠款）的风险越高，其贷款的利率就越高。因此，如果借款人有良好的信用评分，银行就会以较低利率向其提供贷款。

除了支付利息，人们有时也能收取利息。银行、政府和其他大型金融机构也需要资金，而且它们愿意为此支付利息。如果人们把钱存进银行的储蓄账户，银行就会因为在一定的时期内借用了这笔钱而向他们支付利息。同样，政府也会出于筹集资金的需要向人们出售国债和其他金融工具。在这种情况下，购买者就成了贷款方，其收取的利息就是银行、政府或其他金融机构对其在一定时期内使用这笔资金的补偿。不过，银行储蓄账户和政府国债所支付的利率相对较低，因为它们的违约风险几乎为零。

二、利率的种类

利率的种类较多，可以从不同角度进行分类。现将利率的主要种类介绍如下。

1. 年利率、月利率和日利率

年利率是以年为单位计算利息的利率，一般用本金的百分之几（%）表示；月利率是以月为单位计算利息的利率，一般用本金的千分之几（‰）表示；日利率习惯叫“拆息”，是以日为单位计算利息的利率，一般用本金的万分之几（‱）表示。年利率、月利率和日利率可以互相换算。我国的习惯是不论年利率、月利率还是日利率，都用“厘”作单位，如年息 5 厘、月息 4

厘、日息3厘等，分别表示年息5%、月息4‰、日息3‱。

2. 名义利率与实际利率

名义利率是直接以货币表示的，是市场通行的利率，如西方国家的市场借贷利率和我国的银行利率等都是名义利率。实际利率是名义利率剔除通货膨胀因素以后的真实利率，即在物价不变、货币购买力不变条件下的利率，其计算公式为

$$实际利率 = 名义利率 - 通货膨胀率$$

判断利率水平的高低，不能只看名义利率，还要考虑物价因素。当通货膨胀率高于名义利率时，实际利率就是负数，称为“负利率”。

想一想

1. 某人向银行申请了一笔年利率为10%的抵押贷款，而当年的通货膨胀率为4%，银行的真正收益是多少？

2. 一笔3年期的1 000元的定期存款，年利率为5%，按单利计算的3年利息总额与本利和各是多少？

3. 固定利率与浮动利率

固定利率是指名义利率在整个借贷期间不随借贷资金供求关系和物价水平的变动而变动的利率。它一般由借贷双方商定，适用于短期借贷活动，或者在市场利率变化不大的情况下使用。固定利率的最大特点是一次商定、固定不变、简便易行、计算方便。固定利率的缺点是灵活性差，往往不适用于中长期借贷，特别是在通货膨胀日趋普遍化的情况下，实行固定利率会给贷款方带来损失。因此，越来越多的借贷活动采用浮动利率。不过，我国一般采用固定利率。

浮动利率又称“可变利率”，是指名义利率在借贷期间内随市场资金供求关系和物价水平的变化而定期调整的利率。浮动利率的调整期间和调整时间以市场利率为参考，由借贷双方在借贷时议定。浮动利率一般在借贷期限较长、市场利率变化较大的情况下使用。由于实行浮动利率可以定期进行调整，所以借贷双方承担的利率变化风险较小，利息负担也较公平。但是，浮动利率的计息比较麻烦，特别是在借款人计算利息成本时尤为复杂。

4. 市场利率与官定利率

市场利率是指在借贷资金市场上由货币资金供求关系决定的利率。市场利率能比较客观、真实地反映货币资金的供求状况。一般说来，当资金供大于求时，利率呈下降趋势；当资金供小于求时，利率则呈上升趋势。银行间同业拆借利率是我国较为典型的市场利率。

官定利率是指一国政府金融管理部门或中央银行确定的，要求强制执行的各种名义利率。在现代经济中，利率作为国家调节经济的重要杠杆，国家要对利率水平进行必要的干预，于是就出现了官定利率。官定利率是中央银行按照货币政策的要求直接确定的，是中央银行进行宏观调控的重要工具。例如，中央银行的再贴现利率就是典型的官定利率。中央银行有时还直接规定商业银行的利率最高限，以及对商业银行的存贷款利率采取各种限制措施等。目前，我国中央银行确定并公布的利率都是官定利率。

视野拓展

基准利率是金融市场上具有普遍参照作用的利率，其他利率水平或金融资产价格均可根据基准利率水平来确定。推荐读者观看本书电子课件中的相关视频，对基准利率做进一步的了解。

5. 基准利率、普通利率与优惠利率

基准利率是指在整个金融市场和整个利率体系中处于关键地位、起决定性作用的利率。当基准利率变动时，其他利率也会相应发生变动。对于金融市场上的投资者和参与者来说，只要注意观察基准利率的变化，就可预测整个金融市场利率的变化趋势。在初期，基准利率是由市场活动的结果自发形成的。后来，随着经济的发展，基准利率由政府或金融管理当局决定。西方国家一般以中央银行的

再贴现利率为基准利率。我国将中国人民银行对各商业银行和其他金融机构的存贷款利率定为基准利率。

普通利率是指商业银行等金融机构在经营存贷款业务的过程中，对一般客户所采用的利率。普通利率的高低由决定利率水平的一般因素决定，不附加特殊条件。因此，普通利率是使用最广泛的利率。

优惠利率通常是指银行等金融机构发放贷款时对某些优质客户所使用的比一般贷款利率低的利率。西方国家的商业银行对资信较高并且处于有利竞争地位的大客户发放短期贷款时，会使用低于其他企业贷款利率的优惠利率；对其他客户的放款利率，则采用普通利率。我国为了鼓励某些企业的发展，同时考虑到某些地区、行业和企业的承受能力，曾先后对粮油、能源、原材料、通信等行业的贷款实行了比一般贷款利率低10%～30%的优惠利率。

6. 短期利率与长期利率

短期利率一般指贷款期限在1年以内的利率。长期利率一般指贷款期限在1年以上的利率。

长期贷款往往比短期贷款的利率要高，因为还款期限越长，对应的借款人无力偿还贷款的财务风险也就越高。

三、利率的作用

利率作为经济杠杆，对经济发展起着重要的作用，利率的作用主要体现在以下几个方面。

（一）利率在宏观经济活动中的作用

利率在宏观经济活动中的作用主要是：调节货币供求；调节储蓄与投资；调节国际收支。

1. 调节货币供求

在市场上资金供求缺口比较大时（资金供给<资金需求），为促使二者平衡，政府就采取调高存贷款利率的措施，在增加资金供给的同时抑制资金需求。其传递机制是：当资金需求大于资金供给时，中央银行就要调高再贷款利率（或再贴现率），使商业银行的融资成本增加；商业银行为保持其既得利润，就必然要同时调高存贷款利率；其中，贷款利率的调高会使借款人减少，借款规模压缩，而存款利率的调高会使存款人增加存款，且使存款来源增加。这样，在资金供给增加的同时，资金需求又在减少，从而使资金供求趋于平衡。当资金需求小于资金供给时，也可以推出另一个方向相反的传递机制。

2. 利率可以调节储蓄与投资

一般认为，利率是投资的减函数，低利率可以刺激投资，高利率则能够抑制投资。这是因为在其他条件不变的情况下，如果利率水平较低，可以减少生产成本中的利息支出，增加企业盈利，提高预期收益，企业认为有利可图，就会扩大生产，从而刺激投资的扩大；相反，如果利率水平较高，就会增加生产成本中的利息支出，减少企业盈利，降低预期收益，企业认为无利可图，就会减少生产，不增加甚至减少投资。

3. 调节国际收支

当国际收支逆差比较严重时，政府可以将本国的利率调整到高于其他国家利率的水平。这样，一方面可以阻止本国的资金流向利率较高的其他国家，另一方面还可以吸引外资流入本国。但是，当国际收支逆差发生在国内经济衰退时期，则不宜采取调整利率水平的做法，而只能通过调整利率结构来平衡国际收支，反之亦然。

（二）利率在微观经济活动的作用

利率在微观经济活动中的作用主要是：对企业而言，优化资源配置；对个人而言，利率影响其经济行为。

1. 优化资源配置

利率能够促使企业加强经济核算，提高经济效益。可通过利率影响企业的生产成本与收益，促使企业改善经营管理。利率调高，一方面使拥有闲置货币资金的所有者受利益诱导将其资金存入银行等金融机构，使社会的资金来源增加；另一方面，借款人因利率调高而需要多付利息，成本也相应增加，而成本对于利润是一个抵消因素，由此而产生的利益约束将迫使那些经营效益较差的借款人减少借款，从而使有限的资金流向效益更高的行业、企业和金融产品，最终促使全社会的生产要素产生优化配置效应。

视野拓展

由于利率在很大程度上反映着社会经济的发展走势，因此各国政府及金融管理当局常常利用利率手段来改变经济的发展态势，使利率成为国家宏观调控的重要经济手段。推荐读者观看本书配套电子课件中的相关视频，进一步了解利率在国家经济中的重要作用。

随着时间的增加，复利的效果会呈指数级增长，反映这一现象最著名的故事就是“24 美元买下麦哈顿”和“棋盘里放麦粒”。在复利的作用下，只要确保正收益、不断复利滚存，你迟早会成为百万富翁。推荐读者扫描下方二维码了解复利的重要作用。

2. 影响个人的经济行为

利率对个人收入在消费与储蓄之间的分配影响非常直接，其通过改变储蓄收益对居民的储蓄倾向和储蓄方式的选择发挥作用，影响个人的经济行为：一方面，利率能够诱发和引导人们的储蓄行为；另一方面，利率还可以引导人们选择金融资产。

在国内，利率的作用主要是针对通货紧缩或通货膨胀，高利率可以促进人们储蓄，抑制冲动型投资行为或消费行为，推动各银行系统更加小心地理财；低利率会减少人们的储蓄、促使银行系统放贷，推动高消费和各类投资行为。

第三节 利率决定理论*

利率能反映一国宏观经济运行的基本状况，而利率的变动将影响所有宏观经济变量，如国民生产总值、物价水平、就业水平、国际收支、经济增长率等。显然，利率作为重要的经济杠杆，对宏观经济运行与微观经济活动都有着极其重要的调节作用。因此，利率的变动是判断一国宏观经济形势的主要依据之一，而利率走势分析是进行宏观经济形势预测的重要手段。

由于利率的复杂性及其在经济活动中的重要性，利率决定理论在经济学和金融学基础研究方面都有重要的意义。

利率决定理论主要研究利率的决定因素及其作用方式，由于经济学家们对这些问题的认识不同，从而形成了不同的利率决定理论。

敲黑板

平均利润率是全社会剩余价值总额与社会总资本的比率。

一、马克思的利率决定理论

马克思的利率决定理论以剩余价值在不同的资本家之间的分割为起点，认为利息是贷出资本的借贷资本家从借入资本的职能资本家那里分割来的一部分剩余价值。剩余价值表现为利润，所以，利息量的多少取决于利润总额，利率的高低取决于平均利润率。

1. 利率的变化范围

利率的变化范围介于 0 与平均利润率之间（即 0 < 利率 < 平均利润率）。

（1）利率必然大于零，否则银行没有利润空间；利率必然低于平均利润率，否则企业没有利润可赚，这是双方均衡的必然结果。

（2）平均利润率是由全社会各个产业部门不同的个别利润率，在竞争规律作用下，趋向平均化而形成的，如图 3.3 所示。

2. 利率的高低取决于借贷资本的供求状况

在平均利润率既定时，利率的变动取决于借贷资本的供求双方的竞争状况，如图 3.4 所示。一般来说，当借贷资本供不应求时，借贷双方的竞争结果会使利率升高，也就是货币需求（M_d）是利率（r）的增函数（d 线）；相反，当借贷资本供过于求时，竞争的结果会导致利率降低，也就是货币供给（M_s）是利率（r）的减函数（s 线）。图 3.4 中 d 线与 s 线相交的 o 点所对应的利率即为均衡利率。可贷资金的需求和供给可用以下公式表示：

$$M_d = 投资 + 货币需求增量$$

$$M_s = 储蓄 + 货币供给增量$$

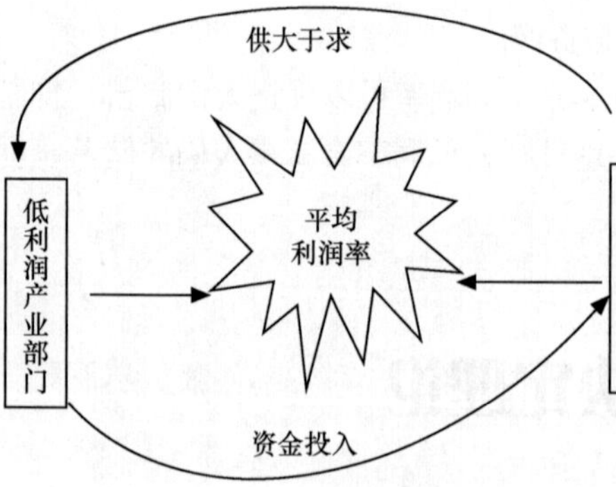

图 3.3 平均利润率的形成

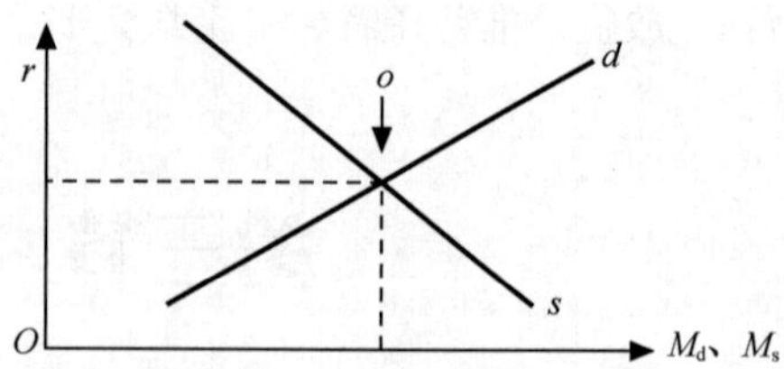

图 3.4 借贷资本供求关系

二、古典学派的储蓄投资理论

古典利率理论又称“实物利率理论”，其主要倡导者有庞巴维克、马歇尔和费雪等。

古典利率理论认为利率为资本供求关系所决定，资本的供给来自储蓄，资本的需求来自投资，因此，利率应由储蓄与投资的均衡点所决定，利率具有自动调节的作用。古典学派建立了储蓄与投资决定利率的理论。

（1）利率越高，人们越愿意延迟其消费，即增加储蓄。因此，储蓄（S）是利率（r）的增函数。

（2）投资量的大小取决于投资回报率和利率的比较，当投资回报率大于利率时，投资才是可行的。因此，投资（I）是利率（r）的减函数。

（3）利率灵活变动，使得经济不会出现长期供求失衡，最终使储蓄和投资趋于一致，达到充分就业水平。①当 $S=I$ 时，储蓄者愿意借出的资金与投资者愿意借入的资金相等，利率达到均衡；②当 $S>I$ 时，储蓄者愿意借出的资金大于投资者愿意借入的资金，促使利率降低；③当 $S<I$ 时，储蓄者愿意借出的资金小于投资者愿意借入的资金，促使利率升高。如图 3.5 所示。

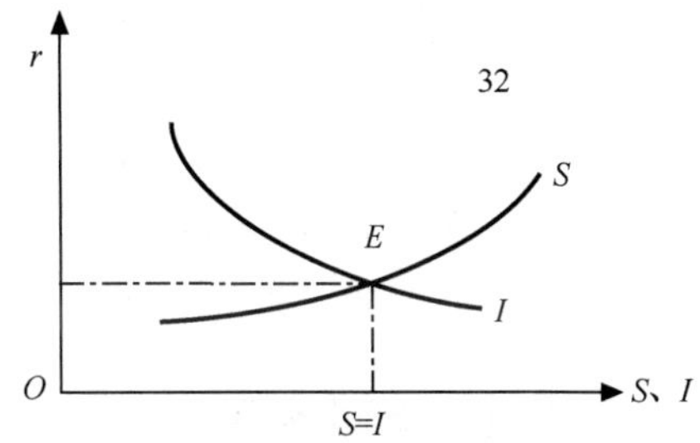

图 3.5 储蓄和投资的关系

古典利率理论将利率、储蓄和投资三者结合起来，通过均衡的分析方法，得出的结论是利率由投资和储蓄的均衡价格所决定。该理论的隐含假定是，当实体经济部门的储蓄等于投资时，整个国民经济达到均衡状态，该理论忽略了货币的因素，因此属于“纯实物分析”的框架。

三、凯恩斯学派的流动性偏好理论

流动性偏好是指由于货币具有使用上的灵活性，人们宁肯放弃利息收入而储存不生息的货币来保持财富的心理倾向。

古典利率理论强调储蓄与投资等实物因素对利率的决定作用，但忽视了货币因素对利率的影响。凯恩斯认为：货币政策的传导变量是利率；利率是一种货币现象；利率的高低由货币供求关系所决定；只有收入增加了，储蓄才会增加，而如果收入不增加，即使是提高了利率，储蓄也无从增加。因此，利率不是由投资和储蓄共同决定的，而是由货币的供给量和货币的需求量所决定的。如果货币供不应求，则利率将会升高；如果货币供过于求，则利率将会降低。

1. 货币的供给量和需求量

货币供给量（M_s）也叫“外生变量”，由中央银行直接控制。货币需求量（M_d）也叫“内生变量”，取决于人们对货币流动性的偏好。

人们对货币的需求，取决于人们持有货币的交易动机、预防动机和投机动机这三种动机。①交易动机，是指人们为满足日常购买需要而产生的持有一定量货币的愿望。②预防动机，是指人们为预防意外而产生的持有一定量货币的愿望。这两种动机的货币需求量 M_{d1} 是收入 Y 的递增函数，可表示为

$$M_{d1}=L_1(Y)$$

③投机动机，是指人们为了抓住有利的购买债券的机会而持有一定量货币的愿望。投机动机的货币需求量 M_{d2} 是利率 r 的递减函数，可表示为

$$M_{d2}=L_2(r)$$

货币总需求量 M_d（如图 3.6 所示）可表示为

$$M_d=L_1(Y)+L_2(r)$$

> **敲黑板**
>
> 
>
> 各国央行可以通过降低利率来促进投资，而降低利率的办法就是增加货币供给量。但是，当名义利率已经接近甚至为 0 时，这种货币政策就不起作用了。因为名义利率是无法低于 0 的，否则，任何人都会选择持有现金而不会借贷。在这种情况下，扩张性的货币政策的确会增加货币量，可是由于利率不可能继续降低，这些增加的货币不会对经济起任何作用。因此，需求和生产都会“陷”入这个大家都选择持有现金的“流动性”的陷阱中。

2. 均衡利率

流动性偏好理论认为，市场通过以下两种途径达成均衡利率。

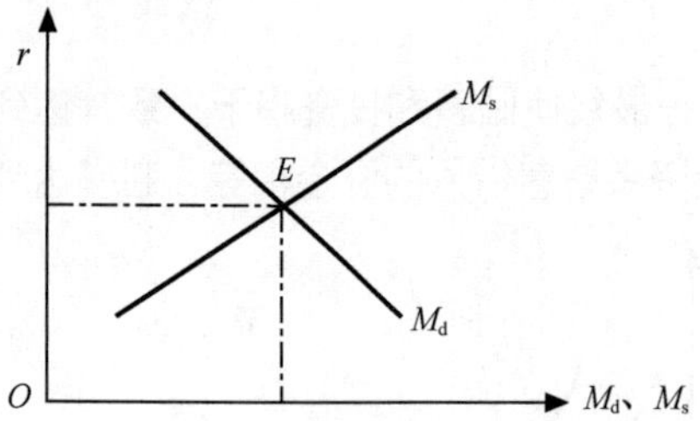

图 3.6　凯恩斯学派的流动性偏好理论的货币供求关系

（1）当利率失衡时，人们会调整货币和债券两种财富的结构从而改变货币的供求关系。

（2）当人们的流动性偏好所决定的货币需求量与货币管理当局所决定的货币供给量相等时，利率便达到了均衡水平。线 M_s（货币供给量）与线 M_d（货币需求量）的交点所对应的利率即为均衡利率（E），如图 3.6 所示。

凯恩斯学派的流动性偏好利率理论认为利率是由货币的供求关系决定的，完全否定了实物因素的影响。

四、可贷资金利率理论

新古典学派的可贷资金利率理论，综合了古典学派的储蓄投资理论和凯恩斯学派的流动性偏好理论的观点，弥补了古典利率理论的不足，把货币因素对利率的影响考虑了进去。该学派代表人物是英国的罗伯逊与瑞典的俄林。

> **敲黑板**
>
> 
>
> 可贷资金利率理论就是个人、企业、国家的市场行为对可贷资金的供求关系产生影响，从而导致利率变化的理论。正如商品价格由商品的供求关系决定一样，利率由可贷资金的供求关系决定。

新古典学派的可贷资金利率理论认为，在利率决定问题上应同时考虑货币因素和实物因素。

（1）利率是由可贷资金的供求关系决定的（见表 3.2）。可贷资金的供给量与利率呈负相关关系，可贷资金的需求量与利率呈正相关关系。

（2）市场的均衡利率取决于可贷资金的供给与需求的均衡，如图 3.7 所示。①随着利率 r 的上升，提供可贷资金的收益增高，可贷资金的供给量 M_S 增加。这时，可贷资金的供给曲线斜率为正，向右上方倾斜。②随着利率 r 的上升，获得可贷资金的成本提高，可贷资金的需求量 M_d 减少。这时可贷资金的需求曲线斜率为负，向右下方倾斜。③如果可贷资金的供给量增加ΔM_s，那么可贷资金供给曲线 $M_s(r)$ 右移，如果可贷资金的需求量增加ΔM_d，则可贷资金的需求曲线 $M_d(r)$ 左移。④可贷资金的供给曲线 $M_s(r)$ 与需求曲线 $M_d(r)$ 的交点就是均衡利率，也就是供求曲线之中的均衡价格。此时，可贷资金的供给量与需求量达到了平衡。可贷资金的需求量 M_d 和供给量 M_s 可分别表示为

$$M_d = 投资（I）+ 货币需求增量（\Delta M_d）$$
$$M_s = 储蓄（S）+ 货币供给增量（\Delta M_s）$$

表 3.2　可贷资金的供给量和需求量

供给来源	需求来源
个人储蓄 企业存款 政府预算盈余 货币供给的增加 国外对国内的贷款	家庭用款 企业投资 政府预算赤字 国外向国内的借款

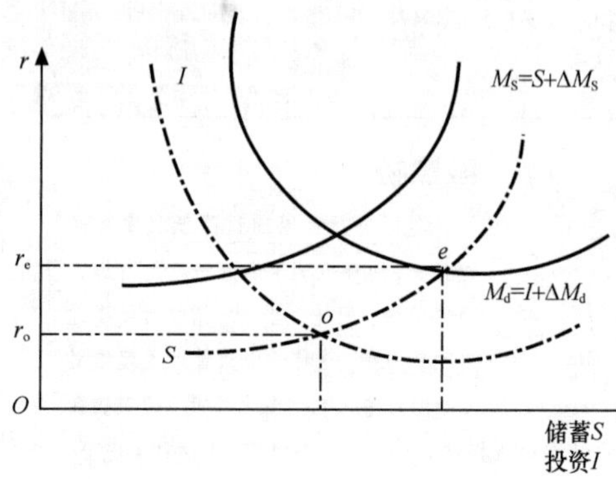

图 3.7　可贷资金利率理论的供求曲线

（3）影响可贷资金供求曲线移动的因素见表 3.3。

表 3.3　可贷资金供求曲线移动的影响因素

可贷资金的供给	可贷资金的需求
1. 若个人储蓄增加，大多数人都希望把钱存进银行，那么可贷资金的供给量增加。这时，曲线右移，利率下降。 2. 若企业的生产率提高，生产成本下降，企业省下很多钱，则企业的储蓄增加，可贷资金供给量增加。这时，曲线右移，利率下降。 3. 中央银行增发货币时，银行有更多的钱可以贷出去。这时，可贷资金的供给量增加，利率下降	1. 经济萧条时，人们的收入下降，且收入预期不乐观，消费减少，可贷资金的需求量下降，利率下降。 2. 经济环境不好、政府没有补贴、出口又有高的关税壁垒等时，企业通常会减少投资。这时，可贷资金的需求量减少，利率下降。 3. 政府实行紧缩性的财政政策，财政支出减少，即政府不需要借更多的钱。这时，可贷资金的需求量减少，曲线左移，利率下降

案例透析

厂商借入可贷资金的目的是增加商品资本（如新的厂房、仓库和机器设备）存量。假设某厂商想要购买的一台机器可使厂商当年的销售收入增加 1 150 元。该机器的成本为 1 000 元，使用寿命为 1 年。借款年利率为 10%。可贷资金供求曲线如图 3.8 所示。

问：

（1）该厂商是否可以购入该机器？

（2）如果借款年利率为 20%，可贷资金供给曲线会向哪个方向移动？可贷资金需求曲线会向哪个方向移动？

（3）如果借款年利率为 5%，可贷资金供给曲线会向哪个方向移动？可贷资金需求曲线会向哪个方向移动？

（4）从图 3.8 中分析的最终结果是什么？

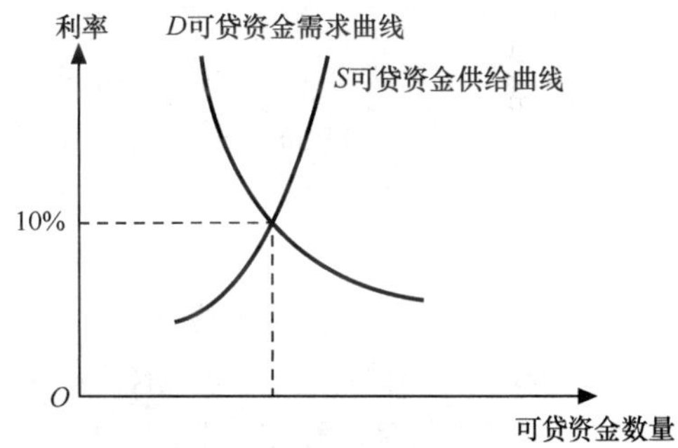

图 3.8　可贷资金供求曲线

综合练习题

一、概念识记

利息　利率　基准利率　名义利率　利率决定理论　储蓄投资理论

流动性偏好理论　可贷资金利率理论

二、单选题

1. 在存在通货膨胀的情况下，名义利率、实际利率、通货膨胀率三者的关系是（　　）。

A. 名义利率 = 通货膨胀率 − 实际利率　　B. 名义利率 = 实际利率 − 通货膨胀率

C. 实际利率 = 名义利率 + 通货膨胀率　　D. 实际利率 = 名义利率 − 通货膨胀率

2. 在借贷期限内不需要定期调整的利率是（　　）。

A. 市场利率　　B. 浮动利率　　C. 固定利率　　D. 官方利率

3. 我国习惯上将年息、月息、日息都以“厘”作单位，但实际含义却不同。年息 6 厘、月息 4 厘、日息 2 厘分别是指（　　）。

A. 年利率为 6%，月利率为 4%，日利率为 2%

B. 年利率为6‰，月利率为4‰，日利率为2‰
C. 年利率为6‱，月利率为4‱，日利率为2‱
D. 年利率为6%，月利率为4‰，日利率为2‱

4. 凯恩斯认为，债券的市场价格与市场利率成（　　）。
A. 正比　　B. 反比　　C. 无关　　D. 相关

5. 古典学派认为，社会存在着一个单一的利率水平，使经济体系处于充分就业的均衡状态，这时（　　）。
A. $S>I$　　B. $S<I$　　C. $S=I$　　D. S与I同比增长

6. 利率的合理区间是（　　）。
A. 等于平均利润率　　B. 大于零
C. 大于零而小于平均利润率　　D. 无法确定

7. 市场利率的高低取决于（　　）。
A. 统一利率　　B. 浮动利率
C. 借贷资金的供求关系　　D. 国家（政府）

8. 实际利率即名义利率剔除了（　　）。
A. 平均利润率　　B. 价格变动　　C. 物价变动　　D. 通货膨胀率

9. 某投资者用10 000元进行为期1年的投资，假定年利率为6%，利息按半年复利计算，则该投资者投资的期末价值为（　　）元。
A. 10 000　　B. 10 600　　C. 10 609　　D. 11 236

10. 一般来说，投资期限越长，有价证券的（　　）。
A. 收益越高　　B. 收益越低　　C. 收益越平均　　D. 风险越小

11. 马克思认为，利息是（　　）。
A. 劳动者创造的　　B. 来源于地租
C. 放弃货币流动性的补偿　　D. 放弃货币使用权的报酬

12. 由政府或政府金融机构确定并强令执行的利率是（　　）。
A. 公定利率　　B. 一般利率　　C. 官定利率　　D. 固定利率

13. 在多种利率并存的条件下起决定作用的利率是（　　）。
A. 差别利率　　B. 实际利率　　C. 官定利率　　D. 基准利率

14. 认为利息实质上是利润的一部分，是剩余价值特殊转化形式的经济学家是（　　）。
A. 凯恩斯　　B. 马克思　　C. 杜尔阁　　D. 俄林

15. 认为利率纯粹是一种货币现象，利率水平由货币供给与人们对货币需求的均衡点决定的理论是（　　）。
A. 马克思的利率决定理论　　B. 储蓄投资理论
C. 可贷资金利率理论　　D. 凯恩斯的利率决定理论

16. 下列利率决定理论中，着重强调储蓄与投资对利率的决定作用的是（　　）。
A. 马克思的利率决定理论　　B. 流动性偏好理论
C. 可贷资金利率理论　　D. 储蓄投资理论

17. 凯恩斯主义认为，货币政策的传导变量是（　　）。
A. 基础货币　　B. 超额存款储备金
C. 利率　　D. 货币供应量

18. 当银行存款的名义利率和物价变动率一致时，存户到期提取的本利和能够达到（　　）。

A. 升值　　B. 贬值

C. 保值　　D. 升值或贬值的幅度不定

19. 提出“可贷资金利率理论”的经济学家是（　　）。

A. 凯恩斯　　B. 马歇尔　　C. 俄林　　D. 杜尔阁

三、多选题

1. 利率的决定与影响因素有（　　）。

A. 利润的平均水平　　B. 资金的供求状况

C. 物价变动的幅度　　D. 国际利率水平

E. 政策性因素

2. 对于利息的正确理解为（　　）。

A. 从债权人的角度看，利息是债权人贷出资金而从债务人处获得的报酬

B. 从债务人的角度看，利息是债务人为获得货币资金的使用权所花费的代价

C. 利息是债务人使用资金的“价格”

D. 利息来源于利润

3. 根据名义利率与实际利率的比较，实际利率呈现的三种情况是（　　）。

A. 名义利率高于通货膨胀率时，实际利率为正利率

B. 名义利率高于通货膨胀率时，实际利率为负利率

C. 名义利率等于通货膨胀率时，实际利率为零

D. 名义利率低于通货膨胀率时，实际利率为负利率

4. 关于利率，以下描述正确的是（　　）。

A. 通货膨胀越严重，名义利率则会越高

B. 当经济处于萧条时期时，利率会降低

C. 当经济处于复苏时期时，利率会慢慢提高

D. 当经济处于繁荣时期时，利率会急剧提高

5. 一般而言，导致利率上升的因素有（　　）。

A. 紧缩的货币政策　　B. 扩张的货币政策

C. 经济处于高速增长时期　　D. 通货膨胀

6. 影响利率变动的因素有（　　）。

A. 通货膨胀与物价状况　　B. 货币政策的变化

C. 财政收支状况　　D. 债券股票等收益状况

7. 凯恩斯主义认为，人们持有货币的动机有（　　）。

A. 投资动机　　B. 消费动机　　C. 交易动机　　D. 预防动机

8. 下列选项中，说法正确的是（　　）。

A. 债券违约风险越高，利率越高　　B. 债券违约风险越高，利率越低

C. 债券流动性越好，利率越高　　D. 债券流动性越好，利率越低

9. 下列选项中，说法正确的是（　　）。

A. 通货膨胀越严重，名义利率就越低　　B. 通货膨胀越严重，名义利率就越高

C. 对利息征税，利率越高　　D. 对利息征税，利率越低

10. 在下列各种因素中，能够对利率水平产生决定或影响作用的是（　　）。
A. 最高利润水平　B. 平均利润率水平
C. 物价水平　D. 借贷资本的供求

11. 下列说法中，正确的是（　　）。
A. 利率对储蓄有调节作用　B. 利率对消费有调节作用
C. 利率对投资有调节作用　D. 利率对货币流通有调节作用

12. 马克思认为，在平均利润率与零之间，利率的高低取决于（　　）。
A. 总利润在贷款人和借款人之间进行分配的比例
B. 资本有机构成的高低
C. 利润率
D. 利润量的大小
E. 资本的供求关系

13. 中国工商银行某支行挂牌的 1 年期储蓄存款利率属于（　　）。
A. 市场利率　B. 官定利率　C. 名义利率
D. 实际利率　E. 优惠利率

14. 按照利率的决定方式可将利率划分为（　　）。
A. 官定利率　B. 基准利率　C. 公定利率
D. 市场利率　E. 固定利率

15. 可贷资金利率理论认为，利率的决定因素包括（　　）。
A. 利润率水平　B. 储蓄　C. 投资
D. 货币供给　E. 货币需求

16. 影响利率变动的因素有（　　）。
A. 资金的供求状况　B. 国际经济政治关系
C. 利润的平均水平　D. 货币政策与财政政策
E. 物价变动的幅度

17. 下列关于名义利率和实际利率的说法正确的是（　　）。
A. 名义利率是包含了通货膨胀因素的利率
B. 名义利率扣除通货膨胀率即可视为实际利率
C. 通常在经济管理中能够操作的是实际利率
D. 实际利率调节借贷双方的经济行为
E. 名义利率对经济会产生实质性影响

18. 下列选项中，正确的有（　　）。
A. 调高贷款利率，货币供应量会减少　B. 调高存款利率，货币供应量会增加
C. 调高存款利率可以稳定货币供应　D. 调高贷款利率，货币供应量会增加

19. 考虑到通货膨胀因素的存在，利率可分为（　　）。
A. 浮动利率　B. 一般利率　C. 名义利率
D. 实际利率　E. 优惠利率

20. 银行提高贷款利率有利于（　　）。
A. 抑制企业对信贷资金的需求　B. 刺激物价上涨
C. 刺激经济增长　D. 抑制物价上涨
E. 减少居民个人的消费信贷

四、判断题

1. 一笔为期 5 年、年利率为 6%的 10 万元贷款，用单利计算法计算的到期本利和是 13 万元。（　）

2. 低利率有利于促进投资。（　）

3. 当名义利率高于通货膨胀率时，实际利率则表现为负数，我们称为“负利率”。（　）

4. 在通货膨胀条件下，采用固定利率，债务人要承担由于通货膨胀给其造成金融资产损失的风险。（　）

5. 利率水平上升，会抑制社会资金需求的增加。（　）

6. 借贷资本的利率被限定在大于零小于平均利润率之间。（　）

7. 官定利率和市场利率有密切关系，官定利率的变化代表了国家货币政策的倾向，对市场利率有重要影响。（　）

8. 当信用扩张到无法再支撑经济虚假繁荣时，就是泡沫。（　）

9. 一国的通货膨胀率是影响利率的一个重要因素。（　）

10. 实际利率是依据实际购买力衡量的对贷款人或投资者的收益率。（　）

11. 利息是借贷资本的价格。（　）

12. 凯恩斯认为，利率仅仅决定于两个因素：货币供给与货币需求。（　）

13. 凯恩斯认为，人们对投机性货币需求的动机与利率不相关。（　）

14. 古典利率理论认为，利率应由储蓄与投资的均衡点所决定，且利率具有自动调节的作用。（　）

15. 基准利率是一个国家的核心利率。（　）

16. 以复利计息，考虑了资金的时间价值因素，对贷出者有利。（　）

17. 物价不变、货币购买力不变条件下的利率是实际利率。（　）

18. 马克思认为，利息实质上是利润的一部分，是剩余价值的特殊转化形式。（　）

19. 负利率是指名义利率低于通货膨胀率。（　）

20. 根据马克思的利率决定理论，利率的最高界限是平均利润率。（　）

五、思考题

1. 如果你在银行有一笔储蓄存款，那么当储蓄存款利率下调时，你会据此做出什么选择？

2. 利率与收益率之间是什么关系？如何度量收益率？

3. 请分析图 3.9 的含义。

图 3.9　思考题图示

第四章

金融机构与三大支柱

【学习目标】

知识目标

了解金融机构的产生及作用，掌握金融机构三大支柱的特点，并了解其业务构成，为后面的学习打下基础。

能力目标

能区分银行和非银行金融机构的不同，能区分银行、证券、保险的各种业务。

【知识框架】

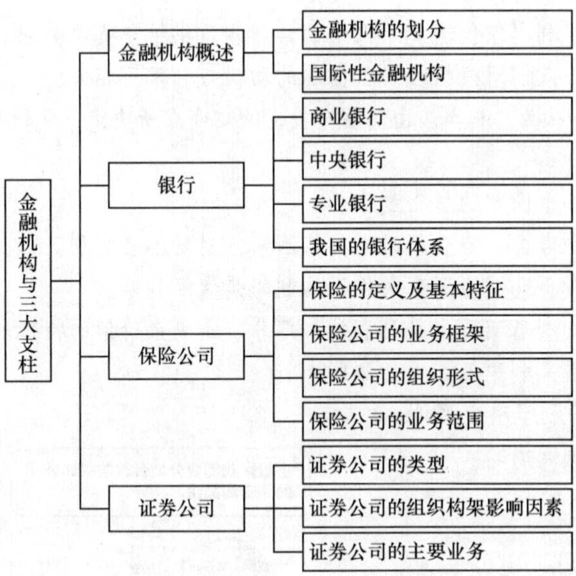

【情境导入】

（续前章）起初，岛上的管理者发行的钞票是可以随时兑换金银的，因此所有的人都很放心。由于岛上金银的产量太少，当人们的交换活动更加频繁时，钞票就不够用了，只能暂停交换。暂停交换的后果就是谁也不生产别人想要的东西了，因为虽然有人需要，但没有钞票支付，套用现在的话说就是经济发展减速了。

于是大家想了一个办法——成立一家钱庄。这个钱庄是大家的，由钱庄来发行钞票，印出的钞票借给想用钱的人，然后这个人有钱了再还给钱庄。于是银行就出现了。

银行的出现能保证交换活动持续地进行。这种情况下，大家都拼命生产，岛上的东西越来越多。银行根据产品的生产数量，不停地印制钞票，以保证交换能更深入地进行。

后来，岛上的人发明了船，于是就有人乘船出行。有一天，乘船的人发现了另一个岛屿，他们自然就想到了要交换两个岛屿上的东西。在遭遇海难时，为了避免船只和货物同归于尽，人们往往会抛弃一部分货物，损失由各方分摊，从而形成“一人为大家，大家为一人”的共同海损分摊原则。这就是海上保险的萌芽。现代意义上的保险，最初就是源自海上运输的需要。

随着人们出海次数的增加，航海者需要更多的货物和资金，而在这个小岛上没有一个投资者能拥有如此庞大的资金，且也没有谁愿意冒这么大的风险。岛上的人们为了筹集远航的资本和货物，便想到了分摊经营风险，于是出现了以股份的方式集资，即在每次出航之前，由航海者招募股金，航行结束后，再将招募的资本退给出资人，并将所获利润按股金的比例进行分配。这就是“股份公司”“股东”和“派息”的前身。

后来，岛上的管理者为保护这种股份制经济组织，不但给予他们各种特许权和免税优惠政策，而且还制定了相关的法律，从而为股票的产生创造了法律条件和社会环境。这就是证券公司的由来。

由于股份公司的大量创立及迅速发展，股票、债券等有价证券的大量涌现，使社会财富的表现形式呈现多样化，对社会财富的管理、运用、投资也产生了越来越大的社会需求。于是，信托投资公司等金融机构相继产生和发展起来。

第一节　金融机构概述

金融是现代经济的核心，人们与银行等金融机构有着各种金融关系，比如报刊、电视、网络每天都在报道股票行情、外汇牌价、借贷利率等各种金融信息，信用卡、利息、股票、债券、投资基金、外汇、期货、期权、货币政策等金融事物与人们的关系越来越密切。通常来说，金融机构就是融通资金的机构。近年来，金融机构的类型呈现出多样化的趋势。这些多样化的金融机构根据自身的核心优势，从实现规模经济和范围经济的内在要求出发，确定各自的业务范围。

一、金融机构的划分

金融机构是金融运行体系的重要组成部分。现代金融体制是以中央银行为核心，商业银行为主体，多种金融机构并存为特征的。各国对金融机构的分类有不同的标准。

> **想一想**
>
> 计算机系的学生小李发明了一种能清扫房屋、控制家用电器开关的机器人，但是他没有钱进行生产。老张退休时有一笔不小的存款。于是老张和小李合作，由老张向小李提供生产机器人的资金，等小李有了收入后再还本付息。小李的机器人因而得以批量生产。如果老张和小李互不认识，他们又该怎么办呢？

（一）发达国家的金融体系

1. 美国的金融体系

美国的金融体系主要由中央银行（联邦储备系统）、商业银行和非银行金融机构三个部分组成，如图 4.1 所示。

美国联邦储备系统起着中央银行的作用，具有发行货币、代理国库及对私人银行进行管理监督的职能，更为重要的是还为美国政府制定和执行金融货币政策，通过直接调整货币的供应和信贷的增长来影响宏观经济的各个方面。

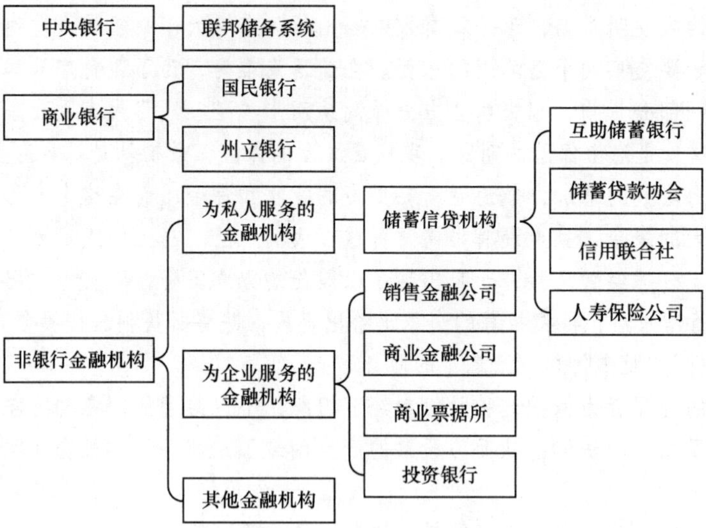

图 4.1　美国的金融体系

美国商业银行注册制度实行双轨制，即美国商业银行可以任意选择是在联邦政府注册，还是在各州政府注册，其中，在美国联邦政府注册的是国民银行，在州政府注册的则是州立银行。作为美国联邦储备系统的一级构成，国民银行必须参加会员银行组织，州立银行可以自行决定是否参加该组织。在金融创新活动中，非银行金融机构起了主要作用。它有力地推动了金融业务的多元化和目标化，使得各类金融机构的业务日益综合化。这时，银行机构与非银行金融机构的划分越来越不明显。同时，非银行金融机构自身的业务分类也日趋融合。银行机构与非银行金融机构之间的业务交叉进行，只是比重有所差别。

2. 日本的金融体系

日本打破了银行、证券、保险的分业监管模式，实行统一的金融监管。日本的金融体系主要由管理机构、民间金融机构和政府金融机构三个方面构成（如图 4.2 所示）。

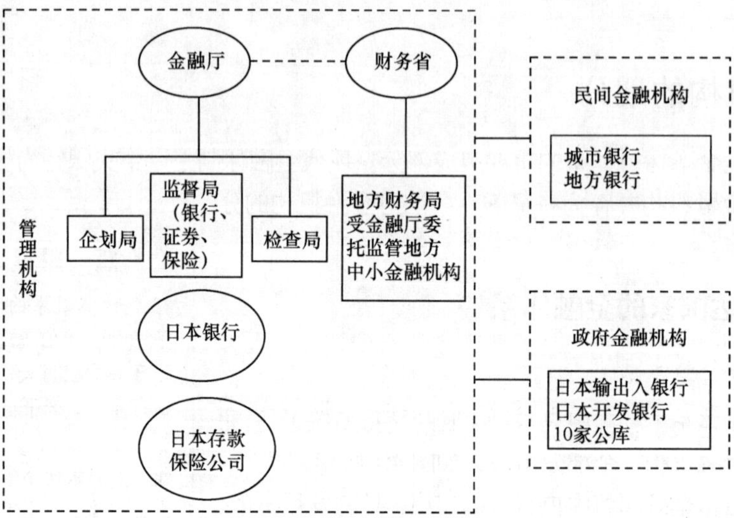

图 4.2　日本的金融体系

（1）管理机构。①金融厅。金融厅是日本内阁府的直属机构，承担全部与金融相关的制度设计、检查监督等职能。只有在处置金融破产和金融危机相关事务时，金融厅才需要与财务省共同负责。金融厅下设企划、检查、监督三个局，其中银行、保险、证券的分立监管部门都隶属于监督局。此外，监督局还设有专门的监管协调部门。金融厅未设分支机构，财务省管辖的地方财务局受其委托，承担对地方中小金融机构的监管工作。②日本银行，即日本的中央银行，其主要职能为：出于维护物价稳定和金融体系稳定的需要，对在日本银行开立账户的金融机构实施现场检查和非现场检查，以评估这些金融机构的业务经营状况、风险管理、资本充足率以及盈利能力等。③日本存款保险公司，其主要职能为对投保的金融机构进行审查，以保护金融体系的稳定和存款人的利益。

（2）民间金融机构。日本金融机构的主体是民间金融机构，包括城市银行（全国性）和地方银行（地方性）。城市银行是由工商业资本发展起来的，与财团资本有着千丝万缕的联系，放款对象偏重于大企业。面向大企业的金融机构主要有普通银行、长期信用银行、信托银行。地方银行与地方企业和公共团体关系密切，其放款对象多为地方中小企业。面向中小企业的金融机构主要有互助银行、信用金库、信用协同组合等。此外还有为农林渔业提供贷款服务的金融机构、外汇指定银行以及各种保险公司、证券公司。

（3）政府金融机构。日本的政府金融机构十分发达，有日本输出入银行、日本开发银行和10 家公库。它们的主要职能是为产业开发、贸易及对外经济合作、边远地区开发、公用事业、住宅建筑及农林渔业等提供长期低息贷款。

除以上所列金融机构外，日本还有一些诸如海外经济合作基金、贷款特别会等名目的金融机构。它们在日本的金融体制中所起的作用也很重要。

（二）我国的金融体系

我国的金融体系，主要有金融管理机构、政策性银行、商业银行、非银行金融机构等，如图 4.3 所示。

1. 金融管理机构

2018 年，我国组建了中国银行保险监督管理委员会（以下简称“银保监会”），作为国务院直属事业单位，与国务院金融稳定发展委员会、中国人民银行和中国证券监督管理委员会（以下简称“证监会”）共同构成了我国“一委一行两会”的金融监管体系。

国务院金融稳定发展委员会的职责是宏观审慎监管和整体协调；中国人民银行负责制定与执行货币政策，进行宏观审慎监管；银保监会和证监会负责进行微观审慎监管，以保障金融机构稳定和消费者权益。

视野拓展

我国已经形成了由“一委一行两会”为主导、大中小型商业银行为主体、多种非银行金融机构为辅翼的层次丰富、种类较为齐全、服务功能比较完备的金融机构体系。扫描下方二维码，了解我国的金融机构体系。

2. 政策性银行

我国有 3 家政策性银行，分别是国家开发银行、中国进出口银行和中国农业发展银行。

3. 商业银行

我国的商业银行主要包括国有商业银行、股份制商业银行、地方商业银行和其他商业银行等。

4. 非银行金融机构

我国的非银行金融机构主要包括保险公司、证券公司、信托投资公司、财务公司等。图 4.3 所示为我国的金融机构体系。

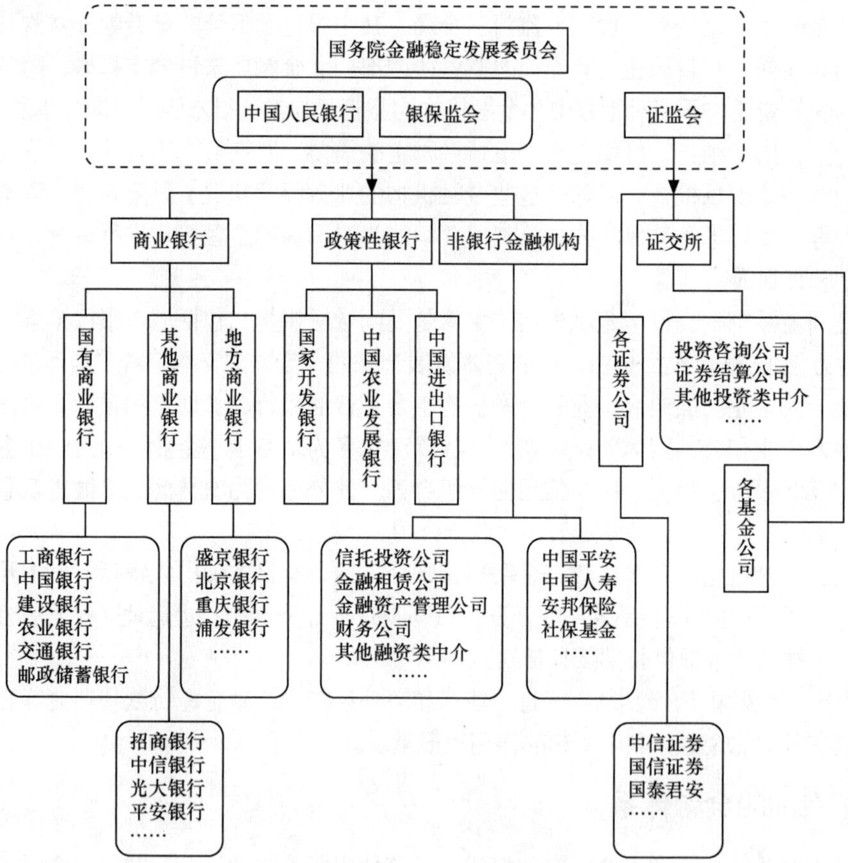

图 4.3　我国的金融机构体系

二、国际性金融机构

1944 年，西方主要工业国家在美国的布雷顿森林镇召开会议，建立起一套新的国际金融体系，初步形成了国际性的金融机构。国际性金融机构在国际经济、国际贸易和国际金融活动中发挥了重要作用。国际性金融机构可分为全球性金融机构和区域性金融机构两大类。

（一）全球性金融机构

最主要的全球性金融机构是国际货币基金组织和世界银行。

1. 国际货币基金组织

国际货币基金组织（International Monetary Fund，IMF）于 1945 年 12 月成立，总部设在美国的华盛顿。2016 年 10 月 1 日，国际货币基金组织正式将人民币纳入特别提款权（Speacial Drawing Right，SDR）货币篮子。

国际货币基金组织是为协调各国（地区）间的货币政策和金融关系，加强国际间货币合作而建立的政府间的金融机构，是联合国的一个专门机构。国际货币基金组织的资金来源包括会员方认缴的份额、资金运用收取的利息和其他收入、某些会员方的捐赠款或认缴的特种基金、向官方和市场的借款。

国际货币基金组织的业务特点包括：贷款对象只限于会员方官方财政、金融当局；贷款用途只限于弥补会员方的国际收支逆差或用于经常项目的国际支付；贷款额度有限制，与认缴份额成正比。

2017 年，中国在国际货币基金组织中的份额占比为 6.394%，排名第三，仅次于美国和日本。

2. 世界银行

世界银行（World Bank）于 1946 年成立，总部设在美国华盛顿，其由两个机构组成：一个是国际复兴开发银行，为中低收入国家或地区提供用于经济发展的长期贷款；另一个是国际开发协会，为处于贫困中的国家或地区提供条件优惠的贷款或无息贷款，以促进当地的经济发展。

世界银行与国际金融公司、国际投资争端解决中心、多边投资担保机构构成世界银行集团（World Bank Group）。国际金融公司为发展中国家的私人企业提供贷款；国际投资争端解决中心为成员方提供争端解决方案；多边投资担保机构向外国私人投资者提供政治风险担保。世界银行的成员对世界银行资金的筹措和使用共同负责。

（二）区域性金融机构

在经济全球化、区域化的浪潮中，世界各国都在积极寻求建立有利于自身发展的多边区域性国际组织，以便使本国既能最大限度地分享经济全球化带来的各种利益，同时又能使本国尽可能地规避经济全球化带来的不利影响。区域性国际金融机构正是在这样一种国际背景下产生的。

区域性金融机构包括两种：一种是金融机构的成员主要集中在一个固定的区域内，但也有区域外的国家参加，如亚洲开发银行、泛美开发银行、非洲开发银行等；另一种是金融机构的成员完全由一个固定区域内的国家组成，是真正的区域性国际金融机构，如欧洲中央银行、欧洲投资银行、阿拉伯货币基金组织、伊斯兰发展银行、西非开发银行、阿拉伯经济和社会发展基金等。

1. 亚洲开发银行

亚洲开发银行（Asian Development Bank，ADB），简称“亚行”，是一个致力于促进亚洲及太平洋地区发展中成员经济和社会发展的区域性政府间金融开发机构。亚行特别强调扶贫为其首要战略目标。亚行不是联合国的下属机构，但它是联合国亚洲及太平洋经济社会委员会（简称“联合国亚太经社会”）赞助建立的机构，因此，亚行同联合国及其区域和专门机构有密切的联系。中国于 1986 年成为亚行成员。

2. 非洲开发银行

非洲开发银行，简称“非行”，是在联合国“非洲经济委员会”的支持下，由非洲各国合办的互助性、区域性的国际金融机构。非行于 1964 年 9 月正式成立，其宗旨是促进非洲地区成员的经济发展与社会进步。非行的总部设在科特迪瓦的阿比让。2002 年，因科特迪瓦政局不稳，非行的总部临时搬迁至突尼斯至今。

我国在 1985 年加入非行之后，积极参与非行股本增资认缴和非洲开发基金集资活动，有力地支持了非洲的减贫发展事业，得到了非行各成员的广泛认可。

3. 泛美开发银行

泛美开发银行是由美洲及其以外的国家联合建立的向拉丁美洲国家提供贷款的金融机构。泛美开发银行成立于 1959 年，并于 1960 年 10 月开始营业，总部设在美国华盛顿。泛美开发银行的资金来源、组织结构、职能特点、业务特点与“亚行”相似。2008 年，中国捐

视野拓展

亚洲基础设施投资银行于 2015 年 12 月 25 日正式成立，全球迎来首个由中国倡议设立的多边金融机构。推荐读者扫描下方的二维码，观看有关亚投行的新闻视频。

资3.5亿美元，加入了泛美开发银行。

4. 亚洲基础设施投资银行

亚洲基础设施投资银行（Asian Infrastructure Investment Bank，AIIB），简称“亚投行”，是一个政府间性质的亚洲区域多边开发机构。亚投行重点支持成员方的基础设施建设，其成立宗旨是为了促进亚洲区域的建设、互联互通和经济一体化的进程，并且加强中国及其他亚洲国家和地区的合作，是首个由中国倡议设立的多边金融机构。亚投行的总部设在中国北京，法定资本为1 000亿美元。

我国作为亚投行的发起国，是亚投行的第一大股东，占股比为31.949 4%，投票比为27.449 9%；亚投行的第二大股东是印度，占股比为8.976 7%；亚投行的第三大股东是俄罗斯，占股比为7.012 3%。

第二节 银 行

金融机构概括起来可以分为银行金融机构和非银行金融机构两大类，其中银行金融机构居支配地位。

银行是与人们生活息息相关的一个行业：有了银行，人们才能存钱、取钱；有了银行，人们才能转账、汇款；有了银行，人们才可以贷款……

现代银行的结构和组织形式种类繁多。按照职能的不同，现代银行可划分为中央银行、商业银行、投资银行、储蓄银行和各种专业信用机构。目前，世界各国已基本形成了以中央银行为中心、股份商业银行为主体、各类银行并存的现代银行体系。

一、商业银行

商业银行是办理各种存款、放款和汇兑业务的银行。

在金融领域内，由于业务范围的广泛性、资金规模的雄厚性，决定了商业银行是一种最重要的金融机构。商业银行既是资金的供给者，又是资金的需求者，它几乎参与了金融市场的所有活动。作为资金的需求者，商业银行利用其提供的储蓄、支票转账等金融服务大量吸收居民个人、企事业单位、政府部门的闲置资金。此外，商业银行还可发行金融债券，参与同业拆借等。作为资金的供给者，商业银行主要通过贷款和投资为政府部门、企事业单位、个体工商户和居民个人提供资金。此外，商业银行还可以通过派生存款的方式扩张或缩减货币数量，对资金的供求关系产生影响。因此，世界各国（政府）都非常重视对商业银行的调控与管理。

商业银行是唯一能够接受活期存款的银行，而且活期存款在商业银行所吸收的资金中占有相当大的比重，因此，通常将商业银行称为“存款银行”。商业银行是最重要的一种存款性金融机构。

二、中央银行

中央银行是在商业银行基础上发展形成的。在各国的金融机构体系中，中央银行具有特殊的地位。

中央银行是发行货币的银行，是银行的银行，是政府的银行。中央银行既是金融市场的参与者，又是金融机构和金融市场的监管者。从参与金融市场的角度来看，中央银行作为货币发行银行，执行国家的货币政策，调节货币供给量，其通常采取在金融市场上买卖证券的方式公开进行市场操作。但中央银行不以营利为目的，只是调整资金供求关系和管理其他市场参与者的活动。中央银行作为银行的银行，发挥着最后贷款人的作用，是金融市场资金的提供者，同时也发挥着稳定金融市场的作用。作为政府的银行，中央银行常常接受政府的委托，代理政府向其他金融机构发行、兑付国债；接受外国中央银行的委托，在金融市场上买卖证券，参与金融市场活动。

三、专业银行

在现代银行制度下，中央银行处于核心地位，商业银行居于主导地位，而其他专业银行也有存在和发展的空间。专业银行只集中经营指定范围内的业务，并为客户提供专门性的金融服务。西方国家的专业银行主要包括以下几种。

1. 投资银行

投资银行这一名称通常用于欧美工业化国家，英国称其为“商人银行”，在其他国家和地区也有“实业银行”“金融公司”“投资公司”等称谓。投资银行主要依靠发行股票和债券来筹集资金，也可以接受定期存款或从其他银行获取贷款作为资金来源。投资银行主要采用股份制组织形式。投资银行的主要业务是为工商企业代办发行和承销证券，发放中长期贷款，提供投资咨询服务等。

2. 不动产抵押银行

不动产抵押银行是经营以土地、房屋等不动产为抵押的长期贷款银行。不动产抵押银行主要通过发行房地产等不动产抵押债券来获得资金，其面向土地所有者和购买土地的农业资本家、房屋所有者和经营建筑业的资本家等发放长期抵押贷款。在不同的国家和地区，不动产抵押银行有不同的称谓：法国称其为“房地产信贷银行”、美国称其为“联邦土地银行”或“联邦中期信贷银行”。这种金融机构多数依靠国家财政的支持，因此都不同程度地带有国有性质。

3. 开发银行

开发银行可以区分为国际性、区域性和本国性三种。国际复兴开发银行（又称“世界银行”）是著名的国际性开发银行，是联合国的下属机构，其主要作用是向会员方提供长期贷款，对会员方提供资金支持以帮助其进行经济建设。区域性开发银行服务的对象仅限于某一特定区域的成员，如亚洲开发银行限定亚洲及太平洋地区。以上两种开发银行的资金都来源于会员方认缴的资本和在国际资本市场发行的债券。本国性开发银行由国家建立，通过发行债券等方式筹集资金，由国家财政给予扶持，不以营利为目的，对重大基础设施建设等提供长期贷款，如日本开发银行等。

4. 储蓄银行

在美国，储蓄银行被称为“互助储蓄银行”，在英国则被称为“信托储蓄银行”，它们都是专门吸收居民闲置资金或小额货币收入的银行。储蓄银行的资金运用方向有三个：发放抵押贷款、投资债券和股票、存入商业银行。

5. 进出口银行

进出口银行是专门为对外贸易主体提供信用服务的银行，多为国有性质。

6. 其他专门性银行

以协助某一经济部门或行业的发展为目标的专门性银行，多半由国家注入资金，也有一部分专门性银行依靠发行债券筹集资金。

四、我国的银行体系

在中华人民共和国成立后，经过几次改革，目前我国已形成了以中国人民银行、银行业监管机构、政策性银行、商业银行和其他金融机构为主体的银行体系，如图 4.4 所示。

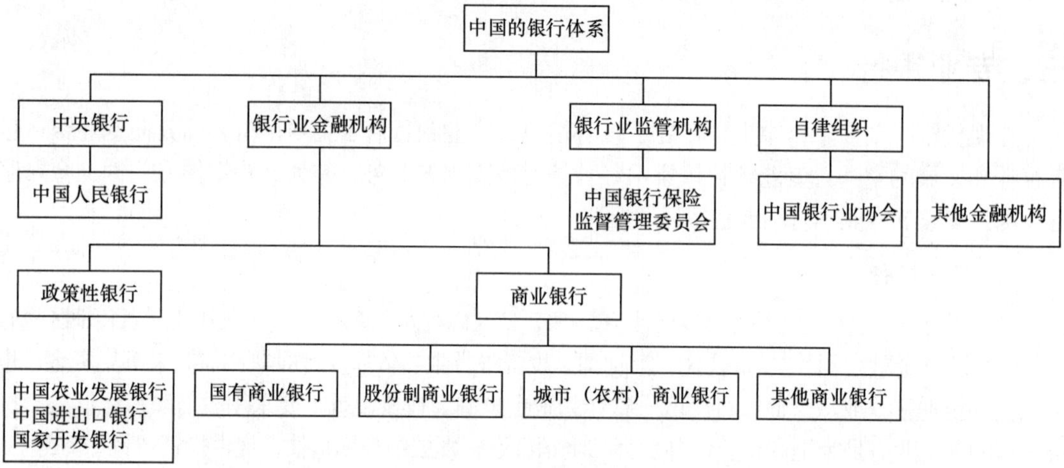

图 4.4　中国的银行体系

（一）中央银行

中国人民银行是我国的中央银行，处在全国金融机构体系的核心地位。中国人民银行在国务院领导下，制定和执行货币政策。

1. 中国人民银行的地位

中国人民银行的性质决定了它的特殊地位：①在国务院领导下，依法独立履行职责，不受地方政府和各级政府部门的干预；②相对于国务院其他部委和地方政府有明显的独立性。

2. 中国人民银行的主要职责与业务

> **视野拓展**
>
> 政策性银行是专门配合政府特定经济政策或意图，在特定业务领域从事政策性融资活动。政策性银行不吸收存款，靠发债券或者财政拨付的资金对外贷款，未来也将走上商业化改革之路。推荐读者扫描下方二维码，阅读《一图读懂政策性银行的前世今生》一文，了解更多的内容。

中国人民银行的主要职责和业务包括：①制定和执行货币政策，保证人民币币值稳定；②依法对金融机构进行监督管理，促进金融业的合法、稳健运行；③维护支付、清算系统的正常运行；④持有、管理、经营国家外汇储备、黄金储备；⑤代理国库和其他金融业务；⑥代表我国政府从事有关的国际金融活动。

（二）政策性银行

政策性银行是指由政府发起、出资成立，为贯彻和配合政府特定经济政策和意图而进行融资和信用活动的机构。

政策性银行是国家干预、协调经济的产物。政策性银行与商业银行以及其他非银行金融机构相比，有共性的一面，如要对贷款进行严格审查，贷款要还本付息等。

政策性银行作为政策性金融机构，具有如下特征。

（1）政策性银行的资本金多由政府财政拨付。

（2）政策性银行经营时主要考虑国家的整体利益、社会效益，不以营利为目的；政策性银行的资金并不全是财政资金，因此，政策性银行也必须考虑盈亏，坚持银行管理的基本原则，力争保本微利。

（3）政策性银行有其特定的资金来源，主要依靠发行金融债券或向中央银行举债，不面向公众吸收存款。

（4）政策性银行有特定的业务领域，不与商业银行竞争。

我国的政策性银行始创于 1994 年，包括国家开发银行、中国农业发展银行和中国进出口银行三家。

敲黑板

截至 2019 年 2 月，我国银行业金融机构共有法人机构 4 588 家，这些金融机构包括 3 家政策性银行、6 家大型商业银行、12 家股份制商业银行、134 家城市商业银行、17 家民营银行、1 家邮政储蓄银行、45 家外资法人银行、68 家信托公司、1 427 家农村商业银行、45 家农村合作银行、812 家农村信用合作社、1 616 家村镇银行、253 家企业集团财务公司、69 家金融租赁公司、5 家货币经纪公司、25 家汽车金融公司、23 家消费金融公司、13 家贷款公司、45 家农村资金互助社，以及 14 家其他金融机构。

（三）商业银行

商业银行是以经营存款、放款，以及办理转账结算为主要业务，以营利为主要经营目标的金融企业。目前，我国商业银行有以下几种形式。

1. 国有商业银行

国有商业银行一般是指中国工商银行、中国农业银行、中国建设银行、中国银行和交通银行，其形成有以下两个途径。

（1）由国家专业银行演变而来的国有商业银行，包括中国工商银行、中国农业银行、中国银行、中国建设银行。中国工商银行原本主要承担工商信贷业务；中国农业银行原本主要开办农村信贷业务；中国银行原本主要经营外汇业务；中国建设银行原本主要承担中长期投资信贷业务。现在这些商业银行的业务已经有了交叉。

（2）后来成立的国有控股商业银行，如交通银行。

2. 股份制商业银行

20 世纪 80 年代以来，随着金融体制改革的不断深化，我国陆续组建了一些股份制商业银行，包括兴业银行、深圳发展银行（2012 年被平安银行吸收合并）、中信实业银行（即中信银行）、中国光大银行、华夏银行、上海浦东发展银行、招商银行、广东发展银行、中国邮政储蓄银行等。股份制商业银行从组建开始就基本按照商业银行的机制运行，因此，尽管它们在资产规模、机构数量和人员总数方面还远不能同国有商业银行相比，但其资本、资产及利润的增长速度均高于国有商业银行，呈现出较强的经营活力和发展势头。

3. 城市（农村）商业银行

城市（农村）商业银行是由企业、居民和地方政府财政投资入股组成的地方性股份制商业银行。

城市商业银行的前身是城市信用合作社。1995 年，国务院决定在城市信用合作社清产核资的基础上，通过吸收地方财政、企业入股，组建城市合作银行。当时的业务定位是服务地方经济发展，为中小企业提供金融服务。从 1998 年开始，各地的城市合作银行陆续改组为以城市命名的商业银行，如北京银行、上海银行、天津商业银行、盛京银行等。

视野拓展

推荐读者扫描下方二维码，了解互联网银行和传统银行的区别。

农村商业银行是由农村信用合作社演变而来。农村信用合作社的前身是由农民自愿入股组成，由入股社员进行民主管理，主要为入股社员服务的具有法人资格的合作金融机构。农村信用合作社（农村商业银行）的网点众多，遍布整个农村地区，可以聚集农村闲散资金，引导农村资金流向，并为广大农户和农村经济发展给予有利的支持。

4. 其他商业银行

（1）外资银行。自1979年首家外资金融机构在我国设立以来，随着改革开放的深入，外资金融机构已逐步进入我国。目前，在华的外资金融机构主要有四类：一是外资独资银行；二是中外合资银行；三是外国银行在中国境内的分支机构；四是外资银行驻华代表机构。在华的外资金融机构在业务上均要接受中国人民银行的管理和监督。

（2）民营银行。截至2019年9月，获银监会批准筹建的民营银行（含已开业的民营银行）有深圳前海微众银行、上海华瑞银行、温州民商银行、天津金城银行、浙江网商银行、重庆富民银行、四川新网银行、湖南三湘银行、安徽新安银行、福建华通银行等19家民营银行。这些民营银行主要具有以下特点。

一是有专致办银行的良好动机，立足长远发展和稳健经营。

二是有差异化的市场定位和业务特色。

三是有较为完善的公司治理和风险管理机制。

四是有较强的风险承受能力。民营银行的发起人股东具有良好的社会声誉、诚信记录和纳税记录，具有较长的发展期和稳定的经营表现，具有较强的经营管理能力和资金实力，财务状况、资产状况良好。民营银行的发起人股东明确承担银行的发展责任并支持银行持续补充资本。

五是发起人股东都是境内纯民营企业。

六是有先进的现代科技支持和全新的经营模式。这些民营银行的积极探索对中国银行业体系转型、变革带来了一定的积极影响。

第三节 保险公司

自古以来，各种自然灾害、意外事故就时常威胁着人类的生存与发展。为了寻求防灾避祸、安居乐业之道，人们萌生了对付各种自然灾害、意外事故的保险思想和一些原始形态的保险做法。在各类保险中，起源最早、历史最长的是海上保险。而海上保险的发展，带动了整个保险业的发展。

海上保险是海上贸易发展的产物。在当时的条件下，航海是一种风险很大的活动。当时在地中海航行的商人中形成了一种共识，即为了船货共同安全而抛弃货物所引起的损失由获益的各方共同分摊，这就是“一人为众，众为一人”的原则。这一原则后来被公元前916年的《罗地安海商法》所吸收，并正式规定为“凡因减轻船舶载重而投弃入海的货物，如为全体利益而损失的，必须由全体分摊”。这就是著名的共同海损分摊原则。由于共同海损分摊原则体现了“损失分担”这一保险的基本原理，因而被公认为海上保险的萌芽。

15世纪后期，欧洲的奴隶贩子把运往美洲的非洲奴隶当作货物投保海上保险，类似于现代的人身意外伤害保险。后来，船上的船长、船员也都可以投保海上保险。到16世纪，海上保险又发展到承保旅客被海盗绑架而支付的赎金。这些都被认为是人身保险的萌芽。

一、保险的定义及基本特征

（一）保险的定义

保险是指投保人根据合同约定，向保险人支付保险费，保险人对于合同约定的可能发生的事故，因其发生所造成的投保人财产损失承担赔偿保险金的责任，或者当被保险人死亡、伤残、患病或者达到合同约定的年龄、期限时承担给付保险金责任的商业保险行为。

（二）保险的基本特征

1. 互助性

保险具有“一人为众，众为一人”的互助特性。在一定条件下，保险分担了单位和个人所不能承担的风险，从而形成了一种经济互助关系。这种经济互助关系通过保险人用多数投保人交纳的保险费建立的保险基金，对少数遭受损失的被保险人提供赔偿或给付保险金而得以体现。

2. 法律性

从法律角度看，保险是一种合同行为，是一方同意赔偿另一方损失的一种合同约定。同意提供损失赔偿保险金的一方是保险人，接受损失赔偿保险金的一方是投保人或被保险人。

敲黑板

商业保险是指通过订立保险合同运营，以营利为目的的保险形式，由专门的保险企业经营。社会保险是指国家通过立法强制建立社会保险金，收取社会保险费，对因年老、疾病、生育、伤残、死亡和失业而导致丧失劳动能力或失去工作机会的成员提供基本生活保障的一种社会保障制度。

3. 经济性

保险是通过保险人赔偿或给付保险金而实现的一种经济保障活动。保险的保障对象是财产或人身，这些保障对象都直接或间接属于社会再生产中的生产资料和劳动力两大经济要素；保险实现保障的手段最终都是采取支付货币的形式进行赔偿或给付；保险保障的根本目的，无论是从宏观的角度，还是从微观的角度，都是与社会经济发展相关的。

4. 商品性

保险体现了一种对价交换的经济关系，也就是商品经济关系。这种商品经济关系直接表现为个别保险人与个别投保人之间的交换关系；间接表现为在一定时期内全部保险人与全部投保人之间的交换关系，即保险人销售保险产品与投保人购买保险产品的关系；具体表现为保险人通过提供保险金的赔偿或给付，保障社会生产的正常进行和人们生活的安定。

5. 科学性

保险是处理风险的科学有效的措施。从保险的科学性角度来看，保险费率的厘定和保险准备金的提取依据的是科学的数理计算。

想一想

商业保险与社会保险、救济、储蓄有什么不同？

二、保险公司的业务框架

保险公司从事风险管理业务，需要进行程度较高的专业分工。保险公司的主要经营管理活动包括保险产品开发、市场营销和销售、承保、再保险、客户服务、投资、理赔，以及其他支付性经营管理活动。大体而言，保险公司基于这些基本经营管理活动所设置的部门可以分为前台部门、中台部门和后台部门三类，如图4.5所示。

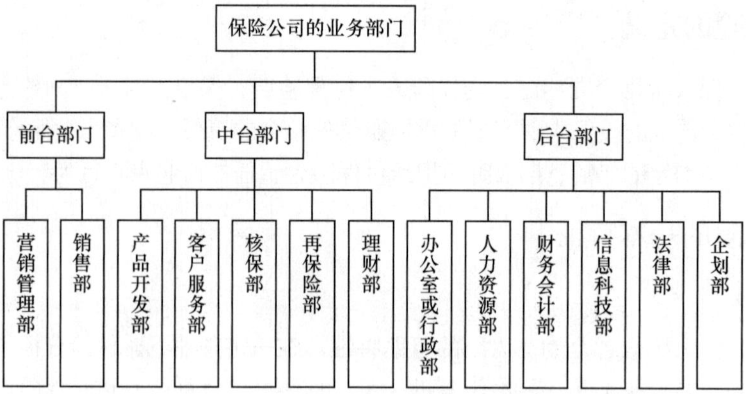

图4.5　保险公司的业务部门

三、保险公司的组织形式

1. 西方国家保险公司的组织形式

西方国家，保险公司的组织形式各具特点：就经营主体而言，西方国家的保险公司可分为国有保险公司和私营保险公司；就经营目的而言，西方国家的保险公司可分为营利性保险公司和非营利性保险公司。此外，还有随着近代保险业的发展而派生出来的特殊保险公司组织形式，如图4.6所示。

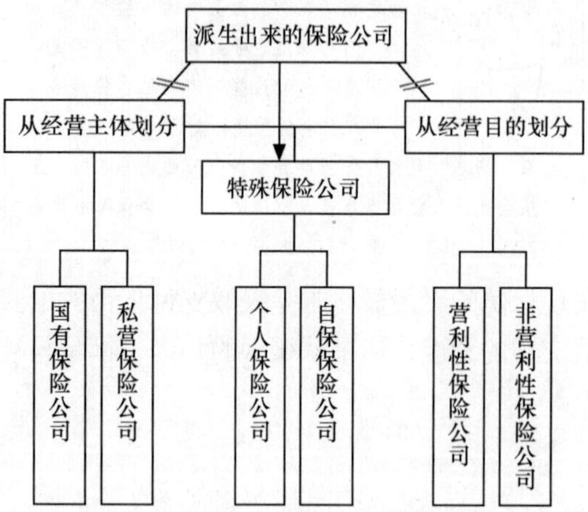

图4.6　西方国家的保险公司的组织形式

（1）国有保险公司，主要办理国家强制保险或某种特殊保险。根据其经营目的不同，西方国家的国有保险公司可分为两类：一是以增加财政收入为目的的商业性国有保险公司；二是为实施宏观政策而无营利动机的强制性国有保险公司。

（2）股份保险公司，同其他股份公司一样，也是以营利为目的。这类保险公司分为上市和不上市两种。

（3）非营利性保险公司（如相互保险公司），这类保险公司不发行股票，也没有股东。人们通常购买保单而成为该类公司的所有人并可以从公司得到分红，公司的所有人共享利润。相互保险公司的宗旨是为投保人提供低成本的保险，而不是为了营利。

（4）个人保险公司，即以个人名义承担义务的保险公司。如1688年由英国商人Edward Lloyd在伦敦创建的劳合社，原为泰晤士河畔的一家咖啡馆，后来逐渐发展为海上保险和航运业务的交易场所。

（5）自保保险公司，是指一些大企业或托拉斯组织为了节省保费，避免税赋负担而成立的专门为本系统服务的保险公司。

上述几种保险公司共同存在，共同发展，互相转化，不断创新，从而形成了保险公司组织形式的多元化。

2. 我国现行的保险公司组织形式

我国现行的保险公司主要有国有独资保险公司和股份保险公司。

国有独资保险公司是指由国家授权的投资机构或国家授权的政府部门单独投资设立的保险有限责任公司。国有独资保险公司是国家以投资者的身份参与保险业经营的手段，其担负着经营政策性保险业务的重要职能。

股份保险公司又称“保险股份有限公司”，是指将保险公司的全部资本分成等额股份，股东以其所持股份为限对保险公司承担责任，保险公司以其全部资产为限对公司债务承担责任的企业法人。保险股份有限公司的资本以股东购买股票的形式募集，股东以领取股息或红利的方式分享公司的利润，并以自己认购的股份为限对公司的债务承担责任。

四、保险公司的业务范围

人身保险和财产保险是按保险业务范围划分的两大类保险，如图 4.7 所示。它们的基本职能都是对投保人或者被保险人因保险事故所造成的损失给予一定的经济赔偿。

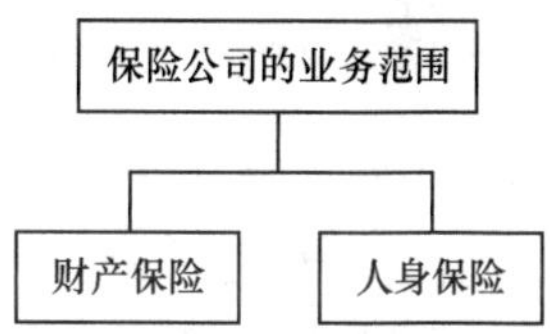

图 4.7　保险公司的业务范围

人身保险和财产保险主要有以下区别。

1. 保险对象不同

人身保险是以人的寿命和身体为保险对象，简单来讲就是以“人”为保险对象；财产保险是以财产及其相关利益为保险对象（包括财产损失保险、责任保险、信用保险、保证保险和农业保险等），简单来讲就是以“物”为保险对象。

2. 保险金额的确定方式不同

由于人的身体和生命没有高低贵贱之分，也无法用金钱来衡量，所以保险公司在承保人身保险时，投保人购买多少保险金额由双方约定，而且投保人可以在一家或多家保险公司重复投保（医疗险除外）。财产保险的保险金额应与投保人所保财产的实际价值相等，不能超额投保，也不能在多家保险公司重复投保。

3. 赔付概念不同

在人身保险中，当发生保险事故后，保险公司以双方约定的保险金额为基础，支付给被保险人（受益人）保险金的形式叫“给付”。如果是因第三方责任造成的损失，被保险人（受益人）既可以从保险公司得到保险金，同时还可以从责任者处获取赔偿，保险公司不得干预，也没有从第三方索取赔偿的权利，保险术语称为没有“代位求偿权”。在财产保险中，在发生保险事故后，保险公司的赔偿方式叫“补偿”。如果是因第三方责任造成投保人所保财产的损失，保险公司在履行赔偿义务后，有权以投保人的名义向第三方进行追偿，而投保人不得再从中获益。在财产保险中，保险公司具有“代位求偿权”。另外，人身保险合同的期限一般较长，而财产保险合同的期限一般较短；人身保险一般具有储蓄性，而财产保险一般没有储蓄性；人身保险以代理人招揽业务为主，而财产保险以柜台业务为主。

第四节 证券公司

证券公司是证券市场的重要组成部分，是证券市场的主体和中介，有证券市场，就必然有证券公司，不存在没有证券公司的证券市场。一方面，证券公司伴随着证券市场的产生而产生，伴随着证券市场的发展而发展，证券市场孕育了证券公司；另一方面，证券公司一旦产生，又促进了证券市场的发展。

一、证券公司的类型

我国的证券公司分为经纪类证券公司和综合类证券公司两类。

1. 经纪类证券公司

经纪类证券公司只允许从事经纪业务，即代理客户买卖证券，而不能从事自营业务，即不能以自己的名义买卖证券。经纪类证券公司的收入主要来自代理客户买卖证券的手续费收入，因此，经纪类证券公司的经营风险较小。

2. 综合类证券公司

综合类证券公司是可以从事所有证券类业务的证券公司，其业务包括经纪业务、投资银行业务、证券投资业务等。综合类证券公司的收入来源包括代理客户买卖证券、推荐股份有限公司上市的手续费收入和自营证券的买卖差价收入。综合类证券公司的经营风险较大。

3. 经纪类证券公司和综合类证券公司的比较

经纪类证券公司和综合类证券公司的比较如表4.1所示。

表4.1 经纪类证券公司和综合类证券公司的比较

条　件	经纪类证券公司	综合类证券公司
注册资本最低限额	人民币5 000万元	人民币5亿元
主要管理人员和业务人员必须具有证券从业资格	是	是
有固定的经营场所和合格的交易设施	是	是
有健全的管理制度	是	是
具备证券从业资格的从业人员人数	不少于15人	不少于50人
具备相应证券从业资格的业务人员，有相应的会计、法律、计算机专业人员	是	是
有符合中国证监会规定的计算机信息系统、业务资料报送系统	是	是
有规范的自营业务与经纪业务分业管理的体系	无	有
有规范的业务分开管理制度，确保各类业务的人员、机构、信息和账户等方面有效隔离	无	是
中国证监会规定的其他条件	是	是

二、证券公司的组织架构影响因素

证券公司的组织架构在很大程度上受到法律（如反托拉斯法）、社会心理和金融市场等外部环境因素所影响，具有很大的或然性和适应性特征。证券公司的组织构架如图 4.8 所示。

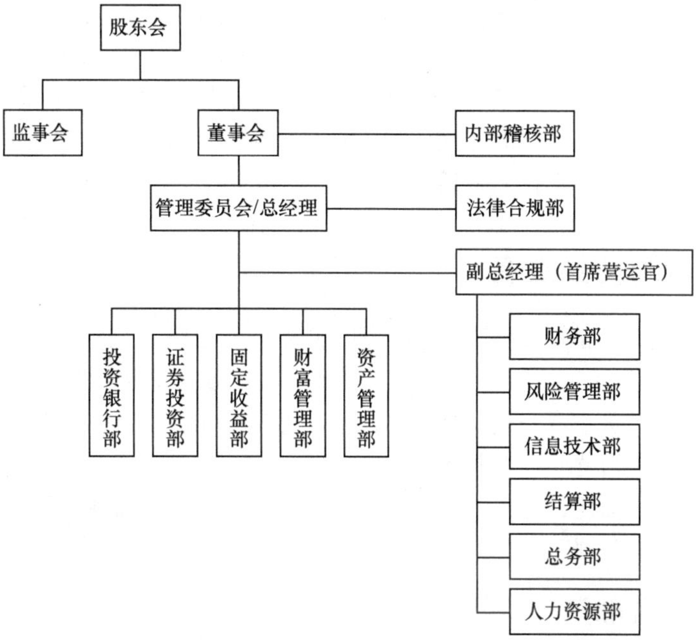

图 4.8　证券公司的组织构架

1. 外部因素

影响证券公司组织架构的外部因素主要包括以下三个。

（1）客户需求。客户需求是指证券公司根据客户的需求和变化设立相应的业务部门为客户服务。

（2）信息技术。信息技术直接关系到证券公司内部的数据传递、指令下达和对客户需求的响应速度，对于提高公司的管理效率也有重要影响。

（3）法律法规。金融监管机构对证券公司的风险隔离和合规风险管理等有特殊要求。例如，直接投资业务和创新业务投资均要求采用独立子公司的组织结构；法律合规部门要求独立于风险管理/控制部。

2. 内部因素

影响证券公司组织架构的内部因素主要包括以下三个。

（1）发展战略。证券公司的战略导向对于前台业务机构的设置具有引导作用。当证券公司更多依赖于经纪业务或证券投资等业务时，往往采用事业部制（公司制）的组织架构。此外，相对独立的客户及其需求也可以采用类似的架构。

（2）领导人的素质。证券公司的管理层，尤其是法定代表人的性格和能力等因素，会直接影响证券公司管理的幅度和深度。

（3）企业文化。企业文化具有导向功能、规范（约束）功能、凝聚功能、激励功能，因此，企业文化也在一定程度上影响着公司组织架构的选择。优秀的企业文化无形中对员工起着激励和

敲黑板

事业部制的设计思路为：在总公司领导下设立多个事业部，把分权管理与独立核算结合在一起，按产品、地区或市场（顾客）划分经营单位，即事业部。每个事业部都有自己的产品和特定的市场，能够完成某种产品从生产到销售的全部职能。事业部不是独立的法人企业，但具有较大的经营权限，独立核算、自负盈亏，是一个利润中心。从经营的角度上来说，事业部与一般的子公司没有什么太大的不同。

敲黑板

我国经纪类证券公司只能从事证券交易中介业务。

鼓舞的作用。比如，花旗银行的企业文化分为两个层次，分别为策略部和战术部：策略部主要通过科学的管理、人员职位的合理升降、企业文化方向、明确的规划程序，激发员工主动向客户提供优质服务的积极性；战术部主要采取一系列措施提高员工素质和技能，如经常举办培训班、加强内部沟通、组织各种性质的集会、加快信息的交流和沟通等。

三、证券公司的主要业务

每个证券公司的架构都可能不同，业务也可能会发生变化，但是不会有太多的差别。从传统意义上来说，证券公司的业务包括证券经纪业务、投资银行业务、资产管理业务、证券自营业务、投资咨询业务等。证券公司一般按照业务设置单独的部门，比如经纪业务部、投资银行部、资产管理部、证券自营部、研究部等。

证券公司和银行、信托、基金、期货、保险公司一样，可以从业务角度分为前台业务部门、中台业务部门和后台业务部门。

（一）前台业务部门

前台业务部门是给公司创造价值的纯业务部门。

1. 证券经纪业务

证券经纪业务又称“代理买卖证券业务”，是指证券公司接受客户委托，按照客户的要求，代理客户买卖证券的业务。证券经纪业务是随着集中交易制度的实行而产生和发展起来的。由于在证券交易所内交易的证券种类繁多，证券交易的金额巨大，而证券交易所大厅内的席位有限，一般投资者不能直接进入证券交易所进行证券交易，因此只能通过特许的证券经纪商来完成证券交易。证券公司从事的经纪业务以通过证券交易所代理客户买卖证券为主，如图4.9所示。

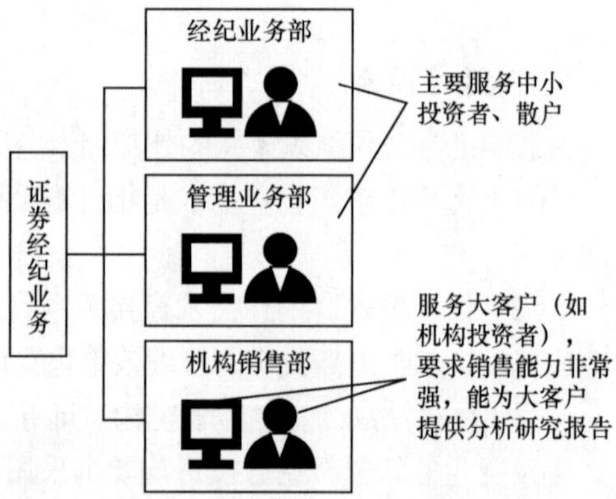

图4.9　证券公司的证券经纪业务

视野拓展

投资银行是主要从事证券发行、承销、交易，企业重组、兼并与收购，投资分析，风险投资，项目融资等业务的非银行金融机构，是资本市场上的主要金融中介。推荐读者扫描下方二维码观看视频，进一步了解投资银行的业务。

2. 投资银行业务

投资银行是最典型的投资性金融机构，简称投行。一般认为，投资银行是在资本市场上为企业发行债券、股票，筹集长期资金提供中介服务的金融机构。投资银行可从事证券承销、公司并购与资产重组、公司理财、基金管理等业务。国外的投资银行起源最早可以追溯到中世纪。而我国的投资银行是在20世纪80年代末伴随着资本市场的发展而产生的，国内的投资银行是指证券公司的投资银行部。它的主要业务是承揽、承做、承销，如图4.10所示。

（1）承揽，是指证券公司找到并说服客户，并为客户提供能够解决融资问题的服务。一般来说，投资银行部的承揽业务和证券营业部开发展经纪业务客户没有本质区别，不过证券营业部开发的是资金只是几千、几万元的散户，而投资银行部开发的是市值几亿乃至千亿的机构客户。

（2）承做，是指投资银行为拟上市公司做上市方案。比如，当证券公司所服务的某公司拟上市时，证券公司就要准备该公司的上市材料，包括该公司的历史沿革、股权结构、核心优势、财务状况等，然后辅导该公司进行改制，并且把该公司申请上市的有关材料报送到证监会的股票发行审核委员会（简称发审委）。发审委审批通过后，该公司按照相关程序即可到证券交易所上市，发行股票。

> **敲黑板**
>
> 
>
> 我国《中华人民共和国证券法》（简称《证券法》）的第二章第三十二条规定：向不特定对象发行的证券票面总值超过人民币 5 000 万元的，应当由承销团承销。承销团由主承销和参与承销的证券公司组成。

（3）承销，是指证券公司代理证券发行人发行证券的活动。证券承销业务可以采用代销、包销方式。①证券包销是指证券公司将发行人发行的证券按照协议全部购入，或者在承销期结束时将售后剩余证券全部自行购入的承销方式。前者为全额包销，后者为余额包销。②证券代销是指证券公司代理发行人发售证券，在承销期结束时，将未售出的证券全部退还给发行人的承销方式。

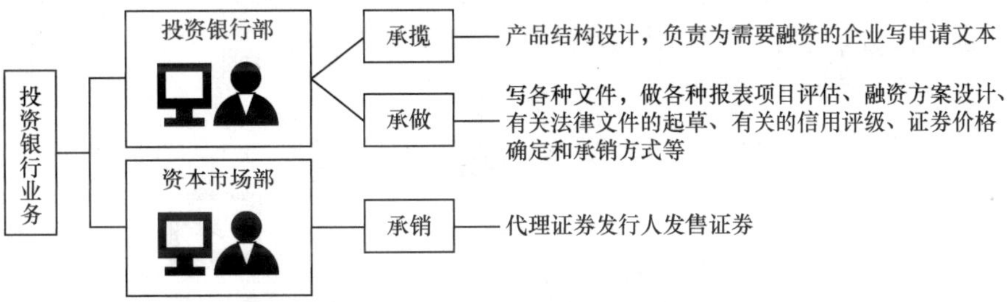

图 4.10　投资银行业务

3. 自营业务和资产管理业务

证券公司必须将证券自营业务与证券经纪业务、资产管理业务、承销保荐业务及其他业务分开操作，建立防火墙制度，确保公司的自营业务与其他业务在资金方面严格分离，如图 4.11 所示。

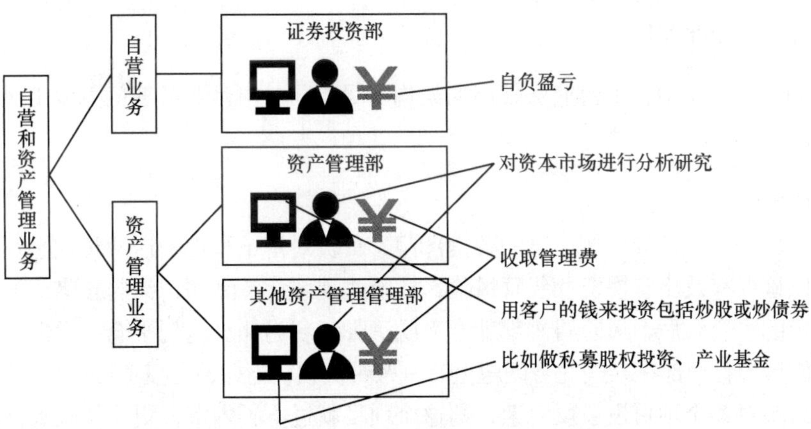

图 4.11　证券公司的自营业务和资产管理业务

4. 研究部业务

证券公司经纪业务的收入来自佣金；投行业务的收入来自承销保荐费；资产管理业务的收入来自管理费和业务提成；自营业务的收入是自负盈亏；研究部主要收入来自研究报告费和佣

金分仓（即买方在证券交易过程中的佣金费用分配），如图 4.12 所示。

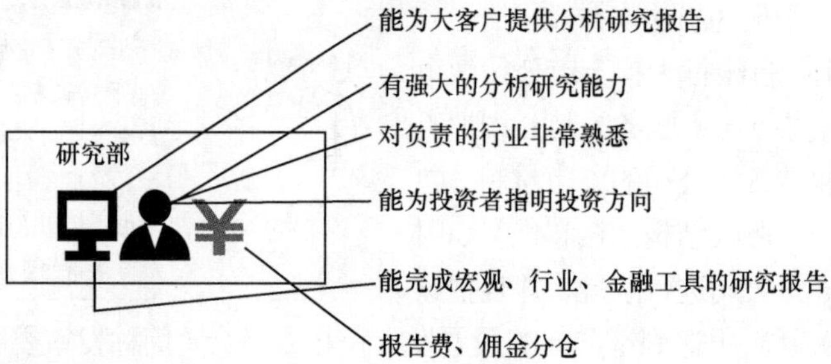

图 4.12 证券公司的研究部

5. 融资融券业务

融资融券是新兴的业务部门。融资就是投资者以资金或股票为抵押，向证券公司借钱购买股票，并到期偿还本息。融券就是投资者以资金或股票为抵押，向证券公司借入证券，并到期归还相同种类和数量的证券并支付利息。融资融券的前提是投资者的信用账户有充足的保证金。这是一种杠杆交易。另外，除了股票交易常规的佣金和印花税等手续费外，融资融券业务还需要投资者向证券公司支付借入证券或资金的利息，如图 4.13 所示。

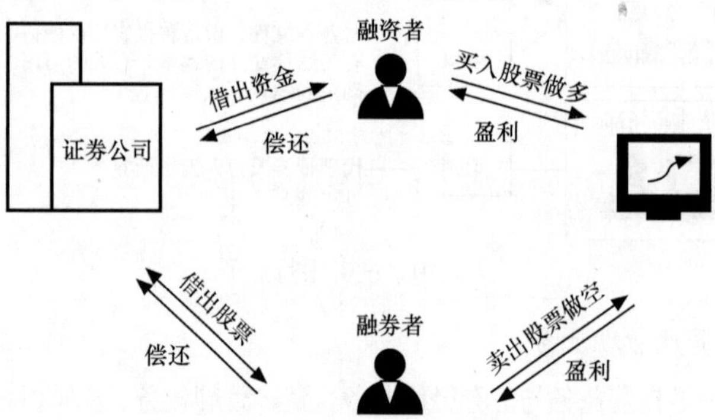

图 4.13 融资融券业务

（二）中台业务部门

在不同的证券公司中，中台业务部门的架构不尽相同。中台业务部门主要由风险管理部和合规部组成。

1. 风险管理部

风险管理部是关系证券公司命脉的关键部门，负责对营销和投资这两种核心业务进行全程风险监控，以确保有效化解投资和经营风险，杜绝违规经营。比如，买的股票亏了 20%，达到证券公司设定的平仓线后，风险管理部就会来函请你解释为什么达到平仓线了还不平仓等。有些证券公司的风险管理部在某些业务问题上有一票否决权，比如，在投资银行部的内审小组中，若风控合规人员对某个项目投了反对票，则这个项目就过不了内审，更无法报到证监会。有些证券公司的风险管理部是分散在各业务部门驻点的，比如，有些证券公司将交易系统的自营买卖的下单权给了风控岗，有些证券公司甚至把对业务部门的事故评级和奖惩都放在风险管理部。

2. 合规部

合规部又称为“法律合规部”。合规部总监为证券公司的高级管理人员，直接向董事长负责，并且有权利向证监会报告公司的合规事项，所以合规部的作用是让公司的行为符合监管的要求，合规部与监管机构有比较多的沟通。另外，证券公司如果要解聘合规部总监，则必须经过证监会的同意。

> **视野拓展**
>
> 杨百万曾经是中国股市的标志性人物，作为中国证券市场最早的参与者、实践者和见证者，杨百万的故事能够帮助你了解中国股市的发展变化。

证券公司合规部的基本管理职责如下。

（1）发表合规意见。识别和评估合规风险，就法律、法规和政策的适用问题向公司提供指导意见。例如，跟踪法律法规的变化；制定合规政策和流程；识别、记录、评估及咨询具体业务中的合规风险；参与新业务或新产品的审批等。

（2）进行公司内部合规培训。根据公司业务中的合规要求，业内实践及法律法规的发展对公司从业人员进行合规培训，例如合规入职培训、具体业务合规培训、持续合规培训。

（3）监控公司内部违反法律法规的问题。监控公司的某些行为，及时发现潜在的违反现行法律、法规和政策的情况，例如反洗钱、反商业贿赂等。

> **敲黑板**
>
> 
>
> 我国银行中的投行，主要是帮企业发行短期融资债券、发行票据。信托投行主要是为企业做信托计划。券商投行主要是做 IPO（首次公开募股）。这些投行的本质是一样的，唯一的区别是产品：券商投行的产品就是 IPO、公司债、中小企业私募基金等；银行投行的产品就是各类银行间的市场工具，比如 PPN（非公开定向债务融资工具）、短期融资、中期票据、企业债等；信托投行的产品就是信托计划。

（三）后台业务部门

证券公司的后台业务部门有办公室、财务部、人力资源部、内部审计部，清算托管部、信息技术部等。办公室、财务部、人力资源部、内部审计部的业务与其他金融公司相同。

1. 清算托管部

简单地说，证券公司自有的资金由财务部进行管理，而客户交易结算资金（即客户保证金）并不是公司的财产，证券公司要单独设置一个部门来对客户交易结算资金进行管理和清算。清算托管部的职责，就是把客户交易中的钱券计算清楚，并进行管理和清算。

2. 信息技术部

信息技术部是证券公司的核心业务部门。证券公司所有的业务数据和业务流都依赖于公司的信息系统。证券公司的业务创新、风险控制也依赖于公司的信息系统。证券公司与交易所、中国证券登记结算有限公司的通信线路，与营业部的通信线路、网上交易、集中交易系统、资产管理系统、清算系统、风控系统、估值系统等，也都依赖于公司的信息系统。

> **想一想**
>
> 投资银行与商业银行都叫银行，它们有什么区别？

综合练习题

一、概念识记

金融　金融机构　保险公司　证券公司　证券经纪业务

证券自营业务　专业银行　政策性银行

二、单选题

1. 现代市场经济的核心是（　　）。

A. 效率　　B. 金融　　C. 信用　　D. 财政

2. 金融机构之所以被称为“金融企业”，是因为它所经营的对象不是普通商品，而是特殊的商品——（　　）。

A. 货币　　B. 存款　　C. 有价证券　　D. 货币资金

3. 金融机构最基本、最能反映其经营活动特征的职能是（　　）。

A. 支付中介　　B. 创造信用工具　　C. 信用中介　　D. 金融服务

4. 与其他金融机构相比，商业银行最明显的特征是（　　）。

A. 以营利为目的　　B. 提供金融服务

C. 创造信用货币　　D. 执行国家金融政策

5. 我国经纪类证券公司只能从事证券（　　）业务。

A. 承销　　B. 交易中介　　C. 自营　　D. 买卖

6. 以下哪一项不属于政策性金融机构的特征？（　　）

A. 资本金多由政府财政拨付　　B. 不以营利为目的

C. 不必考虑盈亏　　D. 有特定的业务领域

7. 政策性银行与商业银行最显著的不同特征在于（　　）。

A. 是否以营利为目的　　B. 是否执行国家金融政策

C. 是否由政府出资　　D. 是否自主经营

8. 对我国期货结算机构进行监管的金融监管机构是（　　）。

A. 中国证监会　　B. 中国银保监会　　C. 中国保监会　　D. 中国人民银行

9. 以经营存款、贷款和金融服务为主要业务，以营利为目的的金融企业是（　　）。

A. 证券公司　　B. 保险公司

C. 金融资产管理公司　　D. 商业银行

10. 国家赋予拟定外汇市场的管理办法，监督管理外汇市场的运作秩序，培育和发展外汇市场职责的金融监管机构是（　　）。

A. 中国人民银行　　B. 中国银保监会　　C. 中国证监会　　D. 国家外汇管理局

11. 以下哪一项的说法是错误的？（　　）

A. 我国的经纪类证券公司可以代理客户买卖证券

B. 我国的经纪类证券公司可以从事自营业务

C. 我国经纪类证券公司的收入主要来自手续费收入

D. 我国的经纪类证券公司的经营风险较小

12. 以下哪一项的说法是错误的？（　　）

A. 保险的基本原则有保险利益原则　　B. 保险的基本原则有最大诚信原则

C. 保险的基本原则有近因、损失补偿原则　　D. 保险的基本原则有储蓄增值原则

13. 我国经纪类证券公司只能从事证券（　　）业务。

A. 承销　　B. 交易中介　　C. 自营　　D. 推销

14. 以下哪一项的说法是错误的？（　　）

A. 人身保险合同的期限一般较长　　B. 财产保险合同的期限一般较长

C. 人身保险一般具有储蓄性　　D. 财产保险没有储蓄性

15. 以下哪一项是错误的？（　　）

A. 责任保险属于财产保险　　B. 信用保险属于人身保险

C. 运输工具保险　　D. 农业保险属于财产保险

16. 中国人民银行作为我国的中央银行，享有货币发行的垄断权，因此它是（　　）。

A. 政府的银行　　B. 垄断的银行　　C. 银行的银行　　D. 发行的银行

17. 除银行外，世界各国最重要的非银行类金融机构是（　　）。

A. 信用合作社　　B. 保险公司　　C. 养老基金　　D. 政策性银行

18.（　　）是指以营利为目的，按照商业经营原则经营的保险。

A. 商业保险　　B. 人身保险　　C. 财产保险　　D. 责任保险

19. 下列选项中，（　　）不属于政策性银行。

A. 中国人民银行　　B. 中国进出口银行

C. 中国农业发展银行　　D. 国家开发银行

20. 下列选项中，不属于银行金融机构体系范围的是（　　）。

A. 中央银行　　B. 商业银行　　C. 证券公司　　D. 政策性银行

三、多选题

1. 我国的金融管理机构包括（　　）。

A. 中国人民银行　　B. 中国银行业监督管理委员会

C. 中国证券监督管理委员会　　D. 中国银行保险监督管理委员会

E. 国家外汇管理局

2. 我国政策性银行有（　　）。

A. 国家开发银行　　B. 中国进出口银行

C. 中国农业发展银行　　D. 中国农业银行

3. 非银行金融机构与传统商业银行的区别在于（　　）。

A. 商业银行传统的业务是吸收存款，发放贷款，提供支付、结算

B. 非银行金融机构不能吸收活期存款，是资本市场的主要参与者

C. 商业银行有信用创造功能

D. 非银行金融机构有信用创造功能

4. 下列说法中，正确的有（　　）。

A. 国有保险公司主要办理国家强制保险或某种特殊保险

B. 股份保险公司是以营利为目的而设立的

C. 个人保险公司目前只在美国盛行

D. 自保保险公司是一些大企业或托拉斯组织

5. 政策性银行与商业银行相比，具有共性的方面包括（　　）。

A. 严格审查贷款程序　　B. 经营目标的非营利性

C. 贷款要求偿还本金　　D. 贷款要收利息

6. 证券公司的主要业务包括（　　）。

A. 证券经纪业务　　B. 证券承销业务

C. 证券自营业务　　D. 资产管理业务

E. 融资融券业务

7. 下列选项中，属于直接金融机构的是（　　）。
A. 商业银行　B. 投资银行　C. 国家开发银行　D. 证券公司
8. 下列属于我国非银行金融机构的有（　　）。
A. 信托投资公司　B. 证券公司　C. 财务公司　D. 保险公司
9. 以下关于政策性银行特征的描述中，正确的是（　　）。
A. 与政府关系紧密　B. 特殊的融资原则
C. 以利润最大化为原则　D. 业务领域基本固定
10. 保险的基本特征有（　　）。
A. 互助性　B. 法律性　C. 经济性
D. 商品性　E. 科学性
11. 在我国，股票的交易佣金包括（　　）。
A. 股票的过户费　B. 股票的佣金　C. 印花税　D. 增值税
12. 我国的银行体系中包含的银行类型有（　　）。
A. 中央银行　B. 商业银行　C. 政策性银行　D. 非银行金融机构
13. 保险的基本原则有（　　）。
A. 保险利益原则　B. 最大诚信原则　C. 近因原则　D. 损失补偿原则
14. 保险利益确立的条件有（　　）。
A. 保险利益必须是合法的利益　B. 保险利益必须是确定的利益
C. 保险利益必须是经济的利益　D. 保险利益必须是广泛的利益
15. 影响保险赔偿的因素有（　　）。
A. 实际损失　B. 保险金额　C. 保险利益　D. 连带损失
16. 属于财务顾问业务的有（　　）。
A. 与证券投资活动有关的咨询业务　B. 与证券投资活动有关的建议
C. 与证券投资活动有关的策划业务　D. 中国证监会认定的其他业务形式
17. 属于资产管理业务的有（　　）。
A. 根据有关法律、法规和与投资者签订资产管理合同
B. 按照资产管理合同的约定，为投资者提供证券投资服务
C. 按照资产管理合同的约定，为投资者提供其他金融产品的投资管理服务
D. 实现资产收益最大化
18. 下列选项中，属于我国商业银行业务范围的是（　　）。
A. 发行金融债券　B. 监管其他金融机构
C. 买卖政府债券　D. 买卖外汇
19. 属于证券自营业务的有（　　）。
A. 买卖在境内证券交易所上市交易的证券　B. 在境内银行间市场交易政府债券
C. 在境内银行间市场交易央行票据　D. 在柜台交易经证监会批准的证券
20. 损失补偿原则是指（　　）。
A. 当投保人或被保险人遭受损失时，保险人必须在责任范围内对投保人或被保险人所受的实际损失进行补偿
B. 只有保险事故发生造成保险标的毁损致使被保险人遭受经济损失时，保险人才承担损失补偿的责任

C. 在保险期限内发生了保险事故，但被保险人没有遭受损失，也有权要求保险人赔偿

D. 被保险人获得的补偿量，仅以其保险标的遭受的实际损失为限

四、判断题

1. 损失补偿是指当保险事故发生使投保人或被保险人遭受损失时，保险人必须在责任范围内对投保人或被保险人所受的实际损失进行补偿。 (　　)

2. 中央银行与政策性银行都不以营利为目的。 (　　)

3. 政策性银行通常不具有派生存款和增加货币供给的功能。 (　　)

4. 我国的金融体系由银行金融机构组成。 (　　)

5. 只有保险事故发生造成保险标的毁损致使被保险人遭受经济损失时，保险人才承担损失补偿的责任。 (　　)

6. 在保险期限内发生了保险事故，保险人没有遭受损失，也有权要求保险人赔偿。 (　　)

7. 狭义的金融专指信用货币的融通。 (　　)

8. 政策性银行的经营以利润最大化为目的。 (　　)

9. 广义的金融泛指一切与信用货币的发行、保管、兑换、结算、融通有关的经济活动，不包括金银的买卖。 (　　)

10. 非银行金融机构就其性质而言，都是商业性的。 (　　)

11. 保险公司是经营保险业务的非银行金融机构。在许多国家，它都被列为最大的非银行金融机构。 (　　)

12. 证券公司是指专门从事各种有价证券经营及相关业务的金融机构。 (　　)

13. 1994 年我国组建了三家政策性银行：国家开发银行、中国进出口银行、中国农业银行。 (　　)

14. 融资融券业务是指证券公司向客户出借资金供其买入证券，或出具证券供其卖出证券的业务。 (　　)

15. 损失补偿原则主要适用于财产保险以及其他补偿性保险合同。 (　　)

16. 被保险人可获得的补偿量，仅以其保险标的遭受的实际损失为限。 (　　)

17. 近因就是指时间上或空间上与损失最接近的原因。 (　　)

18. 近因是指造成损失的最直接、最有效、起主导作用的原因。 (　　)

19. 最大诚信是指当事人真诚地向对方充分而准确的告知有关保险的所有重要事实，不允许存在任何虚伪、欺瞒、隐瞒行为，但可以有善意的欺骗。 (　　)

20. 保险利益原则的本质内容是要求投保人对保险标的必须具有保险利益。 (　　)

五、思考题

1. 我国的金融管理机构“一委一行两会”具体包括哪些部门？

2. 银行和非银行金融机构的区别有哪些？

3. 请对比并指出图 4.14 所代表的含义。

图 4.14　思考题图示

第五章

商业银行与派生存款

【学习目标】

知识目标

了解商业银行的产生和发展；了解商业银行的性质、职能和经营原则；熟悉商业银行的组织形式；掌握商业银行的主要业务，尤其是资产业务和负债业务。

能力目标

能够区分商业银行与一般工商企业的不同，会计算派生存款。

【知识框架】

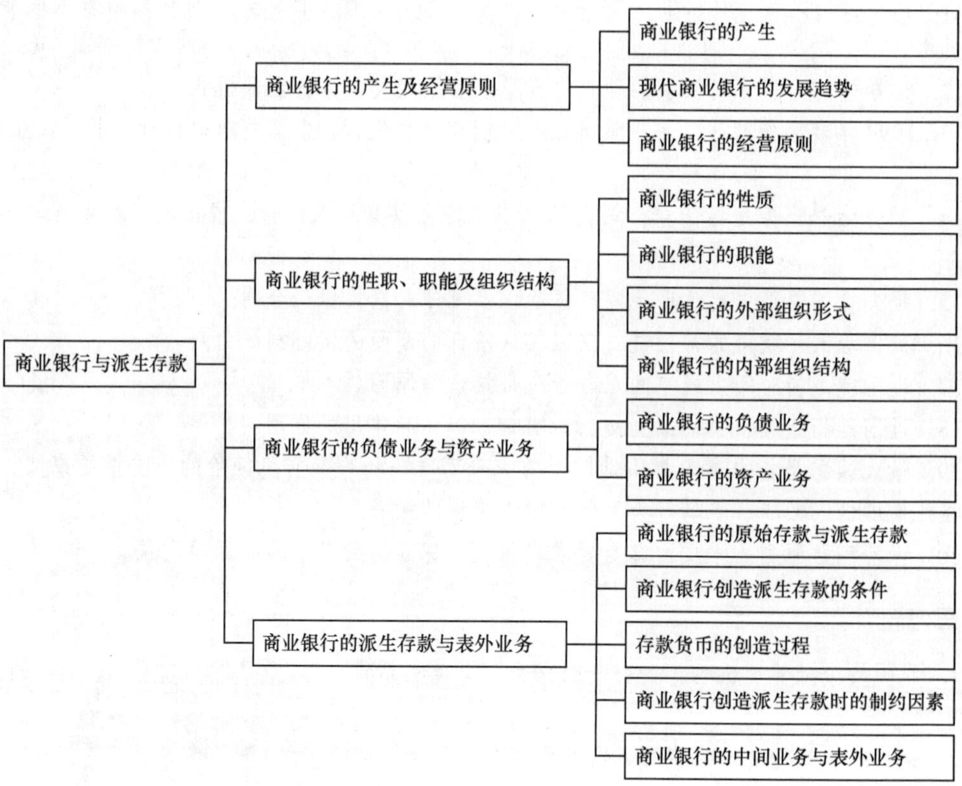

【情境导入】

（续前章）早期的金属货币是块状的，使用时需要先用试金石测量金属货币的成色，同时还要称量金属货币的重量。这个小岛上有一些金匠，他们以加工金银首饰为生。因为这些金匠的手艺高超、经验丰富，拿着金银找他们测量的人越来越多，甚至还排起了长队。于是，大家干脆把金银存在他们那里，并由金匠开出收据作为凭证，大家凭收据支取金银。长此以往，金匠就在市场上有了信誉度。慢慢地，因为金匠的信誉非常好，所以他开出的收据被市场所承认，可以直接在市场上流通。此时，金匠开出的收据和其所存的黄金是等值的。也就是说，金匠每开出一两黄金的收据，相应地，在他的库房里就有一两黄金存放着。随着时间的推移，金匠所存的黄金不断地增多，他发现每天只有一定数量的黄金被提走，而另一部分黄金基本上是不动的。于是，金匠就把这部分黄金拿到市场上去投资或借贷，以获得更大的收益。

随着金匠一次次的冒险成功，他的财富在不断地积累。他发现，投资越多，财富增长得越快。可他没有那么多黄金，怎么办呢？于是，他就超出他实际所拥有的黄金数量开出更多的收据，然后把收到的黄金再拿到市场上去投资。此时，他所开出的收据和他所存储的黄金是不等值的。于是十足的准备金制度，演变为部分准备金制度。早期银行就在金匠业的基础上产生了。

幸运的是，这些聪明的金匠赶上了经济增长期，他们获得了超乎想象的收益。于是，这一过程就这样周而复始地运行了下去，存款数倍地派生出来。这样，全岛的存款就增加了。

而在现代银行中，所谓的“货币乘数”也源于此。

第一节　商业银行的产生及经营原则

商业银行是市场经济的产物。它是为适应市场经济的发展和社会化大生产的需要而形成的一种金融组织。商业银行经过几百年的发展演变，现在已经成为世界各国经济活动中最重要的资金集散机构，其对经济活动的影响力位居各国各类金融机构之首。

一、商业银行的产生

银行是由货币经营业演变而来的，而历史上的货币经营业又是在货币兑换业的基础上逐渐形成的。也就是说，货币经营业是银行的先驱。货币经营业与银行的主要区别在于有无信用活动。银行是专门经营货币信用业务的金融机构。商业银行的产生有两种途径：一是从过去的高利贷银行转变而来的；二是以股份公司形式组建的。

1. 由铸币兑换业到货币经营业

在资本主义社会发展初期，随着商品生产有了一定程度的发展和交换范围的不断扩大，一国的不同地区之间，以及国与国之间的贸易逐渐发展起来。当时，不仅在各个国家流通着不同的铸币，就是在一国之内的不同地区，铸币的形式、成色也不尽相同。这样一来，从事异地、异国贸易的商人为了购买异国或者异地的商品，就必须先将本国或本地的铸币兑换成金银，再将金银兑换成当地的铸币来支付货款。同样，商人将货物运到外地销售后，也必须将出售货物所得的外地铸币兑换成金银后带回本地。为了满足人们进行铸币兑换的需要，铸币兑换业应运而生。同时，从商人中分离出专门从事铸币兑换业的货币兑换商。

在文艺复兴时期，意大利的威尼斯和热那亚曾经是沟通欧亚贸易的要冲，四面八方的生意人云集在那里。在那个国际贸易日趋繁荣的时期，人们不断地进行着货物的运输和交易，比如从英国运输羊毛到威尼斯进行加工。但是，货币的不统一，以及长途携带大量金属铸币带来的麻烦和风险阻碍了贸易的发展，于是，一些人从中看到了赚钱的机会。这些人为商人们提供一种独特的服务——货币兑换和保管。当时，在意大利从事货币鉴别和兑换的场所非常简陋，办事处只有一条长凳，被商人们称为“banco”（长凳）。英语中的“bank”一词原意为“存取钱财的柜子”，就来源于意大利语“banco”。后来，“bank”一词被用于泛指银行。

2. 由货币经营业到银行业

随着商品生产和商品交换的进一步发展，货币经营的业务也相应扩大。货币兑换商除了从事铸币兑换业务外，还为商人保管暂时不用的货币，并接受商人的委托，办理货币支付和汇兑业务，同时收取一定的手续费。这样，货币兑换商手中就逐渐积聚了大量的货币资金，他们进一步利用这些积聚的货币资金办理信贷业务、收取利息。于是，货币经营业就逐渐发展成为从事存款、放款、汇兑和办理转账结算的银行业了。

17 世纪的英国，任何人都可以把金块拿到铸币厂铸造成金币。富裕的人们为了安全起见，就把黄金存放在国王的铸币厂里。但铸币厂是属于国王的，如果国王想动用铸币厂里的黄金，谁都无法阻止。

1638 年，英国查理一世时期，英国与苏格兰贵族之间爆发了战争。为了筹措军费，国王征用了铸币厂里平民存放的黄金，美其名曰贷款给国王。1649 年，英国爆发了资产阶级革命，国王查理一世被克伦威尔砍了头。虽然被征用的黄金最终都还给了原来的主人，但是商人们觉得铸币厂不安全，于是，他们把钱存到了金匠那里，金匠为存钱的人开具凭证，商人们拿着这些凭证，就可以从金匠那里取出黄金。很快，商人们就发现，需要用钱的时候，根本不需要取出黄金，只要把金匠开具的黄金凭证交给对方就可以了。

后来，金匠们又逐渐发现，自己开具的凭证具有货币的效力。他们抵抗不了诱惑，就开始开具“假凭证”。因为只要所有客户不是同一天来取黄金，“假凭证”就等同于“真凭证”。这就是现代银行中“准备金制度”的起源，也是“货币创造”机制的起源。

教学互动

问：银行体系可以将信用货币的数量放大。实物货币是否也能将信用货币的数量放大？为什么？

答：不能，因为实物货币不能身处二位。

3. 现代股份制商业银行的产生

现代商业银行的最初形式是资本主义商业银行，它是资本主义生产方式的产物。

随着生产力的发展，生产技术的进步，社会劳动分工的扩大，资本主义生产关系开始萌芽。一些商业主同城市富商、银行家一起形成了新的阶级——资产阶级。由于之前的银行贷款具有高利贷的性质，贷款的年利率平均在 20%～30%，严重阻碍着社会闲置资本向产业资本的转化。另外，早期银行的贷款对象主要是政府等一批特权阶层而非工商业主，新兴的资产阶级工商业主无法得到足够的信用支持，而资本主义生产方式产生与发展的一个重要前提，就是要有大量为组织资本主义生产所必需的货币资本。因此，新兴的资产阶级迫切需要建立和发展资本主义银行。

资本主义商业银行的产生有以下两种途径。

一是过去的高利贷性质的银行逐渐适应新的经济条件，演变为资本主义商业银行。在西欧，由金匠业演化而来的旧式银行，主要通过这一途径缓慢地转变为资本主义商业银行。

二是新兴的资产阶级按照资本主义原则组建的股份制银行这是资本主义商业银行产生的主要途径。资本主义商业银行产生的这个历史过程，在最早建立资本主义制度的英国表现得尤其明显。图 5.1 所示为现代商业银行产生的两种途径。

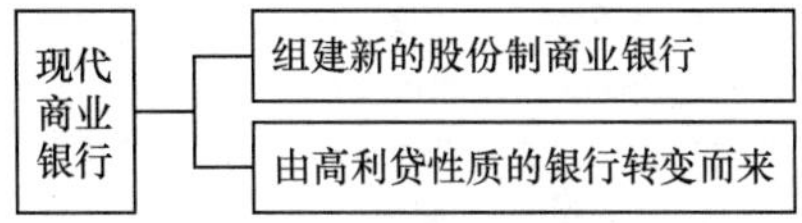

图 5.1　现代商业银行产生的两种途径

1694 年，在英国政府的帮助下，英国建立了第一家资本主义股份制的商业银行——英格兰银行。它的出现，宣告了高利贷性质的银行业在社会信用领域垄断地位的结束，标志着资本主义现代银行制度开始形成以及商业银行的产生。从这个意义上说，英格兰银行是现代商业银行的鼻祖。继英格兰银行之后，欧洲各资本主义国家都相继成立了商业银行。从此，现代商业银行体系在世界范围内开始普及。

4. 我国银行的产生

与西方的银行相比，中国的银行的产生时间较晚。中国关于银钱业的记载，较早的是南北朝时期的寺庙典当业。到了唐代，出现了类似汇票的“飞钱”，这是中国最早的汇兑业务。宋真宗时期，由四川富商发行的“交子”，成为我国早期的纸币。到了明清时期以后，当铺是中国主要的信用机构。明朝末期，一些较大的经营银钱兑换业的钱铺逐渐发展成为钱庄。钱庄在产生的初期，除了为人们兑换银钱外，还对外放贷。到了清朝时期，钱庄才逐渐开办存款、汇兑业务，但最终在清政府的限制和外国银行的压迫下，走向了衰落。

为了摆脱外国银行的支配，清政府于 1897 年在上海成立了中国通商银行，这标志着中国现代银行的产生。这家银行是以商办的面目出现的，但实际上受控于官僚、买办阶级。1904 年，中国又组建了官商合办的户部银行，1908 年改为大清银行，1912 年又改为中国银行。此外，1907 年，清政府又设立了交通银行，其性质也是官商合办。与此同时，一大批股份制和私人独资兴办的较典型的民族资本商业银行也开始建立。在国民党统治时期，国民党政府直接控制“四行”（中央银行、中国银行、交通银行和中国农民银行）、“两局”（中央信托局和邮政储金汇业局）、“一库”（中央合作金库）。

我国近代银行业，是在 19 世纪中叶外国资本主义银行入侵之后才兴起的。最早来到中国的外国银行是英国的东方银行，其后各资本主义国家纷纷来华设立银行。在华的外国银行虽然给中国国民经济带来了巨大破坏，但在客观上也对中国银行业的发展起了一定的刺激作用。

可见，中西方银行业的起源都是多元的，很难分清孰先孰后，孰轻孰重。银行产生的基本途径如图 5.2 所示。

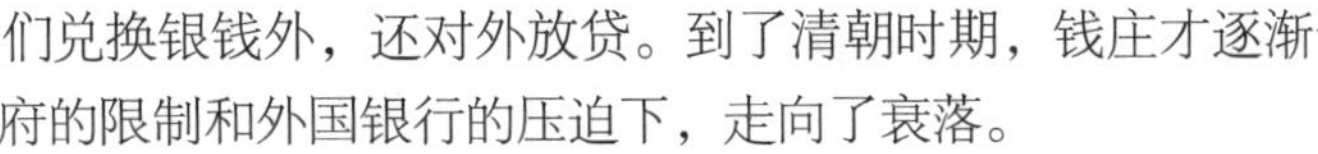

图 5.2　银行产生的基本途径

二、现代商业银行的发展趋势

> **想一想**
>
> 货币经营业与银行业的区别是什么？

我们正处在一个变革的时代，一个充满机遇与挑战的时代。20 世纪以来，世界经济已经进入以知识经济与网络经济为双重特征的新时代。随着生产和市场的社会化和国际化程度的提高，作为经济架构中最活跃的要素，商业银行的业务和体制也发生了深刻而巨大的变革。

> **视野拓展**
>
> 在互联网时代，金融行业的核心竞争力将变为对数据的获取和分析能力。推荐读者扫描下方二维码，阅读2016年世界互联网大会上马云的演讲稿《30年后的天下，谁的？》。

（一）金融体制自由化

金融体制自由化主要是指金融监管当局采取一系列较为宽松的法律和政策措施，促进金融市场、商业银行业务经营自由化，提高金融业监督管理的灵活性。

1. 金融市场自由化

金融市场自由化主要是指放宽有关税收限制或取消外汇管制，允许资金在国内外自由流动。

2. 商业银行业务经营自由化

商业银行业务经营自由化主要体现为商业银行业务的多样化和一系列金融新业务的产生。现代社会出现了许多新的金融资产和支付转账媒介。

（二）银行网点特色化

在互联网时代，从降低成本角度出发，银行已经不能通过网点数量的大规模、高成本扩张和高投入的大面积营业网点、豪华装修形象工程来取得竞争优势，而是要借势互联网金融提升客户黏度，推动银行营业网点更加特色化。

1. 网点布局更注重客户定位

银行基于业务发展策略，对银行客户进行细分，找准目标客户群，然后根据银行客户的分层和定位，以及客户在地理区域的分布和流动状况，有针对性地定义网点分层服务策略、网点分类，以及不同网点的布局、功能、规模等要素。

2. 网点建设趋向于“小而精”

随着网上银行、手机银行等电子渠道的迅速发展，不再需要更多的大而全的网点，而是以建设社区支行、微型网点等精巧、低成本的网点形式来提高客户覆盖率。例如，兴业银行在设立社区支行方面一是坚持选址在中高档社区周边或商圈周边沿街位置，但不在小区内部设点；二是坚持以金融服务为主；三是坚持小型化、简单化，网点面积控制在200平方米以内，不办理现金业务；四是坚持低成本扩张，支行面积小、租金低，布设自助机具多，配备服务人员少，在保证服务质量和效率的前提下控制总体服务成本；五是实施错时营业，方便居民下班后办理金融业务；六是精选优秀人员进入社区支行工作，并强化经营考核管理，争取使社区支行“开一个，成一个，火一个”。

3. 网点建设趋向于“个性化”

随着金融创新的飞速发展，为了吸引客户、扩大市场，各种多元化的金融产品层出不穷，对金融服务的个性化要求不断上升。在个性化的服务中，传统的网点渠道必不可少，特别是在开户、获取咨询服务、满足非金融需求等涉及银行与客户之间深度互动交流的业务领域，其作用仍然是不可替代的，并且还需要进一步加强。因此，多家银行开始尝试个性化的网点建设，如咖啡银行、茶馆银行、书吧银行等。比如，位于美国俄勒冈州的安快银行（Umpqua Bank）在当地社区的网点突出了咖啡馆和零售商店的元素，强调个性的色彩，从网点的面积、布局、外观到服务流程，都进行了重新打造，以此营造出一种与所有的竞争对手都截然不同的，能带给客户全新体验的网点。

4. 网点建设趋向于“智能化”

与对公业务相比，零售业务更分散、更容易受到支付宝和余额宝等互联网金融业务的冲击。银行靠传统的零售客群维系办法已不能创造足够的价值，而通过银行网点的智能化转型可以更好地对零售客户群体进行分层和分类，进行精准营销；可以加强线上线下业务的联动，推动互动式营销；可以优化前台后台、线上线下业务流程，提高运营效率。

（三）金融服务人性化

随着金融电子化和网络银行的发展，银行业务逐渐摆脱了客户与柜台人员面对面的业务办理方式，而代之以自动柜员机和银行产品营销服务网络，银行的金融服务更加人性化。

1. 对客户的人性化服务

客户办理不同的业务将不再需要像原来那样到不同柜台找不同的工作人员办理，而是直接由一个工作人员提供服务。这个人可能是银行的客户经理，为客户提供一站式服务；这个人也可能是银行的财务顾问，为客户提供全面的投资、理财顾问服务；这个人还可能是职业投资经理，为客户提供投资代理、委托服务。

2. 金融产品的人性化

随着社会资金、资源由国家、政府、企业向居民个人转移，金融产品也将更多向居民个人倾斜。居民个人金融产品将异军突起，针对个人投资者的特色产品将大量涌现，金融产品个性化、多元化、居民化将成为未来社会银行间竞争的焦点。

教学互动

问：网络银行与人性化服务是否排斥？为什么？

答：不排斥。这是因为，市场的规模化和专业化使一般企业和投资者的专业知识、投资规模、时间和精力不足，网络银行与人性化服务在技术上可以相互促进。网络银行可以大大提高银行与客户的沟通效率和速度，人性化服务又可以促进银行与客户的相互沟通。两者相结合可提高客户对银行服务的满意度，使客户与银行建立起长期合作关系，并使这些客户对银行产生信任。

（四）银行机构集中化

银行的规模化经营以及现代科技手段的运用导致银行业出现银行机构集中化的趋势。

1. 银行机构日益大型化

在未来的金融市场竞争中，随着竞争的加剧，各银行为增强竞争实力，提高抗风险能力，降低经营成本，必然向大型化、规模化扩展，以满足客户对金融产品和服务提出的新需求，提高技术创新和使用新技术的能力，能为银行股东带来更丰厚的利润。银行机构将通过兼并、重组、扩张等手段实现规模化和集中化。

2. 银行机构向国际化发展

随着经济国际化和全球化的深入，银行业务的国际化和全球化将为银行的发展带来新的变

> **敲黑板**
>
> 
>
> 2000年9月13日，大通曼哈顿银行与摩根公司达成了兼并协议，成立了新的摩根大通银行。新银行成立后，成为美国第三大银行集团。两公司的合并实现了商业银行业务和投资银行业务的整合，保证了收入来源，分散了经营风险。

革：银行服务将向更全面的功能转化；以国际大银行为中心的兼并、重组将使银行机构向国际化发展。

银行机构规模化、集中化的途径有三种：一是兼并、重组。20世纪以来，银行业兼并、重组的步伐加快，对全球银行业的规模格局、竞争格局、发展格局产生了巨大影响。二是通过不同国家、不同类型的商业银行的业务合作来实现优势互补，规模发展。三是通过不同类型的金融机构的业务合作与兼容，实现市场的共同开发。

（五）银行业务全能化

20世纪80年代以来，随着各国金融监管当局对银行业限制的逐步取消，商业银行业务的全能化得到较大的发展。比如，金融监管当局取消了银行、证券、保险业之间的限制，允许金融机构同时经营银行、证券、保险等多种业务，形成了“金融百货公司”和“金融超级市场”。金融业由“分业经营、分业管理”的专业化模式向“综合经营、综合管理”的全能化模式发展。

> **视野拓展**
>
> 推荐读者扫描下方二维码，观看2015年5月28日中央电视台新闻直播间视频，了解当时民营银行的发展状态。

（六）金融竞争多元化

现代商业银行的竞争，除了传统的银行间同业竞争、国内竞争、服务质量和价格竞争以外，还面临全球范围内日趋激烈的银行业与非银行业、国内金融与国外金融、网上金融与一般金融等的多元化竞争。

教学互动

问：国家为什么允许私人资本进入银行业？

答：①私人资本进入银行业有助于解决中小型企业融资的困境；②私人资本进入银行业有助于打破银行业的垄断局面，促进金融改革，以实现信贷市场多层次化；③私人资本进入银行业有助于减少闲置资金，提高资金的使用效率。

三、商业银行的经营原则

商业银行经营的高负债率、高风险性以及受到严格监管等特点决定了商业银行的经营原则不能是单一的，而只能是几个方面的统一。目前，各国商业银行已普遍认同了经营管理中所必须遵循的“安全性、流动性、盈利性”的“三性”原则。我国也在《中华人民共和国商业银行法》中明确规定了商业银行“安全性、流动性、盈利性”的经营原则，如图5.3所示。

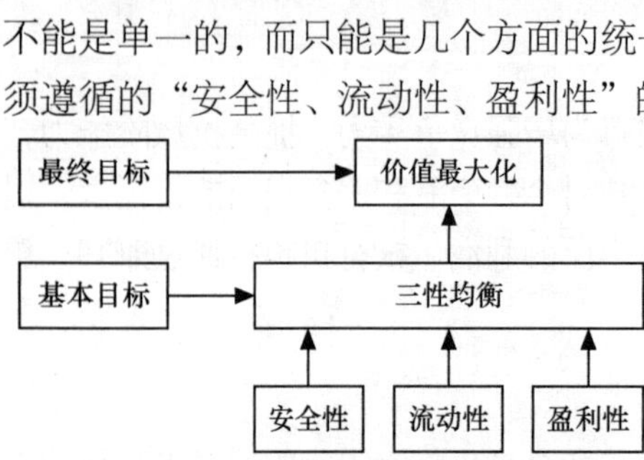

图5.3 商业银行的经营原则

（一）安全性

商业银行应努力避免各种不确定性因素的影响，保证自身的稳健经营和发展。商业银行之所以必须坚持安全性原则，是因为商业银行经营的特殊性。

所谓安全性，是指商业银行在经营过程中其资产免遭损失的可靠程度。可靠程度越高，资产的安全性就越强；反之，则资产的安全性越弱。安全性的相对概念为风险性，即商业银行资产遭受损失的可能性。引起银行经营风险的因素大致有两类：一是市场风险，这是由于影响市场波动因素的不确定性导致的，如利率升降、商品供求变化等；二是违约风险，这是借款人不能履约偿还贷款本金和利息的风险。风险会对银行经营产生不利影响，商业银行经营的绝对安全是不存在的，但商业银行应尽量采取措施，把经营风险降到最低。因此，商业银行应稳健经营，注重资产安全和风险防范。

想一想

安全性的目的是什么？

（二）流动性

当银行需要资金时，要求能够通过迅速收回资金予以满足。同时，银行还要保持足够的流动性来满足客户提现和贷款的要求。

流动性是指商业银行能够随时满足客户提现和必要的贷款需求的支付能力。

为了保持流动性以应付客户提现以及必要的贷款需求，银行必须掌握一定数额的现金资产和流动性较强的其他资产。现金资产一般包括库存现金、超额存款准备金以及同业存款，它们是满足银行流动性需求的第一道防线。其他资产通常是指短期票据及短期贷款，它们是满足流动性需求的第二道防线。商业银行在经营过程中出现流动性需求时，虽然可以通过资产的流动性安排来满足流动性需求，但更为积极的办法是通过负债来获取新的流动性。

负债流动性是指银行及时获取所需资金的负债能力。商业银行负债的流动性是通过创造主动负债来进行的，如向中央银行借款、发行大额可转让存单、同业拆借、利用国际货币市场融资等。如果商业银行在需要资金的时候能够以合理成本通过新的负债及时获取所需资金，那么它就具有较好的负债流动性，否则，商业银行就缺乏负债流动性。

想一想

流动性的目的是什么？

（三）盈利性

经营性企业都有一个共同的目标——追求盈利，商业银行作为经营货币的企业，也不例外。

所谓盈利性，是指商业银行以获得利润为目的。商业银行作为金融企业，在业务经营活动中同样力求获得最大限度的利润，盈利能力越强，商业银行获得利润的能力就越强；反之，盈利能力越强，商业银行获得利润的能力就越弱。盈利能力提升，可以提升银行信誉，增强银行实力，从而吸引更多的客户，同时还可以增强银行应对经营风险的能力，避免因资本大量损失而带来破产倒闭的危险。

商业银行通过吸收存款、发行债券等负债业务，把企事业单位和居民个人的闲置资金集中起来，然后再通过发放贷款、经营投资等业务，把集中起来的资金运用出去，弥补一部分企事业单位和居民个人暂时的资金不足。商业银行通过这种资金运动，把社会资金周转过程中暂时闲置的资金融通到资金暂时不足的地方去，解决了社会资金周转过程中资金闲置和资金不足并存的矛盾，使社会资金得到充分运用。这不仅可以对社会经济的发展起到有益的促进作用，而且商业银行还可以从资金运用中得到利息收入和其他营业收入，这些收入扣除付给存款人的利息，再扣除支付给商业银行员工的工资及其他有关费用后，余下的部分就形成了商

想一想

盈利性的目的是什么？

业银行的利润。

（四）商业银行经营原则的矛盾及其协调

1. 商业银行经营原则的矛盾性

商业银行经营的安全性、流动性和盈利性之间往往是相互矛盾的。从盈利性角度来看，商业银行的资产可以分为盈利性资产和非盈利性资产，资金用于盈利性资产的比重越高，商业银行收取的利息就越多，盈利规模也就越大。而从流动性角度来看，非盈利性资产如现金资产随时可以应付存款的提现需要，则具有极强的流动性。因此，现金资产的库存额越高，商业银行的流动性越好，商业银行体系应付客户提现的能力也就越强。从安全性角度来看，一般情况下，具有较高收益率的资产，其风险总是较大的。为了降低风险，确保资金的安全，商业银行就不得不把资金投向收益率较低的资产。不难看出，盈利性原则要求提高盈利性资产的运用率，而流动性原则却要求降低盈利性资产的运用率；资金的盈利性要求选择有较高收益的资产，而资金的安全性却要求选择有较低收益的资产。这样，就使得商业银行的安全性、流动性和盈利性之间产生了尖锐的矛盾。

2. 商业银行经营原则矛盾的协调性

商业银行的某些经营决策往往会有利于某一经营原则，但同时又有损于另一个经营原则；某一经营原则的实现，经常会以损害另一个经营原则为代价。这种矛盾关系就要求商业银行的管理者必须对以上三个原则进行统一协调。实际上，三个原则之间存在着潜在的统一协调关系。

（1）盈利性与安全性。商业银行盈利与否的衡量标准并不是单一地采用预期收益率的指标，还要综合考虑商业银行的安全性及其面临的风险。对各种风险因素进行综合计量后得出的收益率指标，才是商业银行的实际盈利状况。因此，盈利性与安全性之间存在统一的一面。

（2）盈利性与流动性。商业银行的盈利性与流动性也有统一协调的一面。商业银行的流动性要求商业银行须保留一定水平的流动资产，以满足其流动性需求。如果商业银行将本应作为流动资产的资金全部投放到盈利性资产中去，则在短期内会提高商业银行资产的盈利性。但是当商业银行出现流动性需求或有新的投放高盈利性资产的机会时，原来投放在盈利性资产上的资金不能及时抽回，或抽回资金将遭受重大的损失，商业银行会因保留流动资产不足而使增加的盈利最终损失殆尽。

（3）安全性与流动性。安全性与流动性也存在统一的一面。安全性的反面是风险，而流动性风险就是商业银行风险中很重要的一种。因此，商业银行的流动性管理实质上也是安全性管理的一个有机组成部分。

第二节　商业银行的性质、职能及组织结构

商业银行发展到今天，与其当时因发放基于商业行为的自偿性贷款从而获得“商业银行”的称谓相比，已相去甚远。今天的商业银行已被赋予更广泛、更深刻的内涵。

最初使用“商业银行”这个概念，是因为这类银行在发展初期只承做“商业银行”短期放贷业务：放款期限一般不超过1年，放款对象一般为商人和进出口贸易商。人们将这种主要以

吸收短期存款、发放短期商业贷款为基本业务的银行，称为“商业银行”。而现在我们所说的商业银行，实质上指的是以获取利润为经营目标，以多种金融资产和金融负债为经营对象，具有综合性服务功能的金融企业。

敲黑板

各国商业银行的称谓：

Commercial Bank（美）

Clearing Bank（英）

Credit Bank（德）

General Bank（日）

Trading Bank（澳）

一、商业银行的性质

商业银行发展到今天，不管采用哪一种模式，其共性都是以经营存、放款为主要业务，并以获取利润为目的的货币经营企业。商业银行具有以下几个特征。

1. 商业银行是企业

商业银行与一般工商企业一样，是以营利为目的的企业。商业银行也具有从事业务经营所需要的自有资本，也需要独立核算、依法经营、照章纳税、自负盈亏，也把追求最大限度的利润作为自己的经营目标。就此而言，商业银行与工商企业没有区别。

2. 商业银行是特殊的企业

商业银行又是不同于一般工商企业的特殊企业。商业银行的特殊性主要表现在以下几个方面。

（1）商业银行的经营对象和内容具有特殊性。一般工商企业经营的是物质产品和劳务，从事商品生产和流通；而商业银行是以金融资产和负债为经营对象，经营的是特殊的商品——货币和货币资本，经营内容包括货币收付、借贷以及各种与货币运动有关的或者与之相联系的金融服务。

（2）商业银行对整个社会经济及所受社会经济的影响特殊。商业银行对整个社会经济的影响远远大于任何一个工商企业，同时商业银行受整个社会经济的影响也较任何一个工商企业更为明显。

（3）商业银行的责任特殊。一般工商企业只以盈利为目标，只对股东和使用自己产品的客户负责；而商业银行除了对股东和客户负责之外，还必须对整个社会负责。

3. 商业银行是特殊的金融企业

商业银行既有别于国家的中央银行，又有别于专业银行（西方国家指定的具有专门经营范围和提供专门金融服务的银行）和非银行金融机构。中央银行是国家的金融管理当局和金融体系的核心，具有较高的独立性，它不对客户办理具体的信贷业务，不以营利为目的。专业银行和各种非银行金融机构只限于办理某一方面或几种特定的金融业务，业务经营具有明显的局限性。而商业银行的业务经营则具有广泛性和综合性，它既经营“零售”业务（居民个人小额业务），又经营“批发业务”（大额信贷业务），其业务触角已延伸至社会经济生活的各个角落，成为“金融百货公司”和“万能银行”。

案例透析

这笔款该不该贷

某镇政府为了加速本镇的经济发展，决定投资一个5 000万元的项目，但遇到了资金不足的问题。镇长找到当地的农业银行，希望银行给予贷款。银行行长没有表态，因为该镇政府前几年的几个工程项目尚欠银行近亿元贷款，且无力偿还。镇长对行长说：“反正银行的钱就是国家的钱，不用白不用。再说，即使损失了，银行多印些票子就行了。”

启发思考：你认为银行行长应如何答复？并说明理由。

二、商业银行的职能

商业银行的职能是由它的特点所决定的，商业银行主要有以下四个基本职能。

1. 信用中介职能

货币经营者在货币保管和办理支付中积聚了大量货币，为使这些货币增值而对外发放贷款，于是产生了信用中介职能。信用中介职能是商业银行最基本也最能反映其经营活动特征的职能。这一职能的实质是通过商业银行的负债业务，把社会上的各种闲散资金集中到银行，再通过银行的资产业务，投向社会经济中资金不足的部门。商业银行作为货币资本的贷出者和借入者的中介人或代表，来实现货币资本的融通，并从吸收资金的成本与发放贷款的利息收入、投资收益的差额中，获取利益，形成银行利润。商业银行成为买卖“资本商品”的“大商人”。

（1）可以把暂时从再生产过程中游离出来的闲置资金转化为可用资金，从而在不改变社会资本总量的条件下，通过改变资本的使用方向，提供扩大生产的机会。

（2）可将用于消费的资金转化为能带来收入的投资，扩大社会资本总量，从而加速社会经济发展。

（3）可以把短期货币资本转化为长期货币资本。在利润原则的支配下，还可以把货币资本从效益低的部门引向效益高的部门，形成对经济结构的调节。

2. 支付中介职能

商业银行除了作为信用中介融通货币资本以外，还执行着货币经营的职能。商业银行通过客户存款在账户上的转移代理客户进行支付，在客户存款的基础上为客户兑付现款等，成为工商企业和居民个人的货币保管者、兑换者和支付代理人。这样，就以商业银行为中心，形成了经济社会无始无终的支付链条和债权债务关系。商业银行支付中介职能的发挥，一方面使商业银行获得了稳定而廉价的资金来源；另一方面又大大减少了现金的使用，节约了社会流通的费用，加速了结算过程和货币资金周转，从而促进了社会经济发展。

商业银行的支付中介职能从逻辑上先于信用中介职能，但支付职能的发展有赖于信用中介职能，因为只有在客户保证一定存款余额的基础上，银行才能代理客户进行支付。当客户的存款余额不足时，客户会要求银行贷款，在贷款转化为新客户的存款后，又可以办理支付。可见，商业银行的支付中介职能和信用中介职能是相互联系、相互促进的，两者的互动构成了银行借贷资本的整体运动。

3. 信用创造职能

信用创造是商业银行的特殊功能，它是在信用中介和支付中介功能的基础上产生的。商业银行利用吸收的客户存款对外发放贷款，在支票流通和转账结算的基础上，在这些存款不提取或不完全提取的情况下，增加商业银行的资金来源，最后在整个商业银行体系形成数倍于原始存款的派生存款。因此，对商业银行来说，吸收存款的多少具有非常重要的意义。当然，商业银行也不能无限制地创造信用，更不能凭空创造信用，它至少要受以下因素的制约：第一，商业银行的信用创造要以原始存款为基础；第二，商业银行的信用创造要受中央银行法定存款准备金率及现金漏损率的制约；第三，创造信用的条件，是要有贷款的需求。

4. 金融服务职能

随着经济的发展，工商企业的业务经营环境日益复杂，银行间的业务竞争也日益加剧，而商业银行由于联系面广，信息比较灵通，特别是在广泛应用计算机和网络技术之后，银行具备了为客户提供信息服务的条件，咨询服务、对企业“决策支援”等服务应运而生。工商企业生产和流通专业化的发展，又要求把许多原来属于企业自身的货币业务转交给银行代为办理，如发放工资、代理支付其他费用等。

个人消费也由原来的单纯钱物交易发展为转账结算。现代化的社会生活，从多方面给商业银行提出了金融服务的新要求。

在激烈的市场竞争下，各商业银行也在不断地开拓服务领域，通过金融服务业务的发展进一步促进资产负债业务的扩大，并把资产负债业务与金融服务结合起来，开拓新的业务领域，如信托、租赁、咨询、经纪人业务及国际业务等，这些领域在商业银行的经营中占据了越来越重要的地位。在现代经济生活中，金融服务已成为商业银行的重要职能。

三、商业银行的外部组织形式

受国际和国内政治、经济、法律等多方面因素的影响，世界各国商业银行的组织形式可以分为单一银行制、总分行制、控股公司制及连锁银行制。

1. 单一银行制

单一银行制也称“独家银行制”，是指银行业务分别由各自独立的商业银行经营，不设或根据有关章程不允许设立分支机构的一种商业银行组织形态，如图 5.4 所示。这种银行制度在美国非常普遍，是美国最古老的银行组织形式之一。

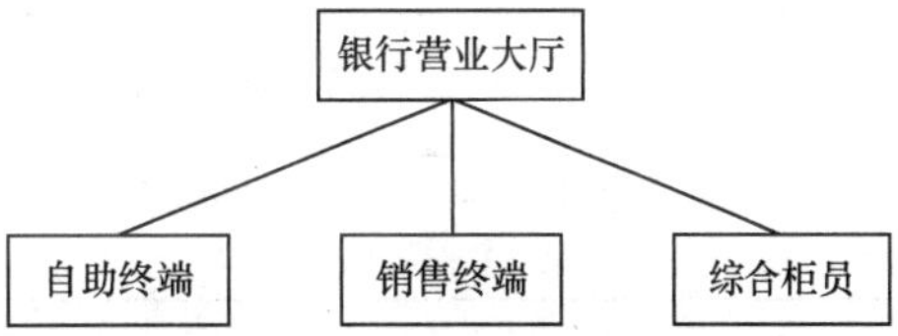

图 5.4　单一银行制的组织形式

美国是各州独立性较强的联邦制国家，各州的经济发展不平衡，为了适应经济均衡发展的需要，反对金融权力集中，各州都立法禁止或限制银行开设分支机构，特别是跨州设立分支机构。近年来，美国开设分支行的限制有所松动，但也只有大约 40%的州准许银行在本州范围内开设分支行，有大约 1/3 的州允许银行在同一城市开设分支行，而美国南部和中西部的一些州则不允许银行开设分支行。单一银行制的优缺点见表 5.1。

表 5.1　单一银行制的优缺点

优　点	缺　点
可以限制银行业的兼并和垄断，有利于自由竞争	① 不设分支机构，与现代经济的横向发展和商品交换范围的不断扩大存在着矛盾； ② 在计算机等高新技术的大量应用条件下，其业务发展和金融创新受到限制
一般银行规模都比较小，组织比较严密，管理层次少，有利于中央银行对其管理和控制	由于银行规模较小，单位成本高，不能高效率经营，特别是不能形成规模经济效益
可根据实际需要在本地遍设机构，各银行独立性和自主性很大，经营较灵活，对本地资金吸收比较容易	由于单一银行制在经营的区域范围上受到较大的限制，资金一般容易集中于某一地区或某一行业，不能做到风险分散化
有利于资金在本地的运用，防止本地资金的大规模转移，有利于本地经济的发展	由于没有设立于各地的分行，故对客户的汇款等要求较难提供周到全面的服务

2. 总分行制

总分行制也称“分支行制”，是指按照同一章程，在同一个董事会管理下，在大都市中设立

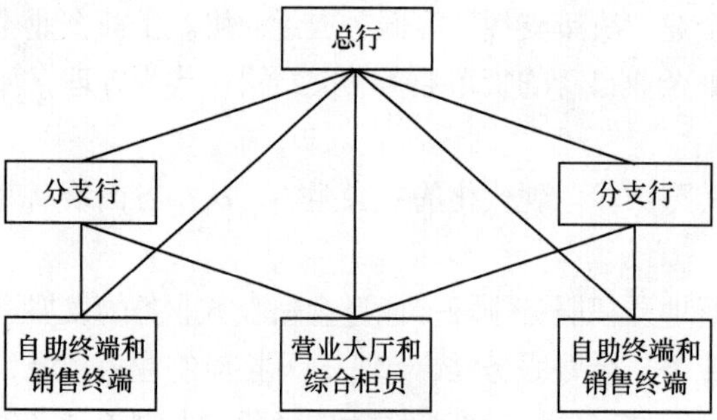

图 5.5　总分行制的组织形式

总行，然后在本市、国内、国外设立分支行的制度。这种银行制度源于英国的股份银行。按总行的职能不同，总分行制又可以进一步划分为总行制和总管理处制。总行制银行是指总行除管理控制各分支行外，本身也对外营业。总管理处制是指总行只负责管理各分支行，不对外营业，总行所在地另设对外营业的分支行或营业部。如图 5.5 所示。

总分行制的优缺点见表 5.2。目前，世界上大多数国家都实行总分行制，我国也是如此。

表 5.2　总分行制的优缺点

优　点	缺　点
分支机构多，分布广，业务分散，因而易于吸收存款、调剂资金，可充分、有效地利用资本；同时由于放款分散，风险分散，可以降低放款的平均风险，提高银行的安全性	实行这种制度往往容易导致银行业的垄断，而银行业的过分集中不利于效率的提高。同时，银行规模过大，内部层次、机构较多，管理难度大
银行规模较大，易于采用现代化设备，可提供多种便利的金融服务，取得规模效益	
实行总分行制后，银行总数少，便于金融当局的宏观管理	当银行经营不善而出现危机时，往往会产生连锁反应，造成较大的社会风险
由于在总分行制下，银行分支机构多，且分散于各地，便于客户汇款，汇兑成本也可保持在最低水平	分支行往往要将本地的资金转到大城市发放贷款，这会影响地方产业的发展

3. 控股公司制

控股公司制又称“集团银行制”，是指由某个集团（包括大银行）设立控股公司，再由该公司控制或收购若干独立的银行而设立的一种银行制度。集团控股模式最初是为了解决商业银行业务发展中的实际问题，即规避跨地区设立分支机构的法律障碍而产生的。美国花旗银行就是一家银行控股公司，目前控制了 300 多家银行，中国的中信集团、光大集团也属于这种形式。如图 5.6 所示。

银行控股公司分为以下两种类型。

（1）非银行性控股公司。它是通过企业集团控制某一银行的股份组织起来的。该种类型的控股公司在持有一家银行股票的同时，还可以持有多家非银行企业的股票。

（2）银行性控股公司。它是由某个大银行直接控制一个控股公司，并通过这个控股公司持有其他银行的股份。

4. 连锁银行制

连锁银行制又称为“联合银行制”，是指由某个人或某个集团购买若干家独立银行的多数股票，从而控制这些银行的组织形式。这些银行在法律上是独立的，也没有股权公司的形式存在，但实际上它们通过连锁董事会等形式将其所有权集中于同一家大银行或同一集团之手，其业务和经营政策均由一个人或一个决策集团控制。如图 5.7 所示。

连锁银行制与控股公司制的作用相同，都是为了弥补单一银行制的不足、规避对设立分支行的限制。它们的主要差别在于：连锁银行制模式中没有集团公司的形式存在，即不必成立控股公司；与控股公司相比，连锁银行由于受个人或某一集团的控制，因而不易获得银行所需要的大量资本，在资本扩张、业务发展等方面的独立性和自主性较差。

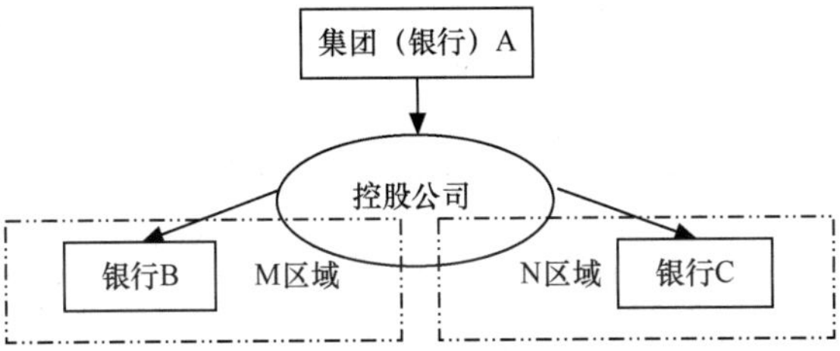

图 5.6　控股公司制组织形式

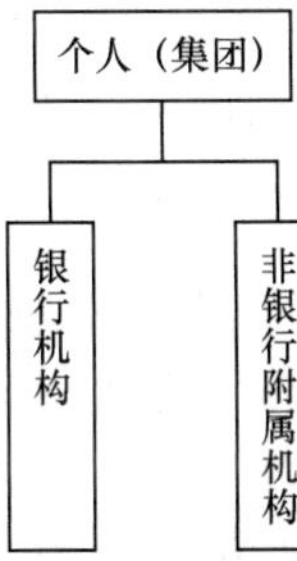

图 5.7　连锁银行制组织形式

四、商业银行的内部组织结构

一国商业银行内部组织机构的设置，要受该国商业银行的制度形式、经营环境等各种因素的制约。即使在一个国家采取同一制度形式的商业银行，由于经营规模、经营条件等方面存在的差异，不同商业银行内部组织机构的设置也会有所不同。但是，总体来说，商业银行内部组织机构一般分为决策机构、监督机构和执行机构三种。下面以股份制商业银行为例来介绍银行的内部组织结构，如图 5.8 所示。

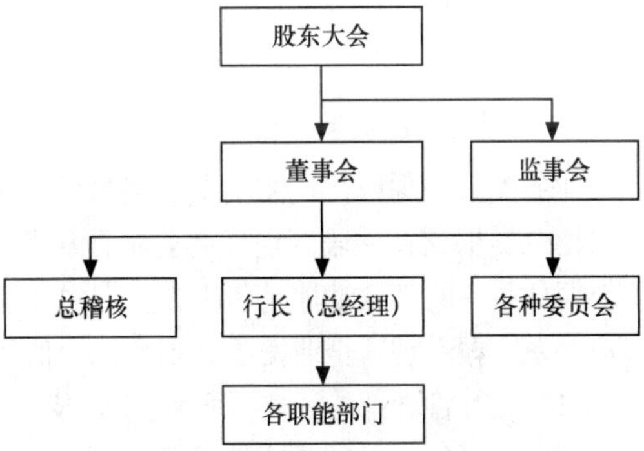

图 5.8　商业银行的内部组织结构

（一）决策机构

商业银行的决策机构包括股东大会和董事会。股东大会是商业银行最高权力和决策机构，由全体股东组成。商业银行的任何重大决策只有获得股东大会同意才有效。

股东大会一般由董事会组织召开，董事长是股东大会的主席。召开股东大会时，股东有权听取商业银行的一切业务报告，有权对商业银行的经营管理提出质询。但是每个股东的表决权是由其持有的股份决定的，因此，持有多数股份的大股东对商业银行的经营决策有决定性影响，而一般小股东对银行经营决策的影响并不大。也就是说，股东大会的决策权实际上是掌控在少数几个大股东手里的。

董事会由股东大会选举产生，并代表股东执行股东大会的决议。

（二）监督机构

商业银行的监督机构包括股东大会选举的监事会和董事会下设的稽核委员会。监事会由股东大会选举产生，执行对董事会、行长及整个商业银行管理的监督权。监事会的职责是检查执行机构的业务经营和内部管理，并对董事会制定的经营方针和决策、制度及其执行情况进行监督检查，并督促有关部门限期整改。

（三）执行机构

商业银行的执行机构包括行长、副行长及各职能部门。行长是商业银行的执行总裁，是商业银行内部的首脑。行长一般由具有经营管理商业银行的专门知识和组织才能、忠于职守、善于决策的人士担任。行长的职责是：执行董事会的决议；组织商业银行的各种经营活动；组织经营管理班子，提名副行长及各职能部门的经理等高级职员的人选，并报董事会批准；定期向董事会报告经营情况；招聘和解雇有关员工，并对员工实行奖惩等。

商业银行的职能部门可以分为以下两个层次。

1. 业务部门

业务部门负责分支行层次业务经营的拓展，以最大限度地满足不同层次、不同类型客户的不同需求，有不断细化的趋势。

（1）零售银行业务部。零售银行业务部主要负责零售银行业务的拓展，服务的客户对象包括大众客户、高端客户以及特殊类型的客户。

（2）公司银行业务部。公司银行业务部主要负责公司类型的客户，满足其投融资、结算等方面的需求。

（3）银行同业业务部。银行同业业务部主要负责与其他商业银行、证券公司、保险公司、信托公司等之间的业务。

（4）国际银行业务部。国际银行业务部主要负责开展国际投融资、进出口融资以及外币相关业务。

（5）电子银行业务部。电子银行业务部主要负责自助金融服务、电话银行业务、手机银行业务以及网上银行业务。

（6）银行柜台营业部。银行柜台营业部主要负责在银行柜台处理的现金业务和非现金业务。

2. 业务支持与保障部门

业务支持与保障部门主要负责各种业务品种的开发和管理，为业务部门、市场拓展部门和一线柜台提供支持手段。现代商业银行从节省成本和提高服务效率的角度出发，往往将支持保障部门体系中的部分功能外包出去，交由专业性公司负责，如设备供应商提供的信息管理系统、客户关系管理系统、企业资源计划系统、信用卡运营系统等。

（1）支行管理部（或支行服务部）。支行管理部（或支行服务部）主要负责统筹银行分散在各部门中对下级支行的常规性管理和服务，从而可以将银行其他业务管理部门从常规性管理事务中解放出来，以从事更加富有创造性的工作。

（2）放款部（或营业部、交收部）。放款部（或营业部、交收部）独立于信贷审批部门和会计部门，负责放款出账等操作。一般清算、核算和出纳管理职能都放在这个部门。

（3）工作研究部。工作研究部主要是对工作制度、业务流程、操作规范进行研究、评估和改进。商业银行的市场研发部附带有这方面的职能，但实际上这方面的工作量相当大，通常须由一个专门部门进行工作研究，以配合银行的系统再造和业务流程重组。

（4）押汇中心。押汇中心实际上已发展成商业银行内部负责国际业务单证处理的操作部门。银行国际业务部门兼有押汇中心的操作职能和业务拓展部门的拓展职能，但这只是一种过渡时期的选择。

（5）风险管理部。风险管理部主要负责为商业银行经营中可能遇到的各种风险设置风险控制指标、风险控制量化参数和风险控制对策，以及行使商业银行中票据及抵押品管理部和信贷复核部的职能。

（6）会计部。会计部负责商业银行所有会计业务管理，但不负责核算、清算和稽核等业务。这些业务分别归入放款和稽核部门。

（7）计划财务部。计划财务部负责商业银行总体业务数据与财务数据的分析、财务预算、内部费用管理、资金管理和考核等工作。计划财务部下设管理会计组，负责对业务从收益性、风险性以及结构情况等方面进行分析。

（8）信贷管理部。信贷管理部负责对贷款进行实质性和形式性审查。

（9）人力资源管理部。人力资源管理部负责制定商业银行的人力资源发展规划及规章制度，并进行机构管理。

（10）法律事务部。除法律事务外，法律事务部还负责部分贷后保全工作。有些商业银行的法律事务职能放在其他部门，如办公室、公共关系部、放款部等。

（11）总务部。总务部一般负责总务、后勤、保卫等工作。

第三节　商业银行的负债业务与资产业务

商业银行是唯一能接受活期存款并具有派生存款能力的金融机构。商业银行业务的通用分类是：负债业务（为商业银行带来资金的业务）、资产业务（商业银行运用资金的业务）和中间业务（商业银行不需运用自己的资金，代客户承办支付和其他委托事项而收取手续费的业务）。负债业务、资产业务、中间业务是商业银行的三大业务，其中，负债业务是商业银行的基础业务；资产业务是商业银行对负债业务的资金加以运用；中间业务是商业银行负债业务和资产业务的派生。负债业务和资产业务是商业银行的主要业务。

一、商业银行的负债业务

商业银行负债业务是指形成商业银行资金来源的业务。银行负债有广义和狭义之分。广义的银行负债是指，除商业银行对他人负债以外，还包括商业银行的资本金。狭义的银行负债由被动负债、主动负债构成。通常把商业银行吸收的存款称为“被动型负债”，把商业银行的非存款业务（即商业银行在金融市场上发行金融债券、同业拆借、向中央银行或国际市场借款等）称为“主动型负债”。如图 5.9 所示。

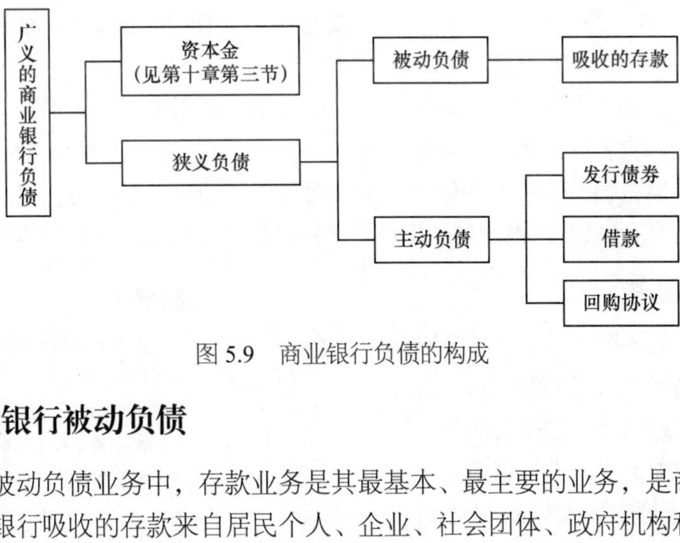

图 5.9　商业银行负债的构成

（一）商业银行被动负债

在商业银行被动负债业务中，存款业务是其最基本、最主要的业务，是商业银行生存和发展的基础。商业银行吸收的存款来自居民个人、企业、社会团体、政府机构和其他组织及金融同业。对商业银行来说，存款负债是商业银行资产经营的基础和前提，存款的数量规模和种类结构制约着商业银行的资产结构和规模，也是商业银行资金实力强弱的重要标志。

教学互动

问：商业银行吸收存款的意义是什么？

答：①存款是商业银行信用中介职能和支付中介职能的支柱；②存款的规模制约着放款的规模和商业银行对经济调节的广度和深度；③存款是商业银行签发信用流通工具的基础；④存款是商业银行信用创造能力赖以发展的条件；⑤存款能积聚闲散资金，增加社会积累，调节货币流通。

商业银行吸收的存款的种类很丰富。我国对存款的分类方法有：按存款的货币币种分类，可分为人民币存款和外币存款；按存款是否以交易为目的分类，可分为交易账户存款和非交易账户存款；按存款的资金性质及计息范围划分，可分为财政性存款和一般性存款；按存款的稳定性分类，可分为定期存款和活期存款；按存款对象的不同划分，可分为单位存款和个人存款；按存款的形成来源分类，可分为原始存款和派生存款；按存款的所有权分类，可分为对公存款、对私存款和同业存款；按存款的经济主体分类，可分为企业存款、储蓄存款和财政性存款等。

最常见的存款分为传统存款和创新存款。

1. 传统存款业务

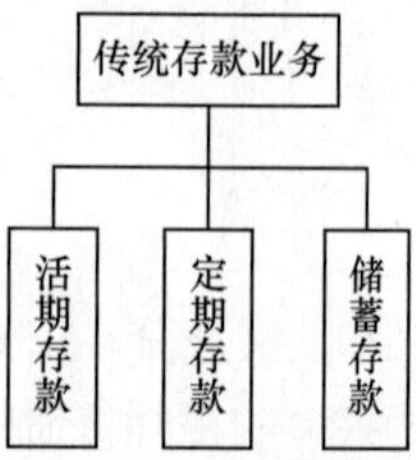

图5.10　传统存款业务

传统存款业务包括活期存款、定期存款和储蓄存款，如图5.10所示。

（1）活期存款。活期存款主要是指可由存款客户随时存取和转让的存款。它没有确切的期限规定，银行也无权要求客户取款时做事先的书面通知。持有活期存款账户的存款者可以用各种方式提取存款，如开出支票、本票、汇票、电话转账、使用自动柜员机或其他各种方式。由于各种交易（包括信用卡、商业零售等）都是通过活期存款账户进行的，所以，在国外，活期存款也称为“交易账户”。

（2）定期存款。定期存款是相对于活期存款而言的，是指客户与银行预先约定存款期限的存款。定期存款的存款期限固定而且存款期限比较长，是商业银行稳定的资金来源。定期存款的期限通常有3个月、6个月、1年、3年、5年，甚至更长的期限。定期存款的利率水平是随着存款期限的延长而提高的。存款利息构成了存款者的收入和银行的成本。

（3）储蓄存款。储蓄存款主要为居民个人积蓄货币并取得利息收入而开办，是一种非交易用的存款，一般使用存折，不能签发支票。利息被定期加到存款账户的余额上。随着计算机技术和网络技术的发展，银行为了方便储户，一方面推出了通存通兑服务；另一方面又推出了储蓄卡（借记卡），储户可以在各地的自动柜员机上自助存取货币或办理转账等业务。

2. 创新存款业务

随着社会经济的不断发展，传统的银行存款业务已不能满足社会发展的需求，银行间的同业竞争也日趋激烈。这都促使商业银行在存款的产品种类上不断进行创新。

创新存款业务是指商业银行为达到规

> **敲黑板**
>
> 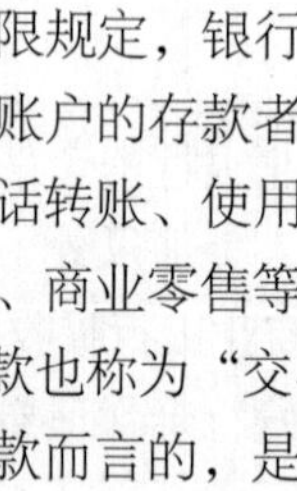
>
> 活期储蓄是指无固定存期、可随时存取、存取金额不限的一种比较灵活的储蓄方式，其特点如下：随时存取，办理手续简便。
>
> 定期储蓄存款的取款期日期固定，一般不能提前支取。定期储蓄存款的利率较高，是个人获取利息收入的重要手段。

避管制、增加同业竞争能力和开辟新的资金来源的目的，不断推出新型存款类别的活动。目前，商业银行主要的创新存款业务有大额可转让定期存单和通知存款两种，如图 5.11 所示。

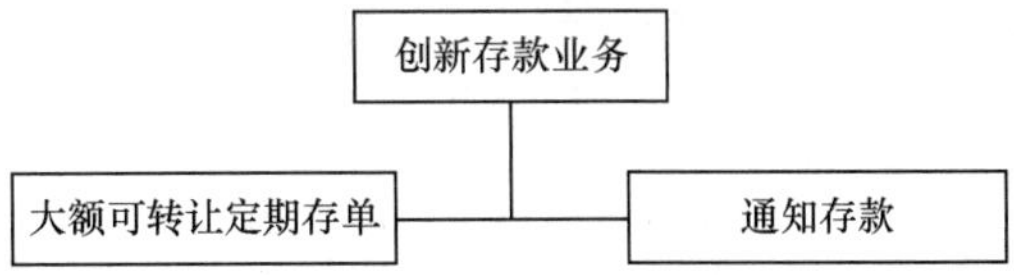

图 5.11　创新存款业务

（1）大额可转让定期存单。大额可转让定期存单是商业银行向存款人发行的固定面额、固定期限、可以转让的大额定期存款。在我国，大额可转让定期存单是银行发行的一种固定面额、固定期限、不记名、可以转让的大额存款凭证。大额可转让定期存单具有期限短（一般 3～12 个月，最短的 14 天）、面额较大且固定、利率较高、不记名、可转让的特点。

视野拓展

存款大战为何硝烟四起

西方国家的创新存款业务

（2）通知存款。通知存款是一种不约定存期，客户支取存款时，需提前通知银行，约定支取日期和金额方能支取的存款模式。通知存款可分为单位通知存款和个人通知存款，均有一天通知存款和七天通知存款两个品种。通知存款为记名式存款。通知存款的币种为人民币、港币、英镑、美元、日元、欧元、瑞士法郎、澳大利亚元、新加坡元。

七天通知存款最低起存金额为 5 万元。2014 年初，商业银行七天通知存款的年利率是 1.71%，与活期储蓄 0.72%的年利率相比，要高出近 1 个百分点。例如，股民张某在股市低迷期间将 100 万炒股资金存入七天通知存款，两个月后，张某即可获取比活期存款多的利息，即 100 万元 × 60 天 ×（1.71% − 0.72%）/360 天 = 1 650 元。这样既保证了客户的用款需要，又使客户得到了活期利息 2.375 倍的收益。

（二）商业银行主动负债

商业银行主动负债也叫非存款负债，是指商业银行主动通过金融市场或直接向中央银行融通资金的业务。在商业银行的负债业务中，非存款负债业务对商业银行的资金来源有着重要的影响，也是商业银行负债的一个重要组成部分。商业银行的非存款负债业务的分类如图 5.12 所示。

1. 银行同业存款

同业存款，是指金融机构之间的短期资金融通，主要用于支持日常性的资金周转，它是商业银行为解决短期资金余缺，调剂法定存款准备金头寸而融通资金的重要渠道。由于同业存款一般是通过中央银行的存款账户进行的，实际上是超额存款准备金的调剂，因此，银行同业存款又称为“中央银行基金”，在美国则称为“联邦基金”。银行同业存款具有同业性、短期性、市场性、优惠性、信用性的特点。

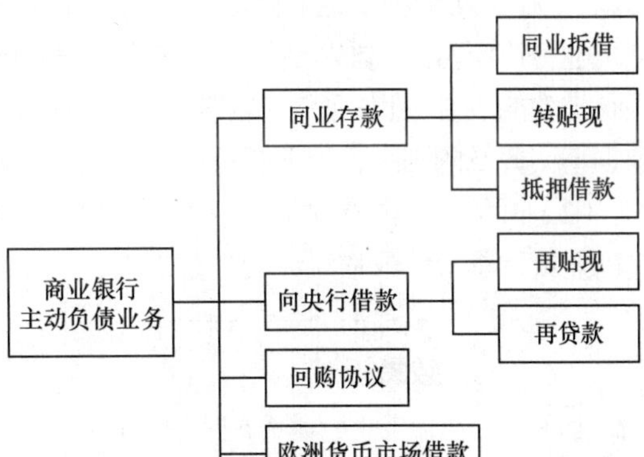

图 5.12　商业银行主动负债业务的分类

银行同业存款有以下几种形式。

（1）银行同业拆借。银行同业拆借是商业银行之间的短期借贷行为。这种借款一般是通过电话或电传进行。资金拆出的银行通知中央银行将款项从其储备账户转到拆入银行的账户，中

敲黑板

目前，我国银行同业拆借市场有着不同于发达国家的特点：发达国家的银行同业拆借市场是无形市场，而我国的银行同业拆借市场是有形市场。发达国家的同业拆借多为几天以内的头寸市场，而我国同业拆借市场由1～7天的头寸市场和期限为120天以内的借贷市场组成。

央银行则借记和贷记双方账户。银行同业拆借的期限多为1～7个营业日。随着经济环境的变化和资金转移技术的进步，同业拆借市场实际上已经成为商业银行稳定的筹措资金的场所。同业拆借市场具有期限短、金额大、风险低、手续简便等特点，能够反映金融市场上的资金供求状况。目前，我国银行同业拆借资金的最长期限为4个月。

（2）转贴现借款。转贴现借款是指商业银行将已经贴现，但仍未到期的票据转售给其他商业银行或贴现机构以取得借款的方法。转贴现借款实际上是中央银行以外的投资人在二级市场上进行票据交易的行为，转贴现的期限一般是从贴现之日起到票据到期日止，按实际天数进行计算，转贴现利率可由交易双方议定，也可以贴现率为基础，参照再贴现率来确定。

（3）转抵押借款。转抵押借款是指商业银行在资金紧张时，通过抵押的方式，向其他同业银行借得资金。商业银行转抵押借款抵押的资产大部分是客户的抵押资产（包括动产和不动产），商业银行将其转抵押给其他商业银行。这种转抵押借款的手续较为复杂，技术性也很强，需要严格的操作。所以，商业银行有时也把自己的资产（票据、债券、股票）做抵押向其他商业银行借款。

2. 向中央银行借款

当商业银行出现资金不足时，除了可以在金融市场上筹资外，还可以向中央银行借款。商业银行向中央银行借款的目的：一是用于商业银行调剂头寸、补充准备金不足和资产的应急调整；二是在特殊情况下满足强化国家计划、调整产业结构、避免经济萧条的资金需要。

商业银行向中央银行借款主要有两种形式，一是再贴现，二是再贷款。

（1）再贴现。再贴现是指商业银行资金紧张、周转发生困难时，将贴现所得的未到期的商业票据向中央银行申请再次贴现的融通资金的行为，也叫“间接借款”。在市场经济发达的国家中，由于商业票据和贴现业务广泛流行，再贴现就成为其商业银行向中央银行借款的主要渠道；而在商业信用不太发达、商业票据不太普及的国家，商业银行向中央银行借款则主要采取再贷款的形式。

敲黑板

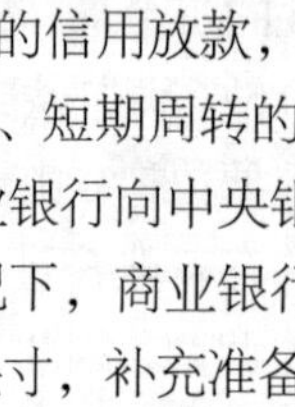

商业银行在进行再贴现时，必须将有关票据债务人的情况以及自身的财务报表和其他有关情况呈报给中央银行，中央银行据此判断是否给予贴现。

（2）再贷款。再贷款是指中央银行向商业银行发放的信用放款，也称“直接贷款”，多为解决商业银行季节性或临时性的资金需求，具有临时融通、短期周转的性质。

商业银行向中央银行借款并非随心所欲。在一般情况下，商业银行向中央银行的借款只能用于调节头寸，补充准备金不足和资产的应急调整，而不能用于对外贷款和证券投资。

商业银行向中央银行借款，一般情况下按借款期限可分为年度性借款、季度性借款和日拆性借款三种，如表5.3所示。

敲黑板

《中华人民共和国中国人民银行法》规定，信用贷款是指中央银行向商业银行提供的贷款，不包括商业银行之外的其他金融机构。所以，在我国，再贷款即指中央银行向商业银行提供的信用贷款。

表 5.3　年度性借款、季度性借款和日拆性借款的区别

年度性借款	用于解决商业银行因经济合理增长而引起的年度性资金不足问题。借款期限通常为 1 年，最长不超过 2 年
季度性借款	主要解决商业银行资金先支后收或存款季度性下降、贷款季度性上升等因素引起的暂时资金不足问题。借款期限通常为 1 个月，最长不超过 4 个月
日拆性借款	主要解决商业银行因汇划款项未达等因素造成的临时性资金短缺问题。借款期限通常为 10 天，最长不超过 20 天

3. 回购协议

回购协议就是商业银行在出售金融资产获得资金的同时，同对方签订一个协议，交易双方同意在一定时期内按预定价格再购回此项金融资产。回购协议一般以政府债券为工具。通常回购协议是隔夜回购，但也可以是较长时期，但最长不得超过三个月。实际操作中，商业银行的回购协议主要有两种：一种是交易双方同意按相同的价格出售，再购回证券，购回时的金额为本金加双方约定的利息额；另一种是把回购时的价格定得高于出售时的价格，其价格差就是另一方的收益。

商业银行通过回购协议借款的优点主要有两个方面：一是商业银行通过回购协议，既融通到资金，又可以不提缴存款准备金，从而有利于借款实际成本的减少；二是与其他借款相比，回购协议是一种容易确定和控制期限的短期借款。

4. 欧洲货币市场借款

欧洲货币也称作“境外货币”。泛指存放在本国境外的外国银行，主要是西欧银行和本国银行西欧分行的本国货币银行存款。如欧洲美元，是指以美元表示的存放在美国境外银行的美元存款。

欧洲货币市场是指经营非居民的境外货币存放款业务，且不受当地政府法令约束的国际信贷市场。

在欧洲货币市场上，可以不受利率管制，借款利率由交易双方根据伦敦同业拆借利率具体商定；在税收及存款方面的要求也较宽松，不受任何国家的政府管制和纳税限制；借款条件灵活，不限制用途；存款利率相对较高，贷款利率相对较低；资金调度灵活，手续简便；短期借款一般不签协议，无须担保，主要凭信用。

此外，商业银行还可以在欧洲货币市场发行金融债券。

想一想

借入负债与存款负债有哪些不同？

二、商业银行的资产业务

商业银行的资产业务是指商业银行将通过负债业务所聚集的资金加以运用的业务，是商业银行获得收益的主要途径。

商业银行的资产主要包括现金资产、贷款、投资和贴现等。

（一）现金资产

现金资产是商业银行资产中最具有流动性的部分，是维护商业银行支付能力的第一道防线，也称为“一级储备”。商业银行的现金资产从构成上来看，主要包括以下四类，如图 5.13 所示。

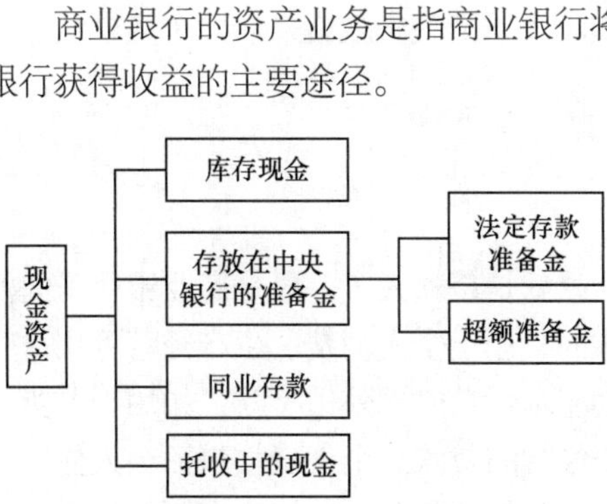

图 5.13　商业银行现金资产的构成

1. 库存现金

库存现金即留存在商业银行金库中的现钞和硬币。库存现金的主要作用是应付客户提款和银行本身的日常开支。由于库存现金不带来收益，故库存现金的数量要适度，应根据商业银行的所在地区、客户习惯、季度以及银行本身状况而确定。

2. 存放在中央银行的（存款）准备金

存放在中央银行的准备金是指商业银行为满足法定存款准备金要求和支付清算需要，必须在中央银行存入一定金额的存款。为了保证商业银行能满足日常的提款要求和支付清算需要，避免其陷入流动性危机，各国都实行法定存款准备金制度，准备金水平不得低于法定存款准备金。

除了法定存款准备金外，许多国家还规定，商业银行必须在中央银行开立普通存款账户，并经常存有一定的余额，主要用来满足商业银行的日常支付和清算需要，即超额存款准备金。

3. 同业存款

同业存款是由于银行同业间业务的往来需要而形成的，包括存放在国内商业银行、国内其他存款机构和国外银行的存款余额。这部分资金的占用为的是维系同这些银行之间的业务往来关系，包括汇兑、兑换、借贷和委托代理等。

4. 托收中的现金

托收中的现金（未达款）是指已签发支票送交中央银行或其他银行，但相关账户尚未贷记的部分。因为票据清算过程需要一定的时间，所以当商业银行收到客户交来的票据时，不能立即获得资金，只能记入资产负债表的托收中现金资产项目，待收到资金后，再把它转入准备金存款账户。

（二）贷款

贷款是银行将其所吸收的资金按一定的利率贷放给客户并约期归还的业务。

1. 按有无担保划分

贷款按有无担保可分为信用贷款和担保贷款。

（1）信用贷款。信用贷款是指银行以借款人的信誉发放的贷款，借款人不需要提供担保。信用贷款的特征就是债务人无须提供抵押品或第三方担保，仅凭自己的信誉就能取得贷款。

（2）担保贷款。担保贷款是指由借款人或第三方依法提供担保后，银行发放的贷款，包括保证贷款、抵押贷款、质押贷款。比如，个人住房贷款和汽车消费贷款就是居民个人以住房或汽车做抵押的担保贷款。

2. 按贷款的用途划分

贷款按用途可分为个人贷款和公司贷款。

（1）个人贷款。个人贷款就是贷款人（一般是商业银行）向消费者个人或者居民家庭提供的，用于个人消费、生产经营等用途，并规定贷款利息，约定按期还本付息的本外币贷款，如用于购买自用住房、消费或者小额投资经营的贷款。个人贷款包括个人住房贷款、个人住房公积金贷款、个人汽车贷款、个人留学贷款等。

> **视野拓展**
>
> 推荐读者观看本书配套电子课件中的有关信贷、房贷的视频。

（2）公司贷款。公司贷款是指以银行为提供贷款的主体，以法人和其他经济组织等非自然人为接受主体的资金借贷或信用支持活动。公司贷款有流动资金贷款、固定资产贷款等。

3. 按贷款的质量分类

贷款按质量可分为正常贷款、关注贷款、次级贷款、可疑贷款及损失贷款五类。

（1）正常贷款。正常贷款是指借款人一直能正常还本付息，银行对借款人最终偿还贷款有充分的把握，各方面情况正常，不存在任何影响贷款本息及时全额偿还的因素，没有足够理由怀疑贷款本息不能按时足额偿还。正常贷款本息损失的概率为 0。

（2）关注贷款。关注贷款是指尽管借款人目前有能力偿还贷款本息，但存在一些可能对借款人偿还贷款本息产生不利影响的因素。关注贷款本息损失的概率不超过 30%。

（3）次级贷款。次级贷款是指借款人的还款能力出现明显问题，借款人的正常经营收入已不足以保证还款，需要通过出售、变卖资产或对外融资，乃至执行抵押担保来还款。次级贷款本息损失的概率为 30%～40%。

（4）可疑贷款。可疑贷款是指贷款到期，企业不能归还的事实已经成立，即使执行担保，也肯定要造成较大的损失。只是因为企业进行重组、兼并、合并、处理抵押物、执行担保或诉讼等环节尚未结束，贷款损失金额还不能确定。可疑贷款本息损失的概率为 50%～70%。

（5）损失贷款。损失贷款是指贷款遭受损失的部分，包括企业宣布破产，经过清偿后仍然不能归还的贷款；由于自然灾害，企业遭到损失，导致无法生产，保险公司赔付后仍然不能归还，经过国家部门特别批准核销的贷款。这类贷款全部或大部分已经损失，在采取所有可能的措施或一切必要的法律程序之后，本息仍然无法收回，或只能收回极少部分。损失贷款本息损失的概率为 80%～100%。

贷款的五级分类法是银行依据借款人的还款能力即偿还贷款本金和利息的实际能力，确定贷款遭受损失风险程度的管理方法。我们把贷款五级分类法中的后三类贷款称为“银行不良贷款”。

案例透析

分析 A、B、C 公司贷款的分级

（1）A 公司贷款 2 000 万元，由于暂时资金周转不畅，该公司到期未能归还贷款。

（2）B 公司已停产多年，500 万元贷款也逾期多年，且无足够资金和物资保证贷款归还。

（3）C 公司在银行的结算账户经常出现退票的情况，并且银行账户上的存款迅速下降，公司高层人事变动，库存大量增加，销售利润近期急剧下降。

启发思考： 分析 A、B、C 公司的贷款应分别划归哪一级？为什么？

（三）票据贴现

票据贴现是指票据的持票人在票据到期日前，为了取得资金而将票据转让给银行的行为。

票据贴现既是一种票据的转让行为，又是银行的一种授信方式。收款人（即持票人）在需要资金时，将未到期的承兑汇票以贴付自贴现日至票据到期日的利息为条件，经过背书后转让给银行，银行将票面金额扣除贴现利息后的余额付给收款人使用。汇票到期时，银行凭汇票直接向承兑人收取款项（银行赚的只是贴现率和正常拆借利率的差额）。

目前，商业银行基本上只对银行承兑汇票办理贴现，只要辨明票据的真伪，贴现业务的风险几乎为零。风险的固定性和可控性是贴现业务与传统信贷业务的显著区别之一。此外，商业银行的贴现票据还可以办理再贴现，通过占用央行资金扩大经办行的信贷规模。以较少的资金

投入获得较大的收益，是贴现业务的又一特点。贴现净额的计算公式为

贴现净额 = 到期票据金额 − 贴现利息

（四）投资业务

> **想一想**
>
> 现有一张10 000元的商业汇票，期限为6个月，在持有整4个月后，到银行申请贴现。在贴现率为10%的情况下，计算贴息和贴现净额各为多少。

商业银行的投资业务是指商业银行购买有价证券的活动。投资是商业银行一项重要的资产业务，是其主要收入来源之一。

在我国，总的来说，商业银行进行债券投资的品种有政府债券、金融类债券和公司债券等。

1. 政府债券

政府债券可以分为国家债券、市政债券和地方政府债券。

国家债券（又称“中央政府”债券）是指由中央政府财政部门发行的借款凭证。国家债券是银行债券投资的主要种类。

教学互动

问：为什么商业银行喜欢投资国债？

答：因为国债安全性高、流动性强、抵押代用率高。

国家债券按期限长短可以分为短期国家债券和中长期国家债券。短期国家债券通常称为“国库券”，中长期国家债券通常称为“公债”。

（1）国库券。国库券是以贴息方式发行的短期政府债券。所谓贴息方式发行，是指债券票面不标明收益率，而是按低于票面的价格出售给投资者，到期由财政部按面值收回债券，销售和收回的价格差即为投资者的收益。发行国库券所筹集的资金主要用于中央财政预算平衡后的临时性开支。国库券是商业银行债券投资最主要的组成部分。

（2）中长期国债。中长期国债是政府发行的中长期债务凭证，1～10年为中期国债，10年以上为长期国债。发行中长期国债所筹集的资金用于平衡中央财政预算赤字。中长期债券一般在票面标明价格和收益率，购买时按票面价格支付款项，财政部定期付息，到期归还本金。中长期国债由于期限长，所以对应的收益率比国库券高。

（3）市政债券或地方政府债券。市政债券或地方政府债券可分为一般义务债券和收益债券两种。一般义务债券是本息偿还由地方政府征税能力作保证而发行的债券，用于地方政府服务支出（如教育、治安）。收益债券是本息偿还以所筹资金投资项目（如收费公路、电力、自来水设施）的未来收益作保证而发行的债券。

市政债券或地方政府债券有一定的违约风险，有减免税的优惠，实际收益率较高。

2. 金融类债券

（1）央行票据。我国的央行票据于2002年首次发行。如今，它已经一跃成为最活跃的金融工具。央行票据的优势在于它是一种短期金融工具，便于银行和其他金融机构对其进行管理。可以说国债期限现有的结构因为它的补充而变得更加完善。

（2）金融债券。金融债券的发行主体是商业银行和其他金融机构，它主要是用来处理资金短缺和来源稀少的问题。我国现在发行的金融债券主要为政策性金融债券，它主要针对商业银行和其他金融机构发行。

3. 公司债券

公司债券是企业为筹集资金而对外发行的一种债务凭证。一般来说，除政府债券以外，其他的债券都有信用风险，只是不同的债券风险的大小不同而已。信用风险越高的债券，其信用级别越低；信用级别越低的债券，投资者要求的收益率越高，债券的内在价值也就越低。所以，公司债券在二级市场上的流动性不如政府债券。为了保障商业银行投资的安全，许多国家在银行法中规定，仅允许商业银行购买信用等级在可投资级别以上的公司债券。一旦公司债券信用等级降到可投资级别以下，银行要及时调整持有的债券品种，减少损失。

教学互动

问：（1）商业银行的投资业务与贷款业务的区别有哪些？

（2）票据贴现与贷款的区别有哪些？

答：（1）在贷款业务中，银行处于被动地位，而投资业务是银行的主动行为；贷款业务仅涉及银行与借款人，每笔贷款都是个性化的，投资业务是一种社会化、标准化的市场行为；贷款业务的流动性比投资业务的流动性差。

（2）授信对象不同，流动性不同，期限不同，风险不同，利息收取的时间和利率水平不同，资金所有权不同。

第四节　商业银行的派生存款与表外业务

商业银行不仅提供金融服务，而且还通过自己的业务活动参与货币创造过程。商业银行除了传统的资产业务和负债业务外，还利用其信誉、技术、人才、设施等方面的优势，以中间人的身份代理客户办理收付业务和客户委托的其他事项，收取手续费。

一、商业银行的原始存款与派生存款

商业银行的机构多，规模大，业务广泛，是整个社会货币运行的主要载体，而它具有创造信用货币的重要功能与它办理支票活期存款业务是密切相连的。吸收活期存款、创造货币是商业银行最显著的特征。

非现金结算和票据的广泛使用，使得贷款的发放、款项的支付并不需要提现，用票据作为转账的工具，债务就可以相互抵销。商业银行得到存款后，不必完全保留不动，留存一定比例的存款准备金之后，就可以把其余的存款贷放出去，因此就有了派生存款。

1. 原始存款

原始存款是指客户以现金形式存入商业银行的直接存款和中央银行对商业银行的再贷款。

在现代信用货币制度下，现金和存款（尤其是商业银行的活期存款）只是货币的不同表现形式。因此，原始存款的发生，只是改变了货币的存在形式，并没有改变货币总量。

2. 派生存款

派生存款是商业银行发放贷款、办理贴现或投资等业务活动引申出来的存款，又叫衍生存款。

派生存款的发生意味着货币总量的增加。存款货币的多倍扩张或多倍紧缩，实际上就是指派生存款的多倍创造或多倍消失。

二、商业银行创造派生存款的条件

商业银行之所以能创造派生存款，是因为部分存款准备金制度和非现金结算制度这两个条件的存在。

1. 部分存款准备金制度

早期的货币兑换所和金匠代客户保管现金相当于实行的是100%的准备金制度也就是说，客户如果存入1 000元现金，货币兑换所和金匠除了把这1000元现金锁入保险柜外，不会再有进一步的活动了。因此，除了客户自己存入的1 000元存款外，不会有别的存款增加，也就没有存款创造。由于货币兑换所和金匠代客户保管货币又不能从客户的存款中获得任何好处，因此，他们不但不能付给客户利息，反倒要征收客户的管理费。这种十足的现金准备演变为部分存款准备金制度，既是货币兑换所和金匠演变为现代银行的基础，也是商业银行存款创造的前提条件。

如一个银行家，当他融到了100万元资金时，只需留一小部分资金在银行里，准备支付储户提取现金使用，其余部分的资金则可拿去投资，让钱再生钱。之所以能这样，是因为所有的储户不大可能同时到银行提取现金。这就是“部分存款准备金制度”。

存款准备金的多少与派生存款量直接相关。银行提取的存款准备金占全部存款的比例称作“存款准备金率”。存款准备金率越高，提取的存款准备金越多，银行的可用资金就越少，派生存款量也相应减少；反之，存款准备金率越低，提取的存款准备金越少，银行的可用资金就越多，派生存款量也相应增加。

2. 非现金结算制度

假定法定存款准备金率为20%，商业银行在收到1 000元存款并扣除200元法定存款准备金后，就可以把余下的800元贷放出去。但是，如果借款人获得这笔贷款后，立即以现金的形式将它全部从这家银行取走，而且在贷款归还前，这笔贷款始终以现金的形式在市场上流通而不再存入商业银行，这种情况下商业银行也不会有存款创造。因为收入这1 000元存款的商业银行在800元现金被提走以后，就不再有多余的资金来扩张贷款了，从而也就不能创造出新的存款。同时，这笔现金也没有被存入其他商业银行，所以整个银行系统存款和贷款的增加都是一次性的，不存在多倍存款创造。

但是在现实中，这种100%的现金提取是不可能的。商业银行向某一借款人发出一笔贷款后，通常把该笔资金贷记在借款人的支票账户上，借款人利用这笔款项进行支付时，通常也只是通过票据清算把它转到收款人的账户上。收款人的账户可以与借款人在同一家商业银行，也可以在别的商业银行，这对整个商业银行系统来说没有什么区别。当然，借款人也可以把贷款提出来，用现金付款，但是收到现金的一方通常还要把它存入商业银行。因此，真正以现金形式游离在商业银行之外的只是贷款的一部分，而非全部。这就使得商业银行多倍的存款创造成为可能。

三、存款货币的创造过程

虽然存款创造的基本原理适用于各类存款，但是通过活期存款的创造为例来说明这一原理更为清楚。

1. 四个假设

为了使分析简便，我们做出以下四个假设。

（1）假设整个银行体系是由一家中央银行和至少两家商业银行组成的。

（2）假设中央银行规定的法定存款准备金率为 20%，而且商业银行不保留超额存款准备金，即商业银行吸收的存款除了向中央银行缴纳法定存款准备金外，其余的存款全部用于对外贷款或投资。

（3）假设没有现金从银行系统流出，即客户不从他们的存款账户上提取现金，或者提取现金以后，收款的另一方又立即将现金存入银行。

想一想

A 银行收到了甲企业出售政府债券所得的 1 000 元存款。假定央行法定存款准备金率为 20%，A 银行的活期存款余额为多少？

（4）假设商业银行只有活期存款，没有定期存款和储蓄存款（二者称为非交易存款），以及活期存款向非交易存款的转化。

存款货币创造的过程实际上就是商业银行通过贷款、贴现和投资等行为，引起成倍派生存款的过程。

表 5.4　商业银行存款创造的过程

（单位：万元）

银　行	活期存款增加额	贷款余额
A	1 000	800
B	800	640
C	640	512
D	512	409.6
…	……	……
合计	5 000	4 000

2. 存款创造

商业银行的存款创造过程如表 5.4 所示。与商业银行多倍存款创造的原理相对应，还有多倍存款收缩的原理。这两个过程的原理一致，只不过是资金流动的方向相反而已。

四、商业银行创造派生存款时的制约因素

商业银行具有创造派生存款的能力，但派生存款的扩张不是无限度的，派生存款的总量取决于原始存款和派生倍数（K），而派生倍数的大小又受以下因素的制约。

1. 法定存款准备金率

一国金融当局以法律形式规定商业银行吸收的活期存款，必须按存款的一定比例缴存中央银行，这部分存款称作商业银行的法定存款准备金，法定存款准备金占存款总额的比率称作法定存款准备金率（r）。

法定存款准备金率的高低与商业银行存款的派生倍数为负相关关系，即法定存款准备金率越高，存款的派生倍数就越小；法定存款准备金率越低，存款的派生倍数就越大。

2. 现金漏损率

提现率又称“现金漏损率”（c），是指客户从存款中提取的现金金额与存款总额之比。

当出现现金漏损时，商业银行由吸收存款而可扩大贷款的资金相应减少，由此也就降低了商业银行创造派生存款的能力。可见，提现率与存款派生倍数为负相关关系，即客户提现率的高低会影响存款派生倍数进而影响货币供应量。

3. 超额存款准备金率

在经营过程中，商业银行为了安全或应付意外之需，实际持有的存款准备金总是高于法定存款准备金，从而形成了超额准备。超额存款准备金率（e）就是指商业银行超过法定存款准备金而保留的准备金占全部存款的比率。

想一想

某商业银行收到客户一笔100万元现金的活期存款。法定存款准备金率为6%，出于避险的考虑，该银行额外在中央银行增加存款3万元。后来，客户提出1万元现金用于发放工资。试计算这笔存款可能派生出的最大派生存款额是多少。

商业银行的超额存款准备金率与可贷资金存在着负相关关系，即超额存款准备金率越高，商业银行可用于贷放的资金就越少，对应的存款派生能力也就越小。所以，商业银行保留超额存款准备金，就会削弱其存款派生能力。商业银行自主决定的超额存款准备金率对货币供应量有重要影响。

以上只是就银行创造派生存款过程中的可测量因素对存款派生倍数的影响所做的分析。如果考虑到客户对贷款的需求要受到社会经济发展的制约，那么并非任何时候银行总有机会将能贷出的资金全部贷出。也就是说，银行能否多放贷，不仅取决于银行行为，还要看客户是否需要贷款。在社会经济发展停滞和利润率下降的情况下，即使银行愿意多放贷，客户也可能不贷款，从而理论上可能的派生规模不一定能够实现。

考虑以上三个对活期存款派生倍数的影响，派生倍数公式应加以修正，即

$$K = 1/(r + c + e)$$

派生倍数 = 1/（法定存款准备金率 + 现金漏损率 + 超额存款准备金率）

五、商业银行的中间业务与表外业务

一般来说，商业银行的中间业务都是表（资产负债表）外业务，但表外业务（狭义上的）不一定是中间业务，关键看是否涉及银行自身，如图5.14所示。表外业务可以涉及银行自身，但是其不体现在资产负债表上，而中间业务则是不涉及银行，银行只起到中间人的作用。比如，开立银行承兑汇票就属于表外业务，但不能归入中间业务。中间业务具有收入稳定、风险程度低等特点，它集中体现了商业银行的服务性功能。随着社会经济的不断发展，商业银行的中间业务和表外业务的范围也在不断拓展。

视野拓展

扫描下方二维码，了解银行表外业务和表内业务。

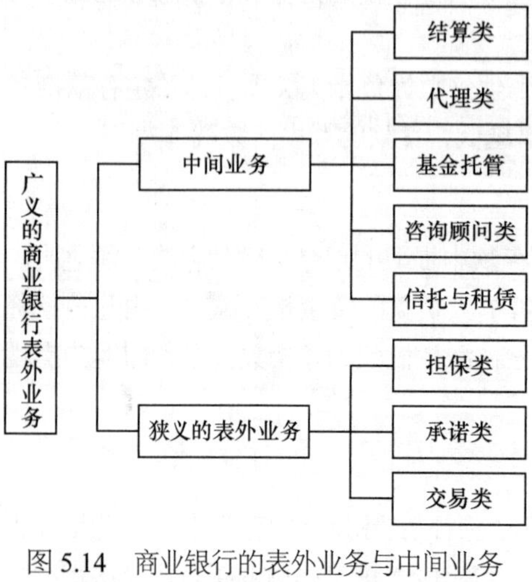

图5.14　商业银行的表外业务与中间业务

（一）中间业务

商业银行的中间业务也叫“无风险业务”，是指银行不需要动用自己的资金而代理客户委托的事项并从中收取手续费的业务，比如汇兑、代收等。中间业务收取的手续费形成了银行的非利息收入。

中间业务不构成商业银行的表内资产或负债，是因为其具有以下几个特点：①不需要银行提供资金；②以收取手续费为主要目的；③无风险；④以接受客户委托的方式开展业务。中间业务有结算类中间业务、代理类中间业务、基金托管业务、信托与租赁业务和咨询顾问类业务五类。

教学互动

问：举出几个商业银行中间业务的例子。

答：替客户办理资金的转账、代收代付款项、代买卖外汇、出租保管箱等。

1. 结算类中间业务

结算类中间业务是由商业银行的存款业务衍生出来的一种业务，是银行代客户清偿债权债务、收付款项的一种传统中间业务。具体地讲，结算类中间业务就是各部门、各企事业单位以及个人之间发生商品交易、劳务供应和资金调拨等经济活动时，由商业银行代客户办理收款、付款和其他委托事项而收取手续费的业务，通称为“银行结算”。

银行结算分为现金结算和转账结算两种形式。发生经济活动的双方，以现金方式来完成经济往来的货币收付行为称为“现金结算”；收付双方通过银行的账户间划转款项来实现收付的行为称为“非现金结算”，也称“转账结算”。

由于传统习惯与法律规定不同，各国商业银行的结算工具也有所差异。通行的结算工具有汇票、本票和支票三大类。

2. 代理类中间业务

代理类中间业务是指商业银行接受客户的委托，代为办理客户指定的经济事务，提供金融服务并收取一定费用的业务，包括代理证券业务、代理保险业务、代理商业银行业务、代理中央银行业务、代理政策性银行业务和其他代理业务。

教学互动

问：举出几个银行代收代付的例子。

答：代收通信类费用（电话费、传真费、电子银行服务费等）；物业管理类费用（水费、电费、燃气费、物业管理费等）；税费（增值税、水利管理费、环保排污费等）；交通类费用（养路费、交通管理费、过桥费等）；社会保障类费用（医疗保险、失业保险、养老保险等）；其他类费用（代收学费、货款等）。

3. 基金托管业务

基金托管业务是指有基金托管资格的商业银行接受基金管理公司委托，代为保管所托管基金的全部资产，为所托管的基金办理基金资金清算款项划拨、会计核算、基金估值、监督管理人投资运作等业务。商业银行的基金托管业务包括封闭式证券投资基金托管业务、开放式证券投资基金托管业务和其他基金的托管业务。

4. 信托与租赁业务

信托是指委托人基于对受托人（商业银行）的信任，将其财产权委托给受托人，由受托人按委托人的意愿，以自己（受托人）的名义，为受益人的利益或者特定目的对委托的财产进行管理或者处分的行为。

> **视野拓展**
>
> 通过观看本书配套电子课件中的相关视频，可进一步了解信托业务。

个人信托业务，就是以个人作为委托人的信托业务。常用的个人信托业务形式有生前信托、身后信托等。

法人信托业务又称“公司信托”“团体信托”，是指商业银行信托部门办理的以法人机构作为委托人的信托业务。

租赁是指商业银行按照合同规定，在一定期限内将物件出租给使用者（承租人）使用，承租人按期向出租人缴纳一定金额的租金，并在租赁关系终止时，将原租赁物返还给出租人的经济行为。租赁一般包括租赁当事人、租赁物件、租赁期限和租赁费用等内容。

5. 咨询顾问类业务

咨询顾问类业务是指商业银行依靠自身在信息、人才、信誉等方面的优势，收集和整理有关信息，并通过对这些信息以及银行和客户资金运作的记录和分析，将形成的资料和方案提供给客户的服务活动。

商业银行提供的咨询顾问服务分为日常咨询服务和专项顾问服务两大类。

（1）日常咨询服务。日常咨询服务为基本服务，按年度收取一定的咨询服务年费，如政策法规咨询、企业项目发布、财务咨询、投融资咨询以及产业、行业信息与业务指南等。

（2）专项顾问服务。专项顾问服务为选择性服务，是在日常咨询服务的基础上，根据客户需要，利用商业银行的专业优势，就特定项目为客户所提供的专项财务顾问服务，如年度财务分析报告、独立财务顾问报告、直接融资顾问、企业重组顾问、兼并收购顾问、管理层收购及员工持股计划、投资理财、管理咨询等。

（二）表外业务

商业银行的表外业务有狭义与广义之分。狭义的表外业务是指那些未列入资产负债表，但同表内资产业务与负债业务密切相关，并会在一定条件下转化为表内资产业务或负债业务的经营活动，通常把这些经营活动称为“或有资产”和“或有负债”。广义的表外业务除了包括狭义的表外业务外，还包括结算、代理、咨询等无风险的经营活动。

表外业务具有灵活性强、透明度差、风险低、收益高等特点。

1. 担保类表外业务

担保业务是指银行应某一交易中一方的申请，允诺当申请人不能履约时，由银行承担对另一方的全部义务的行为。

（1）银行承兑汇票。银行承兑汇票是指由收款人或付款人（或承兑申请人）签发，并由承兑申请人向开户银行申请，经银行审查同意承兑的商业汇票。

企业申请办理银行承兑汇票时，需要提交商品交易合同、运输凭证及担保、承兑保证金情况、财务报表等资料。

企业之所以要使用银行承兑汇票，是因为企业在签发银行承兑汇票的时候不一定有那么多资金。例如，在A企业需要开出1 000万元的银行承兑汇票给B企业时，如果A企业的开户银行给予A企业的条件是30%保证金，那么A企业只需要有300万元的保证金就可以了。只要在票据到期日之前，A企业保证银行账户内有剩下的700万元就可以了。

（2）商业信用证。商业信用证是银行的一项传统业务，因为它的背后有商业行为，所以一般认为该项业务的风险较小。银行从事的商业信用证业务主要发生在国际贸易结算中，是银行担保业务的一种类型。在该业务中，银行以自身的信誉为进出口商之间的业务活动做担保，银行在开立商业信用证时，往往要求开证申请人（进口商）交足一定比例的押金。而进口商所交纳的押金在减小商业信用证风险的同时，也为银行提供了一定量的流动资金。由于该项业务一般不仅不会大量占用银行的自有资金，还可以收取手续费，所以，该项业务也是银行获取收益的一条重要途径。

（3）银行保证书。银行保证书又称“保函”，是指银行应客户的申请而开具的有担保性质的书面承诺文件，一旦申请人未按其与受益人签订的合同的约定偿还债务，或申请人未按合同的约定履行义务时，由银行履行担保责任。商业信用证与银行保证书的区别见表 5.5。

表 5.5　商业信用证与银行保证书的区别

商业信用证	银行保证书
要求受益人提交的单据是商业单据（包括运输单据）	要求受益人出具的单据是关于委托人违约的声明或证明
开证行承担的是第一付款责任	保证行承担的是第二付款责任
在正常履行国际货物买卖合同的情况下使用	在申请人未履行合同时，由银行履行担保责任

（4）备用信用证。备用信用证又称“担保信用证”，是指不以清偿商品交易的价款为目的，而是以贷款融资或担保债务偿还为目的所开立的信用证。它是集担保、融资、支付及相关服务为一体的多功能金融产品，其因用途广泛、运作灵活而在国际商务活动中得以普遍应用。在我国，备用信用证的认知度远不及银行保函、商业信用证等传统金融工具。

想一想

银行承兑汇票、备用信用证、保函分别指什么？

2. 承诺类表外业务

承诺类中间业务是指商业银行在未来某一日期按照事前约定的条件向客户提供约定信用的业务，主要指贷款承诺和票据发行便利。

（1）贷款承诺。贷款承诺是典型的含有期权的表外业务。在客户需要资金融通时，如果市场利率高于贷款承诺中规定的利率，客户就会要求银行履行贷款承诺；如果市场利率低于贷款承诺中规定的利率，客户就会放弃使用贷款承诺，而直接以市场利率借入所需资金。因此，客户拥有选择权。

（2）票据发行便利。票据发行便利是指商业银行按照其与借款人签订的协议，以包销借款人连续发行的短期票据的方式向借款人提供资金。

借款人发行的短期票据通常为 3 个月、6 个月或 1 年。如果借款人不能在市场上顺利出售这些票据，则要由银行购进未销售部分，或者向借款人提供等额的贷款。这种便利票据的发行在市场上较为流行，大有取代银团贷款之势。

视野拓展

扫描下方二维码了解中国商业银行业发展大事记。

3. 交易类表外业务

商业银行的交易类表外业务可分为金融期货、金融期权、互换协议等。

综合练习题

一、概念识记

基础货币　法定存款准备金　超额存款准备金　回购协议　再贷款　再贴现

商业银行　单一银行制

二、单选题

1. 早期银行业产生于（　　）。

A. 英国　　B. 美国　　C. 意大利　　D. 德国

2. 1897 年，在上海成立的（　　），标志着中国现代银行的产生。

A. 交通银行　　B. 浙江兴业银行　　C. 中国通商银行　　D. 北洋银行

3. 下列说法不正确的是（　　）。

A. 银行的普通股股东拥有表决权

B. 银行的优先股股东拥有表决权

C. 股东大会有权选举董事和监事

D. 股东大会可以决定银行的经营方针和投资计划

4. 保险代理业务属于商业银行的（　　）业务。

A. 资产　　B. 中间　　C. 负债　　D. 投资

5. 贷款五级分类法将贷款按风险发生的可能性分为（　　）。

A. 正常、逾期、呆滞、呆账、损失　　B. 正常、逾期、次级、关注、损失

C. 正常、关注、次级、可疑、损失　　D. 正常、关注、逾期、可疑、损失

6. 法定存款准备金应该等于（　　）。

A. 存款准备金率 × 存款总额　　B. 存款准备金率 × 法定存款总额

C. 法定存款准备金率 × 存款总额　　D. 存款准备金率 × 原始存款总额

7. 以下哪一项不属于大额可转让定期存单的特点？（　　）

A. 固定面额　　B. 固定期限　　C. 实名　　D. 可以转让

8. 商业银行的投资业务是指银行从事（　　）的经营活动。

A. 购买有价证券　　B. 租赁　　C. 代理买卖　　D. 现金管理

9. 商业银行创造派生存款的能力（　　）。

A. 与原始存款正相关，与法定存款准备金率正相关

B. 与原始存款正相关，与法定存款准备金率负相关

C. 与原始存款负相关，与法定存款准备金率正相关

D. 与原始存款负相关，与法定存款准备金率负相关

10. 银行以贷款方式形成的存款是（　　）。

A. 派生存款　　B. 现金存款　　C. 直接存款　　D. 原始存款

11. 以下哪一项不属于商业银行的主动负债？（　　）

A. 吸收存款　　B. 发行债券　　C. 借款　　D. 回购协议

12. 以下哪一项不属于商业银行的资产业务？（　　）

A. 现金资产　　B. 投资　　C. 贴现　　D. 再贷款

13. 商业银行的性质主要可归纳为以追求（　　）为目标。

A. 最大贷款额　　B. 最大利润　　C. 最大资产　　D. 最大存款

14. 商业银行把资金从资金盈余者手中转移到资金短缺者手中，使闲置资金得到充分的运用。这种职能被称为商业银行的（　　）职能。

A. 信用中介　　B. 支付中介　　C. 信用创造　　D. 金融服务

15. 商业银行利用吸收的活期存款，通过转账的方式发放贷款，从而衍生出更多存款，扩大了社会货币供给量。这种功能被称为商业银行的（　　）功能。

A. 信用中介　B. 支付中介　C. 信用创造　D. 金融服务

16.（　　）是商业银行最基本也最能反映其经营活动特征的职能。

A. 信用中介　B. 支付中介　C. 清算中介　D. 调节经济

17. 我国商业银行的组织形式是（　　）。

A. 单元制银行　B. 分支行制银行　C. 银行控股公司　D. 连锁银行

18. 股份制商业银行的最高权力机构是（　　）。

A. 董事会　B. 股东大会　C. 监事会　D. 总经理

19. 银行对挤兑具有天然的敏感性。大量存款人的挤兑行为可能会导致商业银行面临（　　）危机。

A. 流动性　B. 操作　C. 声誉　D. 盈利

20. 下列说法中，错误的是（　　）。

A. 分支行制利于吸收存款　B. 分支行制银行规模较小

C. 分支行制银行分布广　D. 分支行制银行分支机构多

三、多选题

1. 商业银行的经营原则是（　　）。

A. 效益性　B. 安全性　C. 流动性　D. 服务性

2. 下列说法中，正确的有（　　）。

A. 商业银行以金融资产和金融负债为经营对象

B. 商业银行经营的是货币和货币资本

C. 商业银行经营内容是金融服务

D. 商业银行经营一切金融零售业务和批发业务

3. 商业银行的特殊性主要表现在哪些方面？（　　）

A. 商业银行的经营对象和内容具有特殊性

B. 商业银行对整个社会经济的影响以及所受社会经济影响具有特殊性

C. 追求利润最大化

D. 商业银行责任特殊

4. 商业银行的职能有（　　）。

A. 充当信用中介　B. 充当支付中介　C. 信用创造　D. 金融服务

5. 商业银行资产负债表的资产方反映商行银行对资金运用。它的组成有（　　）。

A. 现金资产　B. 投资　C. 贷款　D. 其他资产

6. 银行同业存款具有哪些特点？（　　）

A. 同业性　B. 短期性　C. 市场性　D. 优惠性

7. 商业银行的存款创造必须同时具备的条件包括（　　）。

A. 部分存款准备金制度　B. 货币电子化

C. 商业银行股份制改造　D. 非现金结算制度

E. 使用纸币

8. 商业银行存款业务创新的发展趋势是（　　）。

A. 存款结构发生变化　　B. 存款工具的功能多样化
C. 存款扩大化　　D. 存款证券化
E. 存款业务操作电子化

9. 中间业务具有哪些特点？（　　）
A. 不需要银行提供资金　　B. 以收取手续费为主要目的
C. 无风险　　D. 以接受客户委托的方式开展业务

10. 商业银行的中间业务有（　　）。
A. 结算业务　　B. 代理业务　　C. 存款业务　　D. 证券业务

11. 下列选项中，属于商业银行中间业务的是（　　）。
A. 存款　　B. 转账　　C. 代收代付　　D. 出租保管箱

12. 表外业务具有哪些特点？（　　）
A. 灵活性强　　B. 透明度低　　C. 风险低　　D. 收益高

13. 以下属于代理类中间业务的有（　　）。
A. 代理证券业务　　B. 代理保险业务
C. 代理中央银行业务　　D. 代理政策性银行业务和其他代理业务

14. 商业银行创造派生存款的制约因素有（　　）。
A. 法定存款准备金率　　B. 现金漏损率
C. 超额存款准备金率　　D. 存款总量

15. 银行的资产业务包括（　　）。
A. 贷款业务　　B. 借款业务　　C. 证券业务　　D. 承兑业务

16. 以下选项中，属于商业银行现金资产的项目是（　　）。
A. 超额存款准备金　　B. 存放同业
C. 托收现金　　D. 发行金融债券

17. 最初使用商业银行这个概念，是因为（　　）。
A. 银行在发展初期，只承做商业领域短期放贷业务
B. 银行放款期限一般不超过一年
C. 银行放款对象一般为商人
D. 银行放款对象一般为进出口贸易商

18. 银行控股公司制的特点是（　　）。
A. 能够有效地扩大资本总量，增强银行实力
B. 提高银行抵御风险的能力，弥补单一银行制的不足
C. 容易引起金融权力过度集中
D. 在一定程度上影响银行的经营活力

19. 通知存款的特点有（　　）。
A. 不约定存期　　B. 支取时需提前通知银行
C. 约定支取日期和金额　　D. 随时支取

20. 单一银行制的优点是（　　）。
A. 限制银行业垄断，有利于自由竞争
B. 管理层次少，有利于中央银行管理和控制
C. 有利于银行与地方政府的协调，能适应本地区需要，集中全力为本地区服务

D. 各银行独立性和自主性很大，经营较为灵活

四、判断题

1. 商业银行必须在保证资金安全和正常流动的前提下，追求利润的最大化。（ ）
2. 商业银行区别于一般企业的重要标志之一就是其高负债。（ ）
3. 信用创造是现代商业银行有别于其他金融机构的一个特点。（ ）
4. 在整个商业银行体系，商业银行派生存款可以无限制创造。（ ）
5. 审核银行业的监管制度不是商业银行股东大会的权限。（ ）
6. 最常见的导致银行破产的直接原因是丧失流动性。（ ）
7. 在由多家银行组成的银行体系中，其中的一家银行发生了信用危机，就会引发整个银行体系的危机。（ ）
8. 商业银行经营活动的最终目标是流动性。（ ）
9. 商业银行的信用中介职能并不改变货币资金的所有权，而只是把货币资金的使用权在资金盈余单位和资金短缺单位之间融通。（ ）
10. 商业银行的特殊性表现在追求利润最大化。（ ）
11. 银行是由货币经营业演变而来的。（ ）
12. 货币经营业与银行的主要区别在于有无信用活动。（ ）
13. 银行是专门经营货币信用业务的金融机构。（ ）
14. 商业银行的产生有两种途径：一是从旧式的高利贷银行转变而来的；二是以股份公司形式组建的。（ ）
15. 商业银行业务经营的“三性”原则既有联系又有矛盾。（ ）
16. 广义的负债是指除商业银行对他人负债以外，还包括商业银行的资本金。（ ）
17. 单一银行制的优点是可以限制银行业的兼并和垄断，有利于自由竞争。（ ）
18. 所有不体现在资产负债表上但会影响当期损益的业务，都可以是表外业务。（ ）
19. 商业银行与其他专业银行及金融机构的基本区别在于商业银行是唯一能够接受、创造和收缩活期存款的金融中介机构。（ ）
20. 商业银行进行存款创造的前提条件是部分准备金制度和非现金结算制度。（ ）

五、思考题

1. 在经营中，商业银行只考虑利润最大化就够了吗？
2. 简述商业银行的性质。商业银行与其他金融机构的区别是什么？
3. 请说明图 5.15 的含义。

图 5.15 思考题图示

第六章

中央银行与货币政策

【学习目标】

知识目标

掌握中央银行的性质、职能、主要业务；熟悉货币政策工具的作用；了解中央银行的货币政策。

能力目标

能分析中央银行的资产负债表。

【知识框架】

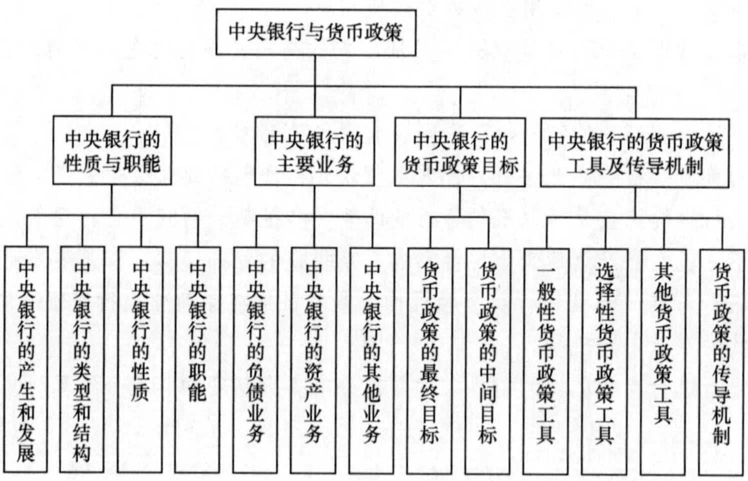

【情境导入】

（续前章）银行的出现，能保证商品交换活动持续地进行。于是，大家都拼命地生产。这导致岛上的东西越来越多。银行根据生产产品的数量，不停地印制钞票，以保证商品交换能更深入地进行。

后来，人们的商品交换活动更频繁了，一家银行太少了。于是出现了多家银行。此时，总要有个管银行的吧。于是，人们指定了一家大银行来管理其他银行，并且规定钞票只能由这家大银行印制，然后通过其他银行借给用钱的人。中央银行就这样出现了。因为中央银行背后的政府更有信用保证，所以自从中央银行出现以后，纸币的发行权就收归中央银行了。

由于小岛上生产的产品太多了，以至于人们没法准确估计到底该发行多少钞票。如果钞票发行多了，因为没有那么多产品可买，产品就开始涨价；相反，如果钞票发行少了，产品就开始降价。为了保证商品价格的稳定，央行要求各银行把一部分钱放在央行，以调节商品的价格，而央行根据商品价格的情况发放货币。这就是存款准备金制度。

第一节 中央银行的性质与职能

中央银行是指在一国金融体系中居于主导地位，负责制定和执行该国的货币政策，调节国民经济，控制货币发行，并对该国的金融体系和金融活动实施部分进行监督管理的特殊的金融机构。中央银行不是从来就有的，也不是人们随意创造的，它是近代商品经济和金融业发展的产物。

一、中央银行的产生和发展

中央银行的产生和发展经历了一个相对漫长的过程。纵观世界各国中央银行的形成，其形成的途径大致有两条：一是从商业银行演化而来的，如英格兰银行；二是从它诞生的那一天起，就是中央银行，如美国联邦储备银行。中央银行的发展经历了如下三个阶段。

（一）中央银行的初创阶段（1844—1913 年）

中央银行的产生可以追溯到 17 世纪后半期。在这一时期，世界商品经济发生了重大变化。

1. 商品经济的飞速发展推动了银行业的发展

从 18 世纪起，欧洲逐步兴起了工业革命，机械化生产代替了手工操作。纺纱工人原先使用脚踏纺车生产效率很低，而使用珍妮纺纱机以后，生产效率一下子就提高了 6～9 倍。随着各种新式机器的不断发明，并开始在工业、农业和交通运输业等领域得到广泛运用，社会生产力的飞速发展和商品经济的迅速扩大，促使银行业随之建立和发展起来。

商品生产与金融活动形影相随，商品经济的活跃必然带来货币信用活动的发展，从而也带动了银行业的发展。欧洲银行业的发展主要表现在以下两个方面。

（1）银行经营机构不断增加。18 世纪以后，伴随着工业革命及其带来的工商业的空前发展，银行的设立和发展也出现了一个高潮，意大利、法国、德国、英国等国家涌现出了一大批新式银行。从 1827 年到 1842 年，英国新式股份银行从 6 家猛增到 118 家。1830 年，美国共有银行 329 家；到 1840 年时，美国的银行数量已增加到 901 家。

（2）银行业逐步走向联合、集中和垄断。一些私人银行由于实力所限，在竞争中不断衰落和改组，被大银行所控制。

2. 中央银行产生的必要性

在 18 世纪和 19 世纪，由于产业革命的兴起，银行业获得了迅速发展。商业银行数量的迅速增加，在促进了资本主义经济繁荣的同时，也带来了一系列的问题。信用货币的发行，呼唤中央银行的出现；票据交换、清算的快速顺利完成，要求建立一个全国统一的、公正的权威性清算机构；支付保证能力不足的商业银行要求中央银行充当“最后贷款人”；金融业的监督、管理与协调需要统一的、有一定技术能力与手段的中央银行来完成。为保证和方便政府融资，政府在客观上也需要建立一个与其联系密切的中央银行。

（二）中央银行的发展壮大阶段（1914—1945年）

从19世纪初开始，世界各国建立的中央银行在政治上都与政府存在着密切的关系，其货币的发行权逐渐集中，并向“银行的银行”的方向发展。

1. 中央银行制度的普遍推行时期

20世纪初，第一次世界大战爆发，各国的金融状况均发生了巨大的变化。为了应付战争时期的财政需要，中央银行向政府借垫大量的资金作为战争费用，不断地增量发行货币，从而引发了通货膨胀。此外，银行停止或限制兑换黄金，贴现率提高，外汇行市下跌，黄金禁止出口，各金融中心交易亦相继停市，货币制度极度混乱。面对世界性的金融恐慌和严重的通货膨胀，各国政府和金融界人士都认为必须加强中央银行的地位和货币信用的管制。第一次世界大战结束后的1920年，在比利时首都布鲁塞尔召开了国际金融会议，要求各国尽快建立中央银行，以共同维持国际货币体制和经济稳定，从而推进了各国中央银行的普遍建立。

2. 中央银行的壮大时期

进入20世纪中叶，特别是第二次世界大战以后，各国的政治、经济发生了重大变化。大多数参战国受到了战争的严重破坏，经济困难，通货膨胀。为了医治战争创伤、恢复本国经济、稳定货币、筹集资金，各国都将货币信用政策用来作为干预生产和调节国民经济的重要工具，许多国家的中央银行开始了国有化进程。同时，一批经济较落后的殖民地国家独立后，也都把建立中央银行视为巩固民族独立和国家主权的重要标志，纷纷建立了本国的中央银行。

视野拓展

推荐读者通过本书配套电子课件，观看英格兰银行简介的视频，对中央银行产生和发展的历史作做进一步了解。请读者观看该视频后总结中央银行产生的原因。

（三）中央银行的完善时期（1946年至今）

1945年后，中央银行从仅仅维持金融业的稳定发展成为调控一国宏观经济的重要力量。世界各国通过实施中央银行国有化改革、制定中央银行的银行法等手段，加强了中央银行的职能。国际货币基金组织的成立和各国中央银行之间的合作与协调，使中央银行的国际间合作得到进一步加强，中央银行制度在全世界范围得到了扩展。

1. 专门行使中央银行职能

1945年以前的中央银行，一般都经营部分商业银行业务。第二次世界大战以后，随着中央银行职能作用的发展与完善，原来已成立的一些中央银行逐步放弃了其商业银行业务，专门行使中央银行的职能，而新成立的多数中央银行则一开始就不办理商业银行业务，专门行使中央银行的职能。

2. 国家加强了对中央银行的控制

第二次世界大战期间，绝大多数参战国都受到战争的严重破坏，经济困难。第二次世界大战以后，各国为了稳定货币、筹集资金，启用货币信用政策，使中央银行成为调节国民经济的重要机构。在中央银行相对独立的情况下，各国政府纷纷加强了对中央银行的控制。这使中央银行成为了国家机构的一部分。

3. 中央银行成为干预和调节经济的重要部门

第二次世界大战以后，人们对市场机制、自由竞争等的看法发生了很大的变化。国家干预经济、调节经济的职能加强了，各国干预和调节经济的总目标逐步发展成为稳定物价、充分就业、促进经济增长和平衡国际收支的货币政策目标。

4. 各国中央银行加强国际合作

随着世界经济全球化的发展，各国之间的相互依赖关系更紧密了，与经济全球化相伴随的是金融活动的国际化。国际货币基金组织、世界银行等世界性、区域性的国际金融机构纷纷建立，国际金融活动空前活跃，国际金融合作日益加强，各国中央银行成为国际金融活动的参与者，代表本国政府积极开展国际间的金融合作活动。

二、中央银行的类型和结构

目前，各国的中央银行制度，大致有以下几种类型。

1. 单一中央银行制

单一中央银行制是指一个国家设立一个中央银行，专门行使中央银行的职能，其特点是权力集中、职能齐全、机构设置采取总分行制。目前，世界上大多数国家都实行这种中央银行制度，如英国、日本和中国等。

视野拓展

1998 年 7 月，一个典型的跨国中央银行——欧洲中央银行正式成立。它是欧洲一体化进程逐步深入的产物，是世界上第一个管理超国家货币的中央银行。独立性是它的一个显著特点，它接受欧盟领导机构的指令，不受欧盟各国政府的监督。

欧洲中央银行由两个层次组成：一是欧洲联盟的中央银行，二是各成员方的中央银行。欧洲中央银行体系类似于二元中央银行制，各国的中央银行失去了其独立性。

推荐读者通过本书配套电子课件观看欧洲中央银行简介视频，对中央银行做进一步了解。

2. 二元中央银行制

二元中央银行制是指在全国范围内，在中央和地方两级设置中央银行机构，分别行使金融管理职能。其中，中央级中央银行机构是国家的最高金融管理机构，地方级中央银行机构有其独立的权利，二者各自行使中央银行职能。二元中央银行制的特点是：地方级中央银行不隶属于国家中央银行的分支机构，但有一定独立权力，除执行统一的货币政策外，在业务经营中具有较强的独立性。实行这类体制的主要是一些联邦制的国家，如美国、德国等。

3. 跨国中央银行制

跨国中央银行制是指参加某一货币联盟的成员方联合设立的机构，在成员方内部统一行使中央银行职能。其职能是：发行货币，为成员方政府服务，执行各成员方共同的货币政策及有关成员方政府一致决定授权的事项。该制度的实质是各成员方把其制定货币政策的主权交给了跨国中央银行，其好处是可以节约开支，防止本国政府实行过分的通货膨胀政策。目前，属于这种类型的跨国中央银行主要有西非货币联盟、中非货币联盟、东加勒比海货币管理局及欧洲中央银行。

敲黑板

1993 年，中国香港成立了金融管理局，负责货币政策制定、金融监管和支付体系管理等中央银行的基本职能。它不同于一般的中央银行，港币的发行职能由渣打银行、汇丰银行和中国银行共同承担，票据清算由汇丰银行管理，中央银行的部分职能由商业银行负责。

4. 准中央银行制

准中央银行制是指某些国家和地区不设通常意义上的中央银行，而是只设有类似中央银行的机构，或由政府授权某个或某几个商业银行行使部分中央银行职能的制度。这些机构只负责中央银行的部分职能，如新加坡金融管理局、中国香港金融管理局，它们均将货币发行职能委托给商业银行负责。

三、中央银行的性质

中央银行既是为商业银行等普通金融机构和政府提供金融服务的特殊金融机构，又是制定和实施货币政策、监督管理金融业、规范和维护金融秩序、调控金融和经济运行的宏观管理部门。

1. 中央银行是金融管理机构和金融体系的核心

与商业银行或其他金融机构相比，中央银行虽然也从事货币信贷活动，但它不以营利为目的，对存款一般不支付利息，也不对企事业单位、居民个人办理普通的银行业务，其作用也不是普通的信用中介，而是调节货币流通量和供应量、控制信贷规模、代表国家进行金融宏观管理的特殊机构，是国家机关的组成部分。

2. 中央银行具有管理的特殊性

一般国家机关主要依靠行政手段和法律手段来对经济进行管理。与一般国家机关相比，中央银行虽然也有这些权利，但中央银行更多地是通过经济手段对商业银行或其他金融机构进行业务上的监督管理的。

教学互动

问：中央银行与一般金融机构有哪些区别？

答：中央银行与一般金融机构的区别见表6.1。

表6.1 中央银行与一般金融机构的区别

区别	中 央 银 行	一般金融机构
地位	一国的最高金融管理当局	一般企业（公司）法人
经营目的	不以营利为目的；调节货币流通和供应；对金融机构和宏观经济进行管理	以营利为目的
业务对象	政府部门、金融机构	政府部门、企事业单位、居民个人、社会组织等
享有权限	国家赋予的管理权	无特权，彼此间平等竞争
履行职能手段	法律、法规、行政、经济手段	只能通过业务活动
活动领域	宏观政策、经济领域	微观政策、经济领域

四、中央银行的职能

中央银行通过发挥其职能来调节本国的货币供应量、利率等，从而实现宏观经济管理。发行的银行、银行的银行、政府的银行，体现了中央银行的三大基本职能。

（一）发行的银行

发行的银行，是指中央银行垄断货币发行权，是一国唯一的货币发行机构。这是中央银行不同于商业银行及其他金融机构的独特之处。

中央银行独占货币发行权，是中央银行发挥其职能作用的基础。中央银行通过掌握货币发行，可以直接影响整个社会的信贷规模和货币供应量，进而对社会经济产生影响。一部中央银行史就是一部从独占货币发行权到控制货币供应的发展史。货币供应就像经济中的血液，中央银行掌握着货币发行权，控制着货币供应量，也就掌握着货币的吞吐，从而成为经济的心脏。

（二）银行的银行

中央银行作为银行，也办理存、贷、汇业务，只不过其业务对象不是一般的企业和个人，而是商业银行和其他金融机构，所以它也被称作银行的银行。中央银行的具体职能如下。

1. 各金融机构向中央银行缴纳存款准备金

一般来说，各国银行法都规定商业银行吸收的存款要按一定的比例作为法定的存款准备金，并保留在中央银行的账户上。最初，中央银行集中保管存款准备金的目的是为了保障存款人和金融机构的安全；后来，这逐渐演变为中央银行调控信贷规模和货币供应量的重要手段。一般来说，商业银行在中央银行的存款是没有利息收入的。

2. 中央银行要向金融机构提供贷款援助

作为最后贷款人，中央银行要在其他金融机构资金周转困难而无其他途径筹措资金时，对其提供贷款援助。中央银行对商业银行的贷款，主要来源于国库存款和商业银行缴存的准备金。如果这些资金还不够用，中央银行则可以发行基础货币来满足资金的需要。因此，这是一道防止银行破产倒闭的“防火墙”。一般来说，中央银行对商业银行的贷款主要通过对商业银行办理的贴现票据进行再贴现的方式进行，或是以有价证券抵押申请贷款，或是完全的信用贷款。这种贷款又被笼统地称为“再贴现贷款”，其利率则被称为“再贴现率”。这样，中央银行通过变动再贴现率，对整个社会的资金供求状况和利率产生影响。

3. 中央银行负责组织全国范围内的资金清算

由于各金融机构都在中央银行设有存款准备金账户并拥有存款，所以它们之间收付的资金在中央银行账户上进行划拨、转账即可。这一方面可以节约资金的使用，减少清算费用，解决单个银行资金清算所面临的困难；另一方面，也有利于中央银行通过清算系统对商业银行等机构的经营状况进行监督控制。

（三）政府的银行

政府的银行，是指中央银行既作为政府管理金融的工具，又为政府提供金融服务，代表国家贯彻执行金融政策，而不是指中央银行的资本归政府所有（尽管有许多国家的中央银行的确是国家所有的）。中央银行为政府管理金融的具体职能如下。

（1）代理国库。包括经办政府的财政预算收支，充当政府的出纳。

（2）充当政府的金融代理人，代办政府的各种金融事务。例如，代理国债的发行、销售及还本付息事宜；代表政府保管黄金外汇储备、办理黄金外汇买卖业务等。

（3）向政府提供金融支持。一般来说，中央银行作为政府的银行，只负有对政府融通临时短期资金的义务，而对政府财政的长期性的实质性赤字则不负融资义务，政府应通过其他途径来弥补政府财政的不足。因此，中央银行对政府财政的信贷支持不会对货币流通产生很大影响。为了稳定货币流通，许多国家对中央银行向政府财政贷款的数量及期限都有法律加以规定，以限制政府向中央银行无限制地借款。

（4）作为国家最高的金融管理当局，执行金融行政管理。例如，依法对金融机构的设置、撤并、迁移等进行审批和注册；对金融机构的业务范围、清偿能力、资产负债结构、存款准备金缴存情况进行检查等。

（5）代表政府参加国际金融活动，进行金融事务的协调、磋商等；代表政府签订国际金融协定。

（6）制定和执行货币政策。

第二节　中央银行的主要业务

中央银行的三大职能都体现在其具体的业务活动中，而中央银行的主要业务是指资产业务和负债业务。我们可以通过中央银行的资产负债表来了解中央银行的基本业务。

表 6.2　中央银行的资产负债表

资产项目	负债和资本项目
再贴现及放款	流通中的货币
各种证券及财政贷款	存款准备金
黄金外汇储备	财政存款
其他资产	其他存款
	其他负债
	资本
资产项目合计	负债和资本项目合计

中央银行的资产负债表的主要项目由负债、资本和资产三部分组成。三类项目的关系如表 6.2 所示，其中：

$$资产 = 负债 + 资本$$

上式表明，在任何时点上，中央银行未清偿的负债总额与资本总额之和必然等于其资产的价值。

一、中央银行的负债业务

中央银行的负债业务是形成其资金来源的业务，主要有以下几项业务。

（一）货币发行

货币发行（即流通中的现金）是中央银行最重要的负债业务，流通中的现金构成了社会经济活动中最主要的资金来源。流通中的现金是商业银行通过中央银行的资产业务，以贴现、贷款、购买证券、收购金银外汇等途径进入到社会流通中，来满足社会经济发展对货币需求的。

我国人民币的发行历来坚持了以下三个发行原则。

1. 集中统一发行原则

在我国，集中是指人民币的发行权集中于国务院；统一是指国家授权中国人民银行统一垄断人民币的发行；除中国人民银行外，任何地区、任何单位和个人都无权发行货币。

2. 计划发行原则

计划发行是指货币发行要根据国民经济发展的要求，有计划地发行。我国的人民币发行是由中国人民银行总行提出人民币发行计划，报国务院批准后组织实施。

3. 经济发行原则

经济发行原则也称“信用发行原则”，是财政发行的对称。经济发行是指根据国民经济发展情况，按照商品流通的实际需要发行货币。这种货币发行是在经济增长的基础上增加相应的货币投放量，是为了适应和满足商品生产和商品流通对货币的客观需要，不会引起物价波动和通货膨胀。

（二）存款准备金

存款准备金由以下两部分构成。

1. 法定存款准备金

法定存款准备金的金额大小是由中央银行规定的法定存款准备金率决定的，而且商业银行等金融机构无权动用法定存款准备金，这部分存款构成了中央银行稳定的长期性资金来源。

2. 超额存款准备金

超额存款准备金是指除法定存款准备金存款外，商业银行在中央银行账户上的存款。这部分存款是商业银行的短期周转性存款，主要是为了便于其与其他金融机构之间进行清算。

（三）代理国库

中央银行代理国库是指政府的各项基金、财政收入和支出都是通过政府部门在中央银行开立的账户进行办理。财政存款就是中央银行在代理国库过程中所接收的政府部门的各类存款及财政结余。

中央银行吸收存款必须遵循一定的原则，那就是尽量不吸收脱离中央银行控制的存款，如个人、工商企业或地方政府的存款。因为脱离中央银行控制的中央银行存款，其增加或减少可能与中央银行执行的货币政策相悖，从而导致货币政策效果不佳，甚至失效。

（四）其他负债业务

除了上述三种负债业务外，中央银行还有发行中央银行债券并开展对外负债业务。

视野拓展

请读者扫描下面的二维码，观看中央电视台新闻视频“揭秘国库·互联网+时代国家大‘账本’”，回答以下问题：

1. 央行代理国库有哪些优越性？
2. 央行如何代理国库？

1. 发行中央银行债券

发行中央银行债券是中央银行的一种主动负债业务。中央银行债券发行的对象主要是国内的金融机构。中央银行发行债券的目的：一是针对商业银行和其他金融机构超额存款准备金过多的情况，发行债券从而减少它们的超额储备，以便于有效地控制货币供应量；二是以其作为公开进行市场操作的工具之一，通过中央银行在债券市场的买卖行为，灵活调节社会流通中的货币供应量。

2. 中央银行的对外负债业务

中央银行的对外负债业务主要包括从国外银行借款、向外国中央银行借债、申请国际金融机构贷款、在国外发行中央银行债券等。各国中央银行对外负债的目的一般有以下几个。

（1）为了平衡国际收支。无论出于何种原因，当一国政府出现国际收支逆差时，都需要采取措施进行弥补，其中，中央银行通过对外负债业务灵活融资就是各国政府经常采用的一种措施。为弥补国际收支逆差的对外负债通常采用国际贷款的方式，包括国际金融机构贷款、外国政府贷款和国际性银行贷款等。

（2）为了维持本币汇率的稳定。当今各国中央银行出于某种政策目标，一般都会通过对外汇市场的干预，调节汇率，使汇率保持在既定的目标区间内。由于中央银行对外汇市场的干预是通过买卖外汇进行的，因此，中央银行手中需要持有一定数量的外汇。当本国的外汇储备不足时，就需要通过对外负债筹措外汇，以保持或增加中央银行对外汇市场的干预能力。

（3）为了应付货币危机或金融危机。随着国际游资数量的激增，国际游资对一国金融业的冲击力大大增强，各国的金融风险也在增加，许多国家先后出现过金融危机。一旦金融危机出现，中央银行就要尽力干预市场，干预市场的方法包括从国外商业银行借款、向外国中央银行借款、申请国际金融机构贷款、在国外发行中央银行债券等对外负债业务。中央银行通过这些对外负债业务从国外筹措外汇资金，以增强中央银行的宏观调控能力，应对金融危机。

（五）资本金

中央银行必须保留一定的资本金，以保证各项业务的正常开展。世界各国中央银行按资本金所有权的不同可分为三种类型。

1. 政府出资

政府出资，即中央银行的全部资本金由政府出资。目前，绝大多数国家的中央银行都是由政府出资。

2. 混合持股

混合持股，即中央银行的资本金是由政府和个人认购股份构成。中央银行的一部分股份由政府持有，政府持有中央银行的股份一般都在一半以上；中央银行的另一部分股份由其他组织或个人持有，但私人股东只有每年收取固定股息的权利，而没有股东投票权、经营管理权等实质性权利。

3. 银行持股

银行持股，即中央银行的资本金是由该国的商业银行按一定资本量认购其股票的资金。采取这种方式的国家有美国。如美联储的资本是由几千家商业银行按其资本的一定比例认购股份，这些股东只享受每年固定的股息，无权参与管理，持有的股份也不准转卖。

需要指出的是，由于中央银行拥有特殊的地位和权利，其资本金在实际使用中比一般金融机构要少得多，有的国家的中央银行甚至没有资本金。

二、中央银行的资产业务

中央银行的资产业务是指其对资金的运用业务，即对政府部门、商业银行等机构提供特殊金融服务，实现宏观经济调控的资金运用业务。中央银行的资产业务主要包括再贴现及放款、各种证券、黄金外汇储备和其他资产业务。

1. 再贴现业务

在商业票据流通盛行、贴现市场发达的国家，再贴现业务是中央银行向商业银行融通资金的重要方式。

所谓再贴现，是指商业银行买进客户未到期的票据，再凭借买进的票据向中央银行申请办理贴现的资金融通行为。在这里，中央银行通过买进商业银行的未到期票据形成了自己的资产，并作为“最后贷款人”向商业银行融通了资金；商业银行获得了资金，就可以为自己购买新的资产。再贴现利率是中央银行购进其资产——未到期票据的“价格”，换句话说，再贴现利率就是商业银行获得资金的成本。这样，中央银行可以通过对再贴现率的调节来影响商业银行借入资金的成本，刺激或抑制资金的需求，从而实现对货币供应量的控制。

2. 贷款业务

中央银行的贷款业务主要有以下几类。①对商业银行的贷款。这种贷款一般是短期业务，而且多是以政府债券或商业票据作为担保的抵押贷款，它是中央银行对外贷款中最主要的部分。②对财政部门的抵押贷款。这种贷款主要包括对财政部门的正常借款和透支。③其他放款。其中包括中央银行对外国银行和国际性金融机构的贷款，以及对国内工商企业少量的直接贷款等。

中央银行在办理贷款业务时，要注意：①中央银行发放贷款不能以营利为目的，而只能以实现货币政策为目的；②中央银行应避免直接对个人或工商企业发放贷款，而应集中精力发挥“最后贷款人”的职能；③中央银行放款应坚持以短期贷款为主，一般不经营长期性贷款业务，以防止中央银行资产的高度流动性受到影响，从而妨碍其有效而灵活地调节和控制货币供应量；④中央银行应控制对财政部门的贷款，以保证其相对独立性。

3. 证券买卖业务

在证券市场比较发达的国家，证券买卖业务是中央银行最重要的资产业务。中央银行买卖证券的种类主要有政府公债、国库券以及其他市场性很高的有价证券。中央银行在公开市场上买卖证券的目的一是可以调节和控制货币供应量，进而对整个宏观经济产生积极的影响；二是可以与准备金政策和再贴现政策进行配合运用，来抵消或避免后两种效果猛烈的货币政策对金融造成的强烈震荡和影响。

中央银行在公开市场上买卖证券时，应注意：①中央银行买卖证券只能在二级市场上进行，这是保持中央银行相对独立性的需要；②中央银行只能购买市场属性好、流动性强的证券，以保证其资产的高度流动性；③中央银行一般不能购买外国的有价证券。

4. 保管黄金外汇储备

中央银行作为政府的银行，为政府保管黄金外汇储备是其基本职责之一，也是中央银行的主要资产业务。中央银行在保管黄金外汇储备时，必须从安全性、收益性、可兑现性三方面考虑其构成比例问题。中央银行保管黄金外汇储备，可以起到稳定本币币值和汇率，调节国际收支的作用。

三、中央银行的其他业务

中央银行还开展代理政府债券和资金清算等业务。

1. 代理政府债券

中央银行代理政府债券业务，具体体现在两个方面：一方面，中央银行一般都是政府债券的代理机构，可以为政府代办政府债券的发行、还本付息等业务；另一方面，中央银行还可以通过购买政府债券的方式为政府融通资金。中央银行为政府融通资金时，可从一级市场和二级市场分别购买政府债券。前者是中央银行直接为政府融通资金，其实质与透支并无多少差别；后者从二级市场购买政府债券的做法比较可取，这种做法是中央银行间接地为政府提供资金。

2. 资金清算业务

中央银行是金融机构的清算中心，即为各商业银行办理转账结算业务。在信用制度高度发达的今天，企业间因经济往来发生的债权债务关系一般都通过商业银行来办理转账结算，这种企业间的债权债务关系就转变成了银行间的债权债务关系。不同银行间的债权债务关系又需要通过一个中枢机构来办理转账结算，这个中枢机构就是中央银行，中央银行是一国的资金清算中心。中央银行的此项业务实现了银行之间债权债务的非现金结算，免除了现金支付的麻烦，便利了异地间的资金转移，加速了商品流通。中央银行的资金清算业务包括同地区（或同城）票据交换和办理异地资金转移。

第三节　中央银行的货币政策目标

> **视野拓展**
>
> 财政政策是财政分配关系在国家意志上的反映。在现代商品经济条件下，财政政策又是国家干预经济、实现宏观经济目标的工具。推荐读者通过本书配套电子课件观看关于财政政策的视频，进一步了解财政政策的含义。

货币政策是指中央银行为实现政府宏观经济目标而用来调节货币供应量的各种措施的总称。按照中央银行对货币政策的影响力和影响速度，货币政策可分为两个不同的目标层次，即最终目标和中间目标，它们共同构成中央银行货币政策的目标体系。

一、货币政策的最终目标

货币政策的最终目标是中央银行货币政策的制定者所期望达到的、货币政策的最终实施结果，是中央银行制定和执行货币政策的依据，它基本上与一个国家的宏观经济目标相一致。因此，货币政策的最终目标也称货币政策的战略目标。

货币政策目标的建立与某一特定历史条件下所要解决的经济问题具有密切的连带关系，它是根据实际经济问题的需要而决定的。一国货币政策的最终目标有四个，即稳定物价、充分就业、促进经济增长和平衡国际收支。

在不同的经济发展阶段，各个国家的货币政策目标也有所不同。

1. 稳定物价

稳定物价是各国中央银行货币政策的首要目标，而物价稳定的实质是币值的稳定。所谓币值，原指单位货币的含金量。在现代信用货币流通条件下，衡量币值稳定与否，已经不再是根据单位货币的含金量，而是根据单位货币的购买力，即在一定条件下单位货币购买商品的能力。它通常以“一揽子”商品的物价指数或综合物价指数来表示。

> **视野拓展**
>
> 居民消费价格指数（Consumer Price Index，CPI），是一个反映居民家庭一般所购买的消费品和服务项目价格水平变动情况的宏观经济指标。居民消费价格指数同人民群众的生活密切相关，同时其在整个国民经济价格体系中也具有重要的地位。推荐读者观看本书配套电子课件中关于居民消费价格指数的视频，进一步了解其变动率与通货膨胀或通货紧缩的关系。

目前，世界各国政府和经济学家通常采用综合物价指数来衡量一国货币的币值是否稳定。如果物价指数上升，则表示货币贬值；如果物价指数下降，则表示货币升值。稳定物价是一个相对概念，是指要控制通货膨胀，使一般物价水平在短期内不发生急剧的波动。在动态的经济社会里，要将物价冻结在一个绝对的水平上是不可能的，问题的关键在于能否把物价的波动控制在经济增长所允许的限度范围内。对于这个限度范围的确定，各个国家不尽相同，主要取决于各国的经济发展情况。一般来说，物价每年上涨在3%左右，我们就可以认为物价是稳定的。

> **视野拓展**
>
> 失业率是衡量一定时期满足全部就业条件的就业人口中仍未有工作的劳动力数量的指标。失业率用于衡量闲置中的劳动产能，是反映一个国家或地区失业状况的主要指标。推荐读者观看本书配套电子课件中关于失业率的视频，了解失业的各种原因。

2. 充分就业

充分就业是指有能力并自愿参加工作者，都能在较合理的条件下找到适当的工作。一般以劳动力的就业程度为基准，即以失业率指标来衡量劳动力的就业程度。所谓失业率，指社会的失业人口与愿意就业的劳动力人口之比。失业率的大小，也就代表了社会的充分就业程度。从理论上讲，失业意味着生产资源的一种浪费，失业率越高，对社会经济增长越是不利。因此，世界各国都力图把失业率降到最低的水平，以实现本国经济增长的目标。

从经济效率的角度来看，保持一定的失业水平是适当的，充分就业目标并不意味着失业率等于 0。在正常情况下，难免会有失业的情况出现，如自愿失业、摩擦性失业和结构性失业等。我们一般认为，失业率小于 4%即为充分就业。

3. 经济增长

所谓经济增长就是指国民生产总值的增长必须保持合理的、较高的速度。目前，世界各国衡量经济增长的指标一般采用人均实际国民生产总值的年增长率，即用人均名义国民生产总值年增长率剔除物价上涨率后的人均实际国民生产总值年增长率来衡量。政府一般对计划期内的实际国内生产总值（Gross Domestic Product，GDP）增长幅度定出指标，用百分比表示。中央银行以此作为货币政策的目标。当然，经济的合理增长需要多种因素的配合，最重要的是要增加各种经济资源的投入，如人力、财力、物力，并且要求投入的各种经济资源实现最佳配置。

中央银行作为国民经济中的货币主管部门，直接影响到国民经济的财力部分，对资本的供给与配置有重要的作用。因此，中央银行以经济增长为目标，指的是中央银行在接受既定目标的前提下，通过其所能操纵的工具对资源的运用加以组合和协调。中央银行可以通过增加货币供给量或降低实际利率水平的办法来促进投资；或者通过控制通货膨胀率，以消除其所产生的不确定性对投资的影响。

4. 平衡国际收支

国际收支平衡是指一定时期内（通常指 1 年内），一国对其他国家或地区的全部货币收支保持基本平衡。平衡国际收支，就是政府采取各种措施，调节国际收支差额，使其趋于平衡。如果一国国际收支失衡，无论是顺差或逆差，都会对本国经济造成不利影响。长期的巨额国际收支逆差会使本国的外汇储备下降，并负担沉重的债务和大量的利息；而长期的巨额国际收支顺差，又会造成本国资源使用上的浪费，使一部分外汇闲置，特别是因大量购进外汇而增发本国货币，会引起或加剧国内的通货膨胀。当然，相比之下，国际收支逆差的危害尤甚。因此，世界各国政府调节国际收支失衡一般着力于减少和消除国际收支逆差。

> **视野拓展**
>
> 国内生产总值是指一个国家（地区）所有常驻单位和个人在一定时期内生产的全部最终产品和服务价值的总和。国内生产总值常被认为是衡量一个国家（地区）经济状况的重要指标。推荐读者观看本书配套电子课件中关于国内生产总值的视频。

目前，经济学家普遍认为，国际收支平衡应当是一种动态的平衡，即在若干年内，如 3～5 年内，一国的国际收支平衡表主要项目的变动接近平衡，大致上就可以认为是国际收支平衡。在这一时期内，某一年份的不平衡可以由另一年份加以调节。

二、货币政策的中间目标

货币政策的中间目标是指处于货币政策最终目标和操作目标之间，中央银行在一定的时期内和某种特殊的经济状况下，能够以一定的精度达到的目标。

为了灵活调整货币政策工具的方向和力度，以便更好地实现货币政策的最终目标，中央银行通常在货币政策工具与货币政策的最终目标之间设置货币政策的中间目标。这样，中央银行在执行货币政策时，以货币政策工具首先影响利率或货币供给量等货币变量。通过对这些变量的调节，使中央银行的政策工具间接地影响经济增长、就业、物价和国际收支等最终目标变量。因此，利率或货币供给量等货币变量被称为货币政策的中间目标。

（一）设定货币政策中间目标的必要性

一般来说，在宏观经济政策中，货币政策对宏观经济的间接调控过程具有空间上的复杂性和时间上的漫长性，这表现在以下三个方面。

（1）货币政策最终目标是一个长期的目标。它只能为中央银行制定货币政策提供指导思想，并不能为中央银行的日常工作提供现实的依据。从货币政策的确定到货币政策目标的实现，有许多中间环节，中央银行实际上不可能通过货币政策的实施而直接达到其最终的目标，而只能通过观测和控制它所能控制的一些具体的指标来影响实际的经济活动，从而间接地达到其最终目标。

（2）从货币政策工具的运用到货币政策最终目标的实现，存在较长的时滞，如果等中央银行观察到货币政策的最终目标不能实现时，再调整政策工具运用的方向和力度，既耽误了时间又造成了损失，也可能错过了时机。

（3）现实经济生活中，有大量未知的非货币因素直接或间接地影响国民经济的发展。任何国家的国民经济增长目标，不可能通过对某一特定的货币政策工具的操作来直接实现。因此，货币政策的最终目标仅仅是长期的发展方向。货币政策的具体实施，仍要视当时的各种条件确定。

（二）货币政策中间目标的依据

要使货币政策的中间目标能有效地发挥作用，这些中间目标必须具备可测性、可控性、相关性和抗干扰性。

（1）中间目标应该具有可测性。一方面，中央银行能够迅速获取这些指标的准确数据；另一方面，这些指标必须有明确的定义并且便于观察、分析和监测。

（2）中间目标必须具有可控性。可控性是指中央银行可以较有把握地将设定的中间目标控制在确定的或预期的控制范围内。

（3）中间目标必须和最终目标具有良好的相关性。相关性是指中央银行选择的中间目标必须与货币政策的最终目标具有极为密切的联系，对货币政策中间目标的调节能对最终目标的实现起到作用。中央银行通过对货币政策中间目标的控制和调节，确保货币政策最终目标的实现。

（4）中间目标必须具有抗干扰性。抗干扰性是指被作为货币政策中间目标的变量不受其他因素的影响，只反映货币政策因素的影响。

（三）货币政策中间目标的内容

在不同的国家，货币政策中间目标有不同的内容，具体包括以下几个方面。

1. 利率

利率是影响社会货币供求，调节市场货币供给总量的一个重要指标，利率与货币政策目标具有高度的相关性。当社会经济发展繁荣或出现通货膨胀时，市场利率趋于升高；反之，当社会经济衰退或通货紧缩时，市场利率则呈下降趋势。中央银行可随时观察利率的动向，间接调节市场利率。

2. 基础货币

基础货币是指流通中的现金与商业银行的准备金之和，其可控性较强，因为现金由中央银行直接控制，商业银行的准备金由中央银行通过法定存款准备金率加以调节。中央银行通过对基础货币的控制，可以调整商业银行和整个社会的资产结构，调节社会货币供给总量，从而影响市场利率、商品价格及整个社会经济发展。一般来说，基础货币减少，社会的货币供给量就会减少，社会总需求相应缩减；反之，基础货币增加，则社会的货币供给量也会随之增加，社会总需求相应扩大。

视野拓展

2017 年中金网新闻：继续实行稳健的货币政策

3. 货币供给量

货币供给量的每一层次，都可由中央银行在不同程度上加以控制。货币供给量的增减变化，会影响本国的经济增长、物价稳定以及就业目标。因此，货币供给量与货币政策的最终目标的相关性很强。

第四节　中央银行的货币政策工具及传导机制

为了实现货币政策的最终目标，中央银行必须要有足够的、良好的货币政策工具供其运用。各国中央银行的货币政策工具可分为一般性货币政策工具、选择性货币政策工具和其他货币政策工具。

视野拓展

与全世界大多数央行一样，美联储也有两大核心任务：控制通胀和刺激就业。而所谓鹰派和鸽派，就是根据其内部成员对待通胀的容忍度来划分的。请读者扫描下方二维码观看新闻视频，然后回答什么是鸽派。

一、一般性货币政策工具

一般性货币政策工具是各国中央银行调控经济的常规手段。它主要是调节货币供应总量、信用量和一般利率水平。一般性货币政策工具包括法定存款准备金政策、再贴现机制和公开市场业务三大工具。这三大工具也称为央行的“三大法宝”。

1. 法定存款准备金政策

法定存款准备金政策工具的运用是指中央银行在法律规定的权力范围内，通过规定或调整金融机构缴存中央银行的法定存款准备金率，以调节金融机构的准备金数量和货币扩张（缩减）乘数，从而达到控制金融机构的信用创造能力和货币供应量的目的。

视野拓展

央行实行法定存款准备金政策的目的是确保商业银行在遇到客户突然大量提取银行存款时，商业银行能有充足的偿付能力。扫描下方二维码观看视频后回答以下问题：

1. 央行上调存款准备金率的作用有哪些？

2. 央行下调存款准备金率的作用有哪些？

当央行提高法定存款准备金率时，商业银行可对外提供放款及创造信用的能力下降，货币供应量减少，存款利率提高，投资及社会支出都相应缩减；反之，当央行降低法定存款准备金率时，商业银行可对外提供放款及创造信用的能力提高，货币供应量增加，存款利率下降，投资及社会支出都相应扩大。

（1）法定存款准备金政策的优点。央行具有完全的自主权，法定存款准备金政策是三大货币政策工具中最容易实施的手段；存款准备金率的调整对货币供应量的影响直接，一旦央行确定了法定存款准备金率，各商业银行及其他金融机构都必须立即执行；法定存款准备金制度对所有的商业银行一视同仁，其他的金融机构也会受到影响。

（2）法定存款准备金政策的缺点。法定存款准备金政策的作用过大，其调整对整个经济和社会心理预期有巨大影响，不宜作为央行日常调控货币供给量的工具；其政策效果在很大程度上受商业银行超额存款准备金的影响。在商业银行有大量超额存款准备金的情况下，如果央行提高法定存款准备金率，商业银行就会将超额存款准备金的一部分充作法定存款准备金，而不会收缩信贷规模，这就难以实现中央银行减少货币供给量的目的。

2. 再贴现政策

商业银行或其他金融机构用贴现所获得的未到期票据向中央银行所做的票据转让，称为“再贴现”，它是商业银行获取资金的一种融资方式。

中央银行是商业银行的最后贷款者。当商业银行的资金不足时，一个重要的资金补充途径就是拿银行贴现的未到期票据向中央银行要求再贴现，或者以中央银行同意接受的抵押品作担保，申请借款。中央银行的抵押贷款通常以政府债券作抵押，也可用经过审查的“合格的证券”，即用商业票据作担保办理再贴现和抵押贷款。这两种方式习惯被称为“再贴现”，且以后者为主，中央银行的贷款多数是短期的，一般为 1 天到 2 周。

（1）再贴现政策的优点。再贴现政策有利于央行发挥最后贷款者的作用，而且既能调节货币供给的总量，又能调节货币供给的结构。

（2）再贴现政策的缺点。再贴现业务的主动权在商业银行，而不在央行，这就限制了央行的主动性；再贴现率的调节作用有限。社会经济繁荣时期，即使央行提高再贴现率，也未必能够抑制商业银行的再贴现需求，因为商业银行的盈利更高；社会经济萧条时期，即使央行降低再贴现率，也未必能刺激商业银行的借款需求，因为此时的盈利水平很低。因此，再贴现政策可能在社会经济繁荣时期“火上浇油”，而在社会经济萧条时期“雪上加霜”。央行的再贴现率不能经常进行调整，否则市场利率的经常波动会使商业银行无所适从。

3. 公开市场业务

公开市场业务是指中央银行在公开市场上买进或卖出有价证券（主要是买卖政府债券）以增加或减少货币供应量的一种货币政策手段。当金融市场上资金短缺时，中央银行通过公开市场业务买进有价证券。这相当于向社会投入了一笔基础货币，从而增加了货币供应量；相反，当金融市场上货币过多时，中央银行就通过公开市场业务卖出有价证券，以达到回笼货币、收缩信贷规模、减少货币供应量的目的。

（1）公开市场业务的优点。央行能及时运用公开市场操作，买卖任意规模的有价证券，从而精确地控制银行体系的准备金和基础货币，并使之达到合理的水平。央行运用公开市场业务的调控效果更加准确，且不受银行体系反应程度的影响。在公开市场业务的操作中，央行始终处于积极主动的地位，完全可以按自己的意图来实施货币政策，这是“主动出击”而非“被动等待”。央行的公开市场操作没有“告示效应”，不会引起社会公众对货币政策意图的误解，也不会造成经济的紊乱。央行可以连续、灵活地不受时间、数量、方向限制地进行公开市场操作，而不会因为经济主体的适应性调整，造成经济运行的紊乱。央行进行公开市场操作，不决定其他证券的收益率或利率，因而也不会直接影响商业银行的收益。另外，公开市场操作可以普遍运用，广泛地影响社会经济活动。

（2）公开市场业务的缺点。公开市场业务的收效缓慢，因为国债买卖对货币供给量及利率的影响需要一定的时间，才能缓慢地传导到其他金融市场，影响社会经济活动。

央行的公开市场业务必须具备以下三个条件，才能充分有效地发挥作用：①央行必须具有强大的、足以干预和控制整个金融市场的金融实力；②要有一个发达、完善和全国性的金融市场，证券种类齐全且达到一定规模；③必须有其他政策工具的配合。

以上三种货币政策工具中，央行最常用的货币政策工具是公开市场业务，因为这项政策比较温和，是对经济的微调，而调整法定存款准备金率和贴现率都是相对强硬的货币政策手段。因此，当我们看到一个国家的央行法定存款准备金率和贴现率出现调整的时候，一般可以认为该国的货币政策将有较大的变化。

视野拓展

公开市场业务与其他货币政策工具相比，具有主动性、灵活性和时效性等特点。中央银行可以充分控制公开市场业务的规模，对公开市场业务有相当大的主动权；公开市场业务是灵活的，具有较大的弹性。推荐读者通过本书配套的电子课件，进一步了解公开市场业务的操作。

二、选择性货币政策工具

选择性货币政策工具是指中央银行针对某些特殊的经济领域或特殊用途的信贷而采用的信用调节工具。选择性货币政策工具是一般性货币政策工具的必要补充。常见的选择性货币政策工具主要有以下几种。

1. 证券信用交易的法定保证金比率

证券信用交易的法定保证金比率是中央银行对以信用方式购买有价证券的购买者所实施的一种管理措施。中央银行通过规定或调整法定保证金比率（按百分比表示的，购买人对所购证券支付的最低现款比率）来控制以信用方式购买有价证券的交易规模。比如说，中央银行规定信用交易保证金比率为30%，则交易额为20万美元的有价证券购买者，必须至少用6万美元的现金一次性交付来进行此项交易，其余资金则通过向金融机构贷款解决。一般情况下，中央银行可根据金融市场的状况规定商业银行提高或降低证券信用交易的法定保证金比率。

证券信用交易的法定保证金比率工具间接地控制了流入证券市场的信用量，即控制了证券市场的最高放款额。它既能使中央银行遏制过度的证券投机活动，又不必贸然采取紧缩或放松货币供应量的政策，有助于避免金融市场的剧烈波动和促进信贷资金的合理运用。

2. 消费信用控制

消费信用控制，是指中央银行对不动产以外的各种耐用消费品的销售融资予以控制，如规定分期购买耐用消费品首期付款的最低限额、分期付款的最长期限和适合于采用分期付款的耐用消费品的种类等。中央银行提高法定的某种商品首期付款的最低限额就等于降低了最大放款额，势必减少社会对此种商品的需求。若缩短偿还期，就增大了每期支付额，也会减少对此类商品和贷款的需求。

3. 不动产信用控制

不动产信用控制是指中央银行对商业银行或其他金融机构不动产贷款的额度和分期付款的期限等规定的各种限制性措施，包括规定商业银行对不动产贷款的最高限额、最长期限、第一次付款的最低金额和对分期还款的最低金额进行控制。不动产信用控制的主要目的是为了抑制房地产投机。

4. 优惠利率

优惠利率是指中央银行对符合国家产业政策要求，重点扶持发展的经济部门或产业，规定较低贴现利率或放款利率的一种管理措施，如基础产业、高科技产业等。

三、其他货币政策工具

（一）直接信用控制

直接信用控制是指中央银行依法对商业银行创造信用的业务进行直接干预时所采取的各种措施，主要措施有信用分配、利率最高限额、流动性比率等。

1. 信用分配

信用分配是指中央银行根据金融市场的状况和宏观经济形势，权衡客观经济需要的轻重缓急，对银行系统的信用加以合理的分配和限制。这种信用分配主要表现为：在限制银行系统对某个领域的信贷时，对银行系统的该项贷款申请，中央银行用各种理由加以拒绝；在支持银行系统对某个领域的信贷时，中央银行可以设立专门信贷基金，以保证该领域对资金的需要。

2. 利率最高限额

利率最高限额是指中央银行规定的商业银行和储蓄机构对储蓄存款所支付的最高利率。利率最高限额的主要作用在于影响利率结构。这项规定会改变银行资金的来源及去向，进而会影响银行信用供给能力和货币供应量。同时，利率最高限额有利于防止金融机构之间争夺存款的过度竞争，避免造成资本成本过高而使银行风险增大，因此，利率最高限额也是中央银行信用控制的一种重要手段。

3. 流动性比率

有些国家的中央银行为了保障金融机构的支付能力，除规定法定存款准备金率外，还规定了金融机构资产流动性的要求，即规定金融机构的全部资产中流动性资产所占的比重。一般来说，资产的流动性比率与收益率成反比。金融机构为了保持中央银行规定的流动性比率，一方面必须缩减长期性放款所占的比重，扩大短期性放款的比重；另一方面，还必须持有一部分可随时应付客户提现的现金。

（二）间接信用控制

间接信用控制是指中央银行凭借其在金融体制中的特殊地位，通过与金融机构之间的磋商、宣传等指导其信用活动，借以控制信用，其方式主要有道义劝告、金融检查和公开宣传等。

1. 道义劝告

道义劝告也称“君子协议”或“窗口指导”，是指中央银行运用自己在金融体系中的特殊地位和威望，通过对商业银行及其他金融机构的劝告，以影响其放款的数量和投资的方向。这一手段的优点在于对信贷的质和量控制并存，具有较大的伸缩性，但无法律强制性。尽管它对商业银行和其他金融机构没有法律的约束力，但由于中央银行的地位，一般来说，它或多或少都会产生效果。比如，日本银行（日本的中央银行）对各商业银行进行的“窗口指导”就是典型的道义劝告。“窗口指导”是日本银行根据产业政策、物价趋势、金融市场动向和前一年度同期的都市银行贷款情况，非正式地要求每家都市银行和较大的地方银行等金融机构每季度贷款应有的增加额（或减少额）。若有商业银行不按日本银行的规定去操作，则日本银行有保留削减其贷款额度的权力，甚至可以采取停止向其提供信用等制裁措施。

2. 金融检查

金融检查是指中央银行利用自己“银行的银行”的身份不定期地对商业银行和其他金融机构的业务经营情况进行合规性检查，并将检查结果予以公开，以监督管理这些金融机构的金融活动。

3. 公开宣传

公开宣传是指中央银行通过各种宣传媒介，公布自己的货币政策和各种经济金融信息，引导各商业银行和其他金融机构及公众按自己的意图行事。

四、货币政策的传导机制

货币政策传导机制是指货币当局从运用一定的货币政策工具到实现其最终目标所经过的途径或具体过程。货币政策传导机制是否完善，直接影响着货币政策的实施效果以及经济的发展。

1. 微观主体传导过程

货币政策的微观主体传导过程一般有三个基本环节，其顺序如下。

（1）从中央银行到商业银行等金融机构和金融市场。中央银行的货币政策工具操作，首先影响的是商业银行等金融机构的准备金、融资成本、信用能力和活动，以及金融市场上货币供给与需求的状况。

（2）从商业银行等金融机构和金融市场到企业、居民等非金融部门的各类经济活动主体。商业银行等金融机构根据中央银行的货币政策操作，对自己的经营活动进行调整，从而对各类经济活动主体的消费、储蓄、投资等经济活动产生影响。

（3）从非金融部门经济活动主体到社会各经济变量，包括总支出量、总产出量、物价水平、就业等。

可见，货币政策的微观主体传导过程就是中央银行运用货币政策工具影响货币政策中间目标，进而实现既定货币政策最终目标的传导途径与作用机理，如图 6.1 所示。

2. 经济变量的传导过程

中央银行通过法定存款准备金率、再贴现政策和公开市场业务等货币政策工具调节货币总量，进而实现货币政策的最终目标。

货币政策的最终目标是央行在一个较长时期内所要达到的战略目标。为了灵活调整货币政策工具的方向和力度，以便更好地实现货币政策的最终目标，中央银行会设定基础货币和货币供给量等货币政策的中间目标来实现调整的精确度，如图6.2所示。

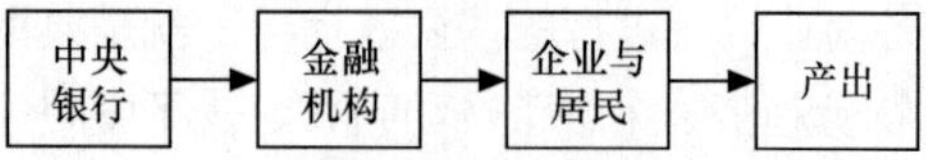

图6.1 货币政策的微观主体传导过程

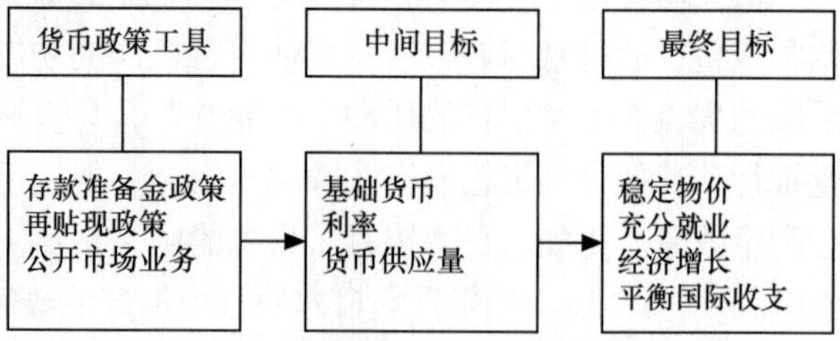

图6.2 货币政策的传导过程

例如，某人打算买套房子，可是现金不足，那么他是否该去银行贷款呢？这要取决于银行贷款的利率，即他能否承受还贷的压力（本金+利息）。

如果贷款的利率低，贷款买房的人就会多。需求决定供给，卖房子的也越多，相应地，对建筑材料的需求会增大……在这个产业链中的每一个个体看到市场的利好都会做出决策——扩大生产规模和消费规模，于是导致他们的资金不足，他们纷纷涌到银行去贷款。然而经济发展是需要平衡的，央行为了实现其经济目标，防止通货膨胀，又使用了货币政策工具提高利率（包括贷款利率和存款利率）。利率提高后，还款金额超出了购买者的预期，于是购房计划只好作罢。不仅如此，在这个产业链中的每一个个体都感受到了资金成本及市场的压力，自然会有一部分个体撤出这块市场。于是，市场得到稳定，供需达到平衡。当然，实际的过程要比这复杂得多。

综合练习题

一、概念识记

货币政策的目标　公开市场政策　货币政策　再贴现政策　道义劝告　直接信用控制

二、单选题

1. 货币供应量一般是指（　　）。
   A. 流通中的现金量　　B. 流通中的存款量
   C. 流通中的现金量与存款量之和　　D. 流通中的现金量与存款量之差
2. 货币供给的根本来源是（　　）。
   A. 银行贷款　　B. 财政支出　　C. 企业收入　　D. 个人收入
3. 如果物价上涨，名义货币供给成比例地随之增加，则实际货币供给（　　）。
   A. 成比例地增加　　B. 成比例地减小　　C. 保持不变　　D. 无方向性的振荡
4. 如果实际货币需求增加而名义货币供给不变，则货币和物价的变化是（　　）。
   A. 货币升值，物价下降　　B. 货币升值，物价上涨
   C. 货币贬值，物价下降　　D. 货币贬值，物价上涨
5. 我国的中央银行是（　　）。
   A. 工商银行　　B. 中国人民银行　　C. 建设银行　　D. 招商银行
6. 中央银行提高法定存款准备金率，将导致商业银行信用创造能力的（　　）。

A. 上升 B. 下降 C. 不变 D. 不确定

7. 基础货币是由（ ）提供的。

A. 投资基金 B. 商业银行 C. 中央银行 D. 财政部

8. 派生存款是由（ ）创造的。

A. 商业银行 B. 中央银行 C. 证券公司 D. 投资公司

9. 下列资产负债项目中，属于中央银行负债的有（ ）。

A. 流通中的通货 B. 央行的外汇储备 C. 对商业银行的贷款 D. 财政借款

10. 下列金融变量中，直接受制于商业银行行为的是（ ）。

A. 超额存款准备金比率 B. 现金漏损率

C. 定期存款比率 D. 财政性存款比率

11. 真正最早全面发挥中央银行功能的是（ ）。

A. 英格兰银行 B. 瑞典银行 C. 普鲁士银行 D. 法兰西银行

12. 中央银行的产生（ ）商业银行。

A. 早于 B. 晚于 C. 同时 D. 有赖于

13. 窗口指导属于（ ）货币政策工具。

A. 一般性 B. 选择性 C. 直接信用控制 D. 间接信用控制

14. 中央银行在经济衰退时，（ ）法定存款准备金率。

A. 调高 B. 降低 C. 不改变 D. 取消

15. 中央银行若提高再贴现率，将迫使（ ）。

A. 商业银行降低贷款利率 B. 商业银行提高贷款利率

C. 商业银行按兵不动 D. 企业的贷款成本更高

16. 中国人民银行在金融市场上购入国库券时，相应会（ ）基础货币。

A. 回笼 B. 购入 C. 买断 D. 投放

17. 下列中央银行的行为和服务中，体现其“银行的银行”职能的是（ ）。

A. 代理国库 B. 对政府提供信贷

C. 集中保管商业银行现金准备 D. 发行货币

18. 货币政策的制定者和执行者是（ ）。

A. 中央政府 B. 商业银行 C. 财政部 D. 中央银行

19. 作为货币政策工具，再贴现的缺点是（ ）。

A. 在调节货币供应总量的同时又调节了信贷结构

B. 主动权不在商业银行

C. 主动权不在中央银行

D. 以票据融资风险大

20. 货币政策四大目标之间存在矛盾，任何一个国家要想同时实现这些目标都是很困难的，但其中（ ）是基本一致的。

A. 充分就业与经济增长 B. 经济增长与平衡国际收支

C. 物价稳定与经济增长 D. 物价稳定与充分就业

三、多选题

1. 中央银行作为国家的特殊金融机构，其特殊性主要表现在（ ）。

A. 地位的特殊 B. 业务的特殊 C. 管理的特殊

D. 能力特殊　　E. 组织的特殊

2. 中央银行是一国金融体系的中枢，它的职能包括（　　）。

A. 发行的银行　　B. 政府的银行

C. 银行的银行　　D. 管理金融的银行

3. 中央银行产生的必要性有（　　）。

A. 银行券统一发行的必要　　B. 全国统一清算系统建立的必要

C. 最后贷款人问题的必要　　D. 金融监管问题的必要

4. 在通货紧缩时期，中央银行可以采取的货币政策有（　　）。

A. 降低再贴现利率　　B. 提高存款准备金率

C. 在公开市场上买进证券　　D. 道义劝告

5. 中央银行作为"银行的银行"体现在（　　）。

A. 集中存款准备金　　B. 代理国库

C. 最终贷款人　　D. 组织全国的清算

6. 中央银行垄断货币发行权的意义在于（　　）。

A. 统一货币发行与流通的基本保证　　B. 通货稳定的基本条件

C. 实施金融宏观调控的充分与必要条件　　D. 保证存款金融机构的支付和清偿能力

E. 政府收取"铸币税"的重要渠道

7. 存款准备金率下调会使商业银行的（　　）。

A. 超额存款准备金减少　　B. 超额存款准备金增多

C. 信贷量减少　　D. 信贷量增多

8. 再贴现作为货币政策工具运用的前提条件是（　　）。

A. 票据融资业务发展水平高　　B. 再贴现率低于市场利率

C. 再贴现率高于市场利率　　D. 商业银行要以再贴现方式向中央银行借款

9. 公开市场业务作为货币政策工具的主要缺点是（　　）。

A. 干扰其实施效果的因素多　　B. 影响证券市场稳定

C. 时滞较长　　D. 中央银行处于被动地位

10. 公开市场业务的优点是（　　）。

A. 调控效果猛烈　　B. 主动性强　　C. 灵活性高

D. 影响范围广　　E. 容易对经济产生副作用

11. 下列各项中，属于货币政策中间目标的是（　　）。

A. 货币供应量　　B. 基础货币　　C. 利率

D. 超额存款准备金　　E. 税率

12. 利率作为中间目标，它的优点有（　　）。

A. 可控性强

B. 可测性强

C. 货币当局能够通过利率影响投资和消费支出，从而调节总供求

D. 调控效果猛烈

E. 影响范围广

13. 中央银行的负债业务主要有（　　）。

A. 货币发行　　B. 商业银行等金融机构的存款

C. 国库等公共机构存款　　D. 外汇和黄金
E. 政府借款

14. 从世界各国来看，货币政策的最终目标主要包括（　　）。
A. 稳定物价　　B. 促进经济增长　　C. 充分就业
D. 社会稳定　　E. 平衡国际收支

15. 货币政策最终目标之间存在矛盾的是（　　）。
A. 稳定物价与平衡国际收支　　B. 稳定物价与经济增长
C. 经济增长与平衡国际收支　　D. 稳定物价与充分就业

16. 作为货币政策工具，再贴现作用于经济的途径有（　　）效果。
A. 货币乘数　　B. 调整借贷成本
C. 宣示　　D. 结构调整

17. 运用货币政策所采取的主要措施有（　　）。
A. 控制货币发行　　B. 推行公开市场业务
C. 改变存款准备金率　　D. 调整再贴现率
E. 直接信用管制

18. 货币政策发挥作用的途径有（　　）。
A. 对基础货币的影响　　B. 对货币乘数的影响
C. 对利率的影响　　D. 对汇率的影响

19. 中央银行调高利率的政策效果是（　　）。
A. 货币需求量下降　　B. 货币供给量上升
C. 通货膨胀受到抑制　　D. 居民收入水平上升
E. 股票指数下跌

20. 存款准备金政策是一种效果强烈的货币政策。我国曾经频繁使用该货币政策工具，其主要原因是（　　）。
A. 我国国际收支逆差矛盾突出
B. 我国银行体系流动性不足
C. 我国物价上涨过快已有较严重的通货膨胀
D. 央行使用该工具欲较快达到调控目的

四、判断题

1. 中央银行的公开市场业务都是在二级证券市场而非一级证券市场进行的。（　　）
2. 稳定物价即指将物价指数控制在1%。（　　）
3. 中央银行在公开市场上卖出证券，可导致基础货币减少。（　　）
4. 任何国家都会存在多种原因的失业，所以充分就业是不可能的。（　　）
5. 基础货币中具有乘数效应的部分主要是现金。（　　）
6. 制定货币政策是中央银行“银行的银行”的职能体现。（　　）
7. 当大量货币进入不动产市场而引发房地产价格上涨时，中央银行应通过调高法定存款准备金率控制过多的货币供给。（　　）
8. 选择性的货币政策工具通常可在不影响货币供应总量的条件下，影响银行体系的资金投向和不同贷款的利率。（　　）

9. 中央银行是在业务经营中有一定的利润收入，是不以营利为目的的金融机构。（　　）

10. 法定存款准备金政策具有较强的告示效应。（　　）

11. 若非银行公众向中央银行出售债券，则基础货币增加。（　　）

12. 任何一个国家同时实现货币政策的所有目标都是很困难的，因此，各国一般都选择一到两个目标作为货币政策的主要目标。（　　）

13. 再贴现是中央银行与商业企业之间办理的票据贴现业务。（　　）

14. 中央银行提高法定存款准备金率，目的是为增加商业银行可用资金的规模，扩大货币供应量。（　　）

15. 若中央银行在市场购买价值100万元的外汇，同时增加100万元的对商业银行的再贴现贷款，货币乘数为3，则在其他条件不变时，货币供应量增加600万元。（　　）

16. 一般地说，央行降低再贴现利率，则货币供应量一定扩张。（　　）

17. 货币供应量是由四个经济主体，即公众、银行部门、政府及货币当局共同决定的。（　　）

18. 财政赤字往往会导致基础货币增加。（　　）

19. 地下经济活动越猖獗，现金漏损率越高。（　　）

20. 信用货币时代，可以完全由市场来调节货币供给。（　　）

五、思考题

1. 各种货币政策的中间目标各有哪些优缺点？

2. 货币政策的最终目标是什么？这些目标之间的关系是什么？

3. 中央银行的一般性货币政策工具有哪几种？它们分别是如何调控货币供应量的？其各自的优缺点分别是什么？

4. 货币政策中间目标的选择依据主要有哪些？

5. 请分析并说明图6.3的含义。

图6.3　思考题图示

第七章

货币供求均衡与通货膨胀

【学习目标】

知识目标

了解货币供给、货币需求的含义以及影响因素；掌握货币均衡的含义、度量指标和货币失衡的治理措施。

能力目标

能分析生活中的通货膨胀现象，为后面的学习打下基础。

【知识框架】

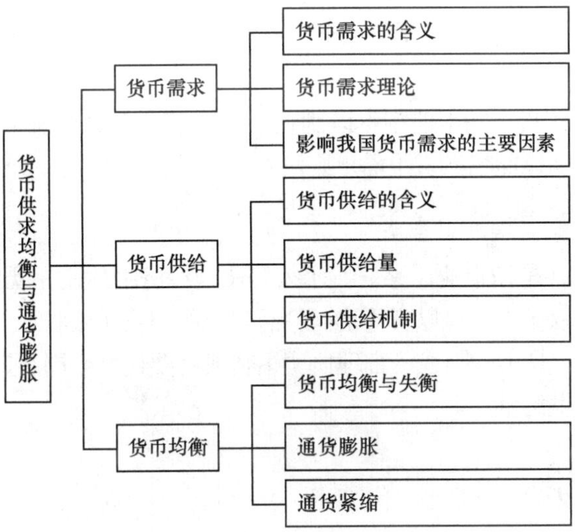

【情境导入】

（续前章）小岛上有一个聪明人甲，他绞尽脑汁地想把钱弄到自己手里。他在海边捡了一颗石子，告诉乙说，这颗石子是葡萄玛瑙，值 100 万元。乙相信了甲的话，想买下这颗石子。可是，整个岛上的钱加在一起也没有 100 万元。怎么办呢？乙只能向银行借钱。但是银行也没有这么多钱，于是银行就把印钞机打开，专门印了 100 万元的钞票，借给乙买了那颗石子。

买了这颗石子的乙很快又觉得石子对自己来说没什么用，决定卖掉这颗石子。于是，乙仍以 100 万元的价格把这颗石子卖给了丙。由于聪明人甲把钱花光了，所以岛上的钱多了起来，所以这一次 100 万元勉强可以筹到。但当丙以 200 万元的价格转让这颗石子的时候，岛上的钱又不够了。于是银行只能再印 100 万元钞票……就这样，钞票越印越多。当这个石子不停地流通转让时，大家并不觉得岛上的钱多了，因为多出来的钱都被那个石子吸附了，其他产品的价格大多还是原来的样子。可是，当这个石子不流通或流通变慢时，大家就会觉得钱多了。如果最后持有石子的人把它扔到大海里，那就等于岛上凭空多出 N 个 100 万元的钞票来。这时，如果这颗石子没了，岛上其他商品的价格就会飞涨，即出现了通货膨胀。

第一节 货币需求

在现代高度货币化的经济社会中，社会各部门都需要持有一定的货币去交换商品、支付费用、偿还债务、从事投资或保存价值，因此便产生了货币需求。

一、货币需求的含义

从货币流通的角度看，货币需求是在一定的时间和空间范围内，商品流通对货币的客观需求。在社会经济活动中，货币需求量表现为一定时期内各经济主体对货币形式持有的总和。

1. 名义货币需求与真实货币需求

（1）名义货币需求，是指一个社会或一个经济部门在不考虑价格变动时的货币需求量，用 M_d 表示，即直接以现行价格水平或名义购买力表示的货币需求量。

（2）真实货币需求，是指剔除了物价变动以后的货币需求量，用 M_d/p 表示，即用货币的实际购买力表示的货币需要量。

名义货币需求与真实货币需求的根本区别在于：真实货币需求剔除了通货膨胀或通货紧缩所引起的物价变动的影响，而名义货币需求则没有。

2. 微观货币需求与宏观货币需求

（1）微观货币需求，是指企业、家庭、个人等微观经济主体，在既定的收入水平、利率水平和其他经济条件下，以多大比例以货币形式持有自己的财富（或收入）。

（2）宏观货币需求，是指一国经济合理协调运转或者要达到当局制定的某些宏观经济目标，在总体上需要多少货币供给量。

二、货币需求理论

（一）马克思货币需求理论

马克思货币需求理论也称为“货币必要量理论”。为方便分析流通中的货币量问题，我们可以以金币流通作为假设条件，其论述过程如下。

（1）商品价格由商品的价值和黄金的价值决定，商品带着价格进入流通。

（2）商品价格是多少，就需要用多少黄金来交换它。

（3）商品与黄金交换后，商品就退出了流通，但黄金仍留在流通领域中重复使用。

马克思货币需求理论集中表现在其货币流通规律的公式中：

流通中的货币需求量 = 商品价值总额 ÷ 货币的流通速度（次数）

$$M_d = (P \cdot Q)/V$$

式中，P 表示商品总量；Q 表示商品价格水平；V 表示货币流通速度。

上式表明：货币的需求量与货币的流通速度成反比，与商品总量和商品的价格水平成正比。

例如，在一定时期内，甲用 10 元货币向乙买花生，乙用这 10 元货币向丙买布，丙又用它向丁买衣服，这 10 元货币在一定时期内实现了 30 元的商品价值，其流通次数是 3 次。

敲黑板

马克思的货币需求量公式强调，商品价格总额决定货币需要量，而货币需求量对商品价格没有决定性影响。这个论断只在金属货币流通的条件下适用。

教学互动

问：假定流通中有货币量 100 亿元，原计划商品销售总额为 1 000 亿元，由于生产发展，商品销售总额将增长 10%，而且物价水平将上升 5%，则在货币流通速度为 10 次的情况下，需要增加投放多少货币？

答： $(1\,000 + 1\,000 \times 10\%) \times (1 + 5\%)/10 = 115.5$（亿元）

$115.5 - 100 = 15.5$（亿元）

（二）费雪方程式与剑桥货币需求理论

1. 费雪方程式

在古典货币数量论中，美国耶鲁大学经济学家费雪对货币需求理论做了清晰的阐述。他提出了如下的交易方程式（也称为“费雪方程式”）：

$$M \cdot V = P \cdot T$$

或

$$P = M \cdot V/T$$

式中，M 为一定时期内流通货币的数量；V 为货币的流通速度；P 为各类商品价格的加权平均数；T 为各类商品的交易数量。

从这个方程式中可以看出，P 的值取决于 M、V、T 这三个变量的相互作用。费雪认为，在这三个经济变量中：M 是一个由模型之外的因素所决定的外生变量；V 由于制度性因素在短期内会保持不变，因而可视为常数（它取决于人们的支付习惯、信用的发达程度、运输与通信条件等）；商品交易量 T 随时间的推移变化得非常缓慢，也可视为常数。因此，P 和 M 的关系最为重要，P 的值取决于 M 的变化。如果货币数量 M 增加 20%，则商品的价格水平 P 也就增加 20%。

费雪虽然更多地注意了 M 对 P 的影响，但商品平均价格 P 的概念是无法成立的，因此，要从费雪方程式中得出 M 的值是不可能的。

例如，我们有这样一组价格数据：布，20 元/米；松木，1 000 元/立方米；楼房，4 000 元/平方米；猪肉，30 元/千克；青菜，2 元/千克；感冒药，1 元/片；电影票，10 元/张；温泉，30 元/小时……你不可能从这组数据中得出一个平均商品价格的数值来。

费雪方程式没有考虑微观主体动机对货币需求的影响，这被许多经济学家认为是该方程式的缺陷。

2. 剑桥方程式

剑桥方程式又称为“现金余额方程式”。剑桥方程式表达的经济意义被称为“现金余额说”，主要是强调了人们保有的现金余额对币值，进而对物价的影响。1917 年，剑桥大学教授庇古提出了货币需求函数，即剑桥方程式：

$$M_d = K \cdot P \cdot Y$$

式中，Y 表示实际收入；P 表示价格水平，$P \cdot Y$ 表示名义收入；K 表示人们持有的现金量占名义收入的比率。因而货币需求 M_d 是名义收入和人们持有的现金量占名义收入比例的函数。

庇古提出这一货币需求函数，其理论依据是马歇尔的货币数量论。马歇尔认为，货币流通的速度取决于人们的持币时间和持币量，而人们的持币时间和持币量又取决于人们的财产和收入中多大一部分以货币形态贮存起来。人们以货币形态贮存起来的财产和收入是人们愿意保持的备用购买力。这部分购买力的高低取决于以货币形态保持的实物价值。因而庇古的货币需求函数，也就是马歇尔货币数量论的数学化。

敲黑板

剑桥学派是19世纪末20世纪初由英国经济学家马歇尔创建的一个学派。由于马歇尔和他的忠实门生庇古、罗伯逊等长期在英国剑桥大学任教，所以他们创建的学派被称为“剑桥学派”。又由于其创始人马歇尔提出的“均衡价格论”既继承了这个时期的经济学传统（以生产费用解释价值决定），又融合了19世纪70年代后以边际效用解释价值决定的学说，故该学派又被称为“新古典学派”。

以马歇尔和庇古为代表的剑桥学派，从微观主体视角研究货币需求，认为个人对货币的需求实质是选择用哪一种方式保持自己的财产。他们认为，货币需求主要受人们的财富水平、利率变动以及持有货币可能带来的利益等诸多因素的影响。在其他因素不变的情况下，对每一个人而言，名义货币需求与名义货币收入水平之间呈正相关关系。同理，对于整个经济运行体来说，货币的需求与收入水平之间也呈正相关关系。

教学互动

问：费雪方程式与剑桥方程式的主要区别是什么？

答：剑桥方程式中决定货币需求的因素多于费雪方程式，特别是利率的因素受到重视。这两个方程式的具体区别如表7.1所示。

表7.1　费雪方程式与剑桥方程式的主要区别

方程式 / 区别点	费雪方程式	剑桥方程式
对货币需求分析的侧重点	重视货币交易功能，强调货币的流通	重视货币作为一种资产的作用，强调货币的持有
货币的决定因素	强调经济制度和货币流通速度	强调人们持有货币的动机
研究货币存量的角度	强调对货币流量的分析	强调对货币存量的分析
对货币需求的分析角度	注重对货币需求的宏观分析	注重对货币需求的微观分析（持有货币动机）

（三）凯恩斯货币需求理论

凯恩斯货币需求理论认为，人们对货币的需求出于以下三种动机。

（1）交易动机。人们为从事日常的交易支付必须持有货币。

（2）预防动机，又称“谨慎动机”。人们持有货币以应付难以预料的紧急支付。

（3）投机动机。由于利率的不确定性，人们为避免资本损失或增加资本收益，及时调整资产结构而持有货币。

在凯恩斯货币需求理论提出的这三种动机中，人们由交易动机和预防动机而产生的货币需求均与商品和劳务交易有关，故而称为“交易性货币需求”（L_1）；人们由投机动机而产生的货币需求主要用于金融市场的投机活动，故称为“投机性货币需求”（L_2）。货币总需求等于交易性货币需求（L_1）与投机性货币需求（L_2）之和。凯恩斯认为，货币的总需求是由收入和利率两个因素决定的，可用公式表示为

$$M = M_1 + M_2 = L_1(Y) + L_2(r)$$

式中，M 为货币总需求；M_1 为交易性货币需求；M_2 为投机性货币需求；Y 为收入；r 为货币市场的利率。L_1 是收入 Y 的增函数。L_2 与利率有关，是利率的减函数。

凯恩斯货币需求理论将货币的投机性需求列入货币需求范围，如图 7.1 所示。

把利率作为影响货币需求的重要因素予以考虑是凯恩斯的一大创举。凯恩斯还提出了一个重大的政策理论，即国家在有效需求不足时，可以通过降低利率来引导企业扩大投资，扩大货币供给量，增加就业和产出。

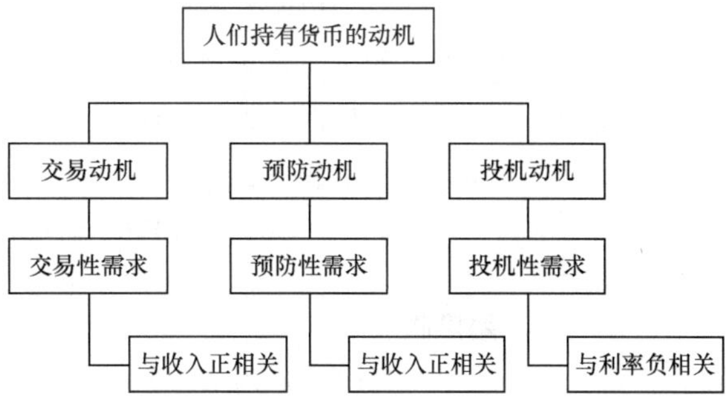

图 7.1　人们持有货币的动机

（四）弗里德曼货币需求理论

美国经济学家弗里德曼认为，货币数量论并不是关于产量、货币收入或物价水平的理论，而是货币需求的理论，即货币需求是由何种因素决定的理论。因此，弗里德曼对货币数量论的表述就是从货币需求入手的。

弗里德曼认为，人们对货币的需求受三个因素的影响：收入或财富的变化、持有货币的机会成本、持有货币给人们带来的效用。

1. 影响人们货币需求的第一类因素是预算约束

预算约束，是指个人所能够持有的货币以其总财富量为限，并以恒久收入作为总财富的代表。恒久收入是指过去、现在和将来的收入的平均数，即长期收入的平均数。弗里德曼注意到：在总财富中包括人力财富（个人通过劳动获得的收入）和非人力财富（通过投资获取的财富）。弗里德曼把非人力财富占总财富的比率作为影响人们货币需求的一个重要变量。

弗里德曼强调，新货币数量论与传统货币数量论的差别在于：传统货币数量论把货币流通速度 V 当作一个由制度决定的常数，而新货币数量论认为稳定不变的不是 V，而是决定 V 值的函数，V 只不过是其稳定的外在表现而已。V 值长期来看是一个不变的量，在短期可以轻微地波动。

弗里德曼认为，货币数量论首先是一种货币需求理论，其次才是产出、货币收入或物价水平的理论。因此，货币数量论所要研究的主要是影响人们货币需求的各种因素。在弗里德曼的货币需求理论中，决定货币需求的因素主要有以下三个。

（1）总财富。弗里德曼认为，总财富是决定货币需求的一个重要因素。总财富可以用永久性收入 Y 来衡量。

（2）非人力财富在总财富中所占的比例。弗里德曼把总财富分为非人力财富和人力财富两部分。这两种财富的形式是可以相互转换的，但人力财富转化为非人力财富比较困难。因此，如果人力财富在总财富中所占的比例越大，或非人力财富在总财富中所占的比例越小，则社会对货币的需求就越大；反之，如果人力财富在总财富中所占的比例越小，或非人力财富在总财富中所占的比例越大，则社会对货币的需求就越小。

（3）各种非人力财富的预期报酬率。弗里德曼认为，人们选择保存资产的形式除了各种有价证券外，还包括资本品、不动产、耐用消费品等有形资产。一般来说，各种有形资产的预期

收益率越高，人们愿意持有的货币就越少。因此，债券的预期收益率、股票的预期收益率和物质资产的预期收益率都是影响货币需求的重要因素。

此外，其他影响货币需求的因素，例如资本品的转手量、个人偏好等，都以变量 U 来概括表示。

2. 影响货币需求的第二类因素是货币及其他资产的预期收益率

货币及其他资产的预期收益率包括货币的预期收益率、债券的预期收益率、股票的预期收益率和预期物价变动率等。

一般来说，各种资产的预期收益率越高，人们愿意持有的货币就越少。

3. 影响货币需求的第三类因素是财富持有者的偏好

财富持有者的偏好包括资本的转手量、个人偏好等。

弗里德曼的货币需求函数公式为：

$$M_d = f(P, Y, W, r_m, r_b, r_e, 1/p \cdot dp/dt; U)$$

式中，M_d 表示名义货币需求量；P 表示价格水平；Y 表示收入；W 为物质财富（非人力财富）占总财富的比例；r_m 表示货币的预期收益率；r_b 表示固定收益证券的利率；r_e 表示股票的预期收益率；$1/p \cdot dp/dt$ 表示预期物价变动率，是实物资产的预期名义收益率；U 表示其他因素（反映主观偏好，如财富所有者的特殊偏好等）。r_m、r_b、r_e、$1/p \cdot dp/dt$ 均为机会成本变量。这些变量与货币需求量呈负相关关系。U 在短期内可以被视为是不变的。

敲黑板

每个家庭在一定时期内所拥有的财富数量是有限的。但人们可以选择所拥有的财富的形式。人们以货币形式拥有财富的比例越大，则以其他形式（如证券、实物资产等）拥有财富的比例就越小。例如，人们以房产形式拥有财富会带来租金收入，以债券形式拥有财富会带来利息收入，而以货币形式拥有财富则没有这些收益。这就是人们持有货币的机会成本。

从弗里德曼的货币需求函数可以看出，弗里德曼一是提出了恒久收入的概念；二是将物价变动率的因素考虑了进去；三是引进了债券收益率；四是引入了非人力财富占个人总财富的比例；五是引进了综合变量 U。另外，弗里德曼还认为，利率对货币需求没有多大影响。他所提出的货币需求函数是稳定的。

教学互动

问： 弗里德曼货币需求理论和前述的货币需求理论有什么不同？

答： 弗里德曼继承了凯恩斯把货币视为资产的观点，同时，他还把人们拥有财富的形式扩展到股票、债券、实物资产等更大的范围。

三、影响我国货币需求的主要因素

由于不同国家在经济制度、金融发展水平、文化和社会背景以及所处经济发展阶段等方面的不同，影响货币需求的因素也会有所差别。现阶段影响我国货币需求的因素主要有以下几个。

1. 人们的实际收入

人们需要货币首先是为了开支，而人们支出水平的高低取决于他们的收入水平。实际收入越高的家庭，支出水平也越高，因而他们需要的货币数量也越多。可见，货币需求量是和实际收入水平呈正相关关系的。

2. 商品价格水平或价格指数

人们持有货币的目的是购买商品或服务。因此，人们需要的实际上是货币具有的购买力，或货币能买到的商品或服务。如果某人原先持有 1 000 元货币，现在若所有商品价格上涨了 1 倍，则现在他必须持有 2 000 元货币才能买到和原先数量一样的商品。如果他仍只有 1 000 元货币，则他只能买到原来商品数量的一半。可见，当价格水平提高时，为了保持原持有货币的购买能力，他需要持有的名义货币数量必须相应增加。一定数量的名义货币需求除以价格水平称之为“实际货币需求量”。

3. 利率

利率的高低决定了人们持有货币机会成本的大小。利率越高，人们持有货币的机会成本越大，人们就不愿持有货币而愿意购买生息资产以获得高额利息的收益，因而人们的货币需求量会减少；利率越低，人们持有货币的机会成本越小，人们则更愿意手持货币而减少了购买生息资产的欲望，货币需求量就会增加。

相对来说，如债券年利率为 10%时，某人持有 10 000 元货币 1 年的损失或者说机会成本就是 1 000 元；若银行存款年利率为 5%时，其持有货币 1 年的机会成本就是 500 元。显然，利率越高，人们越不愿意把货币放在手中，或者说人们对货币的需求量就越小。

4. 货币流通速度

货币流通速度是指一定时期内货币的转手次数。动态地考察，一定时期内的货币总需求就是货币的总流量，而货币总流量是货币平均存量与货币流通速度的乘积。在人们用来交易的商品与劳务总量不变的情况下，货币流通速度的加快会减少现实的货币需求量；反之，货币流通速度的减慢则必然会增加现实的货币需求量。

案例透析

这是炎热小镇慵懒的一天。太阳高挂，街道无人，每个人都债台高筑，靠信用度日。这时，从外地来了一位有钱的旅客，他走进了一家旅馆，拿出一张 1 000 元的钞票放在柜台上，说想先看看房间，挑一间合适的客房住宿。

就在此人上楼的时候，店主抓起了这张 1 000 元的钞票，跑到隔壁屠户那里支付了他欠的肉钱。屠夫有了 1 000 元，穿过马路付清了他欠猪农的钱。猪农拿着 1 000 元钞票，付清了他欠的饲料款。卖饲料的拿到 1 000 元钞票，赶忙去付清他因为房子装修暂住旅馆的房费。旅馆店主则忙把这 1 000 元放到柜台上，以免那位旅客下楼时起疑。此时，那人正好走下楼来，他拿起 1 000 元钞票，说没有满意的房间，就把钱放进口袋走了。这一天，没有人生产任何东西，也没有人得到任何东西，可他们之间的债务都还清了，大家都很开心。

启发思考：为什么说货币流通速度加快，可以减少货币需求量？

5. 金融资产的选择

由于各种金融资产与货币需求之间有替代性，所以各种金融资产的收益率、安全性、流动性以及人们资产的多样化选择，对货币需求量的增减都有影响。

6. 其他因素

国家的政治形势、财政收支引起的政府对货币需求量的变化，金融服务技术的水平，人们对利润与价格的预期变化，甚至社会文化的特性、企业服务质量的优劣、人们的生活习惯等都会影响货币需求量。

案例透析

根据马克思阐述的关于一定时期内作为流通手段和支付手段的货币需求量规律，分析以下情况。

1. 假设流通中的待售商品的价格总额为1 000亿元，赊销商品的价格总额为20亿元，到期应付总额为30亿元，相互冲销总额为50亿元，货币流通速度为5次，那么货币需求量为多少？

2. 以上其他条件不变，假设赊销商品的价格总额变为160亿元，则此时的货币需求量是多少？

3. 以上哪些情况可能影响货币需求量的增加？

第二节 货币供给

货币供给是指货币供给主体向社会公众供给货币的经济行为。货币供给量的变化对企业的生产经营、金融市场的运行和居民个人的投资行为有重大的影响。当货币供应不足时，市场商品价格下跌，生产减少，投资乏力，经济紧缩；当货币供应过量时，市场商品价格上涨，生产扩大，投资强劲，经济繁荣。当然，如果货币的供应量超出了一定的限度，那么货币供给量极易成为通货膨胀的源泉。

一、货币供给的含义

货币供给是指某一国（或货币区）的银行系统向经济体中投入、创造、扩张（或收缩）货币的金融过程。

货币供给主要是研究由谁来提供货币、提供什么货币、怎样提供货币和提供多少货币等问题的。

货币供给的主要内容有货币供给量、货币供给的决定因素、货币层次的划分、货币创造过程等。

（1）货币供给主体是中央银行和商业银行；

（2）货币供给通过中央银行和商业银行两级货币创造机制来完成；

（3）按照流通便捷程度划分，可将货币分为现金、狭义货币和广义货币。

二、货币供给量

货币供给量是指一国（或货币区）在某一时期内为社会经济运转服务的货币存量，它由包括中央银行在内的金融机构供应的存款货币和现金货币两部分构成。

1. 狭义货币供给量

狭义货币供给量是指流通中的现金（指各种组织的库存现金和居民个人手持现金之和，其中“组织”是指银行体系以外的企业、机关、团体、部队、学校等单位）加上各种组织在银行的可开支票进行支付的活期存款。

2. 广义货币供给量

广义的货币供给量和狭义货币供给量相对应，它是狭义货币供给量与定期存款和储蓄存款的总和，如图 7.2 所示。

图 7.2 中，M0 被称为基础货币，它是一个国家发行的真实的货币总量，也就是我们通常所说的印发的钞票加上少量的金属货币。

M1 是在 M0 基础上再加上活期存款和支票存款，是狭义上的货币供应量，可用一句话将其概括为“能随时取现的钱”。

M2 是在 M1 基础上再加上稳定性较强的存款，是广义上的货币供应量。它包括了 M1 中的所有货币。

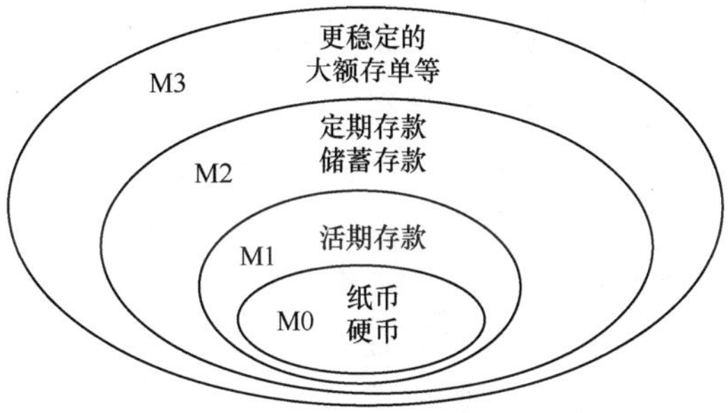

图 7.2　货币供应量的层次

需要特别说明的是，M2 不包括投资中的资金，因为银行放贷，资金会流通，但股市中的资金不对流通产生影响。

M3 是更广义的货币，这类货币稳定性更强、流通性更差。M3 是为金融创新而设置的，官方不公布，只作为测算时的参考。

2018 年金融统计数据报告显示：12 月末，广义货币（M2）的余额为 182.67 万亿元，狭义货币（M1）的余额为 55.17 万亿元，流通中货币（M0）的余额为 7.32 万亿元。

三、货币供给机制

在二级银行制度下，货币供给是通过中央银行和商业银行两级货币创造机制来完成的。在此制度下，中央银行和商业银行在货币供应过程中的地位和作用是不同的。

（一）货币创造第一渠道——央行基础货币

基础货币与广义货币供应量的关系如图 7.3 所示。

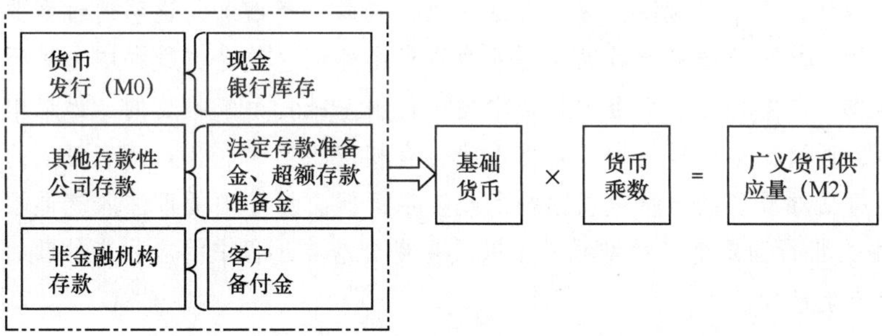

图 7.3　基础货币与广义货币供应量的关系

教学互动

问：存款性公司、非存款类金融机构、其他存款性公司有哪些，请举例说明？

答：

1．存款性公司

存款性公司由中央银行和其他存款性公司构成。

2．其他存款性公司

（1）存款货币公司。存款货币公司是指可以吸收活期存款、提供支票转账结算服务的金融公司。主要包括：①国有商业银行；②股份制商业银行；③城市商业银行和农村商业银行；④城市信用社和农村信用社；⑤外资银行；⑥中国农业发展银行。

（2）其他存款货币公司。其他存款货币公司是指仅能接受一些在期限、金额或者来源上存在某种限制的存款的金融性公司。主要包括：①中资或外资企业集团财务公司；②国家开发银行；③中国进出口银行等。

3．非存款类金融机构

非存款类金融机构是指除中央银行和其他存款性公司以外的其他金融公司。主要包括：①信托投资公司；②金融租赁公司；③保险公司；④证券公司；⑤证券投资基金管理有限公司；⑥养老基金公司；⑦资产管理公司；⑧担保公司；⑨期货公司；⑩证券交易所；⑪期货交易所等。

1．基础货币

基础货币就是流通中的现金和准备金存款之和，即

基础货币=货币发行+存款性机构存款+非金融机构存款（央行资产负债表负债端）

影响基础货币的变量如下。

（1）货币发行

一般来说，中央银行的货币发行是通过再贴现、再贷款、购买有价证券以及收购黄金外汇等途径将货币投入市场，从而形成流通中的货币，形成中央银行对社会公众的债务。

教学互动

问：基础货币的增减变化通常取决于哪些因素？为什么会有变化？

答：基础货币的增减变化通常取决于以下因素：①央行对商业银行等金融机构债权的变动。中央银行债券增加，意味着对商业银行再贴现或再贷款资产增加，说明通过商业银行注入流通的基础货币增加。②国外净资产数额。国外净资产由外汇、黄金占款和中央银行在国际金融机构的净资产构成，其中外汇、黄金占款是中央银行用基础货币来收购的，如果中央银行对外汇市场进行干预，通过该渠道投放的基础货币就会有相应的变化。③对政府债权的净额。中央银行直接认购政府债券或贷款给财政以弥补财政赤字，就会把基础货币注入流通领域。④其他项目（净额）。中央银行固定资产的增减变化以及在资金清算过程中的应收应付款的增减变化都会对基础货币量产生影响。

（2）存款性机构存款

存款性机构存款是指商业银行的存款准备金，包括法定存款准备金和超额存款准备金。

法定存款准备金即指商业银行吸收的存款不能全部放贷出去，必须按照法定比率留存一部分作为随时应付存款人提款的准备金。

中央银行调整法定存款准备金率对金融机构以及社会信用总量的影响较大。从直观上看，中央银行规定的法定存款准备金率越高，商业银行等上缴的存款准备金就越多，其可运用的资

金就越少，从而导致社会信贷总量减少；反之，如果中央银行规定的法定存款准备金率越低，商业银行等上缴的存款准备金就越少，其可运用的资金来源就越多，从而导致社会信贷量增大。

超额存款准备金是指商业银行存在央行（不是个人存在商业银行）的资金中超过法定存款准备金的部分。

（3）非金融机构存款

2018 年 7 月 9 日前，银行对客户备付金这部分存款只需按照法定存款准备金率上交存款准备金即可。把银行账户上的资金转到支付宝的银行账户上，对于银行来说是没有多少区别的，都是存款。2019 年 1 月 14 日后客户备付金 100%集中交存，商业银行减少了这部分放贷资金。无论是作为法定存款准备金率提高还是现金漏损率提高来理解，货币乘数都会下降。

2. 货币乘数

中央银行提供基础货币以后，还要通过商业银行的信用创造过程才能完成货币供给，这个过程是一个倍数放大过程。在实际经济生活中，银行提供的货币和贷款会通过数次存款、贷款等活动产生出数倍于它的存款，即通常所说的派生存款。货币乘数的大小决定了货币供给扩张能力的大小。

所谓货币乘数，也称“货币扩张系数”或“货币扩张乘数”，是指在基础货币（高能货币）的基础上，货币供给量通过商业银行的创造存款货币功能产生的信用扩张倍数（货币供给扩张的倍数）。其表达式为

$$货币乘数 = 广义货币/基础货币$$

式中，广义货币（货币供给）等于通货（流通中的现金）和活期存款的总和；基础货币等于通货和存款准备金的总和。

货币乘数的影响因素有法定存款准备金率和超额存款准备金率。影响超额存款准备金率的因素主要有市场利率、再贴现率、社会公众对现金或定期存款的偏好程度、社会资金需求的程度等。

教学互动

若流通于银行体系之外的现金总量为 500 亿元，商业银行吸收的活期存款为 6 000 亿元，其中 600 亿元缴存中央银行作为存款准备金。

问：货币乘数是多少？

答： $m = (C + D)/(C + R) = (500 + 6\,000)/(500 + 600) = 5.9$

3. 现金漏损率

现金漏损率的计算公式为

$$现金漏损率 = C/D$$

式中，C 表示现金，D 表示存款。

影响现金漏损率的因素归纳起来有社会公众的收入水平与消费倾向、社会公众的流动偏好、持有现金的机会成本和其他因素。

4. 商业银行活期存款金额与存款总额的比率

商业银行活期存款金额与存款总额的比率主要受居民可支配收入水平的高低、存款利率的高低及存款结构三种因素的影响。

案例透析

假设某中央银行的有关资料显示，流通中的现金（C）为100亿元，现金提取率为1%，存款准备金率为4%，请计算：①基础货币；②银行存款（D）；③货币供给量；④货币乘数。

（二）货币创造的第二层渠道——商业银行信用创造

传统模式下，商业银行增加资产的方式主要包括发放贷款、购买外汇、持有债券。

1. 发放贷款

银行发放贷款是商业银行货币创造最传统的方式，也是最主要的一种方式。贷款信用扩张就是货币乘数发挥作用的过程。

假如，某客户在某商业银行存入100元存款，则该银行的负债增加存款100元，资产增加法定存款准备金20元、超额存款准备金80元。当银行把80元超额存款准备金全部用于发放贷款时，80元超额存款准备金变成贷款，由于客户增加了80元存款，所以银行资产端又增加了16元法定存款准备金和64元超额存款准备金，以此类推、不断循环。银行每次发放贷款都会创造存款，从而完成货币创造，其路径如表7.2所示。

2. 购买外汇

在存在国际贸易顺差时，商业银行购买外汇也是货币的创造过程。

假如，银行不是发放贷款而是购买外汇，80元超额存款准备金则变成银行的外汇资产。同样，客户增加80元存款，银行增加16元法定存款准备金和64元超额存款准备金。然后银行可以继续用超额存款准备金购买外汇。银行每次购买外汇都会创造存款，从而完成货币创造，其路径如表7.3所示。

3. 购买非银债券

购买非银债券的货币创造过程和发放贷款与购买外汇类似。

假如，银行购买债券80元，其资产端的超额存款准备金转化为债券资产。由于同时客户增加了80元存款，从而银行负债端存款总额为180元，资产端债券资产为80元、法定存款准备金为36元、超额存款准备金为64元。银行每次购买债券都会派生存款，从而完成货币创造，其路径如表7.4所示。

表7.2 商业银行发放贷款

资产：元	负债：元
法定存款准备金20 超额存款准备金80	存款100
发放贷款后	
法定存款准备金20 贷款80 法定存款准备金16 超额存款准备金64	存款80

表7.3 商业银行购买外汇

资产：元	负债：元
法定存款准备金20 超额存款准备金80	存款100
购买外汇后	
法定存款准备金20 外汇资产80 法定存款准备金16 超额存款准备金64	存款80

表7.4 商业银行购买非银债券

资产：元	负债：元
法定存款准备金20 超额存款准备金80	存款100
购买债券后	
法定存款准备金20 债券资产80 法定存款准备金16 超额存款准备金64	存款80

注意，此处是非银债券，如果是银行债券，只会发生银行间超额存款准备金的转移，并不会增加存款，也不能完成货币创造。

第三节 货币均衡

在现代商品经济条件下，几乎一切经济活动都必须借助于货币的运动。货币的运动反映了整个商品世界的运动。因此货币供求的均衡，也可以说是由这些货币收支运动与它们所反映的国民收入及社会产品运动之间的相互协调一致。

一、货币均衡与失衡

货币供给和货币需求之间，是一种互相制约、相互影响的关系，一方的变动会引起另一方的相应变动。

（一）货币均衡

货币均衡即货币供求均衡，是指社会的货币供给量与客观经济对货币的需求量基本相适应的状态，即货币需求量（M_s）= 货币供给量（M_d）。它意味着既无超额需求，也无超额供给。

1. 货币均衡的特点

货币均衡是货币供求作用的一种理想状态，是货币供给量与货币需求量大体一致的状态，而非货币供给量与货币需求在价值上的完全相等。

货币均衡是一个动态的过程，在短期内货币供给量与货币需求量可能不一致，但从长期来看，货币供给量与货币需求量是大体一致的。

2. 货币均衡的标志

商品供求平衡，是指社会上既没有商品供给过多引起的积压，也没有商品供给不足引起的短缺，商品市场物价稳定。

金融市场资金供求平衡，是指社会有限资源得到合理配置，不存在通货膨胀，也不存在通货紧缩，形成均衡利率。

（二）货币失衡

在货币流通过程中，货币供给量与货币需求量往往会出现不对等的情况，被称为货币失衡，或称货币供求的非均衡，即 $M_d \neq M_s$。

如果 $M_d > M_s$，则说明存在通货膨胀，表现为经济增长速度加快，物价上涨。

如果 $M_d < M_s$，则说明存在通货紧缩，表现为经济增长停滞甚至负增长，商品严重滞销，失业率上升。

二、通货膨胀

在纸币流通条件下，货币供给量大于货币实际需求量会导致货币贬值，物价上涨。

> **视野拓展**
>
> 推荐读者观看本书配套电子课件中的视频“货币发行量”，思考货币发行量和通货膨胀之间的关系。

（一）通货膨胀的含义

通货膨胀是指一般物价水平在某一时期内，连续性地以相当的幅度上涨的状态。通货膨胀是指所有商品与劳务价格总水平呈上升趋势。这种物价总水平呈持续上涨状态，而不是指一两个月的物价上涨，通常以年作为通货膨胀的计量时间单位。这种物价持续上涨状态包括公开的及各种隐蔽的不同形式。

一般的物价上涨，如某一年大白菜欠收，大白菜的价格从1元/千克涨到2元/千克，这不叫通货膨胀。但是如果包括大白菜在内的“一揽子”的商品价格，像猪肉、粮食，乃至酱油、醋的价格全面、持续地上涨，这就叫通货膨胀了。发生通货膨胀是因为社会上的商品还是那么多，但是流通的货币增加了，比如社会上原来流通的货币是1 000亿元，现在增加到了2 000亿元。当商品价格全面上涨的时候，通货膨胀就真的来了。

教学互动

问： 物价上涨就是通货膨胀吗？

答： 通货膨胀一定表现为物价上涨，但物价上涨未必就是通货膨胀，只有全面、持续的物价上涨才是通货膨胀。同样的道理，通货紧缩一定表现为物价下滑，但物价下滑未必就是通货紧缩。

（二）衡量通货膨胀的指标

衡量通货膨胀的指标，又称“通货膨胀的度量”，是指可以表示通货膨胀程度的一种相对数。衡量通货膨胀的指标通常有以下三个。

1. 生产价格指数

生产价格指数（Producer Price Index，PPI），又称批发物价指数是衡量工业企业产品出厂价格变动趋势和变动程度的指数。由于企业最终要把它们的生产经营费用以更高的消费价格的形式转嫁给消费者，所以，我们通常认为生产价格指数的变动对预测居民消费价格指数的变动是有用的。

2. 居民消费价格指数

居民消费价格指数（Consumer Price Index，CPI）是反映居民家庭购买的消费品和服务价格水平变动情况的宏观经济指标。一般来说，居民消费价格指数的高低直接影响着国家的宏观经济调控措施的出台与力度，如央行是否调息、是否调整法定存款准备金率等。同时，居民消费价格指数的高低也间接影响资本市场（如股票市场）的变化。

例如，2017年1月10日，国家统计局发布了关于居民消费价格指数的数据，该数据显示，居民消费价格指数环比上涨0.2%，同比上涨2.1%；生产价格指数环比上涨1.6%，同比上涨5.5%。就当时物价水平和经济发展的形式来看，当时专家预计，2017年居民消费价格指数压力不大，无须高强度的宏观经济调控措施。最终，2017年的居民消费价格指数上涨1.6%，较2016年下降0.4个百分点，宏观经济较为稳定。

> **视野拓展**
>
> 推荐读者观看本书电子课件中有关生产价格指数的视频短片，了解相关知识。

3. 国内生产总值平减指数

国内生产总值有名义国内生产总值与实际国内生产总值之分，为了反映两者之间的内在联系，必须剔除价格变动的影响，由此提出了国内生产总值平减指数的概念。国内生产总值平减指数（GDP deflator）是指没有剔除物价变动前的国内生产总值与剔除了物价变动后的国内生产总值的比率，其表达式为

国内生产总值平减指数 =（名义国内生产总值 ÷ 实际国内生产总值）× 100%

国内生产总值平减指数表明了货币供给量与货币需求量的比例关系，其计算涉及全部商品和服务，除消费外，还包括生产资料和资本、进出口商品和劳务等，可见国内生产总值平减指数比居民消费价格指数涉及的范围更广泛。因此，这一指数能够更加准确地反映一般物价水平的走向，是对价格水平的宏观度量。

案例透析

假设某国最终产品的价格和产量如表 7.5 所示，请分析比较一下价格变动的程度。

表 7.5　某国最终产品的价格和产量表

商品样本	名义国内生产总值		实际国内生产总值
	2009 年（基期）	2019 年（现期）	2016 年（现期）
香蕉	15 万单位 × 1 = 15（万元）	20 万单位 × 1.5 = 30（万元）	20 万单位 × 1 = 20（万元）
上衣	5 万单位 × 40 = 200（万元）	6 万单位 × 50 = 300（万元）	6 万单位 × 40 = 240（万元）
合计	215 万元	330 万元	260 万元

（三）通货膨胀的类型

通货膨胀一般有以下几种类型。

（1）成本推动型通货膨胀，是指由于生产成本上升而引起一般商品价格水平的持续上涨。这种通货膨胀有以下两种情况：①由于工资的刚性上涨导致的工资推动的通货膨胀；②某些垄断性行业的生产者为追求超额利润，抬高物价导致通货膨胀。这种通货膨胀也称为利润推动的通货膨胀。

（2）需求拉动型通货膨胀，是指由于投资规模过大和消费需求增长过快引起的通货膨胀。

视野拓展

扫描下方二维码观看视频，回答以下问题：

1. 什么是通货膨胀？为什么会发生通货膨胀？
2. 通货膨胀的特征有哪些？

（3）混合型的通货膨胀，是指由过度需求、通货膨胀预期和成本推进共同作用引起的通货膨胀。

（4）结构性的通货膨胀，是指在社会商品总供求关系基本平衡的情况下，由个别关键性商品供不应求拉动的物价全面上涨。

三、通货紧缩

通货紧缩从本质上讲是一种货币现象，在市场化条件下表现为物价水平的持续下降。

（一）通货紧缩的含义

据国际货币基金组织的定义，通货紧缩是以居民消费价格指数或国内生产总值平减指数来

衡量的总体物价水平的持续下降。由于居民消费价格指数与居民生活更为密切，因此我们通常选择居民消费价格指数同比涨幅来作为通货紧缩的度量指标。国家信息中心认为，居民消费价格指数同比涨幅低于1%，且持续6个月以上的经济状况，就是通货紧缩。

（二）通货紧缩的度量

1. 度量物价水平变化的指标

敲黑板

人们依据不同的价格指数对通货紧缩进行判断，会得出不同的结论，因为不同的价格指数在抽样时覆盖的商品范围不同，不同商品的价格变动对货币变动的反应时滞不同，而且对不同价格指数的测算也会存在不同的误差。

常见的度量物价水平变化的指标有国内生产总值平减指数、生产价格指数和居民消费价格指数三种。

对于通货紧缩的一般分析，可以使用同比价格指数，但据此得出的结论，对于轻度的通货紧缩可能不太准确。

对于通货紧缩的专业分析，用环比价格指数来衡量和判断通货紧缩的出现、程度更为合理与准确，但限于统计资料的不足，使用环比价格指数分析通货紧缩时，要对统计数据进行调整，比如是否存在节假日、季节性因素的影响等。

敲黑板

同比是用今年的某个时段的数据与去年的相同时段的数据作比较，适用于观察某个指标在不同年度的变化，其优势是可以去除大多数业务的季节性因素，比如招聘市场二月是淡季，三月是旺季，做三月的分析时用环比实际上体现不出招聘市场的变化，用同比则可以看出今年的增长情况；其劣势是灵活性较低，因为同比大多数以年为单位（否则就达不到去除季节性因素的目的），不能反映出数据的短期大的变化。

环比是用某个阶段的数据与其上一个时长相等阶段的数据作比较，比如本周和上周、本月和上月、本季度和上季度等，用于表示数据的连续变化趋势，其优势是对于高速增长型业务，能非常好地体现出业务的增长趋势和某个事件带来的影响；其劣势是光看数字难以排除季节性因素，且对于稳定波动型数据（如空调月度销售量）来说，趋势不明显，环比意义相对较小。

上面这两种价格指数对于价格走势的判断，有时是一致的，有时也会出现差异。

2. 连续下降的时间标准

经济运行是一个动态的过程，难免会有偶然事件的发生。如果因为突发事件导致物价的下降，而据此界定通货紧缩无疑是荒谬的。一般来说，确认通货紧缩的时间，至少应长到能够判定物价的下降并非偶然因素所致。在我国，如果物价连续两到三个季度下降，就视作连续下降。

（三）通货紧缩的分类

按照通货紧缩的程度不同，可以分为温和的通货紧缩和恶性的通货紧缩，区分这两种通货紧缩的依据主要是看经济有没有出现衰退。

按照通货紧缩的表现形式，可以分为公开型通货紧缩和隐蔽型通货紧缩，区分这两种通货紧缩依据主要是看价格有没有放开。

想一想

通货膨胀与通货紧缩有什么不同？

按照通货紧缩的形成机理，可以分为需求拉动型通货紧缩、成本推动型通货紧缩、供求混合型通货紧缩和结构型通货紧缩。

按照通货紧缩能否被预测，可以分为预期通货紧缩和非预期通货紧缩。

敲黑板

货币均衡与失衡对应着经济的均衡与失衡。货币供给量大于货币需求量，意味着经济过热，通货膨胀；货币供给量小于货币需求量，意味着经济萧条，通货紧缩。

（四）通货膨胀与通货紧缩的治理措施

治理通货膨胀最根本的措施是发展生产，增加有效供给，同时采取控制货币供给量，实行适度从紧的货币政策和量入为出的财政政策等措施。治理通货紧缩要调整优化产业结构，综合运用投资、消费、出口等措施拉动经济增长，实行积极的财政政策、稳健的货币政策、正确的消费政策，坚持扩大内需的方针。

想一想

什么是宽松的货币政策？什么是积极的财政政策？

综合练习题

一、概念识记

货币需求　货币供给　剑桥方程式　居民消费价格指数　生产价格指数
国内生产总值平减指数　凯恩斯货币需求理论

二、单选题

1. 提出现金交易说的经济学家是（　　）。

A. 凯恩斯　　B. 马歇尔　　C. 费雪　　D. 庇古

2. 根据现金交易说中的货币需求函数，货币需求与利率（　　）。

A. 正相关　　B. 负相关　　C. 正负相关都可能　　D. 不相关

3. $M_d = K \cdot P \cdot Y$ 属于（　　）的理论。

A. 现金交易说　　B. 现金余额说
C. 可贷资金说　　D. 流动性偏好说

4. 根据凯恩斯流动性偏好理论，当预期利率上升时，人们就会（　　）。

A. 抛售债券而持有货币　　B. 抛出货币而持有债券
C. 只持有货币　　D. 只持有债券

5. 下列选项中，（　　）不属于弗里德曼的货币需求理论。

A. 利率是货币需求的重要决定因素
B. 货币口径扩大到各类银行存款，且大部分是有收益的
C. 其需求函数中的收入是指“永久性收入”
D. 作为货币替代物的资产不止一种，重要的利率也不止一种

6. 预防性货币需求和交易性货币需求一样，除了受人们的收入影响外，也受利率变化的影响，与利率变化的方向成（　　）变化关系。

A. 正方向　　B. 反方向　　C. 正反方向都可能　　D. 不相关

7. 凯恩斯的货币需求函数非常重视（　　）的主导作用。

A. 恒常收入　B. 货币供给量　C. 利率　D. 汇率

8. 一般用来衡量通货膨胀的价格指数是（　　）。

A. 居民消费价格指数　B. 生产价格指数

C. 国内生产总值平减指数　D. 以上均正确

9. 货币供给层次一般都是按（　　）来划分。

A. 流动性　B. 安全性　C. 效益性　D. 周期性

10. 我国的货币供给层次中，M0是指（　　）。

A. 流通中的现金　B. 狭义货币量　C. 广义货币量　D. 准货币

11. 货币乘数是反映货币供给量与（　　）之间数量关系的倍数。

A. 通货量　B. 基础货币　C. 存款准备金　D. 超额存款准备金

12. 法定存款准备金率、超额存款准备金率都与货币乘数成（　　）变化。

A. 正方向　B. 反方向　C. 正反方向都可能　D. 不相关

13. 当出现通货膨胀时，应该采用的政策是（　　）。

A. 紧缩性财政政策和紧缩性货币政策

B. 紧缩性财政政策和扩张性货币政策

C. 扩张性财政政策和扩张性货币政策

D. 扩张性财政政策和紧缩性货币政策

14. 中央银行在市场上大量买入有价证券，意味着货币政策（　　）。

A. 配合财政政策　B. 紧缩　C. 放松　D. 不确定

15. 下列选项中，对于货币需求概念的理解中，不正确的是（　　）。

A. 以一定时期为前提　B. 既定的经济和技术条件

C. 以一定时点为背景　D. 以特定部门为对象

16. 人们对货币需求量的考察，通常选择从（　　）角度进行。

A. 时间　B. 空间　C. 存量　D. 流量

17. 在决定货币需求的各个因素中，收入水平和利率水平的高低对货币需求的影响是（　　）。

A. 正相关，正相关　B. 正相关，负相关

C. 负相关，正相关　D. 负相关，负相关

18. 下列哪一个因素是中央银行可以操纵的因素？（　　）

A. 个人的消费行为　B. 企业的生产行为　C. 基础货币　D. 政府的投资行为

19. 关于居民消费价格指数，下列表述中，不正确的是（　　）。

A. 是反映一定时期内城乡居民所购买的生活消费品和服务价格变动趋势和程度的相对数

B. 通常作为观察通货膨胀水平的重要指标

C. 当一国的居民消费价格指数下降时，表明该国的通货膨胀率下降，该国货币的实际购买力下降

D. 如果居民消费价格指数升幅过大，表明通货膨胀已经成为经济不稳定因素

20. 通货膨胀是指（　　）。

A. 货币发行量过多引起价格水平的普遍的持续上涨

B. 货币发行量超过了流通中的货币量

C. 货币发行量超过了流通中商品的价值量

D. 以上均不正确

三、多选题

1. 凯恩斯认为，人们持有货币的动机有（　　）。

A. 交易动机　　B. 预防动机　　C. 支付动机　　D. 投机动机

2. 弗里德曼将货币以外的财富贮藏资产分为（　　）。

A. 债券　　B. 股票　　C. 商品　　D. 收藏品

3. 弗里德曼认为，决定货币需求的因素是（　　）。

A. 恒久性收入　　B. 财富结构

C. 金融资产的预期收益率　　D. 预期物价变动率

E. 其他随机变量

4. 关于费雪方程式和剑桥方程式，下列说法中正确的是（　　）。

A. 费雪方程式与剑桥方程式在公式表示上完全一致

B. 费雪方程式对货币需求研究的出发点是宏观角度，剑桥方程式则是微观角度

C. 费雪认为，人们持有货币的目的就是为了交易，在选择希望持有的货币数量方面没有多少自由

D. 剑桥方程式把货币需求的动机分为两个，一个是交易媒介，一个是价值贮藏，它考虑到了影响货币需求的更多因素

5. 弗里德曼货币需求理论的特点主要有（　　）。

A. 利率对货币需求的影响非常重要

B. 决定货币需求的收入是永久性收入

C. 货币需求函数是稳定的，货币流通速度是稳定的和可预测的

D. 货币供给量是决定名义总收入的主要因素

6. 决定货币需求的因素有（　　）。

A. 金融资产选择行为　　B. 收入状况

C. 利率　　D. 价格指数

E. 营业因素

7. 我国的 M1 由（　　）构成。

A. M0　　B. 企业单位定期存款

C. 城乡储蓄存款　　D. 活期存款

8. 基础货币包括（　　）。

A. 流通中的通货　　B. 存款货币

C. 商业银行的存款准备金　　D. 原始存款

9. 货币供给量的大小最终由（　　）共同决定。

A. 商业银行体系　　B. 中央银行　　C. 个人　　D. 企业

10. 超额存款准备金率的影响因素有（　　）。

A. 市场利率　　B. 预期存款外流

C. 金融市场的发达程度　　D. 预期报酬率

11. 银行不能创造存款货币的因素是（　　）。

A. 部分存款准备金　B. 全额存款准备金　C. 现金放款　　D. 现金漏损率

12. 下列选项中，正确的是（　　）。

A. 货币均衡是货币供求作用的一种状态

B. 货币均衡是货币供给与货币需求大体一致
C. 货币均衡是货币供给与货币需求在价值上的完全相等
D. 货币均衡在短期内货币供求可能不一致

13. 下列选项中，正确的是（　　）。
A. 货币均衡是指在短期内货币供求可能不一致
B. 货币均衡在长期内货币供求可能不一致
C. 货币均衡是指货币供给量和实际货币需求量一致
D. 货币均衡是指货币供给量与适度货币需求量基本一致

14. 货币均衡的标志是（　　）。
A. 商品供求平衡，没有商品供给过多（或不足）引起的积压（或短缺），商品市场物价稳定
B. 金融市场资金供求平衡
C. 社会有限资源得到合理配置
D. 形成均衡利率

15. 下列选项中，不属于货币供给量的是（　　）。
A. 处于流通中的现金量　　B. 处于流通中的存款量
C. 处于流通中的现金量和存款量之和　　D. 处于流通中的现金量和存款量之差

16. 实际的货币供给量与合理的货币供给量之间的关系是（　　）。
A. 相等　　B. 不相等　　C. 前者>后者
D. 前者<后者　　E. 共同构成货币供给量

17. 货币供给量的大小最终由（　　）共同决定。
A. 财政　　B. 中央银行　　C. 商业银行
D. 经营单位　　E. 家庭个人

18. 货币需求可以分为（　　）。
A. 交易性需求与预防性需求　　B. 宏观货币需求与微观货币需求
C. 名义货币需求与实际货币需求　　D. 交易性需求与投机性需求。

19. 下列选项中，属于中央银行选择某一货币层次作为控制重点的标准是（　　）。
A. 这一层次所含的基础货币量最多　　B. 这一层次的货币量最易被中央银行控制
C. 这一层次的货币量与经济活动最密切　　D. 这一层次的货币量最稳定
E. 这一层次的货币量盈利最多

四、判断题

1. 弗里德曼认为货币需求对利率相对不敏感。（　　）
2. 弗里德曼认为货币需求函数不稳定。（　　）
3. 如果出现 100%的现金漏损，即这一比率等于 100%，则银行就无法进行存款创造。（　　）
4. 中央银行可以无限制地增加银行体系的存款准备金。（　　）
5. 财政赤字往往会导致基础货币的增加。（　　）
6. 货币乘数取决于法定存款准备金率、超额存款准备金率、现金漏损率。（　　）
7. 国内生产总值平减指数表明了货币供给量与货币需求量的比例关系。（　　）
8. 凯恩斯强调了利率对预防性货币需求的影响。（　　）

9. 剑桥方程式重视了货币作为一种资产的功能。（　　）

10. 货币需求是在一定时间和空间范围内，商品流通对货币的客观需求。（　　）

11. 中央银行只要控制住基础货币，就可以控制住货币供给量。（　　）

12. 真实货币需求是指剔除了物价变动影响以后的货币需求量。（　　）

13. 派生存款是虚假存款。（　　）

14. 资产变现能力强，流动性就一定高。（　　）

15. 货币供给量是指一国在某一时期内为社会经济运转服务的货币存量。（　　）

16. 投机性货币需求同利率存在着正相关关系。（　　）

17. 当货币供给量大于实际货币需求量时，表现为经济增长速度加快，物价上涨。（　　）

18. 货币供给量由中央银行在内的金融机构供应的存款货币和现金货币两部分构成。（　　）

19. 把利率作为影响货币需求的重要因素考虑进来是凯恩斯的一大创举。（　　）

20. 马克思的货币需求量公式强调商品价格是由其价值决定的。（　　）

五、思考题

1. 费雪方程式与剑桥方程式的区别有哪些?

2. 凯恩斯货币需求理论的特点有哪些?

3. 试阐述弗里德曼货币需求理论与凯恩斯货币需求理论的区别。

4. 假设某一时点我国流通中的现金为 10 000 亿元，居民活期储蓄存款为 20 000 亿元，居民定期储蓄存款为 40 000 亿元，农村存款为 8 000 亿元，企业活期存款为 9 000 亿元，企业定期存款为 7 000 亿元，机关团体存款为 6 000 亿元，其他存款为 4 000 亿元。试计算 M1 层次的货币供给量。

5. 假定某银行从中央银行获得了 10 000 元的贴现贷款，且支票存款的法定存款准备金率为 10%，那么在简单存款创造条件下，银行体系能创造出多少存款？如果每家银行都希望持有 5% 的超额存款准备金，情况将如何？如果银行每增加 1 元的支票存款，便有 0.15 元转化为流通中的现金，0.2 元转化为定期存款，且定期存款的法定存款准备金率为 3%，那么银行体系最终能创造出多少存款？（以上各情形中，均假设贷款需求无限大。）

6. 若原始存款为 100 万元，法定存款准备金率为 10%；超额存款准备金率为 5%，现金漏损率为 5%，在其他条件不变的情况下，试计算派生存款量?

7. 请分析并说明图 7.4 的含义。

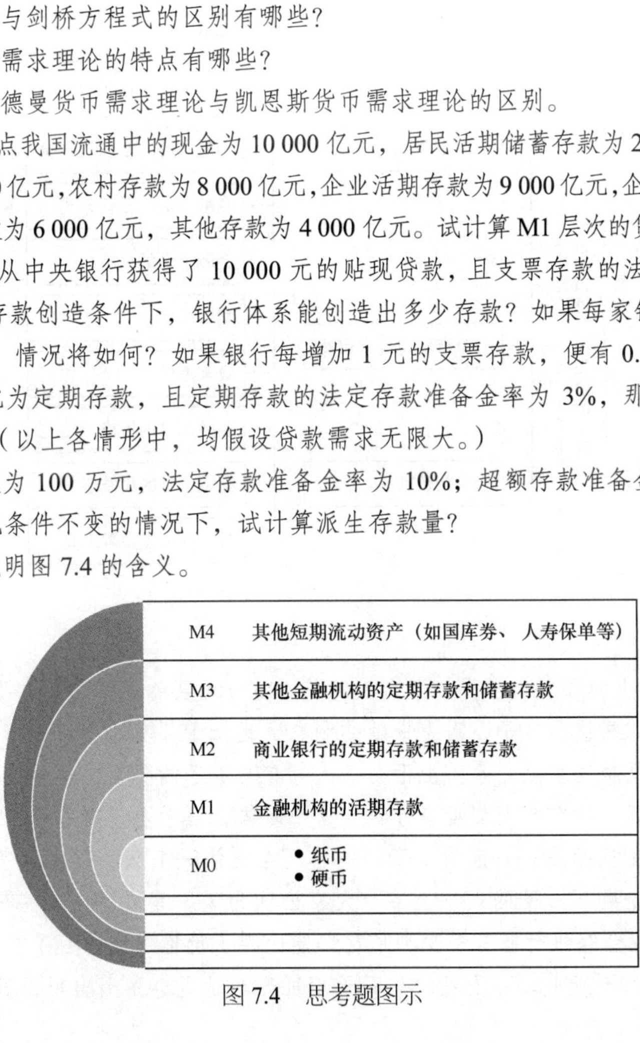

图 7.4　思考题图示

第八章

金融市场与衍生金融工具

【学习目标】

知识目标

掌握金融市场的含义与构成要素；掌握货币市场、资本市场各自的特点和种类。

能力目标

会用衍生金融工具规避风险。

【知识框架】

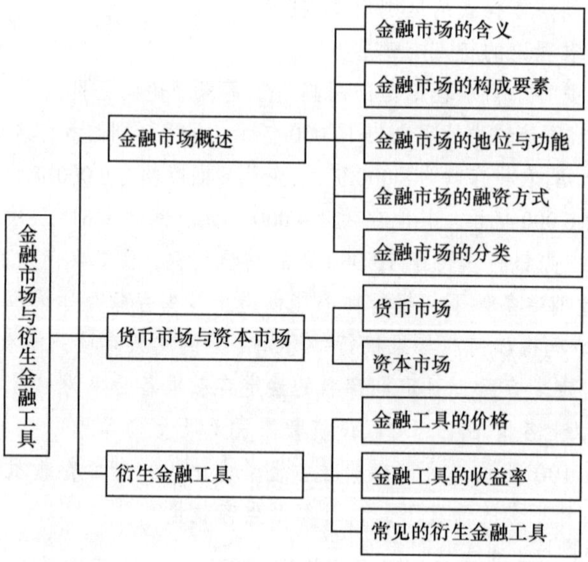

【情境导入】

（续前章）小岛上的很多人在得知了有人将花 100 万元买的石子出售并得到了 200 万元的消息后，纷纷举债来购买这些石子，因为贷款的利息远远低于买卖这些石子所获得的收益。于是，小岛上的金融市场便越发繁荣起来。由于全岛人都参与石子的买卖，这些石子的价格节节攀升，所有的人都非常高兴，所有的人都没有亏钱。这个时候，谁手上没有石子了，谁就真正赚钱了！可是卖了石子的人都很后悔——因为石子的价格还在飞快地上涨。那谁亏了钱呢？答案是谁也没有亏钱，因为高价购买石子的人手上持有大家公认的优质等值资产——石子！人们都认为石子显然比现金好！现金存银行能有多少利息？哪能比得上价格飞涨的石子？甚至大家一致认为，市场上的这些石子供不应求，可不可以买石子期货呢？于是小岛上出现了石子金融期货市场，投机者并无意要求实际上拥有他们所买进的石子，他们只希望能很快地将期货合同以盈利的价格再出售给后面的接盘者。

当这种期货交易狂热升级时，其他经济活动的速度都放慢了。石子的价格不断上升，投资者用不动产来抵押，以期获得投机石子价格继续上涨的权利。新的买方力量推动这些石子的价格继续上涨……不过，这些石子的价格不可能高到天上去，该来的总会来。突然有一天，大家发现这些石子只不过是石子而已（价值发现），根本不值那么多钱嘛！或者没有人再愿意玩互相买卖这些石子的游戏了。当这一天真的来临的时候（必然会来临），大家就会争相抛售自己手里的石子，石子的价格就会一路狂跌，有石子的人就亏钱了。那谁赚钱了？就是最少占有资产（石子）的人。

这个卖石子的故事非常简单，人人都觉得高价买石子的人是傻瓜，但我们回头看看，人类历史上每一次重大的金融危机，那些股市的泡沫，那些房地产泡沫……都无一例外地演绎了无数个类似于这个“石子泡沫”的故事。

在商品货币经济中，由于购买与出售、收入与支出在时间和数量上的不一致，企业、个人或国家在一定时点上经常会出现货币盈余与短缺。货币短缺者为了保证其经济活动的正常运行，愿意以一定的代价借入一部分货币资金，以弥补资金的不足，运用一段时间后再归还。货币资金盈余者也愿意将暂时闲置的货币资金借出去，到期收回本金并索取一定的利息报酬，作为在这段时间内转让资金使用权的补偿。这样，货币资金盈余者成为资金供给者，货币资金短缺者成为资金需求者，他们之间的货币资金融通或调剂就形成了金融交易活动。在资金融通或调剂时，双方出具的债权债务凭证就成为金融工具。资金供给者通过购买并持有各种金融工具拥有相应金额的债权；资金需求者通过发行并卖出各种金融工具承担了相应金额的债务。各种不同的金融工具，构成了相应的子市场。金融市场便是各种子市场的总称。

第一节　金融市场概述

一、金融市场的含义

所谓金融市场，简单地说就是人们进行资金融通的场所。金融市场上的金融交易活动可以表现为货币资金的借贷，也可以表现为金融商品的买卖。因此，金融市场的概念有广义和狭义之分。广义的金融市场包括一切金融活动，如存贷款业务、保险业务、黄金买卖、外汇买卖、信托业务、各种票据和有价证券买卖等。狭义的金融市场仅包括典型的金融商品的买卖，而排除了存贷款业务、保险业务及信托业务。金融市场的各种子市场的关系如图 8.1 所示。

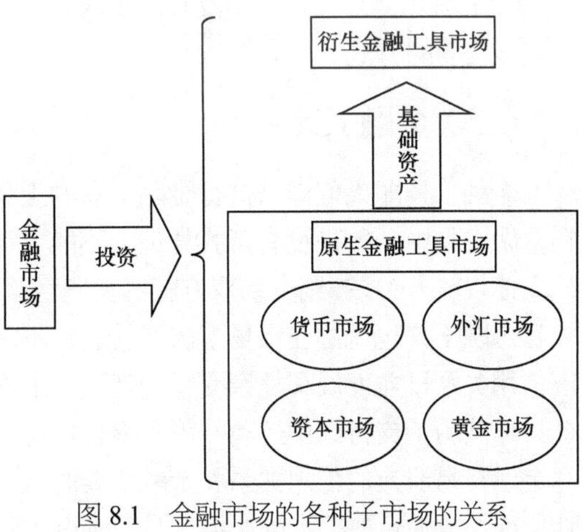

图 8.1　金融市场的各种子市场的关系

二、金融市场的构成要素

金融市场的构成要素主要有三个方面。

（一）金融市场的参加者

金融市场的参与者成分复杂，但大体上可分为两类：一类是金融市场主体，即真正的买家和卖家；另一类是金融市场媒体，又称为金融市场的庄家，其本质是作为第三方向金融市场的买卖双方提供信息，促进金融市场的买卖交易快速完成。

1．金融市场主体

金融市场主体即金融市场上的交易者，他们既可以是自然人，也可以是法人；既可以是资金需求者，也可以是资金供给者；或者这一时期的资金供给者，又会转为另一时期的资金需求者。

各国金融市场的参与者大致可分为五类：居民个人、企业、银行和非银行金融机构、中央银行、政府。

2．金融市场媒体

（1）金融市场经纪人。金融市场经纪人也称“中间人”。金融市场作为一个市场体系，包括许多具体的子市场，而各个子市场都有自己的经纪人。这些经纪人是在特定范围内金融中介业务的从业人员，主要分为货币经纪人、证券经纪人、证券承销人和外汇经纪人。

（2）金融中介机构。金融中介机构是指资金盈余者与资金需求者之间融通资金的信用中介。

狭义的金融机构是指那些专门从事金融活动或为金融活动提供专业服务的营利性组织，如商业银行、保险公司、证券公司等；广义的金融机构不仅包括所有从事金融活动的组织，还包括金融市场的监管者，如中央银行及国际金融中介机构。

视野拓展

证券交易所是依法设立的提供证券集中竞价交易场所的非营利性法人机构。读者可扫描下方二维码观看视频短片，了解证券交易所的运作。

3．金融市场的组织形式

金融市场的组织形式即金融市场的交易采用的方式，主要有以下三种。

（1）有固定场所、有组织、有制度、集中进行交易的方式，如交易所方式。

（2）在各金融机构柜台，买卖双方进行面议的、分散交易的方式，如柜台交易方式。

（3）场外交易方式，即没有固定的场所，买卖双方也不直接接触，而主要是借助通信工具来完成交易的方式。

（二）金融工具

金融工具即人们借以进行金融交易的工具。在金融交易中，如果没有正式凭证，不能可靠地确立债权债务关系，则交易双方就容易发生纠纷，并且金融工具也无法在市场上流通转让，不能适应信用关系日益发展和复杂交错的情况。书面凭证具体载明了支付或偿还条件等事宜，可凭此确立金融交易双方的信用关系和金融工具的流通转让，因而成为金融交易的必要工具。金融工具的

敲黑板

金融工具是指在金融市场中可交易的资产，包括金融资产（如现金、股票、债券、贷款）、金融衍生工具（如期权、期货、互换、远期合约）。信用工具是指以书面形式发行和流通，用来证明债权的各种合法凭证。它是金融工具的一个子集（如债券、股票、票据等）。

书面凭证一般包括债权债务凭证（如票据、债券等）和所有权凭证（如股票），是金融市场上买卖交易的对象。金融市场上金融工具的种类繁多，各具特色，能够分别满足资金供求双方的不同需要，由此形成了金融市场的各类子市场。

（三）金融市场的管理

金融市场的管理是指中央银行及有关金融监管当局为维护金融市场的正常秩序而进行的管理。金融市场的管理遵循公开、公平、公正的原则。

（1）"公开"是指有关制度、信息、程序和行为，由金融监管当局不加隐瞒地向社会公众予以公布。

（2）"公平"是指金融市场的参与者在地位、权益、责任等方面处于平等的状态。

（3）"公正"是指政府有关部门严格按照法律法规处理金融市场的有关事件。

三、金融市场的地位与功能

（一）金融市场的地位

金融市场是统一市场体系的一个重要组成部分，它与消费品市场、生产资料市场、劳动市场、技术市场、信息市场、房地产市场、旅游服务市场等各类市场相互联系、相互依存，共同形成统一市场的有机整体。在整个市场体系中，金融市场是最基本的组成部分之一，是联系其他市场的纽带。因为无论是消费品和生产资料的买卖，还是技术和劳动力的流动等，各种市场的交易活动都要通过货币的流通和资金的运动来实现，都离不开金融市场的密切配合。从这个意义上说，金融市场的发展对整个市场体系的发展起着举足轻重的制约作用，而市场体系中其他市场的发展又为金融市场的发展提供了条件和可能。

（二）金融市场的功能

金融市场的功能是多方面的，其中最基本的功能是满足社会再生产过程中的投融资需求，促进资本的集中与转换。金融市场的功能具体表现为以下几个方面。

1. 有效地筹集资金

由于市场行情多变，资金供给者在为闲置资金寻求出路时，要求兼顾其安全性、流动性和盈利性；资金需求者在筹集资金时，也要求在降低成本的同时，在数量和时间上得到满足。因此，要充分、有效地使社会储蓄向生产性投资转化，就需要为金融交易双方创造一个较为理想的交易场所。金融市场上有多种融资形式可供交易双方选择，各种金融工具的自由买卖和灵活多变的金融交易活动增强了金融工具的流动性和安全性，提高了融资效率，使资金供给者能够灵活地调整其闲置资金的用途，资金供给者既能获得盈利，又能保证资金的安全性和流动性；也使资金需求者能从众多的筹资方式中选择适当的有利方式，及时、灵活、有效地筹集到所需资金。所以，金融市场对于资金供需双方都具有极大的吸引力，是资金供给者投资和资金需求者筹资的理想场所。

2. 合理地分配和引导资金

金融市场通过利率的差异和上下波动，通过市场上优胜劣汰的竞争以及对有价证券价格的影响，能够引导资金流向最需要的地方，使资金流向那些经营管理好、产品畅销、有发展前途的企业，从而提高投资效益，实现资金在各地区、各部门、各单位间的合理流动，完成社会资源的优化配置。

3. *灵活地调度和转化资金*

金融市场上多种形式的金融交易形成了纵横交错的融资活动。融资活动不受行业、地区或国家的限制，便于各部门和组织灵活地调度资金，充分运用不同性质、不同期限、不同额度的资金，同时还能转化资金的性质和期限。例如，股票、债券的发行能将储蓄资金转化为生产资金，将流动的短期资金转化为相对固定的长期资金；证券的转让出售能将投资者的长期投资即刻转变为现金；远期票据的贴现又能使将来的收入转变成现实的资金流入。

4. *有效地实施宏观调控*

金融市场的存在及发展，为中央银行对宏观经济活动的间接调控创造了条件，中央银行通过金融市场可以进行公开市场业务操作，吞吐有价证券，以调节货币供应量；实施再贴现政策，调整再贴现率，以影响信用规模。这两者的实施都可以通过影响利率水平来调节资金供求关系，而金融市场利率的变化又是宏观金融调控的重要工具。

四、金融市场的融资方式

资金供应者与资金需求者之间的融资活动有两种基本形式——直接融资活动与间接融资活动。在金融发展的历史上，直接融资活动的出现先于间接融资活动，间接融资活动是在直接融资活动的基础上发展起来的，间接融资活动的发展又极大地促进了直接融资活动的发展。

直接融资活动是指资金供需双方直接进行资金融通的活动，也就是资金需求者直接通过金融市场向社会上有资金盈余的组织和个人筹资；与此对应，间接融资活动则是指通过银行等金融机构所进行的资金融通活动，也就是资金需求者采取向银行等金融机构申请贷款的方式筹资，如图8.2所示。

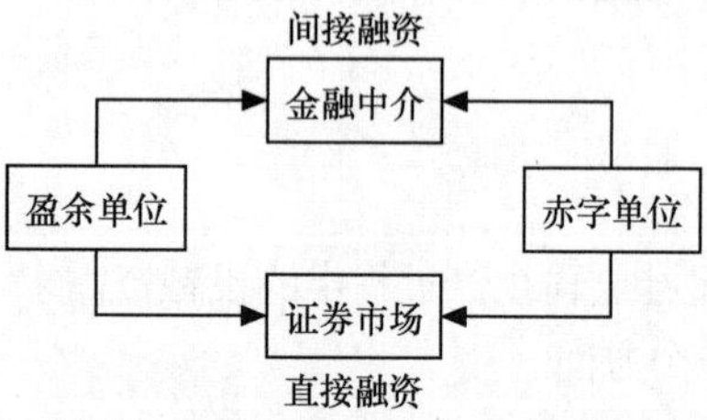

图8.2 直接融资和间接融资

直接融资活动和间接融资活动的区别体现在以下两个方面。

（1）直接融资活动的优点是：资金的供需双方联系紧密，有利于资金的快速合理配置和提高资金的使用效率；由于直接融资活动没有中间环节，所以直接融资活动筹资成本低，投资收益高。直接融资活动的缺点是：资金供需双方在数量、期限、利率等方面所受的限制比较多；直接融资活动的便利程度及其融资工具的流动性均受金融市场的发达程度的制约；资金供给者承担的风险比较大。

（2）间接融资活动的优点是灵活便利，安全性好，规模经济，减轻了筹资者的压力。间接融资活动的缺点是金融中介机构要收取一定的佣金和手续费，增加了资金需求者的筹资费用，减少了资金供给者的收益；割裂了资金供需双方的直接联系，减少了资金供给者对资金使用情况的关注。

五、金融市场的分类

从不同的角度对金融市场进行考察，可对其作如下分类，如图8.3所示。

1. 按经营场所划分

金融市场按经营场所可分为有形市场和无形市场两种。

（1）有形市场，即交易者集中在有固定地点和交易设施的场所内进行交易，如证券交易所就是典型的有形市场。

（2）无形市场，即无固定交易场所，交易者分散在不同地点（机构）或运用虚拟的网络来进行交易，如场外交易和全球外汇市场就属于无形市场。

2. 按交易工具的不同期限划分

金融市场按交易工具的不同期限可分为货币市场和资本市场。前者是指以 1 年内的票据和有价证券为交易对象的短期资金融通的市场；后者是指以期限在 1 年以上的有价证券为交易对象的长期资金交易的市场。

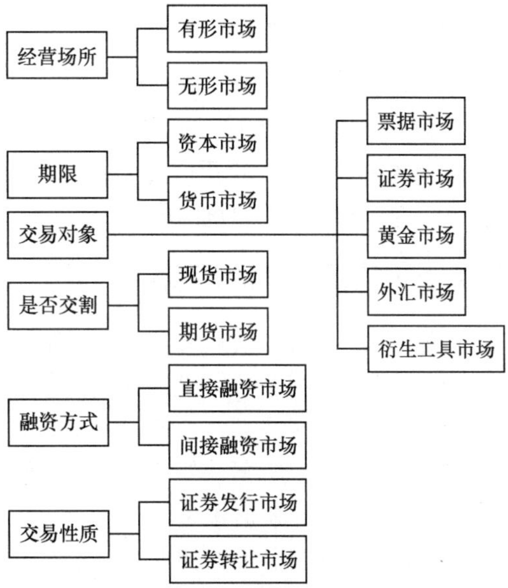

图 8.3　金融市场的分类

3. 按成交后是否立即交割划分

金融市场按成交后是否立即交割可分为现货市场和期货市场。前者是指即期买卖、立即交割的市场；后者是指先行成交，在以后某一约定时间再行交割的市场。

4. 按交易性质划分

金融市场按交易性质可分为证券发行市场（初级市场）和证券转让市场（二级市场）。前者是指新发行的股票、债券的初次买卖市场；后者是指已发行的旧证券在转让流通时的买卖市场。

此外，金融市场还可按交易对象分为票据市场、证券市场（股票市场、债券市场）、衍生工具市场、外汇市场、黄金市场；金融市场按融资方式可分为直接融资市场和间接融资市场等。

视野拓展

推荐读者观看本书电子课件中的两段有关欧元、英镑简介的视频。

需要注意的是，上述不同的市场分类只是相对而言的。现实中，某一金融市场往往同时兼有几类市场的特征，例如，资本市场中既有现货市场又有期货市场，既有初级市场又有二级市场，既有全国性资本市场又有国际性资本市场。对金融市场进行分类的目的只是为了更清楚地说明问题。在上述分类方法中，最主要、最常用的是第二种分类方法。

第二节　货币市场与资本市场

金融市场的构成十分复杂，它是由许多不同的子市场组成的一个庞大体系。人们一般根据金融市场上交易对象的期限的不同，把金融市场分为货币市场和资本市场两大类。货币市场是融通短期资金的金融市场，资本市场是融通长期资金的金融市场。

一、货币市场

货币市场是指以期限在 1 年以内的票据和有价证券为媒介进行短期资金融通的金融市场。从交易对象的角度看，货币市场主要由同业拆借市场、商业票据市场、短期政府债券市场及大额可转让存单市场等子市场组成。

（一）货币市场的特点

与资本市场相比，货币市场有以下几个特点。

（1）交易期限短。交易期限短是货币市场交易对象最基本的特征。货币市场最短的交易期限只有半天，最长的不超过 1 年，大多在 3～6 个月。

（2）交易的目的是解决短期资金周转的需要。资金来源于暂时的闲置资金，资金去向一般用于弥补流动资金的临时不足。

（3）流动性强。这个特点源于交易对象的期限短。期限短的交易对象随时可以在市场上转换成现金，其功能接近于货币。

（4）风险相对较低。货币市场的交易活动所使用的金融工具因期限短、具有高度的流动性，价格相对平稳，风险较小，且随时可以在市场上变现，故具有较强的货币性。

（二）货币市场的功能

（1）调剂资金余缺，满足短期融资需要。货币市场是政府、企业调剂资金余缺、满足短期融资需要的市场。比如，政府在货币市场发行短期政府债券——国库券，以弥补国库收支不平衡；企业在生产经营过程中，通过签发合格的商业票据，筹集流动资金。

（2）货币市场是商业银行等金融机构进行流动性管理的市场。商业银行等金融机构通过参与货币市场的交易活动可以保持其业务经营所需的资金的流动性。

（3）为政策调控提供条件和场所。政府常常直接或间接通过货币市场进行宏观调控，如中央银行货币政策的三大传统工具都是通过货币市场发挥作用的。

（三）货币市场的种类

1. 银行同业拆借市场

银行同业拆借市场是指除中央银行之外的金融机构之间进行短期资金融通的市场。各商业银行在日常经营活动中经常会发生资金不足或盈余的情况。银行同业间为了互相支持对方业务的正常开展，并使多余的资金产生短期收益，就会自然产生银行同业之间的资金拆借交易。这种交易活动一般没有固定的场所，主要通过通信手段成交。银行同业之间的资金拆借交易期限是按日计算的，有 1 日、2 日、5 日不等，一般不超过 1 个月，拆借资金期限最短的甚至只有半日，如日本的“半日拆”就是从上午票据交换清算后，到当日营业终了为限。拆借资金的利息叫“拆息”，其利率由交易双方自定，通常低于中央银行的再贴现率，但高于银行的资金成本。每笔银行同业拆借资金交易的数额都较大，以适应银行经营活动的需要。日拆资金一般无抵押品，单凭银行的信誉。期限较长的资金拆借常以信用度较高的金融工具作为抵押品。

2. 商业票据市场

商业票据市场主要是指商业票据的流通及转让市场，包括票据承兑市场和票据贴现市场。

（1）承兑。承兑是指汇票到期前，汇票付款人或指定银行确认票据记明事项，在票面上做出承诺付款并签章的一种行为。只有承兑后的汇票才具有法律效力，才能作为市场上合格的金融工具转让流通。由于承兑者以自己的信用作保证，负责到期付款，故若委托他人或银行办理承兑，需要支付承兑手续费。在国外，汇票承兑一般由商业银行办理，但也有专门办理票据承兑业务的金融机构，如英国的票据承兑所。

（2）贴现。贴现是商业票据持有人在票据到期前，为获取现金而向金融机构贴付一定的利息后所做的票据转让。贴现利息与票据到期时应得款项的金额之比叫贴现率。票据贴现市场所转让的商业票据主要是经过背书的本票和汇票。票据到期前，金融机构若需用现款，可办理再贴现和转贴现。①再贴现是指商业银行将其贴现收进的未到期票据向中央银行办理贴现的融资行为，也称“重贴现”。②转贴现是指商业银行将贴现收进的未到期票据向其他商业银行或贴现机构进行贴现的融资行为。

教学互动

贴现利息的计算

张先生持有一张3个月之后到期的面值为1 000元的银行承兑汇票，要求在另一家银行办理贴现。该银行的年贴现率为10%。

问： 张先生可以得到多少贴现额？

答： 贴息 = 贴息面额 × 贴现率 = 1 000 × 10% × 3/12 = 25（元）

贴现额 = 贴现面额−贴息=1 000 − 25 = 975（元）

3. 国库券市场

国库券市场的活动包括国库券的发行与转让流通。

在国外，国库券市场非常活跃。国库券市场不仅是投资者的理想场所，也是商业银行调节二级存款准备金的重要场所，还是政府调整国库收支的重要场所，更是中央银行进行公开市场业务操作的重要场所。

（1）国库券的发行次数频繁，一般有定期发行和不定期发行两种。不定期发行的国库券更为灵活，需要时可以连续数天发行。国库券的发行对象主要是居民个人、个体工商户、企业事业单位、机关、社会团体和其他组织。

（2）国库券发行通常采用贴现方式，票面不记明利率。国库券到期时，由政府财政部门按票面价值偿还。国库券的发行价格采用招标方式，由投标者公开竞争而定，故国库券利率代表了合理的市场利率，能准确地反映出货币市场资金供求状况。

（3）国库券的转让可以通过贴现或买卖方式进行。如美国定期发行的国库券有每周发行和每月发行两类，其中，为期3个月、6个月的国库券每周发行，为期9个月、12个月的国库券每月发行。

4. 大额可转让定期存单市场

大额可转让定期存单与一般定期存单的差别主要有以下三个方面。

（1）不记名。CDs一般是不记名的，虽然CDs在到期前不能提前支取，但CDs的持有者可以在二级市场上转让、变现。

（2）面额大且固定。CDs属于批发性质的金融工具，CDs的金额由发行银行根据市场的需

视野拓展

大额可转让定期存单票样

求来确定，每笔 CDs 的金额都比较大且固定。例如，在美国向机构投资者发行的 CDs，面额最少为 10 万美元，向个人投资者发行的 CDs 面额最少为 100 美元。

（3）期限短且利率高。CDs 的期限以 1 个月、3 个月、6 个月、9 个月的期限为主，大多为 3～6 个月，一般不超过 1 年。CDs 的利率略高于同等期限的定期存款利率。

（4）允许买卖、转让。CDs 集中了活期存款和定期存款的优点。对于银行来说，它是定期存款，未到期不能提前支取，故可作为相对稳定的资金来源，用于期限较长的放款；对于存款人来说，CDs 既有较高的利息收入（国外的活期存款一般没有利息），又能在需要时转让出售，迅速变现。

二、资本市场

资本市场又叫“长期金融市场”“长期资金市场”，是指以期限在 1 年以上的有价证券为交易对象的长期资金交易的场所。它的交易对象是 1 年以上的有价证券。在长期金融活动中，资本市场所涉及的资金融资期限长、风险大，有稳定的长期收入。这和资本投入有些相似，所以该市场被称为是“资本市场”。

狭义的资本市场专指发行和流通股票、债券、基金等有价证券的市场，统称“证券市场”；广义的资本市场不仅包括股票市场、债券市场，还包括银行的中、长期存贷款市场。

（一）资本市场的特点

资本市场具有以下一些特点。

（1）融资期限长。资本市场融资期限至少在 1 年以上，有的融资期限甚至达到了几十年。

（2）流动性较差。因为在资本市场中所筹集到的资金大多用于满足中长期的融资需求，所以资本市场的流动性及变现性比较弱。

（3）高风险、高收益。由于资本市场融资期限长，有重大变故的可能性也大，市场价格容易波动，因此投资者需要承担的风险就比较高，但伴随高风险的同时还有高收益的回报。

（二）资本市场的功能

在现代市场经济中，资本市场之所以具有重要的地位与作用，是因为它具备并发挥着非常重要的功能。

（1）融资功能。资本市场是政府和企业筹集资金的重要渠道，企业和政府可以在资本市场通过直接融资方式筹集巨额的长期资金。在资本市场上进行证券投资，一般都能获得高于储蓄存款利息的收益，所以能吸引众多的投资者。

（2）配置功能。资本市场是对资源进行合理配置的有效场所。资本市场通过引导资金流向和流量，进而对资源的配置发挥导向性的作用。资本市场因为存在着强大的评价、选择、监督机制，所以可以促进资本向高效益单位转移。这体现出了资本市场对资金进行优化配置的功能。

（3）产权功能。有的企业重组时需要介入资本市场以从各方筹集资金。这必然会触及企业的产权关系。企业可以通过发行股票组建股份公司，也可以通过股份转让实现公司的重组，以调整公司的经营结构和治理结构。现代企业的兼并重组离不开资本市场。

（三）资本市场的分类

按融通资金方式的不同，资本市场可分为银行中长期信贷市场和证券市场。

（1）银行中长期信贷市场。银行中长期信贷市场是银行提供中长期信贷资金的场所，中长期信贷资金的供求双方通过这一市场得以融通资金。这个市场的资金需求者主要是各国政府及其工商企业；融资期限 1～5 年的为中期，5 年以上的为长期；信贷资金的利率由多方面因素决定，一般包括经济形势、资金供给量、资金需求量、通货膨胀率、金融政策等；对大额借款多采取银团贷款方式。由于这个市场资金周转期长，风险比较大，因此银行在考虑贷款时，除了审核申请贷款者的资金用途外，还要着重分析其偿还债务的能力，评估贷款的风险。

> **视野拓展**
>
> 推荐读者观看本书配套电子课件中有关国债的视频，以增进对国债的了解。

（2）证券市场。证券市场是各种有价证券发行和转让流通的场所，包括股票、债券等有价证券。证券市场的分类方式有多种：按证券品种的不同，可分为股票市场、债券市场、基金市场、期货市场等；按组织形式的不同，可分为场内交易市场和场外交易市场；按市场的职能不同，可分为证券发行市场（一级市场）和证券流通市场（二级市场）。

（四）证券发行市场

证券发行市场是指证券发行人将证券首次出售给公众时形成的市场，又称“一级市场”“初级市场”。

1. 证券发行市场的三个要素

（1）证券发行人。证券发行人是指符合证券发行条件并且正在从事证券发行工作或者准备进行证券发行的政府部门、组织、企业或者金融机构。证券发行人是证券发行活动中的权利义务当事人。

（2）证券投资人。证券投资人指根据证券发行人的招募要约，已经认购证券或者将要认购证券的个人或机构投资者。

（3）证券中介人。证券中介人是证券发行人和投资者之间的中介。

2. 证券发行方式

证券发行方式是指政府、企业为了财政的需要或筹集资金的需要，在一级市场按照法律规定的条件和程序，通过证券承销商向投资者发行证券的活动。

股票的发行方式有以下几种类型：①首发，首次发行股票；②增发，向全体股东发售股票；③配股，向老股东配发股票。

（五）证券流通市场

证券流通市场又叫“二级市场”，其活动围绕着有价证券的转让流通而展开。二级市场以初级市场为存在基础，反过来又成为初级市场正常发展的必要条件。二级市场上各种证券的转让流通，主要是为投资者解决金融工具的长期性和资金流动性的矛盾，通过证券的转让可提高其流动性。

> **视野拓展**
>
> 市盈率是衡量股价高低以及企业盈利能力的一个指标。推荐读者观看本书配套电子课件中介绍市盈率和资本利得的两段视频，了解市盈率等指标的作用。

在各国资本市场上，证券交易方式主要有现货交易、期货交易、期权交易等。

（1）现货交易是指成交约定在 2～3 天内实现钱货两清的交易方式，即卖者交出证券，收回资金；买者交付资金，收到证券，俗称完成“交割”。

（2）期货交易是指证券买卖双方成交后，按照契约规定的价格、数量，经一定时期后才进行交割的交易方式。由此，出现了交易所中“做空头”和“做多头”的投机者。“做空头”是指投机者预计某证券价格将下降时先抛售期货，过后再以低价买进，从贵卖贱买中赚取价差。“做多头”则是预计某证券价格上涨时先买进期货，到时再以较高的价格卖出，从贱买贵卖中获利。这两种买卖都没有实物交割，只交存了一定比例的保证金，故称作“买空卖空”。

（3）期权交易是指买卖双方按约定的价格，在约定的时间就是否买进或卖出证券而达成的契约交易。在这个过程中，交易双方买卖的是一种权利。这种权利能保证购买期权者到期按照约定价格和数量进行买进或卖出操作，也允许购买期权者到时放弃行使买卖证券的权利，任其作废。购买期权者是行使还是放弃这种权利，则取决于当时的市场状况。若行使期权得到的好处超过期权费，则投资者就会行使这个权利，否则，投资者就会放弃期权，损失的只是期权费。

视野拓展

视频 1：期权又称为“选择权”。它是在期货的基础上产生的一种金融工具。期权交易始于十八世纪后期的美国和欧洲市场。读者可扫描二维码了解期权的产生。

视频 2：期权实质上是在金融领域中将权利和义务分开进行定价，使得权利的受让人在规定时间内对于是否进行交易，行使其选择权，而义务方必须履约。期货的本质是与他人签订一份远期买卖商品（或股指、外汇、利率）的合约，以达到保值或赚钱的目的。读者可扫描二维码了解期权和期货交易的不同。

视频 1

视频 2

套期保值（Hedge 或 Hedging），是指企业为规避外汇风险、利率风险、商品价格风险、股票价格风险、信用风险等，指定一项或一项以上套期工具，使套期工具的公允价值或现金流量变动，预期抵销被套期项目全部或部分公允价值或现金流量变动风险的一种交易活动。推荐读者观看本书配套课件中关于套期保值的视频。

第三节　衍生金融工具*

金融工具是指形成一个企业的金融资产，并形成其他组织或部门的金融负债或权益工具的合同。金融工具包括金融资产、金融负债和权益工具。金融资产通常指企业现金、银行存款、应收账款、应收票据、贷款、股权投资、债权投资等资产；金融负债通常指企业的应付账款、应付票据、应付债券等负债；从发行方看，权益工具通常指企业发行的普通股、认股权等。

一、金融工具的价格

金融工具有发行价格和流通价格之分。

视野拓展

《国际会计准则第 32 号——金融工具》对金融工具的定义

（一）金融工具的发行价格

金融工具的发行价格是指新发行的金融工具在对外发售时的实际价格。

1. 直接发行价格

直接发行是指金融工具的发行人完全由自己办理发行业务并直接向投资者发售金融工具的方式。在这种发行方式下确定的发售价格就是直接发行价格。按发行价格与金融工具面值是否相等，可将直接发行价格分为平价发行、折价发行和溢价发行三种。

（1）平价发行。平价发行指的是把金融工具的票面面值确定为发行价格。由于其上市后的交易价格通常高于面额，因此平价发行是一种较优惠的发行方式。这时，若金融工具的票面金额为 100 元，则确定的发行价格也是 100 元。

（2）折价发行。折价发行指的是金融工具的发行价格低于票面价格。比如，金融工具的票面金额为 100 元，而确定的发行价格实际为 96 元。

（3）溢价发行。溢价发行指的是以超过金融工具面值的价格作为发行价格。发行价格超过面值的溢价部分归发行人所有。比如，金融工具的票面金额为 100 元，而确定的发行价格实际为 103 元。

下面以证券为例加以说明。

溢价发行对证券的投资者来说不一定是吃亏的事。例如，由于股市行情变动频繁，当某股票行市上涨，投资者可迅速将该股票卖出，收回的钱可能会大于购买股票时按发行价格所支付的钱，而且投资者还有可能通过公司的无偿增资形式获得收益。正因为这样，股票的投资者对股票的票面价格一般并不关注。

在确定证券发行价格的问题上，证券发行人和证券承销商之间往往会产生一定的冲突：证券发行人希望证券的发行价格能高一些，以求获得最大数量的资金；证券承销商希望承销时的证券发行价格低一些，而售卖时的证券价格高些，以便高价出售时能赚取更多利润。

但不论怎样，证券发行人与证券承销商在确定证券的发行价格时所考虑的影响因素是一致的：首先要考虑票面利率和市场利率的关系，其次还要从供需两方面考虑证券的发行价格。从供给方面来看，影响证券发行价格的因素有证券的质量（信用等级）、发行金额大小、公司规模的大小、公司运营的稳定性、市场上其他证券的供给量；从需求方面来看，影响证券发行价格的因素有资金供给状况、经济发展前景、中央银行的金融政策等。

在债券的票面利率确定以后，市场利率是影响债券发行的决定性因素，市场利率也是影响股票发行的重要因素。当市场利率发生变化时，应随机调整证券的发行价格，否则在票面利率高于市场收益率时仍按平价发行，筹资人就要付出较高的融资代价；而在票面利率低于市场收益率时仍按平价发行，证券发售将会比较困难。

因此，证券发行人应根据市场利率情况来决定是采取平价、折价还是溢价发行，这对降低融资成本和吸引投资者具有重要意义。

2. 间接发行价格

间接发行是指金融工具的发行人委托中介机构办理发行业务，并由中介机构向投资者发售金融工具的方式。采用这种发行方式确定的金融工具价格就是间接发行价格。

间接发行金融工具通常分为两个阶段。首先是证券发行人与金融中介机构之间的价格形成阶段，其次是中介机构与投资者之间的价格形成阶段。

间接发行价格通常包括以下两部分内容。

（1）承销价格。承销价格就是中介机构的承销价格或中标价格，指的是采用承购包销方式的中介机构向发行人支付的价格。它是由众多投标者经过价格竞争形成的。

（2）认购价格。认购价格也就是投资者的认购价格，指的是投资者在发行市场上购买金融工具时实际支付的价格。

（二）金融工具的流通价格

金融工具的流通价格指的是金融工具在二级市场流通过程中形成的价格。与金融工具的发行价格相比，金融工具流通价格的影响因素更多，不可测因素对流通价格所起的作用更大。在实践中，金融工具的流通价格可分为市场价格（如股价的开盘价、收盘价、最高价、最低价）和内在价值（如理论价格、真实价格）。

1. 金融工具的市场价格

金融工具的市场价格又称“市场行情”“市价”，是金融工具的即时行情。金融工具的市场价格有较大的波动性。

2. 金融工具的内在价值

金融工具的内在价值是人们根据某种理论计算出来的价格。金融工具的内在价值具有相对稳定性。金融工具的市场价格围绕金融工具的内在价值上下波动，是金融工具的魅力所在。

二、金融工具的收益率

金融工具的收益率是指投资者购买金融工具所能带来的收益额与投资额之间的比例。由于各种金融工具间的差异较大，决定其收益的因素各不相同，因此收益率的计算方法也有差别。

例如，债券收益率的衡量指标有名义收益率、本期（直接）收益率、持有期收益率、到期收益率等，这些收益率分别反映了投资者在不同成交价格和持有年限情况下的实际收益水平。

1. 名义收益率

名义收益率又称“票面收益率”或“息票率”，是指债券票面上注明债券发行的利率，即年利息收入与债券面额的比值。投资者如果将按面额发行的债券持有至期满，则其所获得的投资收益率与票面收益率是一致的。

票面收益率只适用于投资者按票面金额买入债券，持有债券至期满，并按票面金额收回本息这一种情况。它既没有反映债券发行价格可能与票面金额不一致的情形，也没有考虑投资者中途卖出债券的可能性。

由于债券的市场价格随着时间的推移会经常发生变化，且受通货膨胀等因素的影响，因此其实际收益率往往与名义收益率有很大的差异。通常情况下，债券的实际收益率要低于名义收益率。

例如，一张面值为100元的某年发行的国债，其期限为2年、票面利率为13%，到期利随本清。这样，该债券的名义收益率就是13%。

2. 本期收益率

本期收益率也称“债券即期收益率”“当前收益率”或“直接收益率”，指的是债券的年利息收入与买入债券的实际价格的比率。债券的买入价格可能是发行价格，也可能是流通市场上的当期交易价格。它可能等于债券面额，也可能高于或低于债券面额。债券本期收益率的计算公式如下：

$$本期收益率 = 票面金额 \times 票面利率 \div 实际买入价格 \times 100\%$$

即期收益率反映的是以现行价格购买债券时，通过按债券票面利率计算的利息收入而能够获得的收益，未考虑到债券买卖差价所能获得的资本利得，因此不能全面反映债券投资的收益。

例如，某债券的面额为1 000元，票面利率为5%。若投资者以950元的价格从市场购得该债券，则投资者获得的直接收益率为 5.26%（1 000 × 5% ÷ 950× 100%）。在本例中，投资者以低于债券面额的价格购得债券，所以其实际的收益率高于票面利率（不考虑其他成本，下同）。

教学互动

问：一张面值为 1 000 元的债券，票面年利率为 10%，年利息收入为 100 元。若投资者买进该债券时的市场价格为 1 050 元，则投资者的本期收益率是多少？

答：　本期收益率 = 100 ÷ 1 050 × 100% ≈ 9.52%

3. 持有期收益率

持有期收益率是指投资者买入债券后只持有了一段时间，并在债券未到期前就将其售出而得到的收益率，它考虑了持有债券期间的利息收入和资本损益。债券持有期收益率的计算公式如下：

债券持有期收益率 =（卖出价格 - 买入价格 + 持有期间的利息）÷（买入价格 × 持有年限）× 100%

例如，某发行人将一张面额为 1 000 元、期限为 5 年、票面利率为 10%的债券，以 950 元的价格向社会公开发行。投资者认购债券后持有至第 3 年年末，以 990 元的价格卖出。求该债券的持有期收益率。

债券持有期收益率 =（卖出价格 − 买入价格 + 持有期间的利息）÷（买入价格 × 持有年限）× 100%

= (990 − 950 + 1 000 × 10% × 3) ÷ (950 × 3) × 100% ≈ 11.93%

债券持有期收益率比较充分地反映了实际收益率。但是，由于债券的出售价格只有在投资者实际出售债券时才能确定，是一个事后衡量指标，而在事前进行投资决策时只能主观预测债券的出售价格，因此，这个指标在作为投资决策的参考时，具有很强的主观性。

教学互动

问：某银行于 1 月 1 日认购的一张债券的价格为 900 元、面值为 1 000 元、期限为 5 年、票面利率为 5%。第三年年末，该银行以 960 元的价格卖出该债券。计算该债券的持有期收益率。

答：　持有期收益率 = (960 − 900 + 1 000 × 5% × 3) ÷ (900 × 3) × 100% ≈ 7.78%

4. 到期收益率

债券到期收益率 P_v 的计算公式为

$$P_v = \sum_{n=1}^{n} \frac{C_n}{(1+r)^n} + \frac{F}{(1+r)^n}$$

$$P_v = \frac{C_1}{1+r} + \frac{C_2}{(1+r)^2} + \cdots + \frac{C_n}{(1+r)^n} + \frac{F}{(1+r)^n}$$

式中，P_v 为债券的当期市场价格，r 为到期收益率，C_n 为第 n 年的债券市场价格（年利息），F 为债券面额，n 为距到期日的年限。

一张面值 1 000 元的 5 年期债券，每年支付 100 元的固定利息，则这张债券现值可用如下方法计算：在第一年年末，支付的 100 元利息的现值为 $100 \div (1+r)$；在第二年年末再支付的 100 元利息的现值为 $100 \div (1+r)^2$；依次类推，到第五年期满时，最终支付的 100 元利息的现值为 $100 \div (1+r)^5$，收回的 1 000 元本金的现值为 $1\,000 \div (1+r)^5$，这张债券的到期收益率就是使该张债券今天的价值（当前的市场价格 P_v），等于其全部偿还额的现值之和。

$$P_V=\frac{100}{(1+r)}+\frac{100}{(1+r)^2}+\frac{100}{(1+r)^3}+\frac{100}{(1+r)^4}+\frac{100}{(1+r)^5}+\frac{1000}{(1+r)^5}$$

例如，如果票面金额为 1 000 元的 2 年期债券，第一年支付 60 元利息，第二年支付 50 元利息，现在的市场价格为 950 元，求该债券的到期收益率 r。

答：

$$950=\frac{60}{(1+r)}+\frac{50}{(1+r)^2}+\frac{1\,000}{(1+r)^2}$$

$$r=8.34\%$$

教学互动

问：到期收益率在实际中有什么意义？请举例说明。

答：到期收益率可以帮助我们判断哪个债券“更有投资价值”。比如现在有两种债券，其中债券 A 期限为 10 年，票面利率为 5%，价格为 101 元；债券 B 期限为 5 年，票面利率为 3%，价格为 98 元。两者期限不同，利率不同，价格也不同，前者价格高、期限长、利率高，而后者价格低、期限短、利率低，这时候很难对两者作出直观判断哪个更有投资价值。不过，通过比较两者的期收益率则可以帮助我们作出选择，经计算，债券 A 的期收益率为 3.5%，债券 B 的到期收益率为 3.6%，显然，债券 B“更有投资价值”。

三、常见的衍生金融工具

衍生金融工具又称“派生金融工具”，顾名思义，就是由基础金融工具“衍生”出来的。比如，由商品、股票、指数、债券、存款或外汇等“衍生”出来的期权、期货、互换合同等都属于衍生金融工具。衍生金融工具的种类极多，而且不断有新的衍生金融工具被发明和交易，甚至还有基于衍生工具的衍生工具。

金融工具按是否与直接信用活动相关分类，可分为基础金融工具和衍生金融工具（衍生信用工具），如图 8.4 所示。

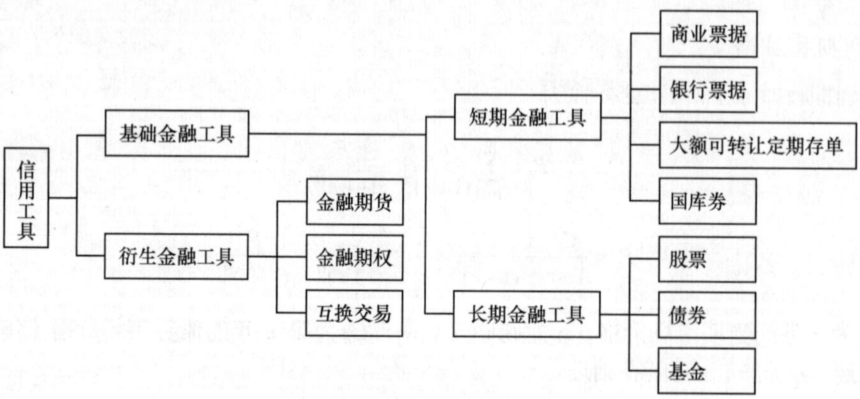

图 8.4 金融工具的分类

（一）金融期货

金融期货是指交易双方在金融市场上，以约定的时间和价格，买卖某种金融工具的具有约束力的标准化合约。

金融期货自问世至今，不过只有短短 30 余年的历史，远不如商品期货的历史悠久，但其发展速度却比商品期货快得多。目前，金融期货交易已成为金融市场的主要品种之一。在许多重要的金融市场上，金融期货交易量甚至已经超过了其基础金融工具的交易量。

1. 利率期货

利率期货是指以利率为标的物的期货合约。利率期货主要包括以长期国债为标的物的长期利率期货和以 2 个月短期存款利率为标的物的短期利率期货。

例如，短期国债的现金价格为 95.00 元，对于当前的 5%的利率水平，假设某投资者预测 3 个月后利率将下跌，于是他买进了一份 3 个月期的利率期货。如果 3 个月后，利率如他预测的那样下跌至 3%的水平，则对应于 97.00 元的利率期货价格。此时，他若卖出利率期货，就会赚得 2（97.00 − 95.00）元的利润。

2. 外汇期货

所谓的外汇期货，是指在期货交易所内通过公开竞价的方式交易的外汇期货合约。外汇期货合约是由买卖双方共同订立的、约定在未来某日以协议价格买卖一定数量的某种外汇的标准契约。它主要的作用是为了防范或转移汇率风险，以达到外汇资产保值的目的。

案例透析

2 月 10 日，某银行在国际货币市场买入 100 手 6 月期欧元期货合约，价格为 1.360 6 美元/欧元，同时卖出 100 手 9 月期欧元期货合约，价格为 1.346 6 美元/欧元。5 月 10 日，该银行分别以 1.352 6 美元/欧元和 1.269 1 美元/欧元的价格将手中的合约对冲。

分析该银行的收益情况（1 欧元 = 1.25 美元）。

3. 股票指数期货

股票指数期货是指以股票指数为标的物的期货合约。股票指数期货是目前金融期货市场最热门和发展最快的期货交易。股票指数期货不涉及股票本身的交割，其价格根据股票指数计算，合约以现金清算形式进行交割。

假定某一股票指数的当前点数为 1 000 点，也就是说，这个市场指数目前现货买卖的“价格”是 1 000 点。现在有一个 12 月底到期的这个市场指数的期货合约，如果市场上大多数投资者看涨，可能目前这一指数期货的价格已经达到了 1 100 点。假如你认为到 12 月底时，这一指数的“价格”会超过 1 100 点，你可以买入这一股指期货，也就是说，你承诺在 12 月底时，以 1 100 点的“价格”买入这个市场指数。如果这一指数期货继续上涨到 1 150 点，这时，你有两个选择，或者是继续持有期货合约，或者是以当前新的“价格”（也就是 1 150 点）卖出这一期货合约（这时，你就已经平仓，并且获得了 50 点的收益）。

当然，在这一指数期货合约到期前，其“价格”也有可能下跌。下跌时，你同样可以继续持有或平仓割肉。但是，当指数期货合约到期时，谁都不能再继续持有了，因为这时的期货已经变成“现货”，你必须以承诺的“价格”买入或卖出这一指数期货。根据你期货合约的“价格”与当前实际“价格”之间的价差，多退少补。

在上例中，假如 12 月底到期时，这个市场指数实际是 1 130 点，你就可以得到 30 个点的差价补偿，也就是说你赚了 30 个点；相反，

视野拓展

股票价格指数是由证券交易所或金融服务机构编制的，是表明股票行市变动的一种供人们参考的指标。读者可观看本书配套电子课件中有关股票价格指数的视频，了解计算股票指数要考虑的有关因素。

假如到期时的指数是 1 050 点，你就必须拿出 50 个点来补贴，也就是说亏损了 50 个点。

当然，所谓赚或亏的“点数”是没有意义的。我们必须把这些点折算成有意义的货币单位。具体折算成多少，在指数期货合约中有事先约定。这个单位被称为合约的“尺寸”。假如规定这个市场指数期货的尺寸是 100 元，以 1 000 点为例，一个合约的价值就是 100 000 元。

（二）金融期权

金融期权是一种合约，是指以金融商品或金融期货合约为标的物的期权交易的合约。具体地说，金融期权的购买者在向出售者支付一定费用后，就获得了能在规定期限内以某一特定价格买进或卖出一定数量的某种金融商品或金融期货合约的权利。

金融期权主要包括股票期权、利率期权和外汇期权。股票期权与股票期货的分类相似，主要包括股票期权和股指期权。

教学互动

某人买入了某只股票的看涨期权，有效期为 3 个月，约定价格为每股 60 元，数量为 1 000 股，期权费为每股 4 元。到期时，股票的价格为 66 元/股。

问：此人是否要执行期权，他的收益是多少？

答：由于股票上涨，看涨期权行权有利可图，所以要行权，此人收益为 2000[（66－60－4）× 1 000]元。

（三）互换交易

互换交易是指互换双方在事先预定的时间内交换货币或利率的一种金融交易。互换双方在期初按固定汇率交换两种不同货币的本金，之后在预定的日期内再进行利息和本金的互换。互换交易主要包括货币互换、利率互换和货币利率互换等。商业银行在互换交易中，可充当交易方或中介人。交易者通过货币互换来降低融资成本；通过货币互换工具消除其风险敞口，降低汇率风险和利率风险。货币互换属于表外业务，可以规避外汇管制、利率管制和税收方面的限制。货币互换和利率互换是比较常见的互换交易。

1. 货币互换

货币互换（又称“货币掉期”）是指两笔金额相同、期限相同、计算利率方法相同，但货币不同的债务资金之间的调换。简单来说，货币互换是不同货币债务间的调换。货币互换双方互换的是货币，这期间，双方的债权债务关系并没有发生变化。货币互换的目的在于降低融资成本及防止汇率变动风险造成的损失。

例如，假定英镑对美元汇率为 1.5。A 公司想借入 5 年期的 1 000 万英镑借款，B 公司想借入 5 年期的 1 500 万美元借款。但由于 A 公司的信用等级高于 B 公司，两国金融市场对 A、B 两公司的熟悉状况不同，因此市场向它们提供的固定利率也不同，如表 8.1 所示。

表 8.1　市场向 A、B 公司提供的借款利率

	美　元	英　镑
A 公司	8.0%	11.6%
B 公司	10%	12.0%

从表 8.2 中的数据可以看出，A 公司的借款利率比 B 公司的低，即 A 公司在两个市场都具有绝对优势，但绝对优势大小不同。A 公司在美元市场上的绝对优势为 2%，在英镑市场上的优势只有 0.4%。这就是说，A 公司在美元市场上有比较优势，而 B 公司在英镑市场

上有比较优势。这样，双方就可以利用各自的比较优势借款，然后通过互换得到自己想要的资金，并通过分享互换收益，降低 1.6[（11.6% + 10%）−（12% + 8%）]的融资成本。两者共享降低的融资成本，各节省 0.8%。于是，A 公司以 8%的利率借入 5 年期的 1 500 万美元借款，B 公司以 12.0%利率借入 5 年期的 1 000 万英镑借款。然后，双方先进行本金的交换，即 A 公司向 B 公司支付 1 500 万美元，B 公司向 A 公司支付 1 000 万英镑。假定 A、B 两公司商定双方平分互换收益，则 A、B 公司都将使融资成本降低 0.8%，即双方最终的实际成本分别为：A 公司实际支付 10.8%（11.6% − 0.8%）的英镑利率，而 B 公司实际支付 9.2%（10% − 0.8%）的美元利率，如图 8.5 所示。

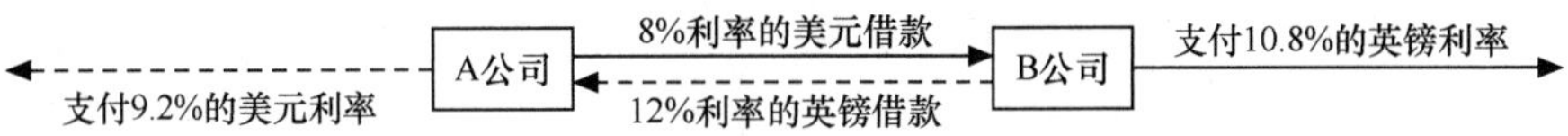

图 8.5　货币互换示意图

2. 利率互换

利率互换是指互换双方在同种货币的基础上，在预定的时间内，为对方支付利息，即互换双方将两笔货币相同、债务额相同（本金相同）、期限相同的资金，作固定利率与浮动利率的调换。这个调换是双向的。比如，甲方以固定利率换取乙方的浮动利率，乙方则以浮动利率换取甲方的固定利率。互换的目的在于降低互换双方的资金成本和利率风险。假设有 A、B 两家公司，A 公司打算从甲银行借款 1 000 万元，B 公司打算从乙银行借款 1 000 万元。A 公司的信用级别高于 B 公司。

如表 8.2 所示，甲银行为 A 公司提供了两种计息方式：固定利率 10%，浮动利率 LIBOR + 0.3%。乙银行为 B 公司提供了两种计息方式：固定利率 12%，浮动利率 LIBOR + 1%（LIBOR 为伦敦银行间同业拆借利率，LIBOR 经常作为国际金融市场贷款的参考利率）。

表 8.2　两银行提供给 A、B 两公司的借款利率

银　行	公　司	固定利率	浮动利率
甲银行	A 公司（AAA）	10%	LIBOR + 0.3%
乙银行	B 公司（A）	12%	LIBOR + 1%

（1）由 A 公司出面借款有绝对优势（此方法不被允许）。A 向甲银行借款 2 000 万元，再将 1 000 万元借给 B 公司。此时，A、B 公司取得借款的利率的和为最小。A 公司无论是选择浮动利率方式还是固定利率方式均相对于 B 公司有绝对优势。

（2）A、B 两公司自己借款或合作。A、B 两公司借款方式可有以下几种组合：①A 公司选择固定利率，B 公司选择固定利率——各自按自己的需要借款；②A 公司选择固定利率，B 公司选择浮动利率（利率和为 LIBOR + 11%）——各自按自己的需要借款；③A 公司选择浮动利率，B 公司选择固定利率（利率和为 LIBOR + 12.3%）——互换；④A 公司选择浮动利率，B 公司选择浮动利率——各自按自己的需要借款。由以上 4 种组合可以看出，组合②的利率和比组合③的利率和低 1.3%，当 A 公司打算以浮动利率借款、B 公司打算以固定利率借款时，我们发现将组合③转换成组合②的方式，利率和可以降低。

（3）A 公司和 B 公司选择利率互换。A 公司选择以固定利率方式向甲银行借款，B 公司选择以浮动利率方式向乙银行借款，A 公司与 B 公司之间签订利率互换协议。

（4）A 公司和 B 公司签订利率互换协议。①降低的总利率 1.3%平均分配；②A 公司按浮动利率支付给 B 公司，B 公司按浮动利率支付给乙银行；③B 公司按固定利率支付给 A 公司，A 公司按固定利率支付给甲银行。由此，A 公司取得浮动借款的利率降低为 LIBOR + 0.3%−0.65%；B 公司取得固定借款的利率降低为 11.35%（12%−0.65%）。

综合练习题

一、概念识记

金融市场　货币市场　同业拆借市场　资本市场　金融期权　衍生金融工具　金融期货

二、单选题

1. 在金融市场上，(　　) 既是重要的交易主体，又是监管机构。
   A. 证监会　　B. 证券公司　　C. 商业银行　　D. 中央银行
2. 下列证券中，流动性风险最小的是 (　　)。
   A. 商业票据　　B. 企业债券　　C. 政府债券　　D. 企业股票
3. 按照对资金需求的长短，金融市场可分为 (　　)。
   A. 货币市场和资本市场　　B. 发行市场和流通市场
   C. 基础金融市场和衍生金融市场　　D. 有形市场和无形市场
4. 下列选项中，属于资本市场的有 (　　)。
   A. 同业拆借市场　　B. 股票市场　　C. 票据市场　　D. 定期存单市场
5. (　　) 是银行间所进行的票据转让。
   A. 贴现　　B. 转贴现　　C. 再贴现　　D. 都不是
6. 在出售证券时与购买者约定到期买回证券的方式称为 (　　)。
   A. 证券发行　　B. 证券承销　　C. 期货交易　　D. 回购协议
7. 下列哪一项不属于回购协议的标的物？(　　)
   A. 政府债券　　B. 中央银行债券　　C. 商业票据　　D. 信用证
   E. 大额可转让定期存单
8. 投资者之所以买入看涨期权，是因为他预期这种金融资产的价格将会 (　　)。
   A. 上涨　　B. 下跌　　C. 不变　　D. 无法确定
9. 出现下列哪种情形时，商业银行应在资本市场筹资？(　　)
   A. 有一笔暂时闲置资金　　B. 存款准备金头寸不足
   C. 流动性资金不足　　D. 补充固定资本
10. 商业银行是货币市场的主要参与者。商业银行参与货币市场的主要目的是 (　　)。
    A. 调剂资金头寸，进行短期资金融通
    B. 取得投资利润
    C. 获取该市场上安全的投资品种，实现合理的投资组合
    D. 通过公开市场操作，实现货币政策目标
11. 在货币市场流动性最高、几乎所有的金融机构都参与交易的金融工具是 (　　)。
    A. 股票　　B. 长期商业票据　　C. 短期政府债券　　D. 长期政府债券
12. 衍生金融工具产生的最基本原因是 (　　)。
    A. 跨期交易　　B. 规避风险
    C. 杠杆效应　　D. 套期保值与投机套利
13. 下列哪一项不属于货币市场的特点？(　　)

A. 交易期限短　B. 解决短期资金周转　C. 流动性强　D. 风险相对较高

14. 下列哪一项不属于资本市场的特点？（　　）

A. 低风险　B. 流动比较差　C. 高收益　D. 变现性比较弱

15. 证券市场是（　　）发行和交易的场所。

A. 股票和国债　B. 股票、债券、基金等有价证券

C. 股票　D. 股票、非上市证券等所有证券

16. 金融期货是以（　　）为对象的期货交易品种。

A. 股票　B. 债券　C. 金融期货合约　D. 金融证券

17. 国家为了筹措资金而向投资者出具的、承诺在一定时期支付利息和到期还本的债务凭证是（　　）。

A. 国家债券　B. 政府债券　C. 金融债券　D. 公司债券

18. 资本市场监管中的三公原则不包括（　　）。

A. 公开　B. 公允　C. 公正　D. 公平

19. 在证券交易所进行的股票交易，可称为（　　）。

A. 上市交易　B. 场外交易　C. 柜台交易　D. 店头交易

20. 按照交易活动是否集中统一，可以将资本市场分为（　　）。

A. 场内交易市场和场外交易市场　B. 一级市场和二级市场

C. 内部市场和外部市场　D. 有形市场和无形市场

三、多选题

1. 参与期货交易的目的包括（　　）。

A. 投资获利　B. 投机获利　C. 套期保值　D. 规避风险

2. 按市场形态划分，金融市场可分为（　　）。

A. 有形市场　B. 无形市场　C. 直接市场　D. 间接市场

3. 金融市场主要由以下（　　）基本要素构成。

A. 参与者　B. 金融工具　C. 交易价格　D. 组织方式

4. 金融市场主体有（　　）。

A. 个人　B. 企业

C. 银行和非银行金融机构　D. 中央银行　E. 政府及政府机构

5. 金融市场经纪人分为（　　）。

A. 货币经纪人　B. 证券经纪人　C. 证券承销人　D. 外汇经纪人

6. 货币市场的业务类型主要包括（　　）。

A. 票据贴现市场　B. 票据承兑市场　C. 短期证券市场　D. 黄金买卖市场

7. 金融期权的主要特征有（　　）。

A. 交换的是买卖权利

B. 买方无须交纳保证金

C. 期权合约赋予交易双方的权利和义务不对等

D. 只有买入方才支付期权费

8. 在证券回购协议市场上回购的品种有（　　）。

A. 大额可转让定期存单　B. 商业票据

C. 国库券　　D. 支票

9. 下列选项中，属于基础金融工具的是（　　）。

A. 国库券　　B. 大额可转让定期存单

C. 商业票据　　D. 公司股票

10. 从交易对象的角度来看，货币市场主要由（　　）等子市场组成。

A. 基金　　B. 同业拆借　　C. 商业票据　　D. 国库券

11. 票据市场包括（　　）。

A. 商业票据承兑市场　　B. 商业票据贴现市场

C. 银行承兑汇票市场　　D. 中央银行票据市场

12. 资本市场运作的主体（参加者）有（　　）。

A. 筹资者　　B. 投资者

C. 中介机构　　D. 自律性组织和证券监管机构

13. 下列关于货币市场特点的描述中，正确的有（　　）。

A. 交易期限短　　B. 资金借贷量大

C. 交易工具收益较高而流动性差　　D. 风险相对较低

14. 资本市场的交易对象主要是（　　）。

A. 股票　　B. 公司债券　　C. 政府中长期债券　　D. 汇票

15. 金融市场的功能有（　　）。

A. 有效地动员筹集资金　　B. 合理地分配和引导资金

C. 灵活地调度和转化资金　　D. 有效地实施宏观调控

16. 债券收益率的衡量指标有（　　）。

A. 名义收益率　　B. 本期收益率　　C. 持有期收益率　　D. 到期收益率

17. 货币互换（又称货币掉期）是指两笔（　　）的债务资金之间的调换。

A. 金额相同　　B. 期限相同　　C. 计算利率方法相同　　D. 货币相同

18. 下列说法中，正确的有（　　）。

A. 直接融资筹资成本低

B. 直接融资投资收益高

C. 直接融资资金供应者承担的风险小

D. 直接融资资金供求双方在数量、期限、利率等方面所受的限制比较多

19. 下列说法中，正确的有（　　）。

A. 间接融资灵活便利　　B. 间接融资安全性好

C. 间接融资，减轻了筹资者的压力　　D. 间接融资减少了筹资费用

20. 以下哪些属于货币市场工具？（　　）。

A. 国库券　　B. 商业票据　　C. 银行票据　　D. 可转让存单

四、判断题

1. 政府既是货币市场上重要的资金需求者和交易主体，又是重要的监管者和调节者。（　　）

2. 有价证券从发行者手中转移到投资者手中，这类交易属于二级市场交易。（　　）

3. 债券回购交易实质是一种以有价证券作为抵押品拆借资金的信用行为。（　　）

4. 对于商业银行来说，利用回购协议融入的资金不用缴纳存款准备金。（　　）

5. 同业拆借市场最重要的交易对象是银行间存款。（　　）

6. 票据经过银行承兑，有相对较小的信用风险，是一种信用等级较高的票据。（　　）

7. 资本市场通过间接融资方式可以筹集巨额的长期资金。（　　）

8. 不论企业是否获利，企业债券必须按期如数还本付息，而普通股票的收益则取决于企业的盈利状况。（　　）

9. 债务人不履行约定义务所带来的风险称为市场风险。（　　）

10. 按风险性从大到小排列，依次是企业债券、金融债券、政府债券。（　　）

11. 资本市场的筹资者主要是企业和政府。（　　）

12. 发行国内债券不存在汇率风险，但是发行国际债券却存在汇率风险。（　　）

13. 资本市场是期限在 2 年以上的各种资金融通活动的总和。（　　）

14. 金融市场的主体不能是自然人，只能是法人。（　　）

15. 证券中介人是证券发行人和投资者之间的中介。（　　）

16. 流通市场又叫二级市场，其活动围绕着有价证券的转让流通而展开。（　　）

17. 互换交易是指互换双方在事先预定的时间内交换货币或利率的一种金融交易。（　　）

18. 政府及政府机构不能成为金融市场的参与者。（　　）

19. 证券发行市场是指证券发行人向投资者出售证券以筹集资金的市场。（　　）

20. 证券发行是指政府、企业为了财政或筹集资金的需要，在二级市场按照法律规定的条件和程序，通过证券承销商向投资者发行证券的行为。（　　）

五、思考题

1. 请在表 8.3 中填写货币市场和资本市场的相应内容并做对比。

表 8.3　货币市场和资本市场的对比

	货币市场	资本市场
金融工具的种类		
融资期限		
融资目的		
风险程度与收益水平		
资金来源		

2. 请分析说明图 8.6 的含义。

图 8.6　思考题图示

第九章

外汇与国际收支平衡

【学习目标】

知识目标

掌握外汇、汇率的概念；掌握汇率的标价方法；理解汇率的变化对经济的影响。

能力目标

能看懂国际收支平衡表，能进行套汇与套利交易。

【知识框架】

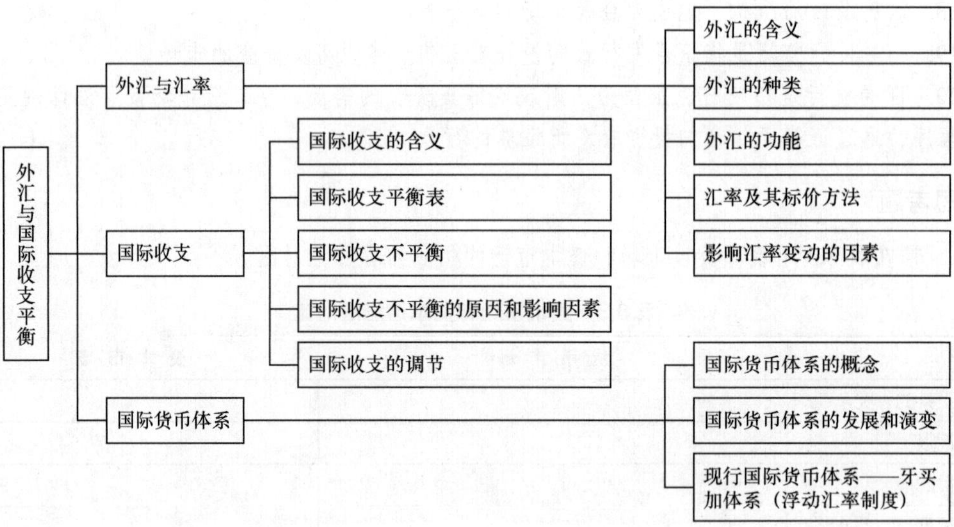

【情境导入】

（续前章）这个小岛除了几样产量不大的生活必需品以外什么也生产不了，但距小岛不远处有一个大岛，上面什么都有。小岛上的人想生活得好一点，于是他们就想用自己的劳动产品和大岛上的人交换自己需要的东西。

可是问题出现了，小岛上的 1 元钱只能买半斤大米，而大岛上的 1 元钱能买 1 斤大米。并且大岛上的人来小岛上买东西时，要用小岛上的钱，同样，小岛上的人去大岛上买东西要用大岛上的钱。这样一来，小岛上的人需要拿 2 元小岛上的钱才能换大岛上的 1 元钱，于是“汇率”出现了。两个岛上的人们算好“汇率”后，开始互相到对方的岛上买卖东西。这就是“对外贸易”。

对外贸易丰富了岛上人们的生产生活需要，使人们的交换活动进入了一个空前的高潮。

小岛上的人卖了 8 只鸟给大岛上的人，得到了大岛的货币。他们再用这些大岛的货币买了大岛上的 4 条鱼。两个岛上的人们常常这样进行交换。

有一天，大岛上的人没有去捉鱼，他们也就没办法与小岛上的人进行交换。于是，大岛上的人就找小岛上的人借鸟吃。大岛上的人打了 2 条鱼的欠条，小岛上的人把欠条收下，就把 4 只鸟给了大岛上的人。

大岛上的人尝到了这个甜头，第二天又拿了 2 条鱼的欠条去换了 4 只鸟。交换完毕后，大岛上的人对小岛上的人说："以后欠条上就不写 2 条鱼了，因为这欠条是我们大岛上的人写的，所以以后就用我们大岛上的货币标明欠你们的鱼吧。"小岛上的人欣然同意了。从此以后，大岛上的人再给小岛上的人写欠条时就开始用大岛上的货币来表示了。

按照商品交换的原则来说，商品交换应该是物物交换，即人们用一种商品交换另一种商品，而不是钱和物的交换。大岛上的人拿大岛上的钱换了小岛上的鸟，小岛上的人则得到了大岛上的钱。这不是商品交换的全过程，只是半个过程。小岛的人们手里有大岛上的钱，就说明大岛上的人还欠小岛上人的鱼。所以，钱的本质就是欠条。等小岛上的人拿这些钱买了大岛上人的鱼后，商品交换的整个过程才得以完成。这个物物交换过程就是大岛上的人用鱼换了小岛上的鸟。

日子久了，小岛上的人的手里积攒的大岛上的货币有一大堆。这对小岛上的人来说叫"顺差"，对大岛上的人来说是"逆差"。

随着世界经济的全球化发展，金融领域的跨国活动也在以汹涌澎湃之势迅猛发展。比如，国际收支必然产生国际汇兑和国际结算；国际汇兑中的货币汇率对国际收支又有重大影响；国际收支的许多重要项目同国际信用和国际投资直接相关，等等。国际金融市场既是经济国际化的重要组成部分，反过来又对世界经济的发展起着极其重要的作用。

第一节 外汇与汇率

世界上有许多不同的国家，流通着不同的货币。例如，在日本流通的是"日元"，在美国流通的是"美元"，在英国流通的是"英镑"，在德国和法国流通的则是"欧元"，等等。

国与国之间，因贸易、投资、旅游等经济往来，产生了货币支付关系。由于各国的货币不同，在国外进行支付时，一方必须先以本国货币兑换成外国的货币；另一方从国外收到外币支付凭证，也必须兑换成本国货币后才能在国内流通。例如，若"小沈阳"打算购买英国的苏格兰裙，在春节晚会上表演节目，则他就应该先去中国的某家银行用人民币换取等额的英镑。这里的英镑，就是"外汇"。

从通俗意义上来说，外汇指的是外国货币，可并不是所有的外国货币都是严格意义上的外汇。外国货币能否被称为外汇，首先要看它能否自由兑换，或者说要看这种货币能否重新回流到发行它的国家（或地区），而且可以不受限制地存入该国（或地区）

敲黑板

从形式上看，外汇是某种外币或外币资产，但不能认为所有的非本国（地区）货币都是外汇，只有那些具有可兑换性的外币才能成为外汇。只有接受国际货币基金组织（IMF）协定第八条规定的国家（地区）的货币，才在国际上被承认为可自由兑换的货币。这些国家（地区）必须履行该协定的三条规定：对国际经常往来的付款和资金转移不得施加限制；不施行歧视性货币措施或多种货币汇率；在另一成员方的要求下，随时有义务换回对方在经常往来中所结存的本方货币。

的任意一家商业银行的普通账户上去，并在需要时可以任意转账。

想一想

人民币是可自由兑换的货币吗？

一、外汇的含义

外汇是国际汇兑的简称。在支付货币过程中，若一方在北京，另一方在上海，则这种支付行为叫作内汇。若一方在北京，而另一方在纽约，则这种超越了国界的支付就被称为“国际汇兑”。

外汇是用外国货币表示的，是用于国际结算的信用凭证和支付凭证。外汇包括银行存款、银行支票、商业汇票、外国政府债券以及长短期证券、外国钞票等。外汇同时有动态和静态的双重含义。

1. 动态意义上的外汇

动态意义上的外汇是指人们将一种货币兑换成另一种货币，清偿国际债权债务关系的行为。这个意义上的外汇概念等同于国际结算。

2. 静态意义上的外汇

静态意义上的外汇是一种以外币表示的用于国际结算的支付手段。通常我们所称的外汇是指静态意义上的外汇。

静态意义上的外汇又有广义和狭义之分。

广义的静态外汇是指一切可以用外国货币表示的资产。《中华人民共和国外汇管理条例》第三条指出，外汇是指下列以外币表示的可以用作国际清偿的支付手段和资产：①外币现钞，包括纸币、铸币；②外币支付凭证或者支付工具，包括票据、银行存款凭证、银行卡等；③外币有价证券，包括债券、股票等；④特别提款权；⑤其他外汇资产。该条例所规定的外汇属于广义外汇的范畴，等同于外币资产。

国际货币基金组织对外汇的定义是：外汇是货币行政当局（中央银行、货币管理机构、外汇平准基金及财政部）以银行存款、财政部库券、长短期政府证券等形式所保有的在国际收支逆差时可以使用的债权，包括外国货币、外币存款、外币有价证券、外币支付凭证等。

狭义的静态外汇，即我们通常所说的现汇，是指以外币表示的，可以直接用于国际结算的支付手段。

教学互动

问：以外币表示的有价证券是狭义外汇吗？

答：以外币表示的有价证券，由于不能直接用于国际支付，因此不能视为狭义外汇。

视野拓展

读者可扫描下方二维码观看视频“喝啤酒的故事”，并结合本书内容巩固所学的相关名词和术语。

二、外汇的种类

1. 根据外汇是否可自由兑换划分

（1）自由外汇。自由外汇是指无须货币发行国同意，可以自由兑换成其他国家货币或用于国际支付的外汇。

凡在国际经济领域可自由兑换、自由流动、自由转让的外币或外币支付手段，均称为“自由外汇”。例如，美元、英镑、日元、欧元、瑞士法郎等货币以及以这些货币表示的支票、汇票、股票、债券等都是自由外汇。目前，许多国家基本上已取消或放松了外汇管制。这使得世界上的可自由兑换货币的种类越来越多。自由外汇在国际金融市场上可以被自由买卖，也可以被自由兑换成其他国家的货币，在国际金融中还可以用于清偿债权债务。自由外汇在国际结算中用得最多。

（2）记账外汇。记账外汇是指未经有关外汇管理部门的批准不能转换为别国的货币，而通常只能根据有关协定在协定国之间使用的外汇，也称“清算外汇”“协定外汇”。

记账外汇是在签订有清算协定的国家之间，由于进出口贸易引起的债务债权，不用现汇逐笔结算，而通过当事国的中央银行账户相互冲销所使用的外汇。历史上，原来隶属于《华沙条约》组织的东欧国家之间的进出口贸易，曾经采用部分或全部记账外汇方式来办理国际清算。

自由外汇可以在国际市场上自由流通，而记账外汇不可以。自由外汇使用方便，记账外汇使用不方便。但是，自由外汇容易引发本国的经济危机，记账外汇则较为安全。

1996 年 12 月 1 日，我国正式接受国际货币基金组织第八条条款，在经常账户下实行人民币自由兑换，但在资本账户下，人民币仍是记账外汇。

2. 根据外汇的来源和用途划分

（1）贸易外汇。贸易外汇也称“实物贸易外汇”，是指进出口贸易所收付的外汇，包括货物及相关的从属费用，如运费、保险费、宣传费、推销费用等。由于国际经济交往的主要内容就是国际贸易，因此贸易外汇是一个国家外汇的主要来源与用途。

（2）非贸易外汇。非贸易外汇是指除进出口贸易和资本输出/输入以外的其他方面所收付的外汇，包括劳务外汇、侨汇、捐赠外汇和援助外汇等。一般来说，非贸易外汇是一国外汇的次要来源与用途，但也有个别国家例外，如瑞士，非贸易外汇是其外汇的主要来源与用途。

3. 根据外汇的交割期限划分

（1）即期外汇又称“现汇”，是指外汇买卖成交后，在当日或在 2 个营业日内办理交割的外汇。所谓交割，是指本币的所有者与外币所有者互相交换其本币的所有权和外币的所有权的行为，即外汇买卖中的实际支付。

教学互动

某日外汇市场主要货币的即期汇率为：USD/CHF = 1.255 5/59；EUR/USD = 1.328 1/86。

问：①客户用瑞士法郎买入美元，汇率应该如何计算？②客户要求将 100 万美元兑换成欧元，按现有汇率可兑换多少美元？

答：①银行卖出美元，汇率应取 1.255 9；②银行卖出欧元买入美元，汇率取 1.328 6，故可兑换 1 000 000/1.328 6 = 752 671.98 欧元。

（2）远期外汇又称“期汇”，是指买卖双方不需即时交割，而仅仅签订一纸买卖合同，约定将来在某一时间（即 2 个营业日以后）进行交割的外汇。远期外汇，通常是由国际贸易结算中的远期付款条件引起的。买卖远期外汇的目的，主要是为了避免或减少由于汇率变动所造成的风险损失。远期外汇的交割期限从 1 个月到 1 年不等，通常是 3~6 个月。

案例透析

某年 9 月 20 日，广东一企业出口一批货物，预计 3 个月后，即 12 月 20 日，收入 2 000 万美元。假设银行 9 月 20 日开报的 3 个月远期美元对人民币双边价为 USD/CNY = 6.364 9/4 068，该企业同银行签订了人民币远期结售汇合同。

试说明该企业抵御外汇汇率风险的结果。如果12月20日的市场汇率变为USD/CNY＝6.264 9/3 068，若不做远期结售汇，该企业的损益情况又会怎样？

三、外汇的功能

外汇作为国际经济往来发展的产物，是债权、债务转移的重要手段。外汇的主要功能如下。

1. 作为国际结算的支付手段

国际债权债务到期时，主要通过各种外汇凭证进行非现金结算。不论起因如何、金额大小，所有的国际债权债务都可通过银行间的国际业务，利用外汇凭证进行清算，从而完成国际结算。

2. 促进国际贸易和资本流动

利用外汇进行国际债权债务关系的清算，可以节省运送现金的费用，避免风险，还可以加速资金周转，扩展资金融通的范围，从而促进国际商品交换和资本流动。

3. 调剂国际资金余缺

由于世界经济发展的不平衡，各国的建设资金余缺程度不同，这在客观上需要在世界范围内进行资金调剂。由于各国的货币制度不同，各国的货币不能直接调剂。外汇作为一种国际支付手段，则可以在世界范围内发挥调剂资金余缺的功能。

视野拓展

外汇储备是国家积累的"国家财富"，因此，国家要对巨额外汇储备进行战略投资。推荐读者观看本书配套电子课件中外汇储备的相关视频，以进一步了解外汇储备的有关知识。

4. 充当国际储备

国际储备是一国可以用于国际支付的那部分流动资金，是衡量一国经济实力的主要标志之一。外汇作为清偿国际债务的手段，同黄金一样，可以作为国家的储备资产。因此，外汇构成了国际储备的一个重要组成部分。中国人民银行公布的数据显示，截至2018年12月31日，我国外汇储备规模为30 727亿美元，占全球近三成，连续多年位居世界第一。

四、汇率及其标价方法

在我国，去商店买东西的时候，人们很自然地会支付人民币，当然商店也接受人民币。在我国国内的商品交换用人民币进行支付，相对来讲是简单的。

但是，如果想从美国买一台计算机，事情就变得复杂了。虽然人们在商店支付的依然是人民币，但通过银行等的作用，最终向美国人支付的却是美元，而不是人民币。同理，美国人如果想从中国购买商品，他们最终支付的则是人民币。由此就引出了外汇汇率的概念。比如，小沈选择了中国银行北京王府井支行，用300元人民币换了30英镑。小沈和中国银行进行了英镑和人民币的"外汇交易"。在兑换英镑时，英镑与人民币的交换比率就是"汇率"，也叫"外汇牌价"，如表9.1所示。

有了外汇汇率，我们就可以从美国买计算机了。

表9.1 2018年9月30日外汇牌价

（单位：人民币元/100外币）

货币名称	现钞买入价	现钞卖出价
英镑	863.88	900.12
美元	679.54	688.01
欧元	769.62	801.75
日元	5.830 1	6.061 3
新加坡元	485.07	505.28
加拿大元	513.52	535.35

假如要买的计算机的价格是 1 000 美元，根据汇率，100 美元＝688.01 元人民币，我们只要支付 6 880.1 元人民币就可以买下 1 台美国的计算机。尽管我们付的是人民币，但银行最终会付美元，因为这是美国商人所要求和所能接受的。

这里所举的例子非常简单，在外汇市场的实际情形则要复杂得多。

（一）汇率

汇率亦称“外汇行市”或“汇价”，是以一种货币表示的另一种货币的价格。由于世界各国货币的名称不同，币值不一，所以一国货币对其他国家的货币要规定一个兑换的比率，即汇率。

汇率有两个意义：一是指两国货币兑换的比率；二是指外汇买卖的价格。因为从银行实务上看，外汇如同货物一样，依价格进行买卖，所以汇率的另一个意义为货币的买卖价格，故又称为“汇价”。汇率背后其实是国家经济实力的较量。

想一想

汇率的意义是什么？

（二）汇率的标价方法

确定两种不同货币之间的比价，先要确定用哪个国家的货币作为标准。由于确定的标准不同，于是便产生了几种不同的外汇汇率标价方法。

国际上现有直接标价法和间接标价法两种汇率标价方法。

1. 直接标价法

直接标价法又叫“应付标价法”，是指以一定单位的外国货币为标准来计算应付出多少单位的本国货币，相当于计算购买一定单位外币应支付多少本币。世界上包括中国在内的绝大多数国家（或地区），目前都采用直接标价法。比如，我们常见到 100 美元兑换多少元人民币。

在直接标价法下，若一定单位的外币兑换的本币数额多于前期，则说明外币的币值上升或本币的币值下跌，这叫作外汇汇率上升；反之，如果用比原来少的本币就能兑换到同一数额的外币，则说明外币币值下跌或本币币值上升，这叫作外汇汇率下跌。由此可见，外币的价值与汇率的涨跌呈正相关关系。

教学互动

某日外汇标价 USD/JPY 为 115.06/16，银行的买入价为 115.06 日元/美元。银行的买入价是指银行买入美元卖出日元的报价。银行的卖出价为 115.16 日元/美元。银行的卖出价是指银行卖出美元买入日元的报价（日本实行的是直接标价法）。

问：银行的买入价、卖出价是多少？银行的买入价和卖出价的差额是多少？

答：银行的买入价为 115.06 日元/美元；银行的卖出价为 115.16 日元/美元；银行买入价和卖出价的差额是 10 个点。

2. 间接标价法

间接标价法又称“应收标价法”。间接标价法与直接标价法正好相反，间接标价法是以一定单位的本国货币为标准来计算应收若干单位的外国货币。在国际外汇市场上，英国和美国都是采用间接标价法的国家。

在间接标价法下，如果一定数额的本币能兑换的外币数额比前期少，则说明外币的币值上升，本币的币值下降，即外汇汇率下跌；反之，如果一定数额的本币能兑换的外币数额比前期多，则说明外币的币值下降，本币的币值上升，即外汇汇率上升。

教学互动

英国采用的是间接标价法，某日外汇标价：£1 = $1.254 6～1.256 6。

问： 银行的买入价、卖出价是多少？银行的买入价和卖出价的差额是多少？

答： 银行的买入价是 1.254 6 美元/英镑；银行的卖出价是 1.256 6 美元/英镑；银行的买入价和卖出价的差额是 20 个点。

五、影响汇率变动的因素

汇率作为一国货币对外价格的表示形式，受到很多因素的影响。汇率既要受一国国内因素的影响，又要受国际因素的影响。因此，汇率的变动常常捉摸不定，对汇率的预测也十分困难。除经济因素外，货币作为国家主权的一种象征，也常常受到政治和社会因素的影响。

视野拓展

在对外贸易中，一国的出口总额大于进口总额称为顺差，一国的进口总额大于出口总额称为逆差。如果一国的进出口总额相等，称为贸易平衡。推荐读者扫描下方二维码观看视频，进一步了解一国的进出口贸易额保持平衡的重要意义。

1．国际收支

国际收支，简单地说，是指一国对外经济活动中所发生的收入和支出。当一国的国际收入大于支出时，为国际收支顺差。在外汇市场上，一国的国际收支顺差表明外汇（币）的供应大于需求，因而本国货币汇率上升，外国货币汇率下降。与之相反，当一国的国际收入小于支出时，即为国际收支逆差。在外汇市场上，一国的国际收支逆差表明外汇（币）的供应小于需求，因而本国货币汇率下降，外国货币汇率上升。

2．通货膨胀率

在纸币流通的条件下，决定两国货币汇率的基础是货币的购买力。而在通货膨胀的条件下，货币的购买力就会下降。因此，两国通货膨胀率的差异必然会导致汇率发生变动。一般来说，如果甲国的通货膨胀率超过乙国的通货膨胀率，则甲国货币的汇率就会下跌；反之，如果乙国的通货膨胀率超过甲国的通货膨胀率，则甲国货币的汇率就会上升。

3．利率水平

利率与汇率是资金价格的两种表现形式，它们之间存在着千丝万缕的联系，因此利率的走势也是外汇市场的焦点。但是，利率与汇率的关系相对要复杂一些，因此要具体情况具体分析，才能把握住汇率的波动趋势。比如，若美国的物价不断上涨，则美国的中央银行——美联储就会提高利率，以对抗潜在的通货膨胀。这时，如果不考虑其他因素，则美国的货币——美元和其他国家货币的利率差就会扩大，在资金市场上的吸引力就会相对增强，资金就会从欧元、日元等其他货币流向美元，使美元受到追捧而升值。从这方面来看，美国提高利率对美元的汇率是有支持作用的。但是，提高利率又会引起美国股票市场和债券市场的下跌。这会导致在美国金融市场进行投资的收益率下降，因为国际游资是追求投资回报的，面对一个开放的国际金融市场，这些游资在美国不能获得理想的回报，必然会离开美国，流动到别的国家或地区，诸如欧洲、东南亚及日本等，去寻找新的投资机会。这样又会对美元的汇率构成贬值的压力。另外，利率的上升会对经济的增长产生阻碍作用。所以从这些方面来看，加息最终会使汇率受到损害。

4. 市场预期

市场预期因素是影响国际资本流动的另一个重要因素。在国际金融市场上，短期性资金（所谓游资）已达到了十分庞大的数字。这些巨额资金对世界各国的政治、经济、军事等因素都具有高度的敏感性，受到预期因素的影响。一旦出现风吹草动，它就会到处流窜。这常常会给外汇市场带来巨大的冲击。可以说，市场预期因素是短期内影响汇率变动的最主要的因素。

5. 经济增长率

一国的经济增长率同未来的汇率变动有着更为复杂的关系，主要有下面两种情形。如果一国的出口保持不变，经济增长加速，国内需求水平提高，这将增加该国的进口，从而导致经常账户出现逆差。如果一国经济是以出口为导向的，经济增长是为了生产更多的出口商品，则该国经济增长率的提高可以用该国出口的增长来弥补进口的增加。一般来说，一国经济的高增长率会带来更多的进口，从而造成本国货币汇率下降的压力。但是经济增长率的变化也反映了一国经济实力的变化，经济增长快、经济实力强的国家可以加强外汇市场上对其货币的信心，因而其汇率也有上升的可能。

6. 经济政策及央行干预

无论是在固定汇率制度下，还是在浮动汇率制度下，各国货币当局或为保持汇率稳定，或为有意识地操纵汇率的变动以服务于某种经济政策为目的，都会对外汇市场形成直接干预。毋庸置疑，通过干预直接影响外汇市场供求的操作，虽然无法从根本上改变汇率的长期走势，但对汇率的短期走向会有一定的影响。

除此之外，影响汇率波动的因素还包括突发事件、国际投机的冲击、经济数据的公布，甚至政府要员发表的言论等。这些因素对汇率波动的影响也会相互加强或相互抵消。

第二节　国际收支

国际贸易必然会产生货币性和非货币性的支付问题。由此引出了国际收支统计和对国际收支进行分析的问题。

一、国际收支的含义

国际收支是指一个国家在一定时期内由对外经济往来、对外债权债务清算而引起的所有货币收支。国际收支的统计可以使一国政府了解本国的债务债权状况，为其制定本国的货币、财政、贸易政策提供依据。

（一）国际收支的概念

国际债权与债务的结算主要有两种方式：一种是现金交易，另一种是赊账交易。这两种方式对应两个国际收支概念，即狭义的国际收支和广义的国际收支。

1. 狭义的国际收支

狭义的国际收支是指一个国家或地区在一定时期（一年、一季或一个月）内，由于各种对外交往而发生的、必须立即结清的、来自其他国家（或地区）的外汇收入与付给其他国家（或地区）的外汇支出总额的对比。

狭义的国际收支概念建立在会计处理的现金收付实现制基础上。凡是在本期涉及外汇资金实际流入与流出的，都必须反映在当期的国际收支中；凡是在本期不涉及外汇资金的实际流入与流出，即使发生在本期也不在本期的国际收支中反映。

2. 广义的国际收支

广义的国际收支是指一个国家或地区在一定时期（一年、一季或一个月）内，居民与非居民之间全部经济活动的系统记录。

广义的国际收支不仅包括外汇收支，还包括一定时期的经济交易，如记账贸易和易货贸易等。

（二）国际收支的内涵

国际收支主要包括以下三个方面的含义。

（1）国际收支是一个流量概念。

（2）国际收支所反映的内容是经济交易，包括商品和劳务的买卖、物物交换、金融资产之间的交换，无偿的单向商品和劳务的转移，无偿的单向金融资产的转移。

（3）国际收支记载的是发生在居民与非居民之间的经济交易。

我国国际收支统计申报范围为中国居民与非中国居民之间发生的所有经济交易，以及居民与居民之间、非居民与非居民之间所有跨境收支经济交易。

中国居民具体指以下几种情况。

（1）在中国境内居留1年以上（包括 1 年）的自然人，来自外国及我国香港、澳门、台湾地区的留学生、就医人员，外国驻华使馆领馆外籍工作人员及其家属除外。

（2）中国短期出国人员（在境外居留时间不满1年）、境外留学人员、就医人员及中国驻外使馆领馆工作人员及其家属。

（3）在中国境内依法成立的企业事业法人（含外商投资企业及外资金融机构）及境外法人的驻华机构（不含国际组织驻华机构、外国驻华使馆领馆）。

（4）中国国家机关（含中国驻外使馆领馆）、团体、部队。

二、国际收支平衡表

国际收支平衡表是根据复式记账法编制的，将一国（地区）在一定时期内与其他国家（地区）所发生的全部国际收支项目进行分类统计的报表，如表9.2所示。

表9.2 国际收支平衡表的标准格式（简表）

（单位：　　）

	贷方（+）	借方（-）
一、经常账户	经常账户收入	经常账户支出
1. 商品（FOB计价）		
2. 服务		
3. 收益		
（1）雇员报酬		
（2）投资报酬		
4. 经常转移		

续表

	贷方（+）	借方（-）
二、资本和金融账户	资本流入	资本流出
1. 资本账户		
2. 金融账户		
（1）直接投资		
（2）证券投资		
（3）其他投资		
三、储备资产	储备资产减少	储备资产增加
（1）货币性黄金		
（2）特别提款权		
（3）在国际货币基金组织的储备头寸		
（4）外汇储备		
（5）其他债权		
四、净误差与遗漏		

（一）国际收支平衡表的内涵

国际收支平衡表的内涵：①国际资本的净余额会反映在表中；②国际收支平衡表不仅反映国际交易，还反映国际间的支付；③时间范围为一年；④在国际收支平衡表中，收入项目、负债增加项目、资产减少项目列为贷方，支出项目、资产增加项目、负债减少项目列为借方。

案例透析

甲国的国际收支如下：

（1）甲国某企业出口价值 100 万美元的设备后，该企业在海外银行的存款相应增加 100 万美元。

（2）甲国居民到外国旅游花销 30 万美元，该费用从该居民的海外存款中扣除。

（3）甲国某企业在海外投资中获得的利润共 150 万美元，其中，75 万美元用于当地再投资，50 万美元购买当地商品运回国内，25 万美元结售给银行换取本币。

（4）甲国政府动用了 40 万美元储备向国外提供无偿援助，另外还提供了相当于 60 万美元的粮食和药品援助。

启发思考：请填制甲国的国际收支平衡表。

（二）国际收支平衡表的用途

国际收支平衡表有以下两项用途。

（1）进行国际收支平衡状况分析。国际收支平衡状况分析的重点是分析国际收支差额，并找出原因，以便采取相应对策，扭转不平衡状况。

（2）进行国际收支结构分析。通过对国际收支结构进行分析，可以揭示各个项目在国际收支中的地位和作用，从国际收支结构的变化中发现问题，找出原因，为指导对外经济活动提供依据。

（三）国际收支平衡表的内容

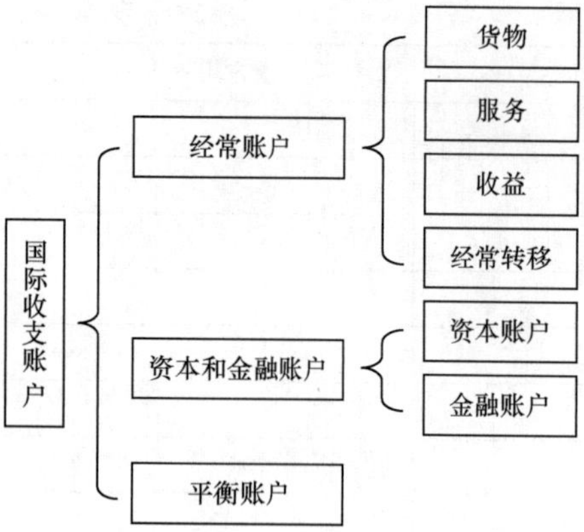

图 9.1 国际收支平衡表的内容

国际收支平衡表的内容如图 9.1 所示。

1. 经常账户

经常账户，用于核算本国对外经济交易经常发生的项目，也是国际收支平衡表中最重要和最基本的项目。

（1）贸易收支包括商品的进口和出口。若当期出口收入大于进口支出，就称为贸易收支顺差；反之，若当期进口支出大于出口收入，则称为贸易收支逆差。

（2）劳务收支。劳务收支包括运输、港口、保险、通信、旅游等各种劳务的收入和支出，以及使领馆费用、广告费、专利费等。其中，旅游收入已引起越来越多国家的重视，并逐渐成为一些国家创汇的主要来源。

（3）投资收益。投资收益包括资本借贷或投资等产生的利息、股息、利润的收入和支出。

（4）转移收支。转移收支是指单方面无对等的经济交易，也称价值的单方面转移或无偿转移收支。转移收支可分为政府转移收支和私人转移收支两大类。政府转移收支主要包括政府间的经济和军事援助、战争赔款、捐赠等；私人转移收支包括侨汇、年金和馈赠等。

2. 资本和金融账户

资本账户与金融账户反映的是国际资本流动，包括长期或短期的资本流出和资本流入，是国际收支平衡表的第二大类账户。资本账户包括资本转移和非生产、非金融资产的收买或出售，前者主要是投资捐赠和债务注销；后者主要是土地和无形资产（专利、版权、商标等）的收买或出售。金融账户包括直接投资、证券投资（间接投资）和其他投资（包括国际信贷、预付款等）。

3. 平衡账户

（1）净误差与遗漏。这是一个人为设计的平衡项目，用于轧平国际收支平衡表中最终的余额。在编制国际收支平衡表时，有些统计数字发生错漏是在所难免的，这是因为：①编制报表的资料来源不一，有的来自海关统计，有的出于官方机构的调查数据；②编制报表所需的资料不精确，如走私、资本外逃、私自携带现钞出入境等使报表项目中的精确数字难以掌握；③编制报表所需的资料本身存在错漏，有些是由于报表编制人员的主观原因，有些是计算错误，甚至有的数字是估算来的。由于上述种种原因，编制国际收支平衡表需设立这一项目来人为估算一下错漏的金额，以便轧平国际收支差额。若经常账户、资本账户、金融账户和储备资产变动账户四个账户的贷方出现余额，报表编制人员就应在错误与遗漏项下的借方列出与该余额相等的数字；若在借方出现余额，则报表编制人员就应在净差额与遗漏项下的贷方列出与该余额相等的数字。

> **视野拓展**
>
> 特别提款权是由国际货币基金组织创设的一种储备资产和记账单位。推荐读者扫描下方二维码观看新闻视频，总结一下人民币加入特别提款权的意义。

（2）官方储备。在国际收支平衡表中，由于经常账户的收支总是不平衡的，因此必然会出现贸易顺差或贸易逆差。当一定时期内，一国的国际收支出现不平衡时，该国政府就必须通过增减国家储备来取得国际收支平衡，所以这一账户又称“官方储备”。该账户是为了平衡一国的国际收支总差额而设立的，是指一个国家的金融当局持有的储备资产及其对外债权，包括外汇、黄金和分配的特别提款权。

特别提款权（Special Drawing Right，SDR）是国际货币基金组织创设的一种储备资产和记账单位。它是国际货币基金组织分配给会员方的一种使用资金的权利。当国际货币基金组织的会员方在发生国际收支逆差时，可使用特别提款权向国际货币基金组织指定的其他会员方换取外汇，以偿付其国际收支逆差或偿还国际货币基金组织的贷款，还可与黄金、自由兑换货币一样充当国际储备。特别提款权只是一种记账单位，不是真正的货币。使用特别提款权时，必须先换成其他货币，不能直接用于贸易或非贸易的支付。因为它是国际货币基金组织原有的普通提款权以外的一种补充，所以称为特别提款权。

三、国际收支不平衡

由于国际收支平衡表采用了复式记账的原则，因此国际收支从会计意义上来说是平衡的。国际收支不平衡应从经济意义上理解，有关计算公式为

$$\text{国际收支总差额} = \text{经常账户差额} + \text{资本与金融账户差额} + \text{错误与遗漏}$$

$$\text{国际收支总差额} + \text{储备资产变化} = 0$$

$$\text{各项差额} = \text{各项的贷方余额} - \text{各项的借方余额}$$

判断一国的国际收支平衡与否，主要看其自主性交易是否平衡。如果一国的自主性交易收入≠自主性交易支出，则意味着该国的国际收支不平衡。

（1）顺差：贷方总额>借方总额，即该国的国际收入>国际支出。

（2）逆差：借方总额>贷方总额，即该国的国际支出>国际收入。

国际收支平衡表中记录的经济交易，按动机不同可划分为自主性交易和补偿性交易。

自主性交易是指经济主体基于商业动机、为追求利润或其他利益而独立发生的国际经济交易。如商品和劳务的进出口、政府的援助及为发展本国经济而借入的外国资金、私人的捐赠和汇款、在国外的直接投资和证券投资，以及为赚取高利息或为保值而进行的短期资本流动等。自主性交易又称为“事前交易”。

补偿性交易是指一国的货币当局为弥补自主性交易失衡而进行的国际经济交易，即在一国自主性交易收支不平衡后进行的平衡性交易。比如，逆差国用黄金、外汇储备和特别提款权弥补贸易逆差，以及为弥补贸易逆差从国际货币基金组织或其他国家借款等。补偿性交易又称为“事后交易”。

案例透析

根据以下资料编制国际收支平衡表并进行分析和说明。

（1）A 国从甲国进口了 180 万美元的纺织品。甲国将此笔货款存入美联储银行（贷方：贸易出口项目；同时这笔货款的支出由A国在国外的银行支付给甲国，引起甲国短期资本的增加，故应记入借方：金融账户的其他投资）。

（2）甲国从 B 国购入了价值 3 600 万美元的机器设备（借方：贸易进口项目；同时这笔货款支出由甲国在国外的银行支付，这是短期资本的减少，故应记入贷方：金融账户的其他投资，由甲国驻B国的银行机构以美元支票付款）。

（3）甲国向C国提供了 8 万美元的工业品援助（借方：无偿转移支出；贷方：贸易出口）。

（4）甲国动用外汇储备 60 万美元，分别从 A 国和 D 国进口小麦（借方：贸易进口；贷方：

储备资产减少）。

（5）E 国保险公司承保甲国购入的（2）、（4）两项商品，甲国支付保险费 2.5 万美元（借方：非贸易输入；贷方：金融账户的其他投资）。

（6）甲国租用 F 国的船只运送购入的（2）、（4）两项商品，运费 12 万美元，付款方式同（2）项（借方：非贸易输入；贷方：金融账户的其他投资）。

（7）外国游客在甲国旅游，甲国收入 15 万美元（借方：储备资产的增加；贷方：非贸易输出）。

（8）甲国在海外的侨胞汇回本国 25 万美元（借方：储备资产的增加；贷方：无偿转移收入）。

（9）甲国对外承包建筑工程 30 万美元，分别存入所在国银行（贷方：非贸易输出；借方：金融账户的其他投资）。

（10）他国在甲国直接投资设备 1 500 万美元（借方：非贸易输入；贷方：金融项目中的直接投资）。

（11）甲国向 G 国出口了 25 万美元的商品，以清偿对 G 国银行的贷款（贷方：贸易出口；借方：金融账户的其他投资）。

（12）甲国在国外发行了价值 100 万美元的 10 年期债券，该笔款项存入国外银行（借方：金融账户的其他投资；贷方：金融账户的证券投资）。

（13）甲国向国际货币基金组织借入短期资金 30 万美元，以增加外汇储备（借方：储备资产增加；贷方：金融账户的其他投资）。

（14）据年底核查，甲国的外汇储备实际增加了 75 万美元（由于借方储备资产最终增加了 75 万美元，那么错误与遗漏（X）必须满足平衡式：$X+15+25+30-60=75$，从而计算出：$X=75-15-25-30+60=65$（万美元），因为 $X>0$，所以应记入贷方：误差和遗漏）。

四、国际收支不平衡的原因和影响因素

造成国际收支失衡的原因是多种多样的，因具体国家和具体时期而异。一国国际收支不平衡的原因概括起来有以下几个方面。

1. 经济周期变化对国际收支的影响

经济发展存在着周期性，各国在经济周期的不同阶段，国际收支可能会受到不同的影响。在经济繁荣时期，由于生产增长，所以出口可能会增加；投资机会的增多，会吸引国际资金流入，可能导致国际收支出现顺差。在经济萧条时期，由于生产下降、投资机会减少、出口萎缩、国内资金外流，所以国际收支可能出现逆差。

2. 经济结构对国际收支的影响

各国由于地理环境、资源分布、技术水平和劳动生产率等经济条件的不同，形成了各自的经济布局和产业结构，从而形成各自的进出口商品结构。当国际上对某国某种商品的生产和需求发生变化时，如果该国不能相应地调整其产业结构和出口商品结构，就会引起该国贸易和国际收支的失衡。此种原因引发的国际收支失衡往往是长期的，并且是很难进行调节的。

3. 货币流通状况对国际收支的影响

如果一国发生通货膨胀，国内物价上涨，其出口商品的成本随之提高，就削弱了该国商品在国际市场上的竞争力，使该国的商品出口减少而商品进口增加，可能造成该国的国际收支逆差；

反之，如果该国出现通货紧缩，物价下跌，可能导致该国的商品出口上升而商品进口下降，造成该国的国际收支顺差。

4. 汇率变动对国际收支的影响

在浮动汇率条件下，汇率随外汇市场货币供求关系变化的涨跌对一国的国际收支影响较大。当该国的本币汇率上升时，会打击出口，刺激进口。在其他条件不变的情况下，这会使该国的国际收支出现逆差。反之，如果该国的本币汇率下跌，将可能使该国的国际收支出现顺差。

除上述因素之外，一国政局的动荡、宏观经济政策的变化、严重的自然灾害和战争等因素，也会作用于贸易和资金流动，从而引起该国的国际收支变化。

影响一国国际收支变化的各种因素往往互相作用，引起连锁反应。国际收支失衡可能是不同影响因素所发生效应的叠加，也可能是不同影响因素所发生效应的相互抵消。当正反两方面因素的作用结果不平衡时，该国国际收支的失衡就不可避免了。

五、国际收支的调节

当一国国际收支失衡时，若不及时进行调整，会直接影响该国对外扩大交往的能力和信誉，不利于国内经济的发展。若某国出现国际收支大量逆差，就会由于外汇供应短缺，造成外币汇率上涨，本币汇率下跌，此时，短期资本就会大量外逃，影响该国经济的发展，使该国的国际收支恶化。若某国出现国际收支大量顺差，则在造成外币汇率下跌的同时，本币汇率就会上升，其结果就是抑制出口，并增加了国内货币供应和通货膨胀的压力。因此，当一国出现国际收支失衡时，该国通常都要采取措施进行调节。

世界各国根据自身国际收支失衡的原因和特点，会采取相应的措施进行调节。调节国际收支失衡的措施一般有以下几种。

1. 外汇缓冲政策

所谓外汇缓冲政策，是指一国政府为应对国际收支不平衡，把黄金和外汇储备作为缓冲体，通过该国的中央银行在外汇市场上买卖外汇来消除国际收支不平衡所形成的外汇供求缺口，从而使该国的国际收支不平衡所产生的影响仅限于外汇储备的增减，而不造成汇率的急剧变动，避免影响本国的经济发展。外汇缓冲政策的优点是简便易行，但它也有局限性，因为一国的外汇储备数量总是有限的，所以它不适用于应对长期、巨额的国际收支逆差。如果一国完全依靠外汇缓冲政策，将可能导致该国外汇储备的枯竭。

2. 财政政策

财政政策是指一国的财政部门用扩大或缩小财政开支和提高或降低税率的办法来平衡该国的国际收支的政策措施。当一国的国际收支发生逆差时，该国往往实行紧缩性的财政政策。这样一方面可以削减财政支出，另一方面还可以提高税率，以增加财政收入，减少投资和消费，降低对商品的需求，使物价下跌，从而达到扩大出口、减少进口，改善国际收支的目的。若一国的国际收支发生顺差，则该国应实行扩张性的财政政策，抑制出口、增加进口，以减少国际收支顺差。

3. 货币政策

货币政策亦称金融政策，是西方国家调节国际收支普遍采用的政策措施，主要包括贴现政策和调整存款准备金率政策。贴现政策通过调整再贴现率，影响市场利率。因为市场利率的升降既影响一国资金流入/流出的规模，也影响投资、消费需求和贸易收支，从而影响该国的国际收支。调整存款准备金率的政策，即当一国出现国际收支逆差时，调高存款准备金的比例，使该国的信贷规模缩小，消费需求和进口下降，促使国际收支达到平衡。

4. 汇率政策

汇率政策是指一国通过汇率的调整来实现国际收支平衡的政策措施，即当一国的国际收支出现逆差时，该国采取降低本国货币汇率、提高外汇汇率的办法，使本国商品在国外市场上以外币计算的价格下跌，以达到扩大出口、抑制进口的目的。反之，若一国出现国际收支顺差，则该国可采取使本国货币升值导致外汇汇率下降的办法，扩大进口，抑制出口，以减少该国的国际收支顺差。通过汇率的调整可以使一国的国际收支得到改善。

5. 直接管制

直接管制是指政府通过发布行政命令，对国际经济交易进行行政干预，以调节国际收支平衡的政策措施。直接管制包括贸易管制和外汇管制。贸易管制是指对外贸本身实行的直接管制，如对进口许可证、进口配额等的管理。外汇管制是指对外汇汇率、外汇买卖、外汇收支和国际结算等采取的限制性措施。

当一国出现国际收支逆差时，该国一般会加强直接管制使该国的国际收支逆差减少；当一国的国际收支出现长期性顺差时，该国应放松直接管制，使该国的国际收支顺差减少。直接管制常能起到迅速改善国际收支的作用，但并不能真正解决一国的国际收支失衡问题，而且一旦取消管制，国际收支不平衡的问题就会重新出现。此外，国家对贸易和外汇实行管制政策，既为国际经济组织所反对，又会引起他国的不满和报复，所以在运用这项政策时应十分谨慎。

当一国的国际收支出现不平衡时，该国须针对其形成的原因，采取相应的政策措施，有时还需要各种措施的配套使用，才会使国际收支的调节得到比较理想的效果。

第三节　国际货币体系

为了保证国际贸易的有序发展，各国政府为适应国际贸易与国际结算的需要，需要建立汇率机制，防止货币的恶性贬值，为国际收支不平衡的调节提供有力手段和解决途径，促进各国的经济政策协调。

一、国际货币体系的概念

国际货币体系是指影响国际支付的原则、惯例、规则以及组织机构的总称。它主要包括以下几点内容。

（1）国际结算制度，即国际交往中使用什么样的货币（铸币还是不兑现的信用货币）。

（2）汇率制度。各国货币间的汇率的安排，是盯住某一种货币，还是允许汇率随市场供求而自由变动。

（3）国际收支调节机制。各国的国际收支不平衡问题如何进行调节。

（4）国际储备资产的确定。包括黄金、外汇、储备头寸以及特别提款权等。

二、国际货币体系的发展和演变

从20世纪初国际货币体系的初步建立算起，国际货币体系至今已走过百余年历史，其先后经历了金本位制、金汇兑本位制、布雷顿森林体系、牙买加体系（浮动汇率制度）四个阶段，与之相伴的国际货币也由黄金、英镑向以美元为中心转变。在布雷顿森林体系后期，国际货币基金组织创设了特别提款权，以弥补国际储备资金的不足。2016年10月1日，人民币正式纳入国际货币基金组织特别提款权货币篮子。随着人民币逐渐走上国际舞台，国际货币体系正向多极化发展，进一步发挥特别提款权在国际结算中的作用也已达成国际共识。

1. 金本位制度

18世纪以前，世界各国之间主要以金、银作为支付手段。金本位制度指的是金币本位制，金本位制度的意义在于用黄金确定了货币的价值。在该制度下，黄金既是对内支付货币，又是对外支付货币。金本位制度的典型特征是金币可以自由铸造和兑换，黄金在各国之间可以自由进出口。

2. 金汇兑本位制

第一次世界大战爆发后，世界各国为了筹集军费，纷纷发行不兑现的纸币，禁止黄金自由输出，金本位制度随之告终。为节约黄金的使用，1922年，意大利热那亚国际经济会议决定实行金汇兑本位制，其主要内容是：货币单位仍规定含金量；国内不流通金币，以国家发行的银行券当作本位币流通；银行券只能购买外汇，这些外汇可在国外兑换黄金；本国货币同另一实行金本位制的国家的货币保持固定的比价，并在该国存放外汇或黄金作为平准基金，以便随时干预外汇市场，稳定汇率。金汇兑本位制是一种间接使货币与黄金联系的货币制度。

金汇兑本位制下，世界各国出于自身利益考虑，纷纷以货币贬值为手段，扩大出口，引起了国际经济秩序的混乱。1929—1933年，世界经济出现了大萧条，通货紧缩和产能过剩相伴而行，摧毁了西方国家的金本位制与金汇兑本位制。人们对纸币缺乏信心，纷纷兑换黄金，导致黄金需求大增，超出了国家财政能力。

在西方国家普遍实行纸币流通制度的情况下，货币信用制度危机不断加深，无法建立起统一的国际货币体系，而相继成立了货币集团。货币集团以某个国家的货币作为该集团的内部储备货币进行清算。货币集团内部的外汇支付与资金流动自由，但是对货币集团外的收付与结算则进行严格管制。这时，黄金作为国际结算手段，发挥世界货币的职能。1933年，美国成立了美元集团，该集团于1939年发展成为美元区。美元区内的国家货币与美元挂钩，实施固定汇率制。在美元区内不实行外汇管制，美元集团各成员方的外汇与美元基本都存放于美国。同年，英镑区也随之建立，主要包括英国和英联邦地区。当时的客观环境导致了国际社会缺乏统一的货币体系。

3. 布雷顿森林体系

第二次世界大战（1939—1945年）爆发后，各资本主义国家都出现了严重的通货膨胀。第二次世界大战以后，欧洲各国的经济实力大大削弱，美国成为世界第一强国，美国的黄金储备迅速增长，约占当时资本主义各国黄金储备总量的3/4。西欧各国为弥补巨额贸易逆差需要大量的美元，出现了“美元荒”。国际收支大量逆差和黄金外汇储备不足，导致多数国家加强了外汇管制，对美国的对外扩张形成了严重的障碍。美国力图使西欧各国的货币恢复自由兑换，并为此寻求有效的解决措施。

1944年7月1日，44个国家（或地区）的经济特使在美国新罕布什尔州的布雷顿森林召开了联合国货币金融会议（简称布雷顿森林会议）。该会议通过了《联合国家货币金融会议最后决议书》以及两个附议，即《国际货币基金协定》和《国际复兴开发银行协定》，确立了以美元为中心的国际货币体系，即布雷顿森林体系。布雷顿森林体系的主要内容如下。

（1）美元与黄金挂钩。各国政府或中央银行可按35美元换一盎司黄金的比率用美元向美国兑换黄金，为使黄金官价不受自由市场金价的冲击，各国政府需协同美国政府在国际金融市场上维持黄金官价。

（2）其他国家的货币与美元挂钩。其他国家规定各自货币的含金量，通过含金量的比例确定同美元的汇率。

（3）实行固定汇率制。

（4）确定各国货币兑换性与国际支付结算原则。

这个货币体系实际上是美元-黄金本位制，也是一个变相的国际金汇兑本位制。

然而，布雷顿森林体系同样存在着很大的局限性，其致命缺陷在于以美元作为储备货币其自身所存在的矛盾性。由于美元与黄金挂钩，而其他国家的货币又与美元挂钩，美元因此获得了国际核心货币的地位，于是各国为了发展国际贸易，就必须用美元作为结算手段与货币储备。这样做的结果就是流出美国的美元，在其他国家不断沉积。这样对美国来说，就会出现长期的贸易逆差（出口＜进口，即美元减少），导致美元的不足，需要靠发行美元来解决美元的不足，或调节长期的贸易逆差，而美元作为国际核心货币的前提是必须保持美元的币值稳定。这就要求美国必须是长期国际收支顺差国。这两个要求互相矛盾，因此是一个悖论。

第二次世界大战以后，美国国内政策的失误以及长时间的战争，使美国的外贸和国际收支逆差不断扩大，导致美元信誉下降。这时，外汇市场不断出现抛售美元、抢购黄金和其他货币的风潮，致使美元储备大量流失，引发了美元危机。1971年，布雷顿森林体系崩溃。

三、现行国际货币体系——牙买加体系（浮动汇率制度）

布雷顿森林体系崩溃后，国际金融秩序又复动荡，国际社会及各方人士也纷纷探析能否建立一种新的国际金融体系，并提出了许多的改革主张，如恢复金本位制、恢复美元本位制、实行综合货币本位制以及设立最适货币区等，但均未能取得实质性进展。不稳定的国际金融秩序给世界各国的经济造成动荡。直至1976年1月，国际货币基金组织理事会“国际货币制度临时委员会”在牙买加首都金斯敦举行会议，讨论国际货币基金协定的条款，经过激烈的争论，会议达成了“牙买加协议”，同年4月，国际货币基金组织理事会通过了《IMF协定第二修正案》，这标志着牙买加国际货币体系的成立，也标志着新的国际货币体系的形成。牙买加体系标志着货币正式迈入了信用货币时代。

牙买加体系的运行机制如下。

（1）黄金非货币化。美元与黄金脱钩，黄金将不再作为货币来使用；美元是国际货币体系的中心货币，同时国际货币多样化，多数国家的汇率也不再与美元直接挂钩，而是参考美元、欧元、日元、英镑、卢布等“一篮子货币”。我国也实行以市场供求为主，参考包括美元在内的“一篮子货币”汇率制度。

（2）多样化的汇率机制。牙买加协议正式确认了浮动汇率制的合法化，承认固定汇率制与浮动汇率制并存的局面。

（3）多元化的国际储备机制。国际储备体系由布雷顿森林体系中单一美元逐步演变为美元、日元、马克（后来的欧元）、黄金、国际货币基金组织特别提款权的多元的储备体系，越来越呈现多样化。

（4）多样化的国际收支调节机制。牙买加协议增强了特别提款权的作用，提高了特别提款权的国际储备地位；特别提款权可以偿还国际货币基金组织的贷款；各成员方可以使用特别提款权作为偿还债务的担保，还可以用特别提款权进行借贷。

牙买加体系解决了布雷顿森林体系下的汇率的僵硬关系，但并未解决各国国际收支失衡和汇率波动所带来的风险，其局限性在于：第一，各国的货币本位制度受美国经济和美元信用的影响，基础不稳定、不牢固；第二，各国的汇率体系不稳定，多种汇率制度并存加剧了汇率体系运行的复杂性，汇率波动和汇率战的爆发助长了国际金融投机活动，使国际金融危机的风险大增，也使国际贸易的发展受到影响；第三，国际收支调节机制在多样化的同时，也暴露出不健全的一面。

想一想

（1）简述国际货币体系的演变过程。

（2）布雷顿森林体系崩溃的原因是什么？

视野拓展

视频 1：国际金融体系是指国际支付、结算、汇兑与转移等方面所确定的规则、惯例、政策、机制和组织机构的总称。该视频可以帮助读者了解全球金融体系的变迁。

视频 2：该视频可以帮助读者了解布雷顿森林体系的解体。

视频 3："双挂钩"暴露出的矛盾：美元过少会导致清偿力不足，美元过多则会出现信心危机。这种清偿力不足和信心危机的两难境地，最早是由特里芬发现并提出的，因此被称为"特里芬难题"。该视频可以帮助读者进一步了解特里芬难题。

视频 1　　视频 2　　视频 3

综合练习题

一、概念识记

外汇　汇率　直接标价法　间接标价法　国际收支　国际收支平衡表　国际货币体系

二、单选题

1. 外汇是（　　）的简称。

A. 外国货币　　B. 外币汇率　　C. 国际汇兑　　D. 外国汇票

2. 外汇是以（　　）表示的支付手段。

A. 外币　　B. 本币　　C. 黄金　　D. 美元

3. 按一般意义上的外汇概念，下列选项中唯有（　　）属于外汇。

A. 外币有价证券　　B. 特别提款权　　C. 黄金　　D. 外币存款

4. 目前，世界上只有（　　）的汇率采用间接标价法。

A. 英国和法国　　B. 法国和美国　　C. 英国和美国　　D. 英国和德国

5. 第二次世界大战以后，大多数国家都把（　　）当作关键货币。

A. 英镑　　B. 瑞士法郎　　C. 德国马克　　D. 美元

6. 把资金由低利率国家转移到高利率国家以赚取利差的外汇交易叫（　　）交易。

A. 外汇投机　B. 套期保值　C. 套汇　D. 套利

7. 下列关于直接标价法和间接标价法的各种说法中，正确的是（　　）。

A. 在直接标价法下，本国货币的数额固定不变

B. 在间接标价法下，外国货币的数额固定不变

C. 在间接标价法下，本国货币的数额变动

D. 世界上大多数国家采用直接标价法，而美国和英国则采用间接标价法

8. 如果一国货币贬值，则会（　　）。

A. 有利于进口　B. 使货币供给减少　C. 使国内物价上涨　D. 引起出口增加

9. 下列选项中，属于本国非居民的是（　　）。

A. 该国驻外外交使节　B. 该国在他国的留学生

C. 该国出国就医者　D. 该国在他国的长期工作者

10. 下面选项中，应记入国际收支平衡表的贷方的是（　　）。

A. 出口　B. 进口

C. 本国对外国的直接投资　D. 本国对外援助

11. 下列各项中，错误的是（　　）。

A. 外汇是一种金融资产

B. 外币必须以外币来表示

C. 用作外汇的货币不一定具有充分的可兑性

D. 用作外汇的货币必须具有充分的可兑性

12. （　　）的投资者主要是为了获得对被投资企业的长期经营管理权。

A. 证券投资　B. 直接投资　C. 间接投资　D. 其他投资

13. 一国国际收支失衡是指（　　）收支失衡。

A. 自主性交易　B. 补偿性交易　C. 事前交易　D. 事后交易

14. 通常情况下，一国的国际收支发生逆差时，外汇汇率就会（　　）。

A. 上升　B. 下降　C. 不变　D. 不确定

15. 维持布雷顿森林体系运转的基本条件不包括（　　）。

A. 美国国际收支保持顺差，美元对外价值稳定

B. 世界各国有充足平衡的黄金储备，以维持对黄金的充分兑换

C. 美国有充足的黄金储备，以保持美元对黄金的有限兑换性

D. 黄金价格维持在官价水平上

16. 通常一国的国际收支顺差会导致（　　）的后果。

A. 外汇储备枯竭　B. 货币贬值　C. 货币升值　D. 货币紧缩

17. 国际借贷所产生的利息，不应列入国际收支平衡表中的（　　）账户。

A. 直接投资　B. 证券投资　C. 短期资本　D. 经常

18. 造成一国国际收支长期失衡的因素是（　　）。

A. 经济结构　B. 货币价值　C. 国民收入　D. 经济周期

19. 国际收支平衡表中的资本转移账户包括一国的（　　）。

A. 对外借款　B. 对外贷款　C. 对外投资　D. 投资捐赠

20. 国际收支平衡表中的金融账户包括一国的（　　）。
A. 投资捐赠　B. 专利购买　C. 专利出卖　D. 货币资本借贷

三、多项题

1. 下列选项中，决定汇率基本走势的是（　　）。
A. 利率水平　B. 市场预期　C. 通货膨胀率
D. 国际收支　E. 经济增长率
2. 下列哪些事项引起的国际结算是非贸易结算？（　　）
A. 我国某著名运动员向悉尼奥运会捐赠 10 000 美元
B. 甲国无偿援助乙国 500 000 美元
C. 非洲某国向美国购买药品若干
D. 中国银行上海分行和纽约花旗银行轧清上年往来业务
3. 下列哪些交易应记入国际收支平衡表的贷方？（　　）
A. 出口　B. 进口　C. 资本流入　D. 资本流出
4. 一国政府向国际金融机构借款以平衡国际收支差额的交易属于（　　）。
A. 自主性交易　B. 补偿性交易　C. 事前交易　D. 事后交易
5. 通常国际收支逆差会引起（　　）的后果。
A. 货币贬值　B. 外汇储备枯竭　C. 货币紧缩　D. 货币升值
6. 外汇的主要功能有（　　）。
A. 作为国际结算的支付手段　B. 促进国际贸易和资本流动
C. 调剂国际资金余缺　D. 充当国际储备
7. 国际货币体系包括（　　）。
A. 各国货币比价，即汇率的确定
B. 各国货币的兑换性和对国际支付所采取的措施
C. 国际收支的调节
D. 国际储备资产的确定
E. 黄金外汇的流动与转移是否自由等
8. 各国货币的兑换性和对国际支付所采取的措施有（　　）。
A. 对经常项目的规定　B. 对资本金融项目管制与否的规定
C. 国际结算原则的规定　D. 汇率的确定
9. 外国货币作为外汇的前提是（　　）。
A. 可缩性　B. 普遍接受性　C. 安全性　D. 自由兑换性
10. 我国规定，外汇包括（　　）。
A. 外国货币　B. 外币有价证券　C. 外汇支付凭证　D. 特别提款权
11. 一国货币对外币的汇率是（　　）。
A. 两种货币的兑换　B. 两种货币之间的兑换比率
C. 国内物价水平的体现　D. 本币内在价值的外在体现
12. 以下说法正确的有（　　）。
A. 浮动汇率调节国际收支的能力是无限的
B. 浮动汇率不利于贸易和投资的发展
C. 浮动汇率助长了外汇投机活动

D. 浮动汇率会加剧国际金融市场的动荡与混乱

13. 固定汇率制的优点有（　　）。

A. 有利于经济稳定发展　　B. 有利于国际贸易的成本核算

C. 避免了汇率波动风险　　D. 有利于国际贸易的利润核算

14. 布雷顿森林体系的运转必须具备的基本条件有（　　）。

A. 美国国际收支必须为顺差　　B. 美国的黄金储备充足

C. 黄金必须维持在官价水平　　D. 美国国际收支必须为逆差

15. 国际收支平衡表的用途有（　　）。

A. 进行国际收支平衡状况分析　　B. 进行国际收支结构分析

C. 促进出口　　D. 促进进口

16. 私人捐赠属于国际收支平衡表中的（　　）。

A. 经常账户　　B. 私人的无偿转移　　C. 资本账户　　D. 投资捐赠

17. 以下说法中，正确的是（　　）。

A. 当一国国际收支出现逆差时，往往实行紧缩性的财政政策

B. 当一国国际收支出现逆差时，往往实行扩张性的财政政策

C. 当一国国际收支出现顺差时，实行扩张性的财政政策

D. 当一国国际收支出现顺差时，实行紧缩性的财政政策

18. 以下说法中，正确的是（　　）。

A. 当一国国际收支出现逆差时，一般要加强直接管制，使逆差减少

B. 当一国国际收支出现长期性顺差时，应放松直接管制，使顺差减少

C. 直接管制能真正解决国际收支失衡问题

D. 当一国国际收支出现顺差时，一般要加强直接管制，使逆差减少

19. 以下说法中，正确的是（　　）。

A. 当一国国际收支出现逆差时，调高存款准备金比率，可促使国际收支达到平衡

B. 市场利率的升降影响资本流出的规模、投资、消费需求、贸易收支，从而影响国际收支

C. 通过改变再贴现率，影响市场利率

D. 当一国国际收支出现顺差时，调高存款准备金的比率，可促使国际收支达到平衡

20. 国际收支的内容有（　　）。

A. 商品和劳务的买卖　　B. 物物交换

C. 金融资产之间的交换　　D. 无偿的单向商品和劳务的转移

E. 无偿的单向金融资产的转移

四、判断题

1. 在间接标价法下，如果一定数额的本币能兑换的外币数额比前期少，则表明外币币值上升，本币币值下降。（　　）

2. 目前的固定汇率制主要表现为盯住汇率制。（　　）

3. 固定汇率制有利于经济稳定发展。（　　）

4. 固定汇率制能够发挥调节国际收支的经济杠杆作用。（　　）

5. 固定汇率制有利于国际贸易、国际信贷和国际投资的经济主体进行成本利润的核算。（　　）

6. 直接标价法是以一定单位的外国货币为标准来计算应付出多少单位的本国货币。（ ）

7. 外汇就是以外国货币表示的支付手段。（ ）

8. 在间接标价法下，汇率数值下降表示外国货币贬值，本国货币升值。（ ）

9. A国货币对B国货币贬值，对C国货币升值，其有效汇率可能不变。（ ）

10. 国际收支状况一定会影响汇率。（ ）

11. 本国预期通胀率上升意味着本币将会贬值。（ ）

12. 外汇汇率是以本国货币表示的外国货币的“价格”。（ ）

13. 在间接标价法下，外国货币的数额固定不变，本国货币的数额则随着外国货币或本国货币币值的变化而改变。（ ）

14. 绝大多数国家的汇率都采用间接标价法。（ ）

15. 所谓外汇汇率上涨，在直接标价法下意味着外币相对升值了。（ ）

16. 在金本位制度下，汇率的波动不无边际。（ ）

17. 纸币汇率的变动，仍受到黄金输送点的制约。（ ）

18. 一国货币汇率下跌，有利于该国旅游与其他劳务收支状况的改善，而对该国的单方面转移收支也会增加。（ ）

19. 黄金、特别提款权可用于国际支付与结算，因而是外汇。（ ）

20. 记账外汇不经货币发行国的批准，不能兑换成第三国货币，更不能对第三国支付。（ ）

五、思考题

1. 结合我国实际情况，谈谈我国的持续国际收支顺差对我国造成的不利影响。

2. 假定同时发生了以下两件事：

（1）A国一家企业向B国出口了价值100万美元的商品，并相应在B国得到了100万美元的银行存款。

（2）一位A国移民给了他在B国的一位亲戚50万美元，具体做法是向他亲戚开设在A国的银行账户上存入了50万美元。

问：这两件事对A国的商品贸易差额、经常项目差额、资本和金融项目差额、官方储备分别产生了什么影响？如果在第一件事中A企业的100万美元调回国内结售给银行以换取本国货币，结果又有什么不一样？

3. 简述国际收支失衡的政策调节措施。

4. 请分析并说明图9.2的含义。

图9.2 思考题图示

第十章

金融风险与金融监管

【学习目标】

知识目标

了解金融风险的含义、特点、分类和影响，掌握金融监管的内容，了解国际金融业的监管趋势。

能力目标

能运用金融风险管理的基本理论和基本方法分析金融工作中存在的金融风险。

【知识框架】

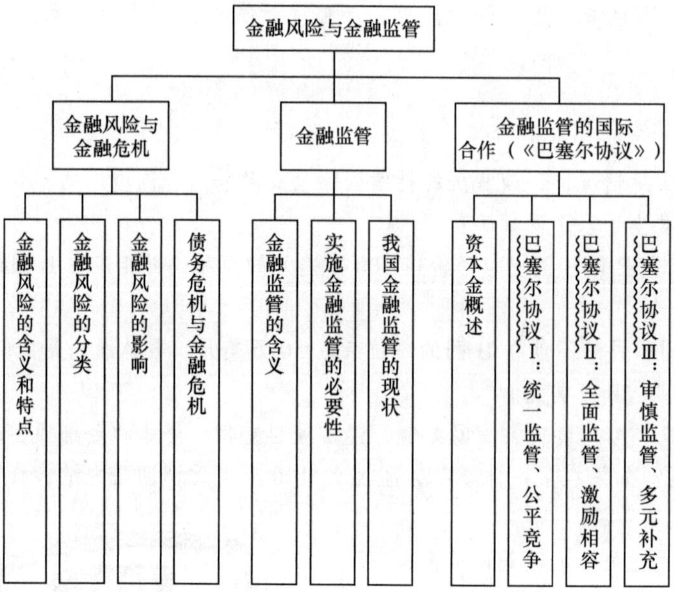

【情境导入】

（续前章）有一天，小岛上甲银行的两家贷款客户倒闭了，传言甲银行遭受了较大的损失。于是，存款户纷纷将其在甲银行的存款转入其他银行。这样，甲银行就陷入了应付客户提款困境，从而影响了存款户的正常生产和生活。更多的客户要求提款，就引发了挤兑。甲银行只能紧急出售大批所持证券，这样又引起证券市场价格的波动。可以预见，如果这家银行最终倒闭，所引起的问题将更为严重。后来，金融监管当局为了避免此类事件的发生，规定了银行注册资本金的最低限额，作为维护银行支付能力的第一道防线。

第一节 金融风险与金融危机

金融风险是每个投资者和消费者所面临的重大决策问题，也是各经济实体（尤其是金融机构）生存和发展的关键问题，它直接影响着经济生活的各个方面，也影响着一个国家的宏观决策和经济发展。

一、金融风险的含义和特点

风险是指不确定性因素造成损失的可能性。也就是说，任何一件事情，如果它的未来是不确定的，就存在着风险。从这点上来看，风险就是对未来结果不确定性的暴露。所谓风险的大小，实际上也就是对这种不确定性所做出的概率判断。

（一）金融风险的含义

金融风险，是指金融机构在经营过程中，由于决策失误、客观情况变化或其他原因使资金、财产、信誉遭受损失的可能性。一定数量的金融资产在未来的时期内到底能产生多大的货币收入流量，具有相当的不确定性。也就是说，金融风险是有很多的不确定性的，甚至会造成极大的经济损失。

（1）金融风险仅指存在和发生于资金的借贷和经营过程中的风险，只要一进入这个领域，也就是说，只要一进行资金的借贷和经营活动，金融风险就随之形成，并可能产生实际的损失。

（2）金融风险中包括金融机构在内的各个经济主体，主要是指从事资金筹集和经营活动的经济实体，它包括居民个人、一般企业、事业单位、银行、非银行金融机构，甚至包括政府部门等。

（3）不确定的经济活动是产生金融风险的必要条件，预期行为目标的偏离是金融风险产生的充分条件。

（二）金融风险的特征

金融风险不等于经济损失，它不同于普通意义上的风险。具体来说，金融风险主要有以下几个特征。

1. 不确定性

在市场经济中，人们所面对的市场变化是无限的，而人们的认识能力却是有限的（有限理性、不完全信息），由此产生的不确定性是市场风险的本质体现，金融风险就是由不确定性引起的、产生金融损失的可能性。

2. 普遍性

资金融通具有偿还性的特点：资金融出方要在将来的某一时间收回其资金，并获得报酬；资金融入方要偿还本金，并付出利息。但是，由于将来存在着许多不确定因素，因而融出方可能无法按时、按预期的报酬收回本金和利息，而融入方也可能无法按时、按预期的成本偿付资金，这种可能性在资金融通过程中是普遍存在的。

3．扩散性

金融是以信用为基础的，金融市场实质上是由一个多边信用共同建立起来的信用网络。信用关系的原始借贷通过这一中介网络后，不再具有一一对应的关系，而是相互交织、相互联动，任何一个环节出现的风险损失都有可能通过这个网络对其他环节产生影响；任何一个链条断裂，都有可能酿成较大的金融风险，甚至引发金融危机。

4．隐蔽性和突发性

由于金融机构具有一定的创造信用的能力，因而可以在较长的时间内通过不断创造新的信用来掩盖已经出现的损失和问题。而这些风险因素被不断地累积最终就会以突发的形式表现出来。

二、金融风险的分类

金融风险是与金融有关的风险，如金融市场风险、金融产品风险、金融机构风险等。金融风险的种类很多，我们从不同的角度出发，会有不同的认识或不同的关注点。按照不同的标准，金融风险可以划分为以下几类。

（一）按范围的不同划分

视野拓展

推荐读者观看本书配套课件中有关“冰岛危机”的视频短片，了解宏观层面的金融风险。

金融风险按照风险范围的不同可以分为宏观风险和微观风险。

1．宏观风险

宏观层面的金融风险又可以分为调控偏差型金融风险和制度缺陷型金融风险。

（1）调控偏差型金融风险。调控偏差型金融风险是指由于政府的宏观经济调控，尤其是在金融调控的运作过程中，因调控目标、调控手段、调控时机以及调控力度等出现选择偏差而造成的金融风险。1994 年 12 月至 1995 年 3 月，墨西哥金融危机的产生与墨西哥政府的金融调控失当有很大关系。墨西哥政府在不适宜的时机（在政局动荡、外国投资者信心减弱、经济严重依赖进口、长期贸易逆差、中短期投机性资金比重过高等情况下）宣布比索贬值引发了金融危机。墨西哥政府实行的将本币贬值和自由浮动的货币政策，不仅未能遏制资金外流，反而使以外币计价的债务负担不断加重。

（2）制度缺陷型金融风险。制度缺陷型金融风险是指由于一国经济制度、金融制度的安排和制定存在严重缺陷，在经济运行过程中产生的矛盾逐步积累而导致的金融风险。1997 年 11 月 24 日，日本金融危机爆发的主要原因有：一是日本政府任由股票、房地产等资产价格飞涨，没有制定相应的约束制度，以致经济泡沫不断膨胀；二是日本金融监管当局对金融机构大量资金进入房地产领域形成的泡沫经济推波助澜，没有建立起有效的监管和控制制度。

此外，一国的外债结构币种搭配不合理或缺乏及时调整机制，也会造成该国对外偿债负担加重的风险。

视野拓展

推荐读者观看本书配套电子课件中的“信用风险”视频短片，了解信用风险产生的原因、影响以及解决办法。

2．微观风险

对于一家金融机构而言，它所面临的微观风险是多重的，微观层面的金融风险具体可以划分为以下八类。

（1）信用风险。信用风险是指由于借款人或市场交易对手的违约（无法偿付或者无法按期偿付）而导致损失的可能性。几乎所有的金融交易都涉及信用风险问题——除了传统的金融债务和支付风险外。近年来，随着网络金融市场（如网上银行，P2P 等）的日益壮大，网络金融信用风险问题也变得突出起来。

（2）流动性风险。流动性风险是指金融参与者由于资产流动性不足而遭受损失的可能性。当金融参与者无法通过变现资产，或者无法以资产作为现金等价物来偿付债务时，流动性风险就会发生。

（3）利率风险。利率风险是指市场利率变动的不确定性给金融参与者造成损失的可能性。这些影响利率变动的市场因素对金融参与者造成的影响可能是直接的，也可能是通过对其竞争者、供应商或者消费者的影响（如银行的客户会因为银行利率调低而将存款转投到股市）间接影响金融参与者。

（4）汇率风险。汇率风险是指一定时期内的国际经济交易当中，以外币计价的资产（或债权）与负债（或债务），由于汇率的波动而引起损失的可能性。汇率风险主要包括：①买卖风险，即外汇买卖后所持头寸（多头或空头）在汇率升降时出现损失的可能性。对于外汇银行来说，这是主要风险；②交易结算风险，即国际贸易双方以外币约定交易时，由于汇率变动所遭受损失的可能性；③汇价风险，即金融参与者在会计处理中，在进行本币和外币换算时，由于汇率波动而遭受损失的可能性。汇价风险主要是交易发生日的汇率同财务决算日的汇率之间的差异，会造成现金债权债务及其损益和分配上利益的不确定性。这种风险通常包含了上述两种风险，并且范围更广些。

（5）内部风险（管理风险、操作风险）。内部风险是指由于金融机构交易系统的不完善、管理失误或其他一些人为错误而导致金融参与者损失的可能性。内部风险有七种表现形式：内部欺诈，外部欺诈，聘用员工的规定和工作场所安全性有问题，客户活动、产品管理及业务操作有问题，实物资产损坏，业务中断和系统失灵，执行、交割及流程等管理制度不完善。内部风险存在于金融机构业务活动和管理工作的各个方面。

视野拓展

推荐读者观看本书配套电子课件中有关金融安全和洗钱风险的视频，了解当前新出现的网络诈骗犯罪活动，以及如何防范洗钱风险的方法。

（6）政策风险。政策风险是指因国家宏观政策或法律、法规发生变化，导致市场波动，影响企业的战略实施或业务发展的不确定性。以人民币升值对进出口贸易的影响为例：人民币升值会造成出口减少，影响经济增长，并加剧失业问题，还会造成进口增加，对地方产业产生冲击。

（7）法律风险。法律风险是指金融活动参与者在金融活动中因没有遵守法律、法规的规定，或因法律条款不完善、不严密而导致的风险。

（8）国家风险。国家风险是指由于国家行为而导致金融活动参与者发生损失的可能性。国家风险包括政治风险、社会风险和经济风险。

敲黑板

国家风险有两个特点：一是国家风险发生在国际经济金融活动中，本国范围内的经济金融活动不存在国家风险；二是在国际经济金融活动中，不论是政府、银行、一般企业，还是个人，都有可能遭受国家风险所带来的损失。

（二）按性质的不同划分

按性质的不同，金融风险可分为系统性风险和非系统性风险。

1. 系统性风险

系统性风险是指金融机构从事金融活动或其交易所在的整个系统（机构系统或市场系统）因外部因素的冲击或内部因素的牵连而发生剧烈波动、危机或瘫痪，使单个金融机构不能幸免，从而遭受经济损失的可能性。系统性风险包括政策风险、经济周期性波动风险、利率风险、购买力风险、汇率风险等。系统性风险不能通过分散投资加以消除，因此又被称为“不可分散风险”。

2. 非系统性风险

非系统性风险是指发生于个别公司（机构）的特有事件造成的风险。非系统性风险是由诸如企业经营管理能力、竞争能力、生产规模、信用品质、人事任命、行业生命周期、景气状况等因素的变化而产生的风险。由于非系统风险是个别公司（机构）或个别资产所特有的，所以也称“特有风险”，由于非系统性风险可以通过投资多样化分散风险，故也称“可分散风险”。

例如，某公司的工人罢工，某个新产品研发失败，某公司失去某个重要的销售合同，某公司诉讼失败或发现新矿藏，某公司获得一个重要项目等事件是非预期的，也是随机发生的，只影响一个或少数公司，不会对整个市场产生太大的影响。这种风险可以通过多样化投资来分散风险，即发生于一家公司的不利事件可以被其他公司的有利事件所抵消。

三、金融风险的影响

比较小的金融风险不会构成金融危机，可是如果金融风险积聚到一定程度，就会导致金融危机的出现。金融危机有以下几种表现形式。

1. 货币危机

货币危机是指因物价上涨、通货膨胀加剧、企业经营成本上升等原因造成货币的大幅贬值。若货币大幅贬值造成的汇率波动超出政府所能控制的范围，就会促使政府提高利率，动用外汇储备，这将使汇率处于不稳定的状态。

2. 债务危机

债务危机是指贷款方的贷款无法按时收回，并且数量达到一定程度时，贷款方就会减少或停止向外继续贷款，从而使得原有情形进一步恶化。若这种情形持续较长一段时间，就会因为流动性不足而形成所谓的“无力偿付”危机。

敲黑板

银行挤兑是指大量的银行客户集中到银行提取现金的现象。投资人集体从融资平台撤资也是一种挤兑行为，这也是大部分融资平台爆雷的主要原因。挤兑发生的越突然，规模越大，持续时间越长，融资平台越不好应对。

3. 银行危机

银行危机是指商业银行因流动性不足发生挤兑，或者因资产债务严重失衡造成资不抵债，而导致银行倒闭、破产，或者被其他银行合并、接管。

四、债务危机与金融危机

债务危机会导致金融危机，而金融危机又可能引发经济危机。

想一想

为什么挤兑会造成银行危机？

1. 债务危机

债务危机是指大量的借款方由于负债超过了自身的偿还能力，导致无力偿还债务或必须延期偿还债务，并因此影响金融活动正常运行的现象。

美国次贷危机的主要问题是：贷款者不能按期偿还用于买房的次级贷款；银行收回的房屋难以变现。由于美国住房市场的降温和短期利率的提高，次级贷款的还款利率大幅上升，使贷款者购房的还贷负担大为加重。同时，住房市场的持续降温使购房者出售住房或者通过抵押住房再融资变得困难。这种局面直接导致大批购房者不能按期偿还贷款，而银行收回的房屋却卖不到高价。由此造成银行业大面积亏损，进而引发了次贷危机。当房价飙升时，居民贷款有理由，银行给予贷款有理由，保险行业为银行提供保险有理由，投资者为保险公司融资有理由，大家都很快乐。当房价涨得越高，人们对房价下跌的预期就越强烈，就越会感到有风险。当认为风险将来临的房产持有人多于认为房价还会继续上涨的人时，房价就会下降，房价的下降进而会引起房产持有人的恐慌，于是，这些人纷纷卖房。随着房价的快速下跌，上面提到的各种理由就都不成立了。但是，银行的贷款已成事实，银行没法收回贷款本金，纷纷破产。银行的破产又会造成很多企业得不到贷款，这些企业因流动资金不足也纷纷破产。这一系列由金融资金脱节而导致的经济问题就会随之而来。

视野拓展

推荐读者扫描下方二维码，观看有关希腊债务危机的新闻视频，了解其产生的原因。

2. 金融危机

金融危机指的是金融资产、金融机构或金融市场的危机，具体表现为金融资产价格大幅下跌（如股市或债市暴跌），大批金融机构倒闭或濒临倒闭等。

金融危机是虚拟经济的危机。金融危机发展下来就会造成实体经济的危机，如因企业贷不到款，企业流动资金不足，企业在银行的存款因银行的倒闭而遭受损失等原因，使大量企业的生产经营受到影响，甚至倒闭。

从覆盖范围来说，经济危机>金融危机>债务危机，其中，经济危机包括了金融危机和实体经济危机。显然，经济危机的危害要大于金融危机。金融危机在前，经济危机在后。债务危机、金融危机、经济危机的关系如图 10.1 所示。

视野拓展

推荐读者扫描下方二维码，观看有关美国次贷危机的新闻视频，了解其产生的原因。

图 10.1 债务危机、金融危机、经济危机的关系

第二节 金融监管

金融风险是金融危机的诱因。金融风险是客观存在的，但可以通过加强内部风险管理和外部监督，将金融风险控制在一定范围内。

由于金融业在国民经济中的特殊地位以及金融风险的巨大危害，因此金融业一直受到各国政府的高度重视。有效的金融监管是稳定金融体系的保障。金融监管制度是现代金融制度的一个重要组成部分。

一、金融监管的含义

金融监管是指一国的金融监管部门对金融机构实施的全面性、经常性的检查和督促，并以此促进金融机构依法稳健地经营和发展。比如，金融监管部门通过制定市场准入、风险监管、市场退出等制度，对金融机构的经营行为实施有效约束。需要注意的是，金融监管并不能保证金融机构不发生金融风险，也不能保证金融机构不遭受金融损失。

金融监管有狭义与广义之分。

狭义的金融监管，是指金融监管部门为保障金融机构的稳健经营和金融市场的健康发展，保护公众利益并促进社会经济发展，对金融机构及其业务活动实施的外部监督和管理。

广义的金融监管，是指金融监管部门对整个金融业的监督和管理，以及金融机构的自我监督管理和内部控制、金融机构同业自律与社会监督的全方位的综合监管体系。

二、实施金融监管的必要性

在市场经济和金融体制发展的不同历史阶段，一国的央行或货币管理部门执行金融监督管理的目的、内容、基本原则、方式等都不尽相同。从基本内容上看，各国的金融监管都是从最初的注册登记管理，到货币的集中发行（以解决发行失控问题），再到对金融业信贷的扩张与收缩、债务清偿能力以及金融风险的监督管理。政府实施金融监管的必要性如下。

（一）金融监管应处理好安全和效率的辩证关系

在一国的金融体系中，金融安全的重要性永远不能被忽视，金融市场本质上是对风险进行管理和定价的市场。

在服务于实体经济发展的过程中，金融监管不仅要考虑金融活动本身及其对于金融体系的风险，还要考虑到金融活动对于实体经济可能存在的风险。如果片面追求效率而忽视了安全，一旦发生金融危机，不仅会欲速不达，而且还会对实体经济产生伤害，影响经济的发展和运行。

（二）金融监管应当随着市场的发展而不断调整和优化

1. 现代金融体系的监管应该更多地强化功能监管和事前监管

随着现代金融产品的复杂性增加，投资者越来越难以对其潜在的风险进行识别。因此，监管部门仅仅做到确保信息的真实披露，或完全依靠对透明度的监管，已经不能满足金融监管的需要了。

由于金融体系中的风险会相互传导，所以监管部门只关注一个金融活动表面上的风险，是远远不够的，这就要求金融监管部门能够审慎地评估金融活动，洞悉其对整个金融体系的风险，做到见微知著。

2. 监管体系要进行统一监管并制定统一监管的标准

监管体系对各类金融机构同类型的业务进行统一监管并制定统一监管的标准，可以减少监管盲区，提高监管效率。同时，监管部门在事前的监管中，应当对创新金融产品有更深入的研究，并在此基础上进行有效的产品风险评估。

（三）金融监管要进一步加强监管的协调作用

美国次贷危机表明，在金融市场日益全球化、金融创新日益活跃、金融产品日益复杂的今天，传统金融子市场之间的界限已经淡化，跨市场的金融产品日益普遍，跨部门的监管协调和监管合作显得日益重要。

（四）金融监管已成为一种常态

在金融市场的激烈竞争环境中，市场参与者为了提升盈利的能力，在拓展新的业务领域、推动金融创新的同时，必然会利用现有市场规则和监管体系中存在的各种问题和缺陷。这就促使监管部门要不断地对市场规则进行补充和完善，这也在客观上推动了金融市场制度和金融监管体系的不断优化。

视野拓展

防范金融风险

三、我国金融监管的现状

2018 年，中国金融监管体制开启了新的“一委一行两会”模式[国务院金融稳定发展委员会（金稳委）、中国人民银行、中国银行保险监督管理委员会（银保监会）、中国证券监督管理委员会（证监会）]，基本完成了金融管理机构改革。

我国金融监管机构的架构如图 10.2 所示。

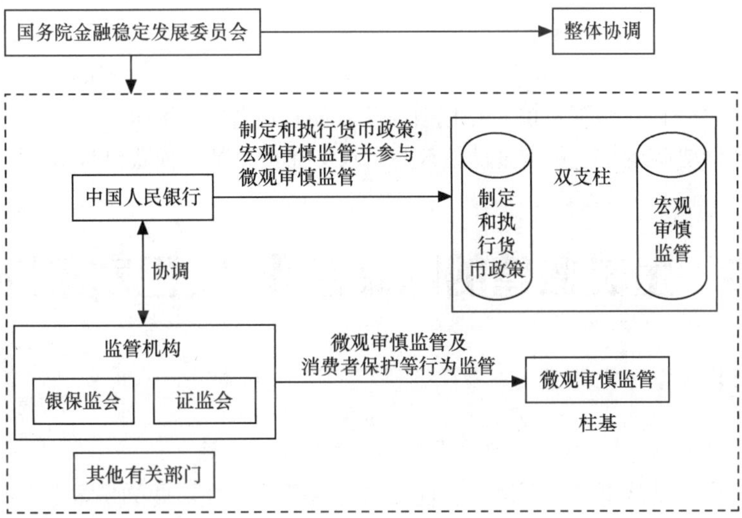

图 10.2　我国金融监管机构的架构

我国各金融监管机构的职能如下。

1. 国务院金融稳定发展委员会的职能

金稳委负责统筹协调金融稳定和改革发展等重大问题，负责宏观经济与微观经济之间，以及“一行两会”与其他有关部门间的协调。金稳委的具体职能包括：①落实党中央、国务院关于金融工作的决策和部署；②审议金融业改革发展重大规划；③统筹金融改革发展与监督；④协调货币政策与金融监管相关事项，统筹协调金融监管重大事项，协调金融政策与相关财政政策、产业政策等；⑤分析研究国际、国内金融形势，做好国际金融风险应对，研究系统性金融风险防范、处置和维护金融稳定的重大政策；⑥指导地方金融改革发展与监督，对金融管理部门和地方金融进行业务监督和履职问责等。

2. 中国人民银行的职能

中国人民银行在宏观层面负责实现人民币的币值稳定和金融稳定，同时也在一定程度上参与审慎监管。

在国务院领导下，中国人民银行负责制定和执行货币政策，实施宏观审慎监管，以及银行和保险行业的法律、法规草案和审慎监管制度的拟定，防范和化解金融风险，维护金融稳定。

中国人民银行参与部分微观审慎监管工作，但不直接负责微观审慎监管，而是宏观、微观均统一接受金稳委的协调、指导，这是宏观、微观联结的关键点。

3. 银保监会、证监会的职能

银保监会、证监会侧重于金融机构的微观监管，负责具体的监管措施落实，这是双支柱的柱基。两部门的具体监管职能包括金融机构的微观审慎监管和消费者保护等行为监管的内容。

（1）证监会。证监会对交易所、证券发行人、上市公司、非上市公司、证券期货经营机构、私募基金管理机构、证券期货投资咨询机构和从事证券期货业务的律师事务所、会计师事务所、资产评估机构等机构的证券、期货业务活动进行监督管理，依法查处辖区范围内的证券、期货违法、违规案件。

（2）银保监会。银保监会依照法律、法规统一监督管理银行业和保险业，维护银行业和保险业合法、稳健运行，防范和化解金融风险，保护金融消费者的合法权益，维护金融稳定。

“一委一行两会”宣告了宏观审慎政策权限基本上已划入中国人民银行，“双支柱”调控框架更加清晰完备，并且对微观审慎监管也有参与。货币政策、宏观审慎、微观监管三者既有明确分工，又有充分协调运作。我国金融监管的“双支柱＋柱基”模式已基本成型。

第三节　金融监管的国际合作（《巴塞尔协议》）

一、资本金概述

我们要弄清楚《巴塞尔协议》，首先需要了解资本金的内涵。

简单地说，企业是从事经营活动的，而从事经营活动首先需要的是本金，这个本金就是资本金。我国的资本金是指企业在工商行政管理部门登记的注册资金。

（一）资本金的意义

（1）反映企业规模。法律对不同规模的企业有不同的管理规定。比如，对大规模的企业，法律则规定得更加严格细致。因为企业的能力越大，责任就越大，一旦出现问题对社会的破坏性也大。

（2）反映企业信誉。企业的信誉度其实就是让人们放心的程度。比如，5 000万元注册资本的企业做一笔500万元的生意，对方会很放心，就算出现问题也是小问题，在对方眼里你的信誉度就高。

（3）反映企业偿债能力。企业的注册资本的多少代表其偿债能力的大小。比如，注册资本

5 000 万元（股东或发起人的出资额）的企业做了一笔生意，结果欠了对方 7 000 万元的债务，那么对方能追回多少资金呢？答案是 5 000 万元。所以企业的注册资本多，就意味着偿债能力强。

（二）商业银行资本金与一般企业资本金的区别

商业银行资本金与一般企业资本金的区别表现在以下几个方面。

（1）资本金所包含的内容不同。企业的资本等于资产总值减去负债总值的净值，即所有者权益或者产权资本，也可称为“自有资金”；商业银行的资本金既包括所有者权益部分的资本，也包括一定比例的债务资本，如呆账准备金和坏账准备金。呆账准备金和坏账准备金都列在资产负债表中的资产方，以符号“–”来表示。

（2）资本金在全部资产中所占的比例不同。资本金在商业银行和一般企业的全部资产中所占的比例不同，绝对数额相差很大。现代企业都具有负债经营的特点，即企业在经营中都依赖一定的外部资金。但由于企业发展的性质和特点不同，资本金在不同企业的全部资产中所占的比例也就不同。按照国际惯例，一般企业的负债率在 66%左右，即自有资金应保持在 34%左右；商业银行作为特殊的金融企业，其 80%～90%的资金是从客户手中借来的，也就是说，商业银行的资本金占其全部资产的比例一般为 10%～20%，如此也就形成了商业银行高负债经营的状况。

（3）固定资产的形成能力与其资本金的数量关联性不同。一般企业的固定资产既可以由其资本金形成，也可以由各种借入资金包括商业银行的贷款来形成，与资本金的关联性不大；商业银行固定资产的形成能力却与其资本金的数量有着非常明确的关联关系。因为银行的固定资产是商业银行形成较好的业务经营能力的必要物质条件，这些设施的资金占用时间较长，只能依赖于银行的自有资金。

（三）商业银行资本金的作用

资本金对商业银行来说非常重要，主要表现在银行的经营、管理和对银行的保护方面。

（1）资本金为商业银行注册、组建和经营提供了所需资金。一家新成立的商业银行需要启动资金来购买土地、盖新楼或租场地、购买装备设施、招聘员工。在商业银行章程上注明的资本金说明商业银行将以多大的资本金来进行经营，商业银行的资本金规模越大，其承受风险的能力越大。

（2）资本金增强了公众对商业银行的信心。资本金可以消除债权人（包括存款人）对商业银行财务能力的疑虑。商业银行必须有足够的资本金，才能使借款人相信商业银行在经济衰退时也能满足其信贷的需求。

（3）资本金可以保证存款人的利益。当商业银行经营出现问题时，资本金可以弥补商业银行的亏损，降低商业银行破产的风险，保证存款人的利益。

（4）资本金为商业银行的经营扩张和新业务、新计划及新设施的发展提供资金。当商业银行扩张业务时，它需要额外的资本金，用来支持其业务扩张并且承担提供新业务和建新设施的风险。大部分商业银行的最终规模都超过了成立时的水平，资本金的注入使商业银行能在更多的地区开展业务，建立新的分支机构，来满足扩大了的市场以及为客户提供更便利的服务。

（5）商业银行的资本金同商业银行的资产负债业务也有很大的关系。各国中央银行都对商业银行的资本金和资产负债规定了法定的比例。商业银行的资本金越大，业务范围越大。

（四）我国商业银行资本金的内容

目前，我国商业银行的资本金包括以下几项内容。

1. 核心资本

核心资本包括实收资本、资本公积、盈余公积和未分配利润。

（1）实收资本。按照投入主体的不同，实收资本可分为国家资本金、法人资本金、个人资本金和外商资本金。

（2）资本公积。资本公积包括股票溢价、法定资产重估增值部分和接受捐赠的财产等形式所增加的资本。资本公积可以按照法定程序转增资本金。

（3）盈余公积。盈余公积是商业银行按照规定从税后利润中提取的，是商业银行自我发展的一种积累，包括法定盈余公积金（达到注册资本金的50%）和任意盈余公积金。

（4）未分配利润。未分配利润是商业银行实现的利润中尚未分配的部分，在其未分配前与实收资本和公积金具有同样的作用。

2. 附属资本

附属资本包括商业银行的贷款呆账准备金、坏账准备金、投资风险准备金、五年及五年期以上的长期债券。

视野拓展

巴塞尔协议产生的背景

（1）贷款呆账准备金。贷款呆账准备金是商业银行在从事放款业务过程中，按规定以贷款余额的1%提取的，用于补偿可能发生的贷款呆账的准备金。

（2）坏账准备金。坏账准备金按照银行年末应收账款余额的3‰提取，用于核销商业银行的应收账款损失。

（3）投资风险准备金。按照规定，我国商业银行每年可按上年年末投资余额的3‰提取投资风险准备金。

（4）五年及五年以上的长期债券。五年及五年以上的长期债券属于金融债券的一种，是由商业银行发行并还本付息的资本性债券，用来弥补商业银行资本金的不足。

二、《巴塞尔协议Ⅰ》：统一监管、公平竞争

（一）《巴塞尔协议Ⅰ》产生的背景

20世纪70年代，出现了全球性通货膨胀，世界各国纷纷采取浮动利率，致使利率剧烈波动。国际大型商业银行的业务呈现出全球化、金融操作与金融工具的创新和投机活动三个特点，并出现了如下一些现象。

（1）越来越脱离国内的银行管制，同时国际银行监管又十分薄弱，导致银行监管出现了很大的漏洞。

（2）金融操作与金融工具的创新使银行经营的资产超过银行资本的几十倍，风险增大。

（3）国际金融投资活动使一些银行从中获得暴利，也使一些银行遭受巨大损失，严重危害了各国存款人的利益。

1974年，德国赫斯塔特（Herstatt）银行、美国富兰克林银行（Franklin Bank）相继倒闭，使许多国家的客户遭受巨大损失。这两大银行的倒闭使各国的金融监管机构在惊愕之余，开始

全面审视对拥有广泛国际业务的银行进行监管的问题。

1975 年 9 月，第一个《巴塞尔协议》出台。1983 年 5 月，巴塞尔委员会对《巴塞尔协议》进行了修改。1988 年 7 月，巴塞尔委员会通过了《关于统一国际银行的资本计算和资本标准的协议》，也就是《巴塞尔协议Ⅰ》。

（二）《巴塞尔协议Ⅰ》的内容

《巴塞尔协议Ⅰ》主要有资本的分类、风险权重（加权资产）的计算标准、1992 年资本与资产的标准比率和过渡期安排、各国监管当局自由决定的范围四部分内容。

1. 资本的分类

《巴塞尔协议Ⅰ》将银行的资本划分为核心资本和附属资本两类，对各类资本按照各自不同的特点进行明确的界定。

资本可以提供资金来源、消化吸收损失、限制业务非理性扩张、维持市场信心。那么，为什么要给资本分类呢？这其中牵涉一个风险的问题，核心资本最稳定，属于自有资本，附属资本次之。比如你完全用自己的资金来经营，自然是盈亏自负，但是如果你赔光了借来的钱（如发行债券的筹资），就会被他人追债。

2. 风险权重（加权资产）的计算标准

风险加权资产是指银行总资产里面拥有风险权重的资产。银行业的总资产里有很多资产是零风险权重的，也有很多资产的风险权重很高。一般来说，风险权重越高的资产，收益也越高。各类资产可按照风险等级划分为不同档次，风险越小则所需资本金越少。比如，借钱给政府的风险肯定比借钱给民营企业的风险要低得多。

按照《商业银行资本充足率管理办法》中对风险权重的划分，我国国债的风险权重为 0，外国国债评级在 AA-以下的风险权重是 100%，评级在 AA-以上的外国企业债务风险权重为 50%。

（1）将不同资产的风险权重按资产负债表内项目风险权重（见表 10.1）和资产负债表外项目风险权重（见表 10.2）确定不同的档次：资产负债表内项目的风险权重分别为 0、10%、20%、50%、100%；资产负债表外项目的风险权重（信用转换系数）分别为 0、20%、50%和 100%。

表 10.1　资产负债表内项目风险权重表

风险权重	项目
0	现金；以本国货币定值的对中央银行和中央政府的债权；对经济合作与发展组织（Organization for Economic Co-operation and Development，OECD）国家的中央银行和中央政府的其他债权；以现金或以经济合作与发展组织国家的中央政府债券作抵押或由其中央政府作担保的债权
0、10%、20%、50%（由各国自定）	对国内公共部门实体的债权及由这些实体担保的贷款
20%	对多边发展银行的债权及由这些银行担保或以其所发行的证券作抵押的债权；对经济合作与发展组织成员方银行的债权或由其担保的贷款；对期限在 1 年以内的非经济合作与发展组织成员方银行的债权或由其担保的贷款；对非本国的经济合作与发展组织成员方公共部门实体的债权或由这些实体担保的贷款；托收中的现金款项
50%	完全以居住为用途的、为借款人所拥有产权的住宅作抵押的贷款
100%	对私人部门的债权；对期限在 1 年以上的非经济合作与发展组织成员方银行的债权；对非经济合作与发展组织成员方中央政府的债权；对公共部门拥有的商业公司的债权；房地产、设备及其他固定资产；不动产及其他投资；其他银行发行的资本金工具；所有其他资产

（2）在计算风险资产时，对于资产负债表内的项目，以其账面价值直接乘以对应的风险权重即可得出风险资产的数额。银行的资产负债表外业务则应利用“信用转换系数”换算成资产负债表内相应的项目，然后再按同样的风险权重计算法计算。

表 10.2 资产负债表外项目风险权重表

信用转换系数	项 目
0	短期（1年以内）的、随时能取消的信贷额度
20%	短期（1 年以内）的、与贸易有关的、并有自行清偿能力的债权，如担保信用证、有货物抵押的跟单信用证等
50%	期限在 1 年以上的、与贸易有关的或有项目（如投资保证书、认股权证、履约保证书、即期信用证和证券发行便利等承诺或信贷额度）
100%	直接信用的替代工具（如担保、银行承兑、回购协议）；有追索权的资产销售；远期存款的购买

教学互动

问：某银行对企业的长期信贷承诺为 100 万元，那么银行对此资产折算为风险资产的数额为多少？

答：因其为表外项目，则必须先用“信用转换系数”换算成资产负债表内相应的项目，然后再按同样的风险权重计算法计算。

（1）信用转换系数为 50%，则其转换为表内项目的金额 = 100 × 50% = 50（万元）。

（2）其对应的风险权重为 100%，则这 50 万元资产的风险资产 = 50 × 100% = 50（万元）。

案例透析

根据表 10.3 和表 10.4，计算 A 银行的资本充足率，判断其是否符合《巴塞尔协议Ⅰ》的规定。

表 10.3 A 银行表内项目及风险权重

项 目	金额（万元）	对应的风险权重（%）
现金	160	0
短期政府债券	400	0
国内银行存款	240	20
家庭住宅抵押贷款	200	50
企业贷款	1 400	100
合计	2 400	—

表 10.4 A 银行表外项目及信用转换系数、对应的风险权重

项 目	金额（万元）	信用转换系数（%）	对应的风险权重（%）
用于支持政府发行债券的备用信用证	220	100	20
对企业的长期信贷承诺	280	50	100
表外项目合计	500	—	—

3. 目标标准比率

目标标准比率的相关计算公式如下：

总资本比率 = [（核心资本 + 附属资本）/Σ（资产 × 风险权数）] × 100%

核心资本比率 = [核心资本/Σ（资产 × 风险权数）] × 100%

另外，《巴塞尔协议Ⅰ》规定，银行的总资本比率不得低于 8%，核心资本比率不得低于 4%。

案例透析

假设某商业银行的资本总额为150万元人民币，总资产为1 800万元人民币。该银行资产负债表内项目及对应的风险权重见表10.5和表10.6。请问该银行的资本金充足率是否符合《巴塞尔协议Ⅰ》的相关要求？

表10.5　某商业银行资产负债表内项目及对应的风险权重

项　目	金额（万元）	对应的风险权重
现金	80	0
短期政府债券	330	0
国内银行存款	100	20%
家庭住宅抵押贷款	90	50%
企业贷款	1 200	100%
合计	1 800	—

表10.6　某商业银行资产负债表外项目及信用转换系数、对应的风险权重

项　目	金额（万元）	信用转换系数（%）	风险权重（%）
用于支持政府发行债券的备用信用证	200	100	20
对企业的长期信贷承诺	250	50	100
表外项目合计	450		

教学互动

问：1988年达成的《巴塞尔协议Ⅰ》，其目的是什么？

答：《巴塞尔协议Ⅰ》的目的主要有两个：一是制定统一的资本充足率标准，以消除各国商业银行间的不平等竞争；二是通过制定统一的商业银行资本与风险资产的比率及一定的计算方法和标准，为国际银行业的监管提供一个有效的工具，以保证各国金融体系的稳定与安全，进而保障国际金融业健康、有序、稳定地发展。

《巴塞尔协议Ⅰ》简介（视频）

4. 过渡期安排

《巴塞尔协议Ⅰ》的过渡期从该协议发布之日起至1992年底，《巴塞尔协议Ⅰ》要求1992年底前所有从事大额跨境业务的商业银行资本金充足率要达到8%以上。

可见，《巴塞尔协议Ⅰ》的核心内容是确定了衡量各国商业银行资本金充足率的标准。也正因为如此，许多人直接就将《巴塞尔协议Ⅰ》称为“规定资本金充足率的报告”，如图10.3所示。

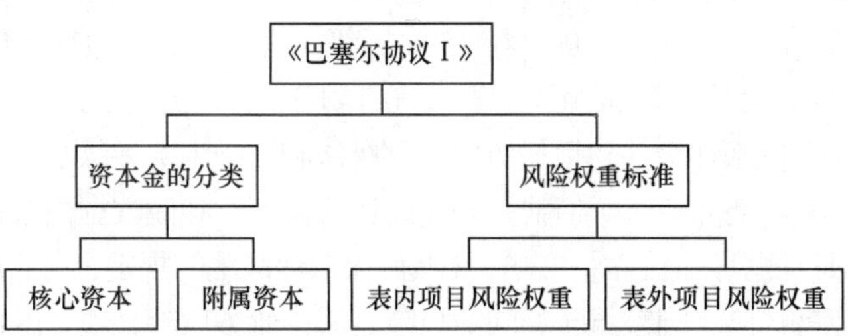

图10.3　《巴塞尔协议Ⅰ》的内容架构

三、《巴塞尔协议Ⅱ》：全面监管、激励相容

随着科技和商业活动的发展，金融创新一日千里，资本市场之间的联系更加紧密，银行的管理水平大大提高。尤其是大型综合性银行可以不断调整资产组合，使其既不违反现行的资本标准，又能在金融市场进行套利。这些变化导致《巴塞尔协议Ⅰ》在部分发达国家已名存实亡。巴林银行、大和银行的倒闭事件表明，仅仅依靠资本充足率标准还不足以保障银行系统的稳定运行。1997年7月，全面爆发的东南亚金融风暴更是引发了巴塞尔银行监管委员会对金融风险的全面而深入的思考。人们看到，金融业存在的问题不仅仅是信用风险或市场风险等单一风险的问题，而是由信用风险、市场风险和操作风险互相交织、共同作用造成的。针对国际金融领域的变化，巴塞尔银行监管委员会于2004年6月修订的《新巴塞尔资本协议》（也称《巴塞尔协议Ⅱ》），构建了独具特色的三大支柱体系（即最低资本要求、监督检查程序、市场约束），涵盖了三大风险（即信用风险、市场风险、操作风险）。

（一）第一大支柱：最低资本要求

《巴塞尔协议Ⅱ》的第一大支柱最低资本要求重点是对商业银行的资本充足能力提出要求，将商业银行资本充足率作为衡量银行稳健经营、安全运行的核心指标，将风险划分为信用风险、市场风险和操作风险三类，并分别量化其对银行的资本要求。

总资本与风险加权资产的比率不得低于8%，即

$$
\begin{aligned}
\text{总风险资本比率} &= (\text{总资本}/\text{风险加权资产}) \times 100\% \\
&= \{(\text{核心资本}+\text{附属资本})/[\text{信用风险加权资产}+(\text{市场风险}+\text{操作风险})\times 12.5]\} \\
&\quad \times 100\% \geqslant 8\%
\end{aligned}
$$

核心资本与风险加权资产的比率不得低于4%，即

$$
\begin{aligned}
\text{核心资本比率} &= (\text{核心资本}/\text{风险加权资产}) \times 100\% \\
&= \{\text{核心资本}/[\text{信用风险加权资产} \\
&\quad +(\text{市场风险}+\text{操作风险})\times 12.5]\} \times 100\% \geqslant 4\%
\end{aligned}
$$

《巴塞尔协议Ⅱ》在《巴塞尔协议Ⅰ》的基础上，进一步考虑了市场风险和操作风险。

1. 信用风险的计量方法

信用风险是指受信方拒绝或无力按时全额支付所欠债务时，给信用提供方带来的损失的可能性。

信用风险的计量方法有标准法和内部评级法。

标准法是指银行根据外部评级结果，以标准化处理方式计量信用风险。内部评级法是银行采用自身开发的信用风险内部评级体系计量信用风险，但必须经过银行监管部门的批准。

（1）标准法。标准法是指对于交易的各种风险，都以外部信用机构评级为基础确定风险权重。权重层级分为0、20%、50%、100%和150%五级。标准法的一项重大创新是将逾期贷款的风险权重规定为150%。各类资产按照风险等级进行划分，风险越小则所需资本金越少。

（2）内部评级法。内部评级法包括初级内部评级法和高级内部评级法。初级内部评级法允许银行使用自己的内部模型测算与每个借款人相关的违约概率，其他数据由银行监管部门提供；高级内部评级法允许银行测算其他必需的数据。（按照内部评级法的规定，商业银行先将银行账户中的风险划分为公司业务风险、国家风险、同业风险、零售业务风险、项目融资风险和股权风险六大风险。然后，银行根据参数或内部估计确定其风险因素，并计算出银行所面临的风险。）

2. 市场风险的计量方法

市场风险的计量需要第二支柱的配合。

市场风险是指因市场价格（如利率、汇率、股票、商品等）的变动，而使商业银行表内和表外业务发生损失的风险。市场风险的计量方法有标准法和内部模型法。

（1）标准法。标准法是指商业银行在计算市场风险时通过计算资产组合面临的利率风险、汇率风险、股权风险以及商品风险而得出的指标。例如，汇率风险和股权风险的资本要求是不得低于 8%，商品风险的资本要求是不低于 15%。

（2）内部模型法。内部模型法是指允许商业银行使用内部风险管理部门开发的风险计量模型计量市场风险。只有经过银行监管部门的批准，商业银行才可以使用这一方法。

比如用于评估商业银行股票交易、外汇交易以及商品和期权等市场交易风险。简而言之，就是商业银行拿钱当炒家的这部分资产都必须单独计提风险资本。由于商业银行经营这些业务是杠杆经营，而且资本充足率要求不低于 8%，杠杆的理论最大限度为 12.5 倍。为了限制风险，所以要求商业银行经营这些业务的资产必须乘以 12.5。

3. 操作风险的计量方法

操作风险是指由于不完善或有问题的内部程序、人员及系统或外部事件而造成损失的风险。在量化操作风险时，《巴塞尔协议Ⅱ》给出了基本指标法、标准法、内部计量法三种处理方法。

（1）基本指标法。基本指标法是指资本要求可依据某一单一指标（如总收入）乘以一个百分比。

（2）标准法。标准法是指将银行业务划分为投资银行业务、商业银行业务和其他业务后，各乘以一个百分比。

（3）内部计量法。内部计量法是指由商业银行自己收集数据，计算损失的概率。

教学互动

问：对比并说明《巴塞尔协议Ⅰ》和《巴塞尔协议Ⅱ》计算风险资产方法的不同。

答：《巴塞尔协议Ⅰ》计算资产（包括对政府、银行、企业的债权）的风险权重时，主要是根据债务人所在国是不是经济合作与发展组织（OECD）成员方来区分的；《巴塞尔协议Ⅱ》则是根据外部评级的结果来确定资产风险权重的。

（二）第二大支柱——监督检查程序

《巴塞尔协议Ⅱ》的第二大支柱——监督检查程序是要求商业银行建立起合理、有效的内部评估程序，用于判断银行面临的风险状况，并以此为基础对商业银行的资本是否充足做出评估，监管机构对商业银行的此项工作进行监督检查。监管机构对商业银行进行监督检查的目的，不仅是为了保证商业银行有充足的资本来应对业务中的各种风险，而且还是为了鼓励商业银行开发并使用更好的风险管理技术来预测、防范和管理风险。

（1）商业银行定期对其面临的各种风险开展内部资本是否充足的评估。不同的商业银行可以根据自身的情况采取不同的内部风险控制方法。这样一来，监管机构监管的重点就从单一的外部监管方法转变为以商业银行的自我监管和监管机构的外部监管相结合的监管方法，从而使监管工作更加科学和灵活。

（2）监管机构对商业银行定期进行监督检查，并在必要时进行干预。这样做的目的是在商业银行和监管机构之间形成有效的对话机制，以便在发现问题时可以及时、果断地采取措施来降低风险和补充资本。

我们也可以从这样一个视角来理解，《巴塞尔协议Ⅱ》的第一大支柱是内嵌在第二大支柱框架之内的规范内容。第一大支柱不能覆盖的风险均纳入第二大支柱予以考虑，如集中度风险、流动性风险、声誉风险、战略风险、资产证券化风险、银行账户利率风险等，都在第二大支柱的范畴中进行管理。通过第二大支柱的建设，可以提升商业银行全面风险管理能力，也就提升了资本要求的合理性和权威性。

（三）第三大支柱——市场约束

市场约束即市场纪律，市场约束的核心是信息披露。

《巴塞尔协议Ⅱ》的第三大支柱——市场约束，旨在通过市场的力量来约束商业银行，要求商业银行提高信息透明度，使外界对其财务、管理等有更好的了解。商业银行的信息披露应便于市场参与者评价有关适用范围、资本、风险、风险评估程序，以及商业银行资本充足率等重要信息。

视野拓展

《巴塞尔协议Ⅱ》简介（视频）

监管机构通过财务指标和非财务指标对商业银行提出了定性和定量的信息披露要求。对于一般的商业银行，监管机构要求商业银行每半年进行一次信息披露；而对那些在金融市场上活跃的大型商业银行，监管机构则要求它们每季度进行一次信息披露；对于市场风险，监管机构要求有关金融机构在每次重大事件发生之后都要进行相关的信息披露。

市场约束其实是对第一大支柱和第二大支柱的补充。

《巴塞尔协议Ⅱ》的框架如图10.4所示。

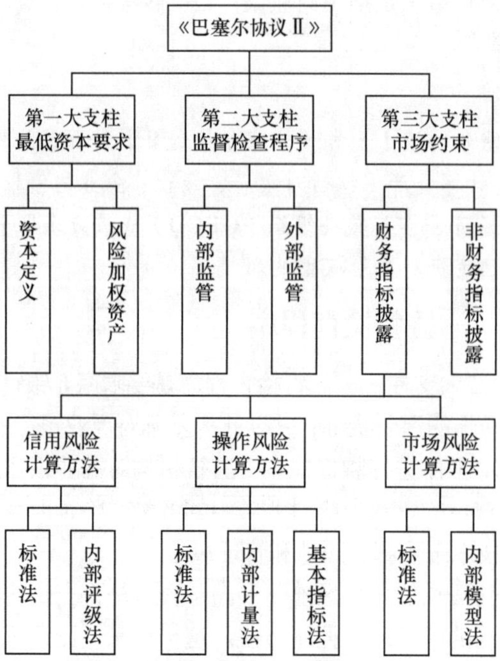

图10.4 《巴塞尔协议Ⅱ》的框架

四、《巴塞尔协议Ⅲ》：审慎监管、多元补充

2007 年，由美国次贷危机引发的全球性金融危机，给国际社会造成了巨大的恐慌，这场全球性的金融危机，给世界带来了巨大的损失。在这次危机的影响下，各国经济出现了不同程度的经济衰退，失业人数急剧增加。这次金融危机的产生和发展，充分暴露出此前银行业监管体系中存在的诸多不足。旧有的银行业监管规则中，由于对于核心资本充足率的要求过低，使得银行体系难以抵御突如其来的全球性金融系统风险。

在雷曼兄弟破产两周年之际，2010 年，《巴塞尔协议Ⅲ》在瑞士巴塞尔出炉，其主要内容如下。

1. 增加资本数量的要求

《巴塞尔协议Ⅲ》中增加资本数量的要求有以下两条：①最低资本要求中的核心一级资本要求由 4%提升至 6%；②另加 0～2.5%的反周期资本缓冲要求，因此总资本充足率的要求高达10.5%。

《巴塞尔协议Ⅲ》为什么要增加资本的数量呢？大家都知道，商业银行总有业绩好的时候和业绩差的时候，如果商业银行在业绩好的时候不补充资本，没有增加资本充足率，都通过分红和奖金发出去了，那么商业银行在业绩差的时候就没有资金来补充资本。因此，只能强制商业银行在业绩好的时候补充资本。

银行业是一个高风险行业，商业银行的当期利润并不能完全体现商业银行的当期业绩，更多风险并没有在当期的经营结果中反映出来。比如，今年的利润高，不一定是因为今年业绩好，更有可能是因为经营的风险没有在今年反映出来，而是积累到明年了。

2. 增加资本的质量要求

《巴塞尔协议Ⅲ》在明确定义一级资本构成的同时，还修改了《巴塞尔协议Ⅱ》中对“商誉”等概念含糊不清的定义和说明。商誉是一种无形资产，它通常能增加商业银行的价值，但它又是一种虚拟资本，价值的概念比较模糊。所以《巴塞尔协议Ⅲ》修改了以下内容。

（1）商誉、少数股东权益、递延所得税不能计入核心一级资本。

（2）从总资本中扣除对从事银行业务和金融活动的附属机构的投资。

《巴塞尔协议Ⅱ》与《巴塞尔协议Ⅲ》中最低资本要求的对比见表 10.7。

表 10.7　《巴塞尔协议Ⅱ》与《巴塞尔协议Ⅲ》中对最低资本要求的对比

风险加权资产的百分比	资本要求			额外的资本要求
	一级资本	总资本		反周期超额资本
	最低要求	最低要求	总资本要求	
巴塞尔协议Ⅱ	4%	8%		
巴塞尔协议Ⅲ	6%	8%	10.5%	0～2.5%

3. 建立流动性覆盖率的监管标准

在严重的情况下，银行可能面对如下状况：银行的负债面临挤兑压力，而银行的资产难以变现。这样，就需要银行能提前预测手中无变现障碍的资产是否足以应对该种危机的状况。

流动性覆盖率＝优质流动性资产储备/未来 30 日的资金净流出量≥100%

流动性覆盖率这一指标的意义在于，在某商业银行处于一种短期严重变现压力的情况下，该商业银行所持有的无变现压力的优质流动性资产（如库存现金、存放于央行的超

额准备金、政府债券）的数量是否能足以覆盖该压力状况下的资金净流出。

《巴塞尔协议Ⅲ》对《巴塞尔协议Ⅱ》的内容进行了优化，且新增了必要的监管内容，但并未改变三大支柱体系的架构，如图10.5所示。

视野拓展

《巴塞尔协议Ⅲ》简介

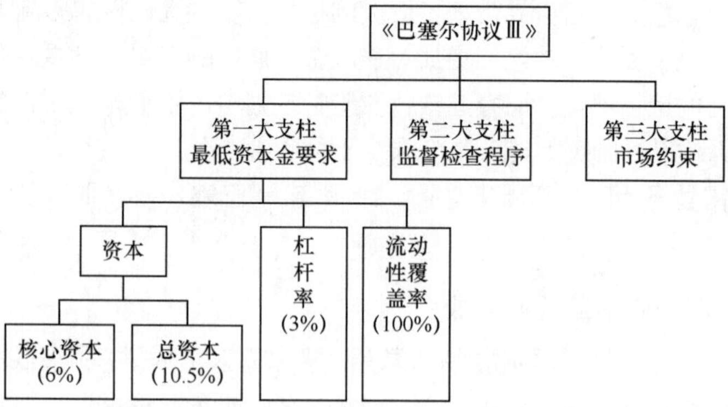

图10.5 《巴塞尔协议Ⅲ》的改进

总体说来，《巴塞尔协议Ⅲ》是针对银行资本充足率和流动性的一项综合银行监管指标体系。该协议的制定过程充分体现了监管者对于以往金融危机的反思，即在现有约束的基础上，不仅上调了针对商业银行的资本金充足率的要求，而且新增了资本缓冲的要求，更注重商业银行资本的质量，并配合以流动性的约束，其目的在于确保商业银行经营的稳健性，进而保障整个金融体系的稳定并防止类似金融危机的再次出现。

首先，《巴塞尔协议》不仅是金融机构（尤其是银行业）的一个监管标准，而且是各国普遍接受的一个标准；其次，它是不断发展和完善的，《巴塞尔协议》从未停止过改革的步伐，而每一次的改进都是由于金融实践的发展突破了既有的标准，甚至可以说，每一次的金融危机都推动了《巴塞尔协议》的改进与完善。从1975年9月的《巴塞尔协议Ⅰ》，到1999年6月《新巴塞尔资本协议》第一个征求意见稿的出台，到2006年《巴塞尔协议Ⅱ》的正式实施，再到2010年《巴塞尔协议Ⅲ》的推出，四十多年来，《巴塞尔协议》的内容不断丰富，所体现的监管思想也在不断深化。

综合练习题

一、概念识记

金融风险　流动性风险　操作风险　系统风险　信用风险

宏观风险　微观风险　金融监管

二、单选题

1.《巴塞尔协议Ⅱ》除了包括信用风险和市场风险的内容外，还将（　　）囊括进来，拓展了银行业的风险范围。

A. 违约风险　　B. 外汇风险　　C. 操作风险　　D. 系统风险

2. 对于某些具有较高风险特征的资产，可以采用高于（　　）的风险权重。

A. 100%　　B. 50%　　C. 30%　　D. 10%

3. 下列选项中，属于非系统风险的是（　　）。

A. 信用风险　　B. 市场风险　　C. 宏观风险　　D. 政策风险

4.《巴塞尔协议Ⅱ》关于操作风险的定义中，明确引起操作风险事件的主要原因类别为（　　）。

A. 内部程序、员工和信息科技系统

B. 内部程序、员工和信息科技系统，以及外部事件

C. 内部程序和员工操作

D. 内部程序、业务操作、员工和信息科技系统，以及外部事件

5. 操作风险损失数据收集事件的形式多种多样，以下选项中不需要收集的数据是（　　）。

A. 操作失误（常见的如短款、出纳错误）、涉及内部人员的案件等

B. 外部行为或破坏造成的损失，例如偷窃、抢劫、外部欺诈、恶意破坏

C. 市场价格不利变动，交易人员判断失误造成的损失

D. 意外造成的损失，例如工作用车交通事故、意外丢失客户资料导致的赔偿或罚款

6. 监督检查程序在《巴塞尔协议Ⅱ》中属于（　　）。

A. 第一大支柱的内容　　B. 第二大支柱的内容

C. 第三大支柱的内容　　D. 以上都不是

7.《巴塞尔协议Ⅱ》修改的内容包括（　　）。

A. 商誉不能计入核心一级资本

B. 少数股东权益、递延所得税不能计入核心一级资本。

C. 从总资本中扣除对从事银行业务和金融活动的附属机构的投资

D. 以上皆是

8. 在《巴塞尔协议Ⅱ》的第一大支柱下，涉及哪些与风险相关的资本计算要求？（　　）

A. 信用风险　　B. 市场风险　　C. 操作风险　　D. 以上皆是

9.《巴塞尔协议Ⅱ》是在（　　）年正式实施的。

A. 1988　　B. 2001　　C. 2003　　D. 2004

10.《巴塞尔协议Ⅱ》的第二大支柱特别适合处理哪些领域的风险？（　　）

A. 第一大支柱涉及但没有完全覆盖的风险

B. 第一大支柱中未加以考虑的因素（如银行账户的利率风险、业务和战略风险）

C. 银行的外部因素（如经济周期效应）

D. 以上皆是

11. 在《巴塞尔协议Ⅱ》的第三大支柱下，信息披露的频率为（　　）。

A. 每季度进行 1 次　　B. 每半年进行 1 次

C. 每年进行 1 次　　D. 每两年进行 1 次

12. 操作风险计量方法包括（　　）。

A. 基本指标法　　B. 标准法　　C. 内部计量法　　D. 以上皆是

13. 以下哪一项不属于《巴塞尔协议Ⅱ》提出的监管当局监督检查的原则？（　　）

A. 银行应具备一整套程序，用于评估与其风险轮廓相适应的总体资本水平，并制定保持资本水平的战略

B. 监管当局应检查和评价银行内部资本充足率的评估情况和战略，以及它们监测并确保监管资本比率达标的能力

C. 监管当局应强制要求银行资本水平高于最低监管资本比率，应有能力要求银行持有超过最低资本的资本

D. 监管当局应尽早采取干预措施，防止银行的资本水平降至防范风险所需的最低要求之下

14. 银行市场风险类指标是衡量商业银行因（　　）而面临的风险。

A. 价格和汇率变化　　B. 国际收支变化

C. 存款和利率变化　　D. 贷款规模变化

15. 反映银行资本金与风险资产总额的比例关系的是（　　）。

A. 资本金充足率指标　　B. 风险权重资产比例指标

C. 经营收益率比例指标　　D. 资产盈利比例指标

16. 商业银行资本总额与加权风险资产总额的比例不得低于（　　）。

A. 4%　　B. 10%　　C. 8%　　D. 12%

17. 商业银行资本总额与加权风险核心资本比率不得低于（　　）。

A. 4%　　B. 10%　　C. 8%　　D. 12%

18. 下列选项中，错误的是（　　）。

A. 中国人民银行属于国务院的一个部门

B. 证监会、银保监会是国务院直属事业单位

C. 银保监会负责监督管理全部金融机构

D. 银保监会负责监管所有的保险公司

19. 在《巴塞尔协议Ⅱ》下，下面的哪个公式正确地描述了最低资本充足率的计算公式及监管要求？（　　）

A. 总资本/（信用风险＋市场风险+操作风险）＝资本充足率＞8%

B. 总资本/（信用风险＋市场风险+操作风险）＝资本充足率＜8%

C. 总资本/（信用风险＋市场风险）＝8%

D. 总资本/（信用风险＋市场风险＋操作风险）＝资本充足率

20. 以下选项中，不属于附属资本的是（　　）。

A. 股本　　B. 未公开储备　　C. 资产重估准备金　　D. 呆账准备金

三、多选题

1. 微观层面的金融风险有（　　）。

A. 流动性风险　　B. 市场风险　　C. 汇率风险　　D. 内部风险

2. 以下风险中，属于操作风险事件的是（　　）。

A. 某人向银行提供一位客户开具的支票要求兑付，但票面金额超过了该客户的账户余额，于是银行向该客户打电话进行询问，可是该客户的电话无法接通

B. 由于某些贷款偿还不及时，导致银行在一定时期内回收的资金低于预期值

C. 在不利的市场行情下，计算机网络出现故障，银行只能间断性的查看到一些价格信息，从而导致交易员无法准确把握交易时机，造成大量损失

D. 信贷管理人员把不准确的客户财务信息输入银行的信用风险模型

3. 金融风险对形成的债务双方都有影响，主要对（　　）有重要影响。

A. 债券的发行者　　B. 债券的投资者　　C. 各类商业银行　　D. 投资银行

4. 银保监会监管对象的主体是（　　）。

A. 保险公司
B. 保险公司工作人员、保险代理人及保险经纪人
C. 投保人、被保险人或受益人
D. 其他以合法身份参与或影响保险活动的人员

5. 银保监会监管的内容有（ ）。
A. 市场准入监管 B. 业务运营监管
C. 市场退出监管 D. 查处或者协助查处犯罪行为

6. 证监会监管的内容有（ ）。
A. 市场准入监管 B. 业务运营监管
C. 市场退出监管 D. 查处或协助查处犯罪行为

7. 信息披露的内容包括（ ）。
A. 经营业绩 B. 财务状况 C. 风险暴露 D. 会计方法等

8.《巴塞尔协议》的全部文件，大体包括以下（ ）四个方面的内容。
A. 构建跨国银行有效监管的体系
B. 制定最低资本金充足率的标准
C. 提供风险管理指南
D. 制定和推广银行业有效监管的综合性制度标准

9. 金融监管的目标是（ ）。
A. 保证金融体系的安全与稳健运行，保护存款人和投资人的利益
B. 维护金融业平等有序的竞争
C. 确保货币政策和金融宏观调控目标的顺利实现
D. 增强本国金融业在国际市场上的竞争力

10. 金融监管体制的四种模式是（ ）。
A. 双线多头监管体制 B. 单线多头监管体制
C. 高度集中的单一监管体制 D. 跨国监管体制

11. 我国的银行业实施《巴塞尔协议Ⅱ》的重大意义是（ ）。
A. 改进风险计量技术、健全风险管理组织框架、重组风险管理流程
B. 构建符合《巴塞尔协议Ⅱ》要求的风险管理体系和资本管理制度，有助于商业银行管理的科学化和精细化
C. 及时揭示、动态监测信用风险，约束商业银行的信贷行为，促进商业银行模式转变和经营行为理性化，推进银行业的可持续发展
D. 推动国内大型商业银行实施《巴塞尔协议Ⅱ》，引导银行提升风险管理能力，建立与此相关的产品定价机制、资本配置机制及绩效考核机制

12. 我国银行业实施《巴塞尔协议Ⅱ》的目的是（ ）。
A. 借鉴先进风险管理理念和方法 B. 促进商业银行改进风险计量手段
C. 健全风险管理组织体系 D. 全面提升风险管理能力

13. 实施《巴塞尔协议Ⅱ》为银行带来的机遇和收益包括（ ）。
A. 提高风险管理水平和能力
B. 促进各项业务发展
C. 改革基础设施、改善业务流程并提高运营效率

D. 培养、提高本行员工素质以增强本行的竞争优势

14. 金融风险不等于经济损失，也不同于普通意义上的风险，具体来说，其主要有（　　）特征。

A. 金融风险的相对性　　B. 金融风险的隐蔽性

C. 金融风险的扩散性　　D. 金融风险的加速性

15. 属于信用风险的有（　　）。

A. 贷款逾期　　B. 发生呆滞

C. 发生呆账　　D. 不能保证存款者提现的需求

16.《巴塞尔协议Ⅰ》的主要内容包括（　　）。

A. 资本金的构成　　B. 风险加权制

C. 标准比率目标　　D. 过渡期和实施安排

17. 我国现阶段的金融监管目标可概括为（　　）。

A. 防范和化解金融风险，维护金融体系的稳定与安全

B. 保护公平竞争和金融效率的提高，保证中国金融业的稳健运行和货币政策的有效实施

C. 保护存款人和其他债权人的合法权益，规范金融机构的行为，提高信贷资产质量

D. 通过中央银行的监管，创造一个平等合作、有序竞争的金融环境

E. 保证金融机构之间的适度竞争

18. 汇率风险主要包括（　　）。

A. 买卖风险　　B. 交易结算风险　　C. 汇价风险　　D. 政策风险

19.《巴塞尔协议》对世界各国商业银行的影响有（　　）。

A. 削弱了各国在金融管理方面的差异

B. 有助于各国商业银行在平等基础上的竞争以及促进银行业效益的提高

C. 有助于商业银行的风险管理

D. 有助于银行业的国际化发展

20. 在《巴塞尔协议Ⅰ》中，被划分为商业银行资本金的有（　　）。

A. 股本　　B. 资产重估准备金

C. 普通准备金或呆账准备金　　D. 长期债券等

四、判断题

1. 金融风险不等于经济损失，其不同于普通意义上的风险。（　　）

2. 风险就是对未来结果不确定性的暴露。（　　）

3. 金融风险只有在金融危机爆发时才存在。（　　）

4. 金融风险很容易因连锁反应而形成系统性风险，从而影响到各个行业或整体经济甚至殃及其他国家。（　　）

5. 金融风险影响的范围远远超出某个金融机构本身和整个金融行业本身。（　　）

6. 金融风险会加速金融机构倒闭、破产的速度。（　　）

7. 按金融风险涉及的范围的不同，金融风险可以分为宏观风险、微观风险。（　　）

8. 金融风险有很多的不确定性，可能会导致极大的经济损失。（　　）

9. 金融业是个风险行业，充满了各种金融风险。（　　）

10. 流动性风险指经济主体由于流动性的不确定变化而遭受损失的可能性。（　　）

11. 流动性是金融产品的一种属性，它反映的是金融产品以合理的价格在市场上流通、交易以及变现的能力。（　　）

12.《巴塞尔协议》中为了消除银行的不合理竞争，促进国际银行体系的健康发展，规定银行的资本金充足率应达到6%。（　　）

13. 信用风险又称违约风险，指因交易一方无法履约还款或不愿意履行债务而造成债权人损失的可能性。（　　）

14. 凡是实行市场经济体制的国家，无不客观地存在着政府对金融体系的管制。（　　）

15. 现代金融体系的监管应该更多地强化功能监管和事前监管。（　　）

16. 金融机构要考虑产品本身和对于金融体系的风险，无须考虑对于实体经济可能存在的风险因素。（　　）

17. 金融风险中包括居民个人、企业、事业单位、银行、非银行金融机构和金融机构在内的各个经济主体。（　　）

18. 比较小的金融风险还不至于构成金融危机，可是如果积聚到一定程度，就会引发金融危机。（　　）

19. 法律风险是指金融机构或其他经济主体在金融活动中因没有正确遵守法律条款，而不是因为因法律条款不完善、不严密而导致的风险。（　　）

20. 资本充足性统一比率的制定以及管理标准的趋向统一，使各国金融监管当局的合作与交流大大加强。（　　）

五、思考题

1. 试述金融风险产生的原因。
2. 你认为应该从哪些方面构筑我国的金融风险防范体系？
3. 请分析和说明图10.6的含义。

图10.6　思考题图示

主要参考文献

[1] 胡家源. 2007. 银行大时代 [J]. 南风窗：5-30.

[2] 黄达. 2017. 金融学 [M]. 4版. 北京：中国人民大学出版社.

[3] 连平. 2008. 银行业巨变 [J]. 中国经济报告：11-19.

[4] 孟昊. 2017. 国际金融理论与实务 [M]. 3版. 北京：人民邮电出版社.

[5] 浓禹钧. 2000-09-07. 花旗和旅行者合并之旅 [N]. 国际金融报.

[6] 王德静. 2008. 浅谈增强国有商业银行的竞争力 [J]. 金融研究：7-14.

[7] 蔡鸣龙. 2018. 商业银行业务与经营 [M]. 厦门：厦门大学出版社.

[8] 夏青. 2011-03-17. 刘明康：商业银行创新小企业金融服务模式 [N]. 中国证券报.

[9] 谢飞君. 2008-4-4. "第一股民" 杨百万的财富传奇 [N]. 大河报.

[10] 邢天才. 2017. 证券投资学 [M]. 4版. 大连：东北财经大学出版社.

[11] 严行方. 2009-06. 每天学点金融学 [M]. 北京：金城出版社.

[12] 杨丽生. 2013-06-24. 货币趣闻 "拾遗" [N]. 财会信报.

[13] 姚长辉. 2018. 货币银行学 [M]. 5版. 北京：北京大学出版社.

[14] 于萍. 2010-04-21. 房价上涨的背后推手 [N]. 中国证券报.

[15] 张琳琳. 2012-4-23. POS机刷卡手续费卡住了谁？ [N]. 华商晨报.

[16] 张庭宾. 2014-2-18. 强大的黄金储备可为人民币兜底 [N]. 第一财经日报.

[17] 周建松. 2010. 货币金融学概论 [M]. 北京：中国金融出版社.

[18] 周胜桥. 2008-10-17. 美联储不是私有机构 [N]. 21世纪经济报道.

更新勘误表和配套资料索取示意图

说明 1：本书配套资料将不定期更新、完善并上传到人邮教育社区网站（www.ryjiaoyu.com）。

说明 2：在人邮教育社区网站注册后可直接下载本书配套学习资料。

说明 3：本书**教学用资料**仅供采用本书授课的教师（即学生订购本书的教师）下载，**教师身份**、**用书教师身份**需网站后台审批（参见示意图）。

说明 4：扫描二维码可查看本书现有的“更新勘误记录表”“意见建议记录表”。如您发现本书或配套资料中有需要更新、完善之处，望及时反馈，编辑和作者将尽快处理。

更新勘误及意见建议记录表

联系邮箱：13051901888@163.com

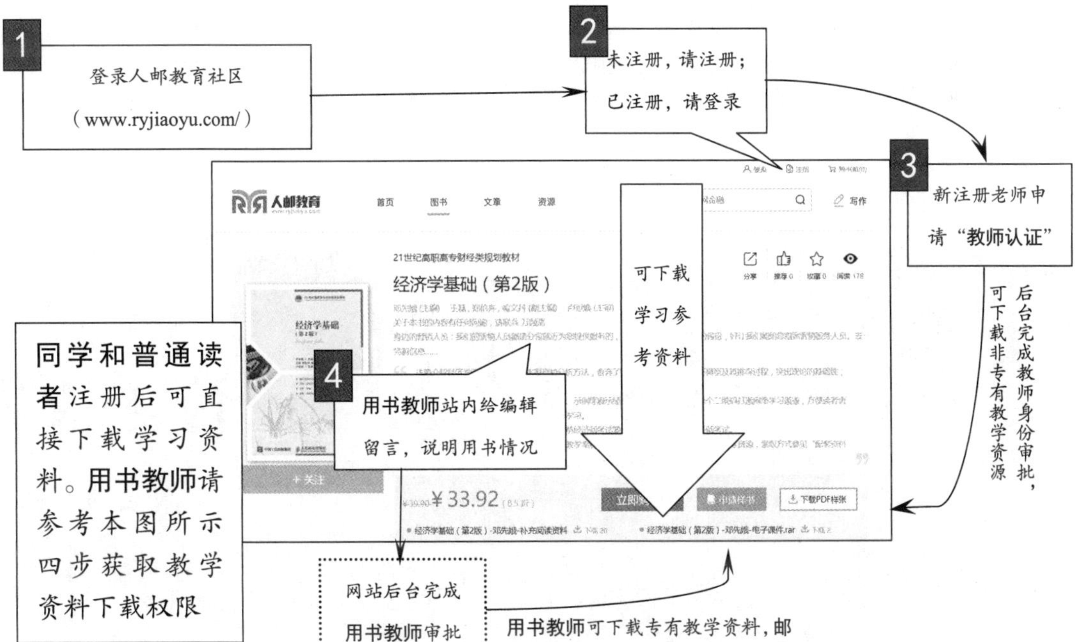